U0596586

财税处理从入门到精通

金税四期管控下的小企业会计核算与纳税筹划

白 羽——————著

深圳出版社

图书在版编目（CIP）数据

财税处理从入门到精通 ： 金税四期管控下的小企业会计核算与纳税筹划 / 白羽著. -- 深圳 ： 深圳出版社, 2024. 12. -- ISBN 978-7-5507-4049-5

Ⅰ. F275.2；F810.423

中国国家版本馆CIP数据核字第2024DR8453号

财税处理从入门到精通——金税四期管控下的小企业会计核算与纳税筹划

CAISHUI CHULI CONG RUMEN DAO JINGTONG——JINSHUI SIQI GUANKONG XIA DE XIAO QIYE KUAIJI HESUAN YU NASHUI CHOUHUA

出 品 人　聂雄前
责任编辑　敖泽晨
策划编辑　韩海彬
特约策划　华文未来
责任技编　郑　欢
责任校对　熊　星
封面设计　Design QQ:29203943

出版发行　深圳出版社
地　　址　深圳市彩田南路海天综合大厦（518033）
网　　址　www.htph.com.cn
订购电话　0755-83460239（邮购、团购）
设计制作　深圳市龙瀚文化传播有限公司（0755-33133493）
印　　刷　深圳市华信图文印务有限公司
开　　本　787mm × 1092mm 1/16
印　　张　24
字　　数　450 千
版　　次　2024 年 12 月第 1 版
印　　次　2024 年 12 月第 1 次
定　　价　58.00 元

十年深耕结硕果，财税之路伴你行

博观而约取，厚积而薄发。非常荣幸应鱼姐（白羽）之邀，为她酝酿多年、如今结成硕果的新作撰写序言。多年来，我一直在财税领域埋头耕耘，由于职业特性，鲜少公开发表与财税相关的观点，也很少推荐相关书籍。这个行业竞争激烈，工作压力巨大，加之政策的不断变化，我常戏言：“撰财税文章，为性价比最低之工作，无能出其右耳。”然食君之禄，忠君之事，担君之忧，身处这个行业，每一位从业者都肩负着责任与使命，应该为同行们做出一些贡献。鱼姐正是这样一位充满责任心和使命感的会计人。

万石谷，粒粒积累；千丈布，根根织成。与鱼姐虽只相识一年有余，但她的励志故事早已在会计界传为佳话。从初中学历起步，到自学成才成为会计专家，从财务领域的门外汉到集团的财务副总，从一名普通的会计学员到受人尊敬的财税讲师，从“会计初体验”到“鱼姐财税”，鱼姐的每一步成长都激励着无数会计同行。

宝剑锋从磨砺出，梅花香自苦寒来。自 2014 年出版首部作品以来，鱼姐一直勤于笔耕，累计撰写的文字超过百万。十余年如一日，她专注于入门级别的财税知识传播，她的文字既没有说教式的悬浮，也没有教科书式的枯燥，而是以贴近实际、易于理解的方式，为那些站在会计门槛之外的新手提供了宝贵的指导。

千里之行，始于足下；九层之台，起于累土。在这本书中，鱼姐通过系统而实用的指导，带领读者从零基础开始，逐步深入领略财税处理的精髓，从最初的迷茫到最终的熟练掌握，实现个人技能的提升和企业价值的最大化。

千淘万漉虽辛苦，吹尽狂沙始到金。本书深入浅出地介绍了财税的基础知识，为读者构建了一个清晰的知识框架。对于那些初次接触财税的从业者来说，这些概念可能既陌生又复杂。因此，鱼姐力求用通俗易懂的语言，结合生动的案例，让读者轻松入门，并为后续的深入学习打下坚实的基础。

纸上得来终觉浅，绝知此事要躬行。本书的核心内容是小企业日常经济业务的会计核算和税务处理，包括会计科目的设置、账务处理的规范、财税法规的解读以及申报表的填写。为了使理论知识更好地服务于实践，书中还穿插了大量的真实案例。这些案例来自不同行业的小企业，无论是成功还是失败，都蕴含着宝贵的经验教训。通过对这些案例的深入分析，读者能够更加直观地理解财税处理的复杂性和多样性，从而在实际操作中更加得心应手。

行是知之始，知是行之成。这本书不仅是一本实用的工具书，更是一位贴心的导师，陪伴着每一位小企业主和财务新手在财税领域的成长之路。我坚信，通过这本书的引导，读者将能够逐步成长为财税管理的专家，为企业的发展保驾护航，共创辉煌的未来。让我们一起踏上这场从蹒跚学步到稳健前行的财税之旅吧！

徐中振

2024 年 8 月于上海

前言

账税处理从小企业账务处理学起较易上手，小企业账务处理的依据是2013年施行的《小企业会计准则》(财会〔2011〕17号)，税务处理的依据是财税新政策，金税四期的上线，对个人、企业和财务工作都有影响。为帮助广大企业财务人员能在短时间内提高财税处理能力，轻松应对金税四期以进行更好的筹税，特编写此书。

本书共十章，以小企业从新办到日常经营的各环节为总框架，将财税工作分为会计核算和涉税处理两大部分，分别介绍小企业常见经济业务的财税处理。

第一章：财税处理入门。系统介绍小企业财务工作流程、会计核算、涉税处理和金税四期内容。

第二章：新办企业财税处理。通过会计科目设置和账务处理规范及财税政策的讲解，介绍小企业股东入资、银行贷款和开办费等新办企业的经济业务的会计核算和涉税处理。

第三章：采购环节财税处理。通过会计科目设置和账务处理规范及财税政策的讲解，介绍小企业供应商往来、原材料采购和成品采购的经济业务的会计核算和涉税处理。

第四章：生产环节财税处理。通过会计科目设置和账务处理规范及财税政策的讲解，介绍小企业自产环节、委托加工环节和受托加工环节的经济业务的会计核算和涉税处理。

第五章：销售环节财税处理。通过会计科目设置和账务处理规范及财税政策的讲解，介绍小企业客户往来、销售业务和结转销售成本的经济业务的会计核算和涉税处理。

第六章：职工薪酬业务财税处理。通过会计科目设置和账务处理规范及财税政策的讲解，介绍小企业员工工资、员工社保和员工福利费的经济业务的会计核算和涉税处理。

第七章：往来及报销业务财税处理。通过会计科目设置和账务处理规范及财税政策的讲解，介绍小企业其他往来业务、与销售相关的费用和与管理相关的费用的经济业务的会计核算和涉税处理。

第八章：固定资产业务财税处理。通过会计科目设置和账务处理规范及财税政策的讲解，介绍小企业购入固定资产、计提固定资产折旧和处置固定资产的经济业务的会计核算和涉税处理。

第九章：税费及期末结转业务财税处理。通过会计科目设置和账务处理规范及财税政策的讲解，介绍小企业税费业务和期末结转的经济业务的会计核算和涉税处理。

第十章：财务报表业务。介绍小企业资产负债表、利润表和现金流量表的编制。

本书案例以《小企业会计准则》为依据，模拟纳尼公司等小企业常见经济业务的账务处理和涉税处理，如有雷同，纯属巧合。

书中案例及其附件图片均为模拟，仅作参考，读者应以实际工作中收到的票据为准。

由于作者水平有限，书中内容难免有纰漏之处，还望广大读者批评指正。

白羽

2023 年 10 月 30 日

目录

第一章　财税处理入门

对于半路出家或只有理论没有实操经验的会计初学者来说，面对枯燥的会计理论知识不知如何下手。本章就选择贴合实际工作的知识点进行解读，通过本章的学习，读者会对财务的工作流程、会计核算基础、涉税处理入门三方面有初步了解，还会对“金税四期”的相关知识有个初步的认知。

一、财务工作流程

“知己知彼，百战不殆”，熟悉财务的工作流程，是做好财务工作的第一课，能让你在工作中与同事们很好地配合，圆满完成财务工作。

财务的工作流程包括岗位工作流程和业务工作流程两个方面。

（一）岗位工作流程

会计工作岗位一般可分为：会计机构负责人或者会计主管人员、出纳、财产物资核算、工资核算、成本费用核算、财务成果核算、资金核算、往来结算、总账报表、稽核、档案管理等。会计工作岗位，可以一人一岗、一人多岗或者一岗多人。

《中华人民共和国会计法》

第三十七条　会计机构内部应当建立稽核制度。出纳人员不得兼任稽核、会计档案保管和收入、支出、费用、债权债务账目的登记工作。

小企业的会计工作岗位一般只设置出纳岗、总账会计和税务会计岗位。一般总账会计岗位也兼任财务负责人。有些小企业的财务部门只有两人——会计和出纳，会计管账不管钱，出纳管钱不管账。

1. 出纳岗工作流程

出纳岗位负责库存现金和银行存款的收支工作。

（1）出纳收款业务

出纳收款业务包括现金收款业务、银行收款业务和票据结算业务。

①现金收款业务主要核对钱款的真伪，需要填写收款收据，并在收款收据上加盖“现金收讫”印章以示现金收款结束，并根据需要开具发票。根据收款收据及开具发票的记账联进行“现金日记账”登记，然后交由会计进行账务处理。

②银行收款业务包括收到对方开具的银行支票进行进账结算和登录网上银行查询是否有进账，填写收款收据，并在收款收据上加盖“银行收讫”印章以示银行收款业务结束，并根据需要开具发票。根据银行进账单（回单）、收款收据及开具发票的记账联进行“银行存款日记账”登记，然后交由会计进行账务处理。

③收到银行汇票等银行票据时，需要填写收款收据，并根据需要开具发票。根据收款收据、汇票复印件及开具发票的记账联进行“银行票据台账”登记，然后交由会计进行账务处理。

（2）出纳付款业务

出纳付款业务包括现金付款业务、银行转账业务和票据结算业务。

①现金付款业务即根据“报销单”“借款单”等进行现金支付，并在单据上加盖“现金付讫”印章。根据报销单、借款单等进行“现金日记账”登记，然后交由会计进行账务处理。

②银行付款业务包括根据“付款申请单”等开出银行支票和进行银行转账业务，根据银行支票存根、银行付款凭证（回单）进行“银行存款日记账”登记，然后交由会计进行账务处理。

③票据结算业务，应根据“付款申请单”等进行票据结算，并根据银行单据进行“银行票据台账”登记，然后交由会计进行账务处理。

（3）日清月结业务

日清月结就是出纳员办理现金出纳业务，必须做到按日清理，按月结账。按日清理，是指出纳员应对当日的经济业务进行清理，全部登记日记账，结出库存现金账面余额，并与库存现金实地盘点数核对相符。按月结账，即应对当月的经济业务进行汇总合计和累计，确保账实相符。

①清理各种现金收付款凭证。检查单证是否相符，也就是说各种收付款凭证所填写的内容与所附原始凭证反映的内容是否一致；同时还要检查每张单证是否已加盖完毕“收讫”“付讫”戳记。

②登记和清理日记账。将当日发生的所有现金收付业务全部登记入账，在此基础上，看看账证是否相符，即现金日记账所登记的内容、金额与收 / 付款凭证的内容、金额是否一致。清理完毕后，结出现金日记账的当日库存现金账面余额。

③现金盘点。出纳员应按券别分别清点其数量，然后汇总，即可得出当日现金的

实存数。将盘存得出的实存数和账面余额进行核对，看两者是否相符。如发现有长款或短款，应进一步查明原因，及时进行处理。所谓长款，指现金实存数大于账存数；所谓短款，是指实存数小于账面余额。如果经查明长款属于记账错误、丢失单据等，应及时更正错账或补办手续，如属少付他人则应查明退还原主，如果确实无法退还，应经过一定审批手续后作为单位的收益；对于短款如查明属于记账错误应及时更正错账，如果属于出纳员工作疏忽或业务水平问题，一般应按规定由过失人赔偿。

④检查库存现金是否超过规定的现金限额。如实际库存现金超过规定库存限额，则出纳员应将超过部分及时送存银行；如果实际库存现金低于库存限额，则应及时补提现金。

最后根据企业需要编制出纳报表等。

其工作流程如图 1–1 所示。

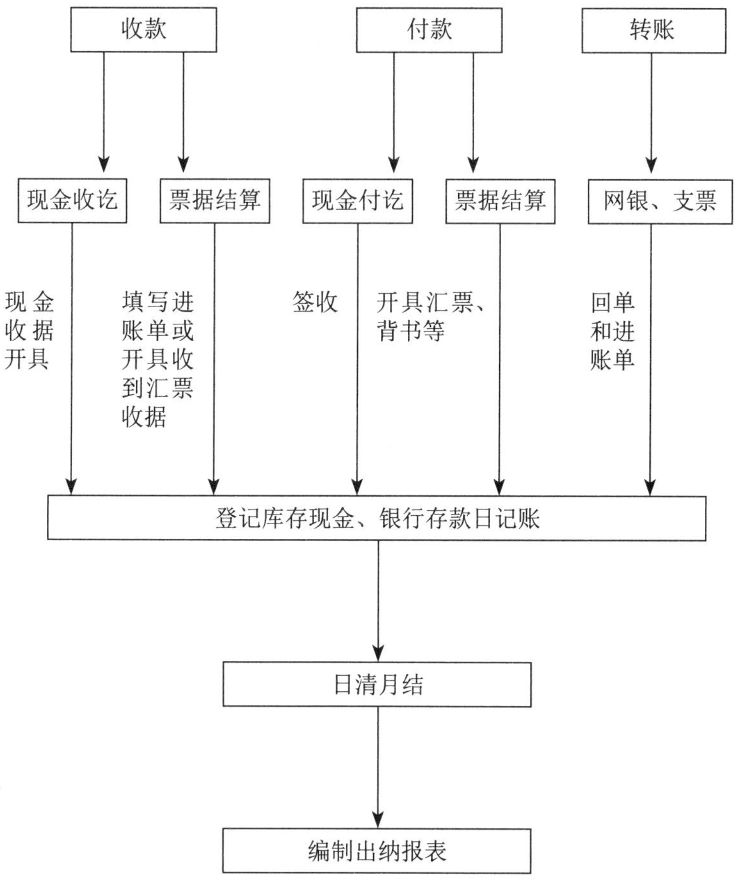

图 1–1 出纳岗工作流程

2. 总账会计岗工作流程

总账会计也就是全盘会计，负责小企业全盘账务的处理、账簿的登记及会计报表的编制工作。

包括原始凭证的审核、编制记账凭证、审核记账凭证、编制科目余额表并登记“明细分类账”和“总分类账”，最后编制财务报表和进行财务分析。具体的操作详见本章“二、会计核算”小节。

其工作流程如图 1–2 所示。

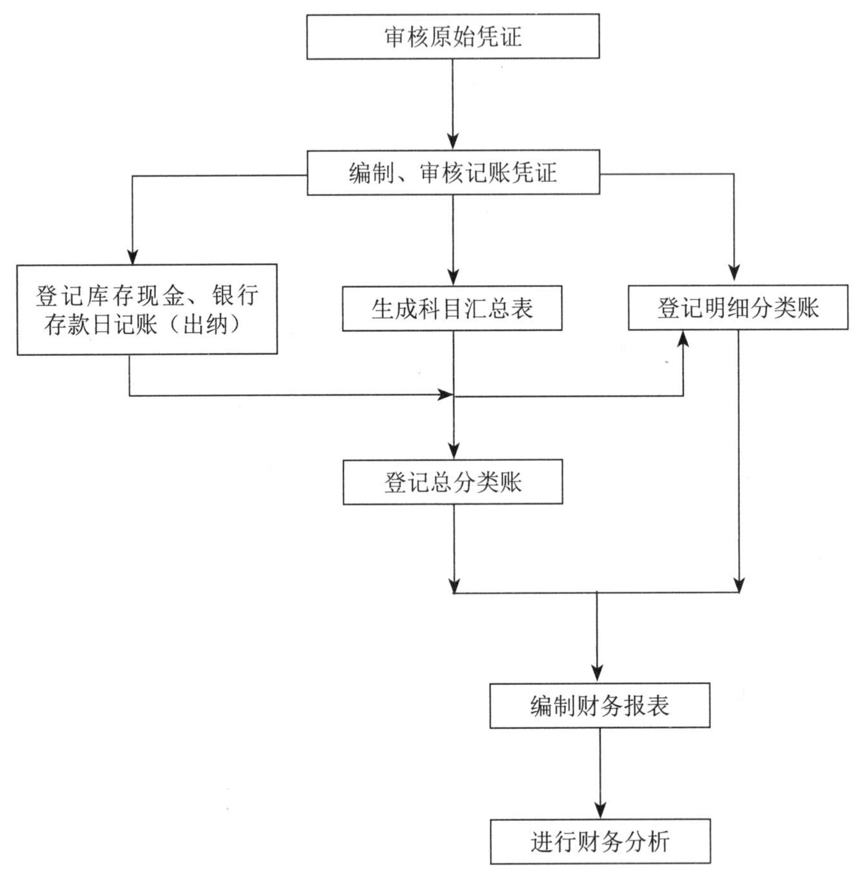

图 1–2 总账会计岗工作流程

3. 税务会计岗工作流程

税务会计就是与税打交道的工作，主要是税费的申报。税费申报完毕需要打印申报表存档。

使用税控盘的企业月初需要登录开票软件，系统会自动进行上传汇总。按月申报增值税的企业需要进行增值税申报后方可重新进入开票软件进行反写监控。在电子税务局开具数电发票或使用开票系统（UKEY 托管）的小企业，不用登录开票软件系统进行汇总上传和反写监控的操作。具体的操作详见本章“三、涉税处理”小节。

其工作流程如图 1–3 所示。

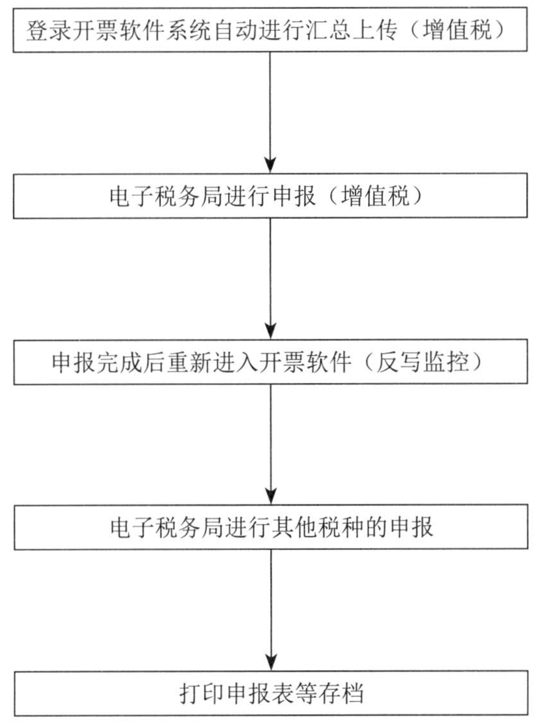

图 1–3 税务会计岗工作流程

（二）业务工作流程

小企业的经济业务主要包括付款业务与收款业务。

1. 付款业务流程

各个小企业付款业务的流程大致相同，即由申请部门填写付款申请单，并由部门负责人等相关人员进行审批，最后进入财会部门流程，即会计审核、财务负责人审批、出纳付款。至此，付款业务完成。会计、出纳根据经济业务分别登记会计账簿。付款业务流程如图 1–4 所示。

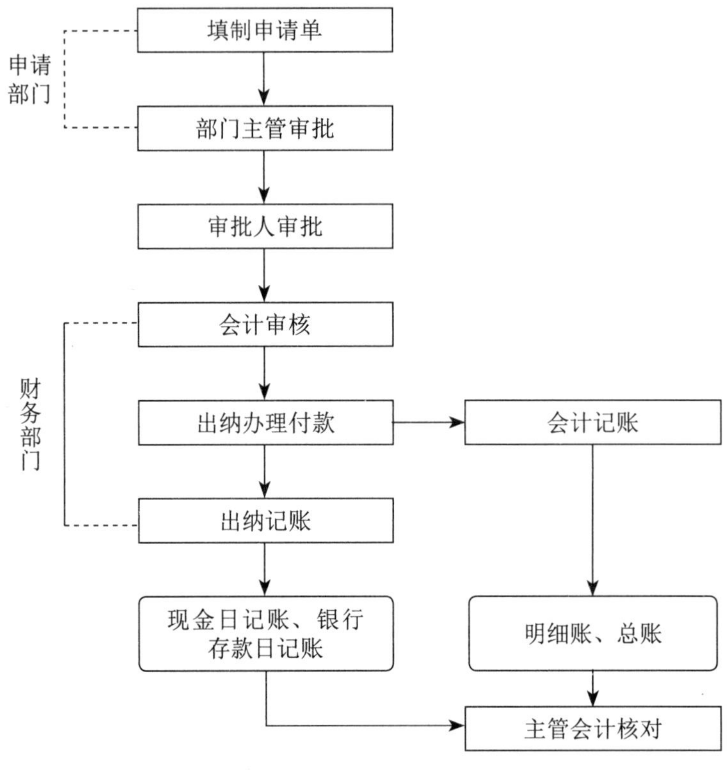

图 1-4 付款业务流程

2. 收款业务流程

各个小企业收款业务的流程大致相同，即由业务部门制单、出纳收款、记账。在“(一)岗位工作流程的出纳岗工作流程”中已做说明。收款业务流程如图 1-5 所示。

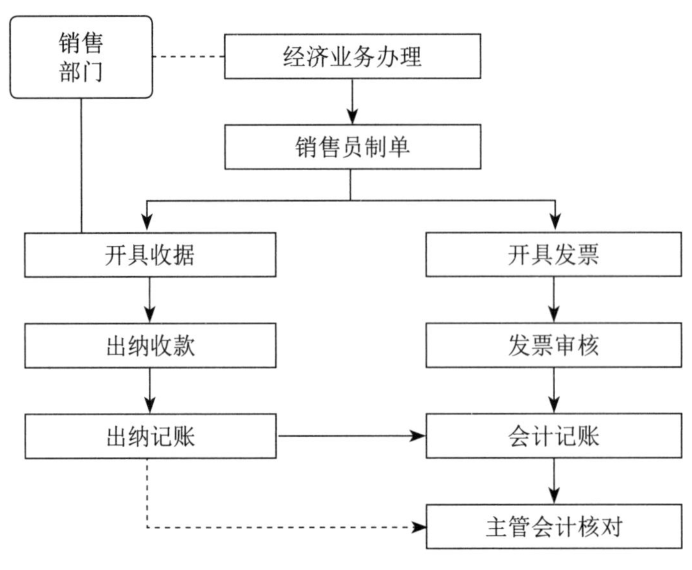

图 1-5 收款业务流程

二、会计核算

会计核算即“财税处理”中的“财”。会计核算、账务处理、做账，三者意思一样，只是叫法不同。小企业会计核算的依据是《小企业会计准则》。

（一）会计核算基础

会计核算的前提条件称为会计假设，它是为了保证会计工作的正常进行和会计信息的质量，对会计核算空间和时间范围、内容、基本程序和方法所作的限定，并在此基础上建立会计原则。

会计假设包括会计主体假设、持续经营假设、会计分期假设和货币计量假设。

1. 会计主体假设

会计主体，是指企业会计确认、计量和报告的空间范围。为了向财务报告使用者反映企业财务状况、经营成果和现金流量，提供对其决策有用的信息，会计核算和财务报告的编制应当反映特定对象的经济活动，才能实现财务报告的目标。

例如，A 公司销售商品给 B 公司，A、B 的账务处理不同，A 公司的账务处理是销售业务，B 公司的账务处理是采购业务。所以会计主体假设明确了企业会计工作的空间范围，只核算一个特定单位的交易或事项。

2. 持续经营假设

持续经营，是指在可以预见的将来，企业将会按当前的规模和状态继续经营下去，不会停业，也不会大规模削减业务。在持续经营前提下，会计确认、计量和报告应当以企业持续、正常的生产经营活动为前提。

我们“活着”就是“人生”这个“公司”的持续经营假设，而怎么活就是我们在人世间做人做事的原则。小企业的账务处理也只有在公司正常运转的情况下，才能以《小企业会计准则》为依据进行核算，直到公司被注销的那一刻。

3. 会计分期假设

会计分期是指将一个企业持续经营的生产经营活动划分为一个个连续的、长短相同的期间。在会计分期假设下，企业应当划分会计期间，分期结算账目和编制财务报告。会计期间通常分为年度和中期。中期，是指短于一个完整的会计年度的报告期间。

按月提供的财务报表，称之为月报；按季度提供的财务报表，称之为季报；按年度提供的财务报表，称之为年报。财务也会根据小企业的实际情况提供周报、旬报、半年报等。

4. 货币计量假设

企业的经济活动种类繁多，选择合理、实用又简化的计量单位，会提高会计信息的质量。货币计量假设就是会计主体在进行会计确认、计量和报告时以货币计量，反映会计主体的财务状况、经营成果和现金流量。

一般内资的小企业以“人民币”为计量单位。

（二）账务处理程序

企业常用的账务处理程序，主要有记账凭证处理程序、汇总记账凭证账务处理程序和科目汇总表账务处理程序，它们之间的主要区别是登记总分类账的依据和方法不同。

《会计基础工作规范》

第三十八条 各单位的会计核算应当以实际发生的经济业务为依据，按照规定的会计处理方法进行，保证会计指标的口径一致、相互可比和会计处理方法的前后各期相一致。

同一企业不得同时采用几种不同的账务处理程序。企业该如何选择适合自己的账务处理程序？先来看下各账务处理程序的内容及流程图。

1. 记账凭证账务处理程序

记账凭证账务处理程序，是指对发生的经济业务，先根据原始凭证或汇总原始凭证填制记账凭证，再直接根据记账凭证登记总分类账的一种账务处理程序（如图 1–6 所示）。

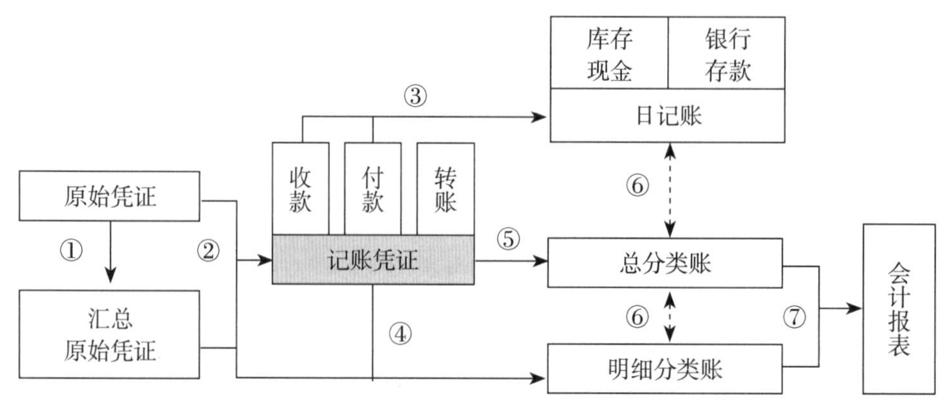

图 1–6 记账凭证账务处理程序

2. 汇总记账凭证账务处理程序

汇总记账凭证账务处理程序，是指先根据原始凭证或汇总原始凭证填制记账凭证，定期根据记账凭证分类编制汇总收款凭证、汇总付款凭证和汇总转账凭证，再根据汇总记账凭证登记总分类账的一种账务处理程序（如图 1–7 所示）。

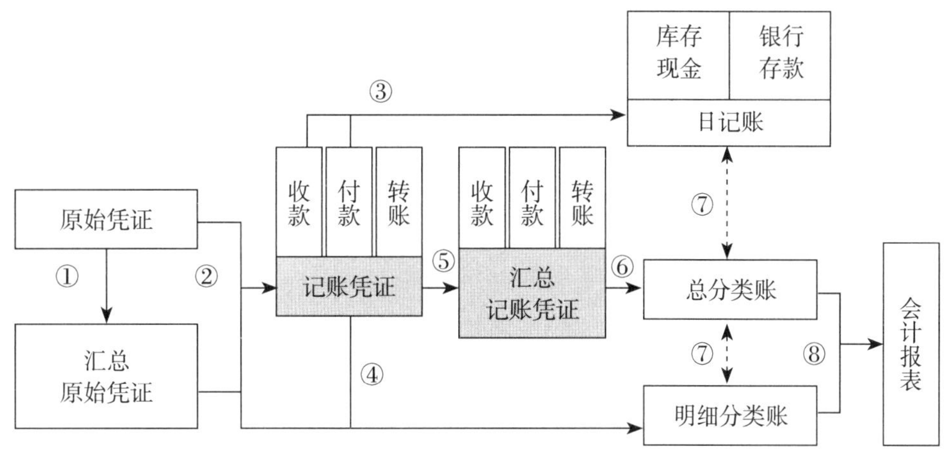

图 1–7　汇总记账凭证账务处理程序

3. 科目汇总表账务处理程序

科目汇总表账务处理程序，又称记账凭证汇总表账务处理程序，是指根据记账凭证定期编制科目汇总表，再根据科目汇总表登记总分类账的一种账务处理程序（如图 1–8 所示）。

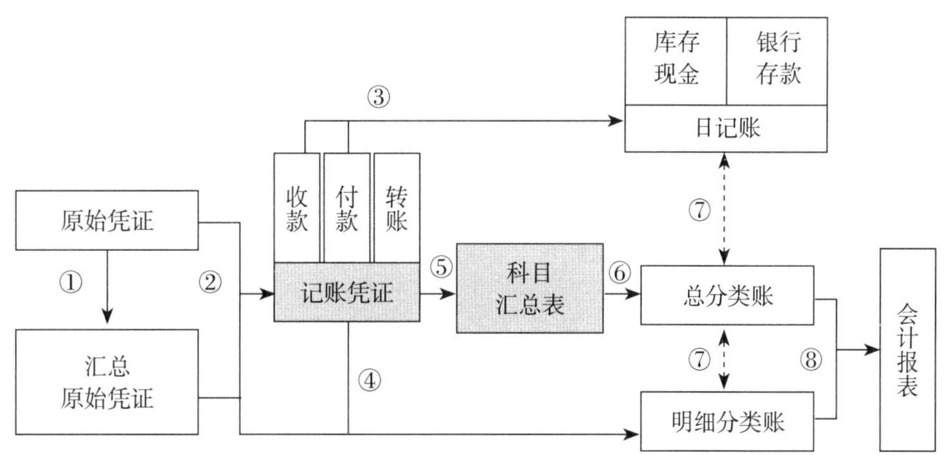

图 1–8　科目汇总表账务处理程序

三种账务处理程序的优缺点如表 1–1 所示。

表 1-1 三种账务处理程序的优缺点

账务处理程序	适用企业	优点	缺点
记账凭证账务处理程序	适合规模较小、经济业务量较少的企业	简单明了，易于理解，总分类账可以较详细地反映经济业务的发生情况	登记总分类账的工作量较大
汇总记账凭证账务处理程序	适合规模较大、经济业务量较多的企业	减轻了登记总分类账的工作量	当转账凭证较多时，编制汇总转账凭证的工作量较大，并且按每一贷方账户编制汇总转账凭证，不利于会计核算的日常分工
科目汇总表账务处理程序	适用于经济业务量较多的企业	减轻了登记总分类账的工作量，易于理解，方便学习，并可做到试算平衡	不能反映各个账户之间的对应关系，不利于对账目进行检查

（三）原始凭证的审核

财务人员在账务处理前要对原始凭证进行审核，要掌握这一技能，首先需要了解原始凭证的概念、分类和填制要求。

原始凭证是指在经济业务发生时填制或取得的，用来证明经济业务的发生或完成情况，并作为记账的各种原始单据。

1. 原始凭证的种类

据取得来源、填制手续等方面的不同，原始凭证有两种常见的分类方法。

（1）按取得来源不同，可分为自制原始凭证和外来原始凭证。

①自制原始凭证

自制原始凭证，是指本单位内部经办业务的部门或人员，在某项经济业务发生或完成时自行填制的凭证。

②外来原始凭证

外来原始凭证，是指在经济业务发生或完成时，从外部单位或个人处取得的凭证。外来原始凭证都是一次凭证，如购买材料取得的增值税专用发票等。外来原始凭证一般由税务局等部门统一印制，或经税务部门批准由经济单位印制，在填制时加盖出据凭证单位公章方有效，对于一式多联的原始凭证必须用复写纸套写。

（2）按填制手续不同，可分为一次凭证、累计凭证和汇总凭证。

①一次凭证

一次凭证是指填制手续一次完成，一次记录一项或若干项经济业务的原始凭证。如：领料单（如图 1-9 所示）、发货单等都是记录一项或若干项经济业务的原始凭证，一般在领料、发货等经济业务发生时一次填写完整。

领　料　单　　№2000001

领料部门：　　日期：　年　月　日

订单号	材料名称	规格	单位	请领数量	实发数量	备注

部门主管：　仓库主管：　领料人：　仓管员：

图 1-9 领料单

②累计凭证

累计凭证是在一定时期内，在一张凭证上，连续多次记录不断重复发生的同类经济业务，随时计算累计数及结余数的原始凭证。它的主要作用在于按计划或限额对物料领用进行控制。如：根据物料清单 / 维修工单编制的限额领料单（如图 1-10 所示）等，一般用于生产制造企业。

限额领料单

材料科目：　材料类别：

领料车间（部门）：　年　月　编号：

用途：　仓库：

材料编号	材料名称	规格	计量单位	领用限额	实际领用			备注
					数量	单位成本	金额	

日期	请　领		实　发			退　回			限额结余
	数量	领料单位	数量	发料人签　章	领料人签　章	数　量	领料人签　章	退料人签　章	

第二联　财务核算联

图 1-10 限额领料单

③汇总凭证

汇总凭证是将一定时期内记录同类经济业务的若干张原始凭证粘贴汇总起来编制的原始凭证，即汇总凭证下必须附上原始凭证单据。如：工资结算汇总表、收货汇总表、费用报销单（如图 1-11 所示）等。

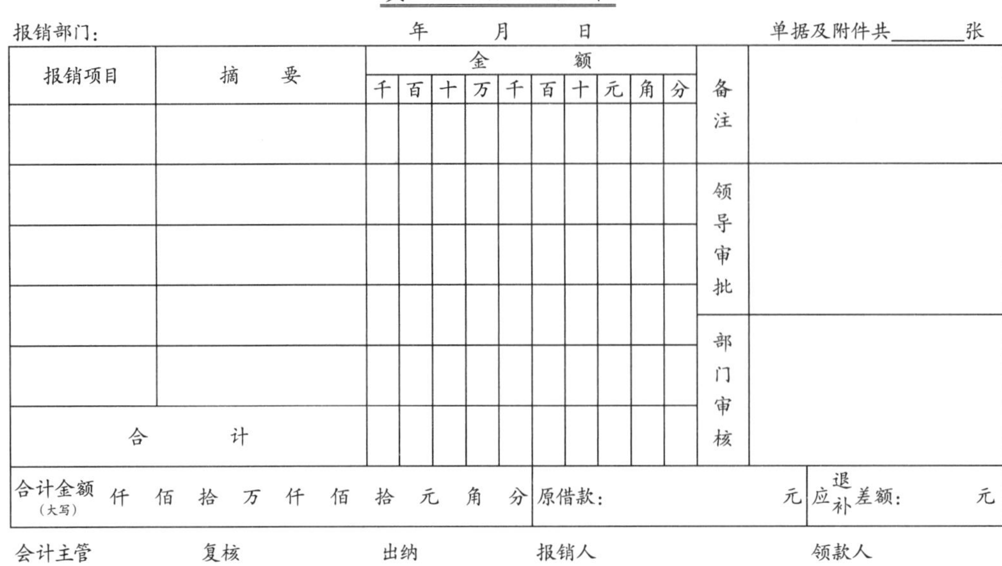

费用报销单

报销部门：　　　　年　　月　　日　　　　单据及附件共_______张

报销项目	摘要	金额											
		千	百	十	万	千	百	十	元	角	分		
												备注	
												领导审批	
												部门审核	
合计													
合计金额（大写） 仟 佰 拾 万 仟 佰 拾 元 角 分		原借款： 元								应退/补差额： 元			

会计主管　　复核　　出纳　　报销人　　领款人

图 1-11 费用报销单

2. 原始凭证的填制要求

企业的会计工作是从取得或填制原始凭证开始的，其填制的正确与否，直接影响会计核算的质量。

《会计基础工作规范》

第四十八条　原始凭证的基本要求是：

（一）原始凭证的内容必须具备：凭证的名称；填制凭证的日期；填制凭证单位名称或者填制人姓名；经办人员的签名或者盖章；接受凭证单位名称；经济业务内容；数量、单价和金额。

（二）从外单位取得的原始凭证，必须盖有填制单位的公章；从个人取得的原始凭证，必须有填制人员的签名或者盖章。自制原始凭证必须有经办单位领导人或者其指定的人员签名或者盖章。对外开出的原始凭证，必须加盖本单位公章。

（三）凡填有大写和小写金额的原始凭证，大写与小写金额必须相符。购买实物的原始凭证，必须有验收证明。支付款项的原始凭证，必须有收款单位和收款人的收款证明。

（四）一式几联的原始凭证，应当注明各联的用途，只能以一联作为报销凭证。

一式几联的发票和收据，必须用双面复写纸（发票和收据本身具备复写纸功能的除外）套写，并连续编号。作废时应当加盖“作废”戳记，连同存根一起保存，不得撕毁。

（五）发生销货退回的，除填制退货发票外，还必须有退货验收证明；退款时，必须取得对方的收款收据或者汇款银行的凭证，不得以退货发票代替收据。

（六）职工公出借款凭据，必须附在记账凭证之后。收回借款时，应当另开收据或者退还借据副本，不得退还原借款收据。

（七）经上级有关部门批准的经济业务，应当将批准文件作为原始凭证附件。如果批准文件需要单独归档的，应当在凭证上注明批准机关名称、日期和文件字号。

第四十九条 原始凭证不得涂改、挖补。发现原始凭证有错误的，应当由开出单位重开或者更正，更正处应当加盖开出单位的公章。

填制原始凭证必须符合规定的要求。

（1）记录真实。经济业务发生的日期、内容、数量和金额等项目必须真实可靠、符合实际情况。

（2）内容完整。凭证的填制日期、经济业务的内容、数量、金额都必须认真填写，不得遗漏。经办人员及有关单位、人员要签名盖章，做到手续完备。填列的项目必须逐项填列齐全，不得遗漏和省略。

（3）书写清楚、规范。字迹清楚、不得使用未经国务院公布的简化汉字。

《会计基础工作规范》

第五十二条 填制会计凭证，字迹必须清晰、工整，并符合下列要求：

（一）阿拉伯数字应当一个一个地写，不得连笔写。阿拉伯金额数字前面应当书写货币币种符号或者货币名称简写和币种符号。币种符号与阿拉伯金额数字之间不得留有空白。凡阿拉伯数字前写有币种符号的，数字后面不再写货币单位。

（二）所有以元为单位（其他货币种类为货币基本单位，下同）的阿拉伯数字，除表示单价等情况外，一律填写到角分；无角分的，角位和分位可写“００”，或者符号“——”；有角无分的，分位应当写“０”，不得用符号“——”代替。

（三）汉字大写数字金额如零、壹、贰、叁、肆、伍、陆、柒、捌、玖、拾、佰、仟、万、亿等，一律用正楷或者行书体书写，不得用０、一、二、三、四、五、六、七、八、九、十等简化字代替，不得任意自造简化字。大写金额数字到元或者角为止的，在“元”或者“角”字之后应当写“整”字或者“正”字；大写金额数字有分的，分字后面不写“整”或者“正”字。

（四）大写金额数字前未印有货币名称的，应当加填货币名称，货币名称与金额数字之间不得留有空白。

（五）阿拉伯金额数字中间有“０”时，汉字大写金额要写“零”字；阿拉伯数字金额中间连续有几个“０”时，汉字大写金额中可以只写一个“零”字；阿拉伯金额数字元位是“０”，或者数字中间连续有几个“０”、元位也是“０”但角位不是

“0”时，汉字大写金额可以只写一个“零”字，也可以不写“零”字。

（4）连续编号。如果原始凭证已预先印定编号，写坏作废时应加盖“作废”戳记，不得撕毁。

（5）不得涂改、刮擦和挖补。原始凭证如有错误，应当由出具单位重开或更正，更正处应当加盖出具单位印章。原始凭证金额有错误的，应当由出具单位重开，不得在原始凭证上更正。

（6）填制及时。及时填写、及时送交审核。

财税笔记：

①购买实物的原始凭证，必须有验收证明（入库单等）。

②职工因公出差等借款凭据（借款单），必须附在记账凭证之后。收回借款时，应当另开收据或退还借款副本，不得退还原借款凭据。

③出纳员办理完收付款业务后，应在原始凭证上加盖“收讫”或“付讫”的戳记，以避免重收重付。

（四）记账凭证的填制

编制记账凭证是财务人员在账务处理时的必备技能，这一技能的运用，除了需要熟悉《小企业会计准则》，还需要了解记账凭证的概念、分类和填制要求。

记账凭证是指在经济业务发生时填制或取得的，用来证明经济业务的发生或完成情况，并作为登记账簿的直接依据。

1. 记账凭证的种类

记账凭证按其适用的经济业务，分为专用记账凭证和通用记账凭证。现在大多数企业使用的是通用记账凭证。

（1）专用记账凭证

专用记账凭证按其记录的经济业务内容是否与现金和银行存款收付业务有关，分为收款凭证、付款凭证和转账凭证三种。

①收款凭证

收款凭证是专门用于登记现金和银行存款收入业务的记账凭证。它根据有关现金和银行存款收入业务的原始凭证填制，是登记现金日记账、银行存款日记账以及有关明细账和总账等账簿的依据，也是出纳人员收讫款项的依据。如图 1–12 所示。

总号	
分号	

收 款 凭 证

借方科目＿＿＿＿＿＿＿＿　　　年　月　日　　　附件　　张

摘要	应贷科目		过账	金额										
	一级科目	二级及明细科目		亿	千	百	十	万	千	百	十	元	角	分
合计														

财会主管　　记账　　出纳　　复核　　制单

上海强林纸品有限公司出品　货号：110-30

图 1-12 收款凭证

②付款凭证

付款凭证是专门用于登记现金和银行存款支出业务的记账凭证。它根据有关现金和银行存款支付业务的原始凭证填制，是登记现金日记账、银行存款日记账以及有关明细账和总账等账簿的依据，也是出纳人员支付款项的依据。如图 1-13 所示。

总号	
分号	

付 款 凭 证

贷方科目＿＿＿＿＿＿＿＿　　　年　月　日　　　附件　　张

摘要	应借科目		过账	金额										
	一级科目	二级及明细科目		亿	千	百	十	万	千	百	十	元	角	分
合计														

财会主管　　记账　　出纳　　复核　　制单　　领款人签章

上海强林纸品有限公司出品　货号：120-30

图 1-13 付款凭证

财税笔记：

对于现金和银行存款之间的相互划转的业务，即从银行提取现金，或将现金存入银行，为了避免重复记账，只编制付款凭证，不编制收款凭证。

③转账凭证

转账凭证是专门用于登记现金和银行存款收付业务以外业务的记账凭证。它根据有关转账业务的原始凭证填制，是登记有关明细账和总账等账簿的依据。如图 1–14 所示。

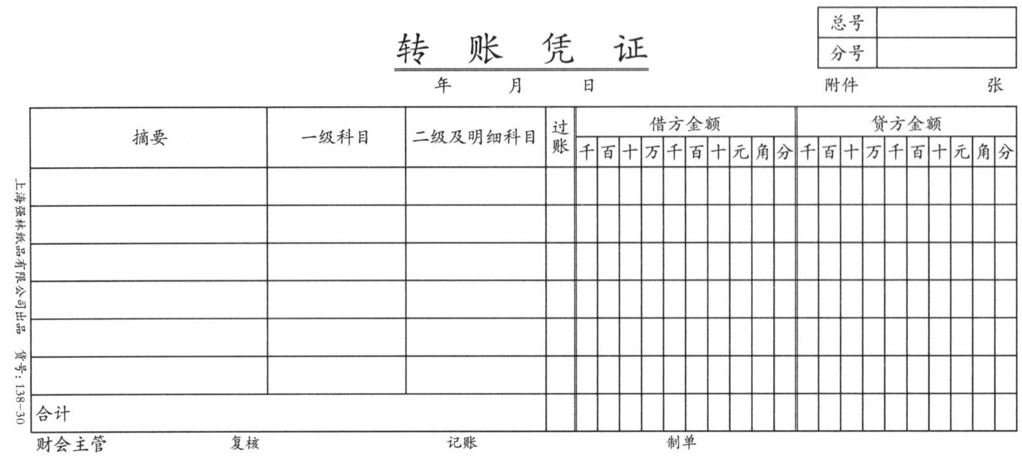

总号	
分号	

转 账 凭 证

年 月 日 附件 张

摘要	一级科目	二级及明细科目	过账	借方金额										贷方金额									
				千	百	十	万	千	百	十	元	角	分	千	百	十	万	千	百	十	元	角	分
合计																							

上海强林纸品有限公司出品 货号：138–30

财会主管 复核 记账 制单

图 1–14 转账凭证

（2）通用记账凭证

通用记账凭证是指适用于各类经济业务、具有统一格式的记账凭证。其以一种格式记录全部经济业务。现在小企业一般都用通用记账凭证。如图 1–15 所示。

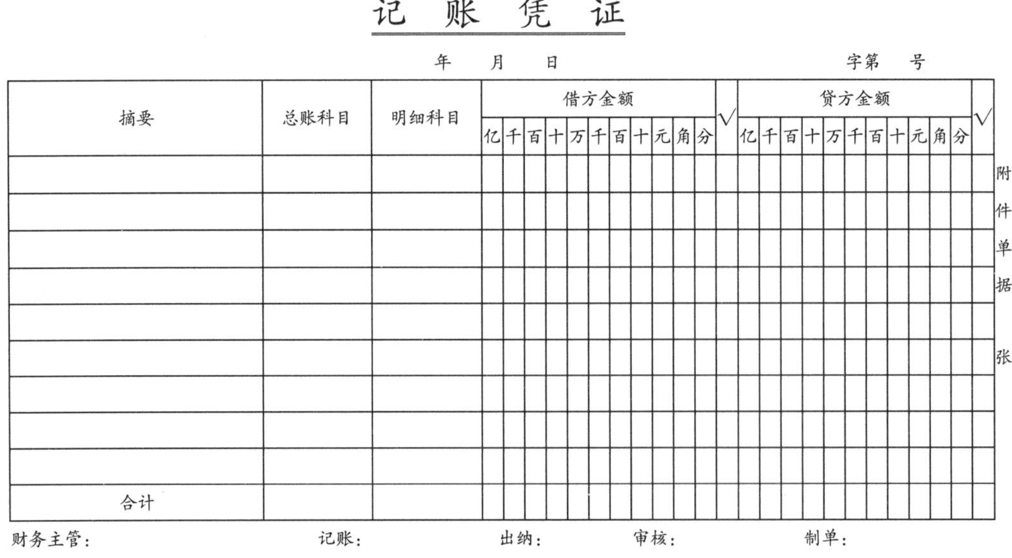

记 账 凭 证

年 月 日 字第 号

摘要	总账科目	明细科目	借方金额											√	贷方金额											√
			亿	千	百	十	万	千	百	十	元	角	分		亿	千	百	十	万	千	百	十	元	角	分	
合计																										

附件单据 张

财务主管： 记账： 出纳： 审核： 制单：

图 1–15 通用记账凭证

2. 记账凭证的填制要求

明确了记账凭证的内容后，必须根据记账凭证的填制要求，做好其填制工作。

（1）必须以审核无误的原始凭证为依据

除结账和更正错误的记账凭证可以不附原始凭证外，记账凭证必须附有经审核无误的原始凭证为依据。

《会计基础工作规范》

第五十一条　记账凭证的基本要求是：

（三）记账凭证可以根据每一张原始凭证填制，或者根据若干张同类原始凭证汇总填制，也可以根据原始凭证汇总表填制。但不得将不同内容和类别的原始凭证汇总填制在一张记账凭证上。

（四）除结账和更正错误的记账凭证可以不附原始凭证外，其他记账凭证必须附有原始凭证。如果一张原始凭证涉及几张记账凭证，可以把原始凭证附在一张主要的记账凭证后面，并在其他记账凭证上注明附有该原始凭证的记账凭证的编号或者附原始凭证复印件。

一张原始凭证所列支出需要几个单位共同负担的，应当将其他单位负担的部分，开给对方原始凭证分割单，进行结算。原始凭证分割单必须具备原始凭证的基本内容：凭证名称、填制凭证日期、填制凭证单位名称或者填制人姓名、经办人的签名或者盖章、接受凭证单位名称、经济业务内容、数量、单价、金额和费用分摊情况等。

电费分割单是最常见的原始凭证分割单，其作用是明确分割在一张原始凭证（电费发票）上记录的应该由两个或两个以上单位（或部门）承担的电费经济业务。电费分割单由取得原始凭证的一方向承担电费的另一方开具，分割单上的数据根据发票及分割的实际情况填写即可。原始凭证分割单如图 1-16 所示。

原始凭证分割单

凭证分割名称：　　　　分割日期：　　　　单位：元

填制凭证单位名称				接受分割单位名称				
序号	分割类别	经济业务内容	分割前总额	单位	分割量	单价	分割金额	备注
1								
2								
3								
4								
5								
合计								

填制人：　　　　经办人：　　　　接受人：

图 1-16　原始凭证分割单

（2）选择、确定记账凭证的种类

根据经济业务的内容选择记账凭证。可以都使用通用记账凭证，也可以根据经济业务的内容选择使用万用转账凭证。

例如，2023 年 9 月 8 日，李明出差归来报销差旅费 1,000 元，退回现金 200 元。

①选择通用记账凭证只需要填制一笔凭证。如图 1–17 所示。

记　账　凭　证

2023 年 9 月 8 日　　　　记第　　号

摘要	会计科目		借方金额	贷方金额	记账√
	总账科目	明细科目			
李明报销差旅费	销售费用	差旅费用	1,000.00		
李明退回现金	库存现金		200.00		
李明报销差旅费	其他应收款	个人——李明		1,200.00	
合计	⊗壹仟贰佰元整		¥1,200.00	¥1,200.00	

附单据　张

制单：白雨

图 1–17 记账凭证

②选择专用记账凭证（收 / 付 / 转），应相应地填制不同凭证。

李明报销差旅费 1,000 元，应填制转账凭证。如图 1–18 所示。

转　账　凭　证

2023 年 9 月 8 日　　　　记第　　号

摘要	会计科目		借方金额	贷方金额	记账√
	总账科目	明细科目			
李明报销差旅费	销售费用	差旅费用	1,000.00		
	其他应收款	个人——李明		1,000.00	
合计	⊗壹仟元整		¥1,000.00	¥1,000.00	

附单据　张

制单：白雨

图 1–18 转账凭证

李明退回现金 200 元，应填制收款凭证。如图 1–19 所示。

收　款　凭　证

借方科目：库存现金　　　　2023年9月8日　　　　记第　　号

摘要	贷方科目		贷方金额	记账√
	总账科目	明细科目		
李明退回现金	其他应收款	个人——李明	200.00	
合计	⊗贰佰元整		¥200.00	

附单据　张

制单：白雨

图 1–19 收款凭证

（3）记账凭证的填制

《会计基础工作规范》

第五十一条　记账凭证的基本要求是：

（一）记账凭证的内容必须具备：填制凭证的日期；凭证编号；经济业务摘要；会计科目；金额；所附原始凭证张数；填制凭证人员、稽核人员、记账人员、会计机构负责人、会计主管人员签名或者盖章。收款和付款记账凭证还应当由出纳人员签名或者盖章。

以自制的原始凭证或者原始凭证汇总表代替记账凭证的，也必须具备记账凭证应有的项目。

记账凭证的基本要求如图 1–20 所示。

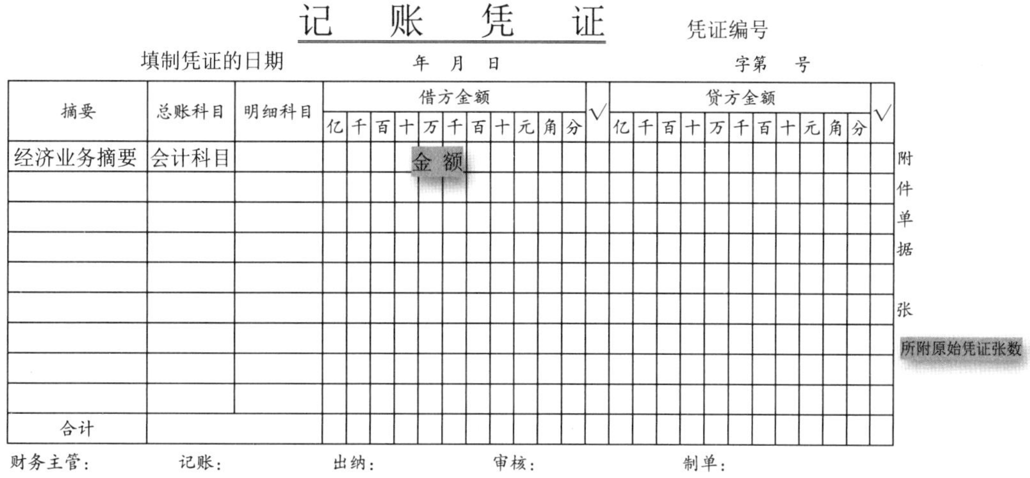

记　账　凭　证　　凭证编号

填制凭证的日期　　年　月　日　　字第　号

摘要	总账科目	明细科目	借方金额											√	贷方金额											√
			亿	千	百	十	万	千	百	十	元	角	分		亿	千	百	十	万	千	百	十	元	角	分	
经济业务摘要	会计科目						金额																			
合计																										

附件单据　张

所附原始凭证张数

财务主管：　记账：　出纳：　审核：　制单：

制单、审核、出纳、财务主管等人员签名或盖章。

图 1–20 记账凭证的基本要求

①正确填制会计科目、子目和编制会计分录

填写会计科目时，应当填写会计科目的全称。为了便于登记日记账和明细账，还应填写明细科目。

②记账凭证中日期的填写

现金或银行收/付款业务的记账凭证，按实际收/付款业务的日期进行填列，一般与原始凭证上日期相符；采购业务、报账业务的记账凭证，按经济业务发生日期进行填列，而不是根据原始凭证上日期填列；月末计提、分配费用、成本计算、转账等业务，大多是在下月初进行，但所填日期应当为当月最后一日的日期。

实际工作中，业务较少的小企业或者代账公司进行账务处理时，往往记账日期为当月最后一天，此操作简便但查询不便。

③记账凭证中金额的填写

《会计基础工作规范》

第五十一条　记账凭证的基本要求是：

（六）记账凭证填制完经济业务事项后，如有空行，应当自金额栏最后一笔金额数字下的空行处至合计数上的空行处划线注销。

金额须与原始凭证的金额相符；阿拉伯数字应书写规范，并填至分位；借贷关系和行次要正确，防止错栏串行；合计行数字前填写人民币“¥”符号，以示金额封顶，防止篡改；金额栏最后留有的空行，要用斜直线或“S”线注销；记账凭证应按行次逐笔填写，不得跳行或留有空行。

（4）填写记账凭证的编号

《会计基础工作规范》

第五十一条　记账凭证的基本要求是：

（二）填制记账凭证时，应当对记账凭证进行连续编号。一笔经济业务需要填制两张以上记账凭证的，可以采用分数编号法编号。

为了依据记账凭证的顺序登记账簿、日后进行账证核对、保证会计凭证的安全和完整，要对记账凭证进行编号。应以月为单位，按自然顺序连续编号，不得跳号、重号。

①将一个月的全部经济业务，按经济业务顺序统一编号。这种编号方法简便，适于采用通用记账凭证的单位使用；

②将一个月的全部经济业务，分收款业务、付款业务、转账业务三类，分别按顺序编号；

③将一个月的全部经济业务，分现金收款、银行存款收款、现金付款、银行存款付款、转账业务五类，分别按顺序编号；

④如果一笔经济业务需要在两张或以上的记账凭证上进行反映，则需要有总号和分号，例如，32 号记账凭证需编写 2 张，则第一张、第二张的编号分别为 32½、32 ⅔。

（5）计算和填写所附原始凭证的张数

附件张数的计算方法：

①按附原始凭证的自然张数计算；

②有原始凭证汇总表的附件，可将原始凭证汇总表张数作为记账凭证的附件张数，再把原始凭证作为原始凭证汇总表的附件张数处理。

对于汽车票、火车票等外形较小的原始凭证，可粘贴在“凭证粘贴单”上，作为一张原始凭证附件。但在粘贴单上应注明所粘贴原始凭证的张数和金额。

当一张或几张原始凭证涉及几张记账凭证时，可将原始凭证附在一张主要的记账凭证后面，并在摘要栏内注明“本凭证附件包括 ×× 号记账凭证业务”字样，在其他记账凭证上注明“原始凭证附在 ×× 号记账凭证后面”字样。

（6）记账凭证的签名或盖章

记账凭证填制完成后，一般应由填制人员、审核人员、会计主管人员、记账人员分别签名或盖章，以示其经济责任，防止错误和舞弊行为的发生。对于收款凭证及付款凭证，还应由出纳人员签名盖章，以证明款项已收讫或付讫。

（7）错填记账凭证要按规定的方法进行更正

《会计基础工作规范》

第五十一条　记账凭证的基本要求是：

（五）如果在填制记账凭证时发生错误，应当重新填制。

已经登记入账的记账凭证，在当年内发现填写错误时，可以用红字填写一张与原内容相同的记账凭证，在摘要栏注明“注销某月某日某号凭证”字样，同时再用蓝字重新填制一张正确的记账凭证，注明“订正某月某日某号凭证”字样。如果会计科目没有错误，只是金额错误，也可以将正确数字与错误数字之间的差额，另编一张调整的记账凭证，调增金额用蓝字，调减金额用红字。发现以前年度记账凭证有错误的，应当用蓝字填制一张更正的记账凭证。

一些小企业在实际工作中，并没有按《会计基础工作规范》记账凭证的基本要求进行更正，而是直接把错填的记账凭证撕毁作废，重新填制。如是使用财务软件工作的，则常在反结账、反审核后对凭证进行修改。这种操作虽然减轻了财务人员的工作量和保证了账面的完美，但是不能真正地反映经济业务的来龙去脉。

（五）会计账簿的登记

会计账簿是根据会计科目开设并由专门格式的账页连接在一起的，以会计凭证为依据，序时、分类地记录各项交易或事项，为编制会计报告进行会计数据加工和存储的簿籍，俗称“账本”。

1. 会计账簿的种类

会计账簿按照用途可分为序时账、分类账和备查账。

（1）序时账

序时账也叫日记账，是按照经济业务发生的时间先后顺序逐日逐笔登记的账簿。

日记账簿按其记录的内容不同，分为普通日记账和特种日记账两种。

为了及时掌握货币资金的收支结存情况，加强货币资金的管理，我国企业都要设置特种日记账，即现金日记账（如图 1–21 所示）和银行存款日记账。特种日记账采用订本账形式，账页格式采用三栏式，由出纳人员根据现金、银行存款的收款凭证和付款凭证逐笔登记，在只设通用记账凭证的企业中，根据记账凭证中涉及现金、银行存款收付业务的凭证登记。

现金日记账

年		凭证号数	对方科目	摘　　要	√	收入（借方）金额											付出（贷方）金额											结存金额										
月	日					亿	千	百	十	万	千	百	十	元	角	分	亿	千	百	十	万	千	百	十	元	角	分	亿	千	百	十	万	千	百	十	元	角	分

图 1–21 现金日记账

（2）分类账

分类账是指对所有的经济业务按照会计科目开设账户并进行分类登记的会计账簿。

分类账簿按照提供的会计信息的详细程度不同，又可以分为总分类账簿和明细分类账簿。

①总分类账簿是指按照总分类科目开设账户并登记的会计账簿，一般使用订本式形式，账页采用三栏式格式。

②明细分类账簿是指按照二级、三级会计科目开设账户并进行登记的会计账簿，使用活页账形式，记账人员可根据设置的账户和记账的需要随时取用和补充空白账页。账页格式比较多，如：三栏式、多栏式、数量金额式、专用账页等。

③总账与明细账的平行登记

总账和明细账之间的关系，决定了在登记总分类账和明细分类账时，必须采用平行登记法。平行登记是指对所发生的每项经济业务都要以会计凭证为依据，一方面记入有关总分类账户，另一方面记入所辖明细分类账户的方法。

总分类账户与明细分类账户平行登记的要点如表 1–2 所示。

表 1–2 平行登记要点

平行登记	平行登记要点
方向相同	在总分类账户及其所辖的明细分类账户中登记同一项经济业务时，方向通常相同。即在总分类账户中记入借方，在其所辖的明细分类账户中也应记入借方；在总分类账户中记入贷方，在其所辖的明细分类账户中一般也应记入贷方
期间一致	发生的经济业务，记入总分类账户和所辖明细分类账户的具体时间可以有先后，但应在同一个会计期间记入总分类账户和所辖明细分类账户
金额相等	记入总分类账户的金额必须与记入其所辖的一个或几个明细分类账户的金额合计数相等

（3）备查账

备查账是对日记账和分类账中未能记载的事项进行补充登记以供查考的账簿。并不是每个企业都要设置备查账簿，而应根据管理的需要来决定，但是对于会计制度规定必须设置备查簿的科目，如“应收票据”“应付票据”等会计科目，必须按照会计制度的规定设置备查账簿（如图 1–22 所示）。备查账没有固定的格式，与其他账簿之间也不存在严密的勾稽关系，其格式可由企业根据内部管理的需要自行确定。外表形式一般采用活页式。

银行承兑汇票备查登记表

单位名称：

序号	收票日期（年/月/日）	背书人（全称）	银行承兑汇票基本信息						背书日期（年/月/日）	被背书人（全称）	收票单位承办人（签字）	收款日期（票据托收填写）
			银行承兑汇票编号	出票日期	签发银行	出票人全称	出票金额	汇票到期日				

图 1-22 备查账

2. 登记账簿的要求

会计人员应根据审核无误的会计凭证及时地登记会计账簿。

（1）准确完整

《会计基础工作规范》

第六十条　会计人员应当根据审核无误的会计凭证登记会计账簿。登记账簿的基本要求是：

（一）登记会计账簿时，应当将会计凭证日期、编号、业务内容摘要、金额和其他有关资料逐项记入账内，做到数字准确、摘要清楚、登记及时、字迹工整。

每一项会计事项，一方面要记入相对应总账，另一方面要记入该总账所属的明细账。账簿记录中的日期，应该填写记账凭证上的日期；以自制的原始凭证作为记账依据的，如收料单、领料单等，账簿记录中的日期应按有关自制凭证上的日期填列。

除此，业务内容摘要、金额和其他有关资料也应逐项记入账簿，且账面要清晰，登记要及时。

（2）注明记账符号

《会计基础工作规范》

第六十条　会计人员应当根据审核无误的会计凭证登记会计账簿。登记账簿的基本要求是：

（二）登记完毕后，要在记账凭证上签名或者盖章，并注明已经登账的符号，表示已经记账。

记　账　凭　证

年　　月　　日　　　　　　　　　　　　　　字第　　号

摘要	总账科目	明细科目	借方金额											√	贷方金额											√
			亿	千	百	十	万	千	百	十	元	角	分		亿	千	百	十	万	千	百	十	元	角	分	
合计																										

附件单据　张

财务主管：　　　　　　记账：　　　　出纳：　　　　审核：　　　　制单：

图 1-23 通用记账凭证

通用记账凭证（如图 1-23 所示）中的“√”表示该分录已经登记入账簿中，否则为空，这样可以防止会计人员漏记账簿或重复记账。

（3）文字和数字必须整洁清晰，准确无误

《会计基础工作规范》

第六十条　会计人员应当根据审核无误的会计凭证登记会计账簿。登记账簿的基本要求是：

（三）账簿中书写的文字和数字上面要留有适当空格，不要写满格；一般应占格距的二分之一。

在登记书写时，不要滥造简化字，不得使用同音异义字，不得写怪字体；摘要文字紧靠左线；数字要写在金额栏内，不得越格错位、参差不齐；文字、数字字体大小适中，紧靠下线书写，上面要留有适当空距，一般应占格宽的 1/2，以备按规定的方法改错。记录金额时，如为没有角分的整数，应分别在角分栏内写上“0”，不得省略不写，或以“-”代替。

阿拉伯数字手写体如图 1-24 所示。

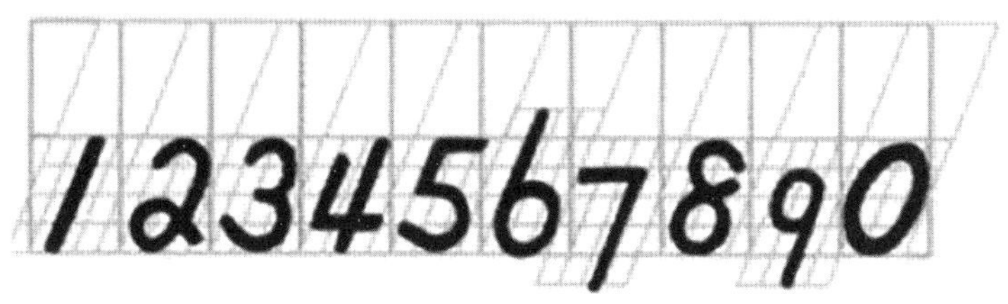

图 1-24 阿拉伯数字手写体

（4）正常记账使用蓝黑墨水

《会计基础工作规范》

第六十条　会计人员应当根据审核无误的会计凭证登记会计账簿。登记账簿的基本要求是：

（四）登记账簿要用蓝黑墨水或者碳素墨水书写，不得使用圆珠笔（银行的复写账簿除外）或者铅笔书写。

在会计的记账书写中，数字的颜色是重要的语素之一，它同数字和文字一起传达出会计信息。会计中书写墨水的颜色用错了，传达出的会计信息也是错的。

（5）特殊记账使用红墨水

《会计基础工作规范》

第六十条　会计人员应当根据审核无误的会计凭证登记会计账簿。登记账簿的基本要求是：

（五）下列情况，可以用红色墨水记账：

1. 按照红字冲账的记账凭证，冲销错误记录；

2. 在不设借贷等栏的多栏式账页中，登记减少数；

3. 在三栏式账户的余额栏前，如未印明余额方向的，在余额栏内登记负数余额；

4. 根据国家统一会计制度的规定可以用红字登记的其他会计记录。

手工记账情况下，红色墨水登记的为负数金额。在财务软件记账中，录入负数金额会显示红字，但是打印出来的还是显示负数金额。

（6）顺序连续登记

《会计基础工作规范》

第六十条　会计人员应当根据审核无误的会计凭证登记会计账簿。登记账簿的基本要求是：

（六）各种账簿按页次顺序连续登记，不得跳行、隔页。如果发生跳行、隔页，应当将空行、空页划线注销，或者注明“此行空白”“此页空白”字样，并由记账人员签名或者盖章。

顺序连续登记如图 1–25 和图 1–26 所示。

应收账款

明细科目：光明公司

2023年		凭证		摘要	借方												贷方												借或贷	余额												√
月	日	字	号		十	亿	千	百	十	万	千	百	十	元	角	分	十	亿	千	百	十	万	千	百	十	元	角	分		十	亿	千	百	十	万	千	百	十	元	角	分	
9	2		2	销售商品					1	0	0	0	0	0	0	0																		1	0	0	0	0	0	0	0	
				此行空白																																						
9	28		100	回款																																						

图 1-25 顺序连续登记（此行空白）

应收账款

明细科目：光明公司

年		凭证		摘要	借方												贷方												借或贷	余额												√
月	日	字	号		十	亿	千	百	十	万	千	百	十	元	角	分	十	亿	千	百	十	万	千	百	十	元	角	分		十	亿	千	百	十	万	千	百	十	元	角	分	
				销售商品																																						
				回款																																						
				此页空白																																						

图 1-26 顺序连续登记（此页空白）

目前大多数小企业使用财务软件电子记账，也不会出现这种情况，年末连续打印账簿即可。

（7）结出余额

《会计基础工作规范》

第六十条　会计人员应当根据审核无误的会计凭证登记会计账簿。登记账簿的基本要求是：

（七）凡需要结出余额的账户，结出余额后，应当在“借或贷”等栏内写明“借”或者“贷”等字样。没有余额的账户，应当在“借或贷”等栏内写“平”字，并在余额栏内用“Q”表示。

现金日记账和银行存款日记账必须逐日结出余额。

一般说来，对于没有余额的账户，在余额栏内标注的“Q”应当放在“元”位。

结出余额如图 1–27 所示。

应收账款

明细 科目：光明公司

2023年		凭证		摘要	借方												贷方												借或贷	余额												√
月	日	字	号		十	亿	千	百	十	万	千	百	十	元	角	分	十	亿	千	百	十	万	千	百	十	元	角	分		十	亿	千	百	十	万	千	百	十	元	角	分	
9	2		2	销售商品					1	0	0	0	0	0	0	0													借					1	0	0	0	0	0	0	0	
9	28		100	回款																	1	0	0	0	0	0	0	0	平										θ			

图 1–27 结出余额

（8）过次承前

《会计基础工作规范》

第六十条　会计人员应当根据审核无误的会计凭证登记会计账簿。登记账簿的基本要求是：

（八）每一账页登记完毕结转下页时，应当结出本页合计数及余额，写在本页最后一行和下页第一行有关栏内，并在摘要栏内注明“过次页”和“承前页”字样；也可以将本页合计数及金额只写在下页第一行有关栏内，并在摘要栏内注明“承前页”字样。

对需要结计本月发生额的账户，结计“过次页”的本页合计数应当为自本月初起至本页末止的发生额合计数；对需要结计本年累计发生额的账户，结计“过次页”的本页合计数应当为自年初起至本页末止的累计数；对既不需要结计本月发生额也不需要结计本年累计发生额的账户，可以只将每页末的余额结转次页。

过次承前如图 1–28 所示。

应收账款

明细　科目：大真公司

年		凭证		摘要	借方												贷方												借或贷	余额												√
月	日	字	号		十	亿	千	百	十	万	千	百	十	元	角	分	十	亿	千	百	十	万	千	百	十	元	角	分		十	亿	千	百	十	万	千	百	十	元	角	分	
				承前页																									借					1	0	0	0	0	0	0	0	
6	2		10	回款																	1	0	0	0	0	0	0	0	平										θ			
6	4		14	销售						1	0	0	0	0	0	0													借					1	0	0	0	0	0	0	0	
6	6		18	销售						1	0	0	0	0	0	0													借					2	0	0	0	0	0	0	0	
6	8		22	销售						1	0	0	0	0	0	0													借					3	0	0	0	0	0	0	0	
6	10		26	销售						1	0	0	0	0	0	0													借					4	0	0	0	0	0	0	0	
6	12		30	销售						1	0	0	0	0	0	0													借					5	0	0	0	0	0	0	0	
6	14		34	销售						1	0	0	0	0	0	0													借					6	0	0	0	0	0	0	0	
6	16		38	销售						1	0	0	0	0	0	0													借					7	0	0	0	0	0	0	0	
6	18		42	销售						1	0	0	0	0	0	0													借					8	0	0	0	0	0	0	0	
6	20		46	销售						1	0	0	0	0	0	0													借					9	0	0	0	0	0	0	0	
				过次页																																						

图 1–28 过次承前

（9）错误更正

登记发生错误时，必须根据差错的具体情况采用划线更正、红字更正、补充登记等方法更正，严禁刮、擦、挖、补，或使用化学药物清除字迹。

《会计基础工作规范》

第六十一条　账簿记录发生错误，不准涂改、挖补、刮擦或者用药水消除字迹，不准重新抄写，必须按照下列方法进行更正：

（一）登记账簿时发生错误，应当将错误的文字或者数字划红线注销，但必须使原有字迹仍可辨认；然后在划线上方填写正确的文字或者数字，并由记账人员在更正处盖章。对于错误的数字，应当全部划红线更正，不得只更正其中的错误数字。对于文字错误，可只划去错误的部分。

（二）由于记账凭证错误而使账簿记录发生错误，应当按更正的记账凭证登记账簿。

错误更正如图 1–29 所示。

应收账款

明细 科目：大真公司

年 月	日	凭证 字	凭证 号	摘要	借方	贷方	借或贷	余额	√
				承前页			借	10000000	
6	2		10	回款		10000000	平	θ	
6	4		14	销售	1000000		借	10000000	
6	6		18	销售	1000000		借	20000000	
6	8		22	销售	1000000		借	30000000	
6	10		26	销售	1000000		借	40000000	
6	12		30	销售	1000000		借	50000000	
6	14		34	销售	1000000		借	60000000	
6	16		38	销售	1000000		借	70000000	
6	18		42	销售	1000000		借	80000000	
6	20		46	销售	2000000 ~~1000000~~	白雨	借	100000000 ~~90000000~~	白雨
				过次页					

图 1-29 错误更正

（10）定期打印

对于使用财务软件电子记账的小企业，总账和明细账等账簿应当定期打印（一般为一年打印一次），平时要定期进行资料备份。

三、涉税处理

涉税处理即“财税处理”中的“税”。小企业要视经济业务情况来判定要缴纳的税费，固定要缴的税费可在税种核定中查询。小企业涉税处理的依据是税法。

（一）税种介绍

小企业常见的税种就是增值税、城建税、教育费附加、地方教育费附加、企业所得税和企业代扣代缴的个人所得税。

1. 增值税

增值税是对销售货物或者提供加工、修理修配劳务以及进口货物的单位和个人就其实现的增值额征收的一个税种。增值税已经成为中国最主要的税种之一。

（1）增值税的征税范围

增值税的征税范围包括销售、进口货物，销售加工、修理修配劳务，销售服务，销售无形资产和销售不动产五部分内容。

①销售、进口货物

销售、进口的货物是指有形动产，包括电力、热力、气体在内。销售货物，是指在中国境内有偿转让货物的所有权。“有偿”，是指从购买方取得货币、货物（例如，以物易物）或者其他经济利益（例如，抵偿债务）。只要是报关进口的应税货物，均属于增值税的征税范围，除享受免税政策外，在进口环节缴纳增值税。

例如，制造企业销售自制产品、商贸企业销售商品、农业企业销售自产农产品、进出口企业销售产品等。

财税笔记：

出口货物也属于增值税征收范围，不过，对出口货物一般实行零税率。

②销售加工、修理修配劳务

销售加工、修理修配劳务，也称销售增值税的应税劳务。“加工”是指受托加工货物，即委托方提供原料及主要材料，受托方按照委托方的要求，制造货物并收取加工费的业务。“修理修配”是指受托对损伤和丧失功能的货物进行修复，使其恢复原状和功能的业务。

例如，仅加工的作坊、提供修理服务的汽车修理店等。

③销售服务

销售服务，包括提供交通运输服务、邮政服务、电信服务、建筑服务、金融服务、现代服务、生活服务等。

以销售服务作为增值税征税范围的企业有：酒店、美发等餐饮服务行业的企业，建筑行业的企业等。

④销售无形资产

销售无形资产，是指转让无形资产所有权或者使用权的业务活动。无形资产，是指不具实物形态，但能带来经济利益的资产，包括技术、商标、著作权、商誉、自然资源使用权和其他权益性无形资产。

⑤销售不动产

销售不动产，是指转让不动产所有权的业务活动。转让建筑物有限产权或者永久使用权的，转让在建的建筑物或者构筑物所有权的，以及在转让建筑物或者构筑物时一并转让其所占土地的使用权的，按照销售不动产缴纳增值税。

以销售不动产作为增值税征税范围的企业主要是：房地产企业。

（2）增值税的税率、征收率、扣除率

增值税的税率（目前增值税的税率分为13%、9%、6%、0%四档）分为基本税率、低税率和零税率。一般常见的税率就是13%了，这就是增值税的基本税率，9%和6%为增值税的低税率。而零税率是指对出口货物除了在出口环节不征增值税外，还要对该产品在出口前已经缴纳的增值税进行退税，使该出口产品在出口时完全不含增值税税款，从而以无税产品的状态进入国际市场。

增值税征收率主要是针对小规模纳税人和一般纳税人适用或者选择采用简易计税方法计税的项目。

扣除率一般是与农产品相关。

增值税税率 / 征收率 / 扣除率如表1-3所示。

表1-3 增值税税率 / 征收率 / 扣除率表

一、增值税适用税率表		
序号	税目	增值税税率
1	陆路运输服务	9%
2	水路运输服务	9%
3	航空运输服务	9%
4	管道运输服务	9%
5	邮政普遍服务	9%
6	邮政特殊服务	9%
7	其他邮政服务	9%
8	基础电信服务	9%
9	增值电信服务	6%
10	工程服务	9%
11	安装服务	9%
12	修缮服务	9%
13	装饰服务	9%
14	其他建筑服务	9%
15	贷款服务	6%
16	直接收费金融服务	6%
17	保险服务	6%
18	金融商品转让	6%
19	研发和技术服务	6%
20	信息技术服务	6%
21	文化创意服务	6%
22	物流辅助服务	6%
23	有形动产租赁服务	13%
24	不动产租赁服务	9%
25	鉴证咨询服务	6%
26	广播影视服务	6%
27	商务辅助服务	6%
28	其他现代服务	6%
29	文化体育服务	6%
30	教育医疗服务	6%
31	旅游娱乐服务	6%
32	餐饮住宿服务	6%
33	居民日常服务	6%
34	其他生活服务	6%

续表

一、增值税适用税率表		
序号	税目	增值税税率
35	销售无形资产	6%
36	转让土地使用权	9%
37	销售不动产	9%
38	在境内载运旅客或者货物出境	0%
39	在境外载运旅客或者货物入境	0%
40	在境外载运旅客或者货物	0%
41	航天运输服务	0%
42	向境外单位提供的完全在境外消费的研发服务	0%
43	向境外单位提供的完全在境外消费的合同能源管理服务	0%
44	向境外单位提供的完全在境外消费的设计服务	0%
45	向境外单位提供的完全在境外消费的广播影视节目（作品）的制作和发行服务	0%
46	向境外单位提供的完全在境外消费的软件服务	0%
47	向境外单位提供的完全在境外消费的电路设计及测试服务	0%
48	向境外单位提供的完全在境外消费的信息系统服务	0%
49	向境外单位提供的完全在境外消费的业务流程管理服务	0%
50	向境外单位提供的完全在境外消费的离岸服务外包业务	0%
51	向境外单位提供的完全在境外消费的转让技术	0%
52	财政部和国家税务总局规定的其他服务	0%
53	销售或者进口货物	13%
54	粮食、食用植物油	9%
55	自来水、暖气、冷气、热水、煤气、石油液化气、天然气、沼气、居民用煤炭制品	9%
56	图书、报纸、杂志	9%
57	饲料、化肥、农药、农机、农膜	9%
58	农产品	9%
59	音像制品	9%
60	电子出版物	9%
61	二甲醚	9%
62	国务院规定的其他货物	9%
63	加工、修理修配劳务	13%
64	出口货物	0%
二、增值税适用征收表		
序号	税目	增值税征收率
1	陆路运输服务	3%
2	水路运输服务	3%
3	航空运输服务	3%
4	管道运输服务	3%
5	邮政普遍服务	3%
6	邮政特殊服务	3%
7	其他邮政服务	3%
8	基础电信服务	3%
9	增值电信服务	3%
10	工程服务	3%
11	安装服务	3%
12	修缮服务	3%
13	装饰服务	3%
14	其他建筑服务	3%
15	贷款服务	3%
16	直接收费金融服务	3%

续表

二、增值税适用征收表		
序号	税目	增值税征收率
17	保险服务	3%
18	金融商品转让	3%
19	研发和技术服务	3%
20	信息技术服务	3%
21	文化创意服务	3%
22	物流辅助服务	3%
23	有形动产租赁服务	3%
24	不动产租赁服务	5%
25	鉴证咨询服务	3%
26	广播影视服务	3%
27	商务辅助服务	3%
28	其他现代服务	3%
29	文化体育服务	3%
30	教育医疗服务	3%
31	旅游娱乐服务	3%
32	餐饮住宿服务	3%
33	居民日常服务	3%
34	其他生活服务	3%
35	销售无形资产	3%
36	转让土地使用权	3%
37	销售不动产	5%
38	销售或者进口货物	3%
39	粮食、食用植物油	3%
40	自来水、暖气、冷气、热水、煤气、石油液化气、天然气、沼气、居民用煤炭制品	3%
41	图书、报纸、杂志	3%
42	饲料、化肥、农药、农机、农膜	3%
43	农产品	3%
44	音像制品	3%
45	电子出版物	3%
46	二甲醚	3%
47	国务院规定的其他货物	3%
48	加工、修理修配劳务	3%
49	一般纳税人提供建筑服务选择适用简易计税办法	3%
50	小规模纳税人转让其取得的不动产	5%
51	个人转让其购买的住房	5%
52	房地产开发企业中的一般纳税人，销售自行开发的房地产老项目，选择适用简易计税方法的	5%
53	房地产开发企业中的小规模纳税人，销售自行开发的房地产项目	5%
54	一般纳税人出租其 2016 年 4 月 30 日前取得的不动产，选择适用简易计税方法的	5%
55	单位和个体工商户出租不动产（个体工商户出租住房减按 1.5% 计算应纳税额）	5%
56	其他个人出租不动产（出租住房减按 1.5% 计算应纳税额）	5%
57	一般纳税人转让其 2016 年 4 月 30 日前取得的不动产，选择适用简易计税方法计税的	5%
三、增值税适用扣除率表		
序号	税目	增值税扣除率
1	购进农产品（除以下第二项外）	9%的扣除率计算进项税额
2	购进用于生产销售或委托加工 13% 税率货物的农产品	10%的扣除率计算进项税额

（3）增值税的计算

增值税应纳税额的计算有一般计税、简易计税、进口环节计税和扣缴计税四种方法。

①一般计税方法

当期应纳税额 = 当期销项税额－当期准予抵扣的进项税额

当期销项税额 = 不含增值税销售额 × 适用税率 = 含增值税销售额 ÷（1 +适用税率）× 适用税率

【例 1–1】某公司（一般纳税人）当期不含税销售额为 100,000 元，适用税率为 13%，当期准予抵扣的进项税额为 10,000 元。

该公司当期应纳税额的计算如下：

当期销项税额 =100,000 × 13%=13,000（元）

当期应纳税额 =13,000 －10,000=3,000（元）

②简易计税方法

当期应纳税额 = 不含税销售额 × 征收率 = 含税销售额 ÷（1 +征收率）× 征收率

【例 1–2】某公司（小规模纳税人）当期含税销售额为 10,100 元，适用征收率为 1%。

该公司当期应纳税额的计算如下：

当期应纳税额 =10,100 ÷（1 + 1%）× 1%=100（元）

③进口环节计税

进口非应税消费品应纳税额 = 组成计税价格 × 税率 =（关税完税价格+关税税额）× 税率

进口应税消费品应纳税额 = 组成计税价格 × 税率 =（关税完税价格+关税税额+消费税税额）× 税率

④扣缴计税方法

境外单位或者个人在境内发生应税行为，在境内未设有经营机构的，扣缴义务人按照下列公式计算应扣缴税额：

应扣缴税额 = 购买方支付的价款 ÷（1 +税率）× 税率

2. 城建税及附加税费

城建税及附加税费是指城市建设维护税和教育费附加。前者是“税”，后者是“费”。

（1）征税范围

城建税、教育费附加的纳税人为实际缴纳增值税的单位和个人。

城建税、教育费附加的计税依据，都是纳税人实际缴纳的增值税、消费税税额。

（2）税率、征收率

城建税是税率，教育费附加是征收率。

①城建税税率

城建税实行地区差别比例税率，分为三档。

纳税人所在地为市区的，税率为 7%；

纳税人所在地在县城、镇的，税率为 5%；

纳税人所在地不在市区、县城或镇的，税率为 1%。

由受托方代扣代缴、代收代缴增值税、消费税的单位和个人，其代扣代缴、代收代缴的城建税按受托方所在地适用税率执行。

流动经营等无固定纳税地点的单位和个人，在经营地缴纳增值税、消费税的，其城建税的缴纳按经营地适用税率执行。

②教育费附加征收率

教育费附加的是征收率，分为两档。

教育费附加征收比率为 3%；

地方教育费附加征收比率为 2%。

纳税人因违反增值税、消费税的有关规定而加收的滞纳金和罚款，不作为城建税、教育费附加的计税依据；但纳税人在被查补增值税、消费税和被处以罚款时，应同时对其城建税、教育费附加进行补税、征收滞纳金和罚款。

（3）城建税及附加税费的计算

应纳税额 =（增值税＋消费税）× 适用税率或征收率

【例 1–3】某公司（小规模纳税人）2024 年 1 月应交的增值税为 10,000 元，该公司所在地为县城，适用城建税税率为 5%，教育费附加征收比率为 3%，地方教育费附加征收比率为 2%。

该公司应缴纳的城建税及附加税费计算如下：

因该公司是小规模纳税人，根据财政部、税务总局公告 2023 年第 12 号规定，城建税、教育费附加税减半征收。所以该公司应缴纳的城建税及附加税费分别为：

城建税 =10,000 × 5% ÷ 2=250（元）

教育费附加 =10,000 × 3% ÷ 2=150（元）

地方教育费附加 =10,000 × 2% ÷ 2=100（元）

《财政部 税务总局 关于进一步支持小微企业和个体工商户发展有关税费政策的公告》（财政部 税务总局公告 2023 年第 12 号）

二、自 2023 年 1 月 1 日至 2027 年 12 月 31 日，对增值税小规模纳税人、小型微利企业和个体工商户减半征收资源税（不含水资源税）、城市维护建设税、房产税、城镇土地使用税、印花税（不含证券交易印花税）、耕地占用税和教育费附加、地方教育附加。

3. 企业所得税

企业所得税是对我国内资企业和经营单位的生产经营所得和其他所得征收的一种税。其纳税人包括各类企业、事业单位、社会团体、民办非企业单位和从事经营活动的其他组织；但依照中国法律、行政法规成立的个人独资企业、合伙企业，不适用《企业所得税法》，不属于企业所得税纳税义务人。

（1）纳税义务

对于企业所得税的纳税，我们可以把企业分为居民企业和非居民企业，它们的纳税义务也有全面纳税义务和有限纳税义务之分，如表 1–4 所示。

表 1–4 居民企业和非居民企业划分标准及纳税义务

<table>
<tr><th colspan="3">类型</th><th colspan="2">纳税义务</th></tr>
<tr><td rowspan="2">居民企业</td><td colspan="2">依法在中国境内成立的企业（注册地标准）</td><td rowspan="2">全面纳税义务</td><td rowspan="2">就来源于中国境内、境外的全部所得纳税</td></tr>
<tr><td colspan="2">依照外国（地区）法律成立但实际管理机构在中国境内的企业（实际管理机构所在地标准）</td></tr>
<tr><td rowspan="2">非居民企业</td><td rowspan="2">依照外国（地区）法律成立且实际管理机构不在中国境内的企业</td><td>在中国境内设立机构、场所</td><td rowspan="2">有限纳税义务</td><td>就以下所得纳税：
（1）来源于中国境内的所得
（2）发生在中国境外但与其所设机构、场所有实际联系的所得</td></tr>
<tr><td>在中国境内未设立机构、场所，但有来源于中国境内的所得</td><td>就来源于中国境内的所得纳税</td></tr>
</table>

（2）企业所得税的税率

①企业所得税的基本税率为 25%；

②符合规定的小型微利企业，减按 20% 税率；

③国家需要重点扶持的高新技术企业、符合条件的技术先进型服务企业，减按 15% 税率。

（3）企业所得税的计算

企业所得税应纳税额计算包括应纳税额和应纳税所得额两方面。这两个词字面上就差两个字，但实际计算中差得可大了。例如，甲公司本年度会计利润 100 万元，假定其并无纳税调整的项目、无减免税额、无抵免税额，适用的企业所得税税率为 25%，则甲企业本年度企业所得税应纳税额 =100 × 25%=25（万元）；在上述式子中，“100 万元”是应纳税所得额，“25 万元”是应纳税额。

①应纳税额

应纳税额 = 应纳税所得额 × 适用税率－减免税额－抵免税额

【例 1–4】某公司（小微企业）本年度会计利润为 900,000 元，假定无纳税调整项目、无减免税额和抵免税额。

该公司应纳税额 =900,000 × 25% × 20% —0 —0=45,000（元）

《关于小微企业和个体工商户所得税优惠政策的公告》（财政部 税务总局公告 2023 年第 6 号）：

一、对小型微利企业年应纳税所得额不超过 100 万元的部分，减按 25% 计入应纳税所得额，按 20% 的税率缴纳企业所得税。

注：

减免税额和抵免税额，是指依照企业所得税法和国务院的税收优惠规定减征、免征和抵免的应纳税额。

②应纳税所得额

应纳税所得额的计算分为直接法和间接法两种方法。这两种方法的计算结果是一致的。

直接法下“应纳税所得额”可以理解为税法口径的利润，公式中的各项计算要素均应按税法口径确定，即直接减去各项扣除金额。

计算公式如下：

应纳税所得额 = 收入总额－不征税收入－免税收入－准予扣除项目金额－允许弥补的以前年度亏损

间接法下应纳税所得额的计算公式如下：

应纳税所得额 = 会计利润＋纳税调整增加额－纳税调整减少额

从中华人民共和国企业所得税年度申报表（A 类）（如表 1–5 所示）可以看出，实际工作中应纳税所得额的计算即上述直接法和间接法相结合。计算公式如下：

应纳税所得额 = 利润总额－境外所得＋纳税调整增加额－纳税调整减少额－免税、减计收入及加计扣除＋境外应得抵减境内亏损－所得减免－弥补以前年度亏损－抵扣应纳税所得额

表 1-5 中华人民共和国企业所得税年度申报表（A 类）

A100000

中华人民共和国企业所得税年度纳税申报表（A 类）

行次	类别	项目	金额
1	利润总额计算	一、营业收入（填写 A101010\101020\103000）	
2		减：营业成本（填写 A102010\102020\103000）	
3		减：税金及附加	
4		减：销售费用（填写 A104000）	
5		减：管理费用（填写 A104000）	
6		减：财务费用（填写 A104000）	
7		减：资产减值损失	
8		加：公允价值变动收益	
9		加：投资收益	
10		二、营业利润（1-2-3-4-5-6-7+8+9）	
11		加：营业外收入（填写 A101010\101020\103000）	
12		减：营业外支出（填写 A102010\102020\103000）	
13		三、利润总额（10+11-12）	
14	应纳税所得额计算	减：境外所得（填写 A108010）	
15		加：纳税调整增加额（填写 A105000）	
16		减：纳税调整减少额（填写 A105000）	
17		减：免税、减计收入及加计扣除（填写 A107010）	
18		加：境外应税所得抵减境内亏损（填写 A108000）	
19		四、纳税调整后所得（13-14+15-16-17+18）	
20		减：所得减免（填写 A107020）	
21		减：弥补以前年度亏损（填写 A106000）	
22		减：抵扣应纳税所得额（填写 A107030）	
23		五、应纳税所得额（19-20-21-22）	
24	应纳税额计算	税率（25%）	
25		六、应纳所得税额（23×24）	
26		减：减免所得税额（填写 A107040）	
27		减：抵免所得税额（填写 A107050）	
28		七、应纳税额（25-26-27）	
29		加：境外所得应纳所得税额（填写 A108000）	
30		减：境外所得抵免所得税额（填写 A108000）	
31		八、实际应纳所得税额（28+29-30）	
32		减：本年累计实际已预缴的所得税额	
33		九、本年应补（退）所得税额（31-32）	
34		其中：总机构分摊本年应补（退）所得税额（填写 A109000）	
35		财政集中分配本年应补（退）所得税额（填写 A109000）	
36		总机构主体生产经营部门分摊本年应补（退）所得税额（填写 A109000）	
37	实际应纳税额计算	减：民族自治地区企业所得税地方分享部分：（□ 免征 □ 减征：减征幅度 %）	
38		十、本年实际应补（退）所得税额（33-37）	

（二）纳税申报

1. 增值税的申报

增值税的纳税期限分别为 1 日、3 日、5 日、10 日、15 日、1 个月或者 1 个季度。纳税人以 1 个月或者 1 个季度为 1 个纳税期的，自期满之日起 15 日内申报纳税。比如，某一般纳税人（以 1 个月为 1 个纳税期）2023 年 8 月份的纳税期限为 2023 年 9 月 1 日至 2023 年 9 月 15 日）。以 1 日、3 日、5 日、10 日或者 15 日为 1 个纳税期的，自期满之日起 5 日内预缴税款，于次月 1 日起 15 日内申报纳税并结清上月应纳税款。比如建筑行业，纳税义务发生时间为 2023 年 8 月 4 日，那么要在 2023 年 8 月 10 日前（即 8 月 4 日起 5 日内）预缴，（但在实际工作中只要在注册地申报前申报预缴都可以）要在项目所在地税务局申报预缴税款，并在 2023 年 9 月 1 日至 2023 年 9 月 15 日在注册地申报即为申报结束。

财税笔记：

“注册地”和“项目所在地”主要是针对建筑行业异地项目而言，即跨区域涉税处理。如某企业营业执照注册地址在广西合浦县，项目在广西来宾市，那么该企业的“注册地”为广西合浦县，“项目所在地”为广西来宾市。在纳税申报业务时，应先预申报“项目所在地”（广西来宾市）相关税费，后申报“注册地”（广西合浦县）相关税费。

（1）增值税纳税义务发生时间

纳税人销售货物或提供应税劳务，先开具发票的，为开具发票的当天。否则，按销售结算方式的不同，而确定纳税义务发生时间，如表 1–6 所示。

表 1-6　增值税纳税义务发生时间（销售货物、提供应税劳务）

情况	纳税义务发生时间
1.采取直接收款方式销售货物	不论货物是否发出，均为收到销售款或取得索取销售款凭据的当天
2.采取托收承付和委托银行收款方式销售货物	发出货物并办妥托收手续的当天
3.采取赊销和分期收款方式销售货物	书面合同约定的收款日期当天（无书面合同的或者书面合同没有约定收款日期的，为货物发出的当天）
4.采取预收货款方式销售货物	货物发出的当天（生产销售生产工期超过12个月的大型机械设备、船舶、飞机等货物，为收到预收款或书面合同约定的收款日期的当天）
5.委托其他纳税人代销货物	收到代销单位的代销清单或者收到全部或者部分货款的当天（未收到代销清单及货款的，为发出代销货物满180天的当天）
6.销售应税劳务	提供劳务同时收讫销售款或者取得索取销售款的凭据的当天
7.纳税人发生视同销售货物行为	货物移送的当天（委托他人代销货物、销售代销货物除外）
8.纳税人进口货物	报关进口的当天

销售服务、无形资产、不动产增值税纳税义务发生时间如表 1-7 所示。

表 1-7　增值税纳税义务发生时间（销售服务、无形资产、不动产）

情况	纳税义务发生时间
1.销售服务、无形资产、不动产	纳税人发生应税行为并收讫销售款项或者取得索取销售款项凭据的当天；先开具发票的，为开具发票的当天
2.纳税人提供租赁服务采取预收款方式	为收到预收款的当天。采取预收货款方式销售货物，为货物发出的当天，但生产销售生产工期超过12个月的大型机械设备、船舶、飞机等货物，为收到预收款或书面合同约定的收款日期的当天
3.纳税人从事金融商品转让	金融商品所有权转移的当天
4.纳税人发生视同销售服务、无形资产或者不动产情形	服务、无形资产转让完成的当天或者不动产权属变更的当天

（2）增值税的申报表

小规模纳税人和一般纳税人在增值税申报表的填写上是有区别的。本小节只介绍增值税的申报应该填哪些表格，具体表格填写会在后面各涉税处理小节举例说明，书末的“附录”为详细填写说明。

①小规模纳税人增值税申报表

小规模纳税人增值税申报需要填写增值税及附加税费申报表（小规模纳税人适用）（如表 1-8 所示）、增值税及附加税费申报表（小规模纳税人适用）附列资料（一）（如表 1-9 所示）。因为目前小规模纳税人减按 1% 征收增值税，所以还需要填写增值税减免税申报明细表（如表 1-10 所示）。

表 1-8 增值税及附加税费申报表（小规模纳税人适用）

附件 3

增值税及附加税费申报表

（小规模纳税人适用）

纳税人识别号（统一社会信用代码）：□□□□□□□□□□□□□□□□□□□□□□□□□

纳税人名称： 金额单位：元（列至角分）

税款所属期： 年 月 日至 年 月 日 填表日期： 年 月 日

	项目	栏次	本期数		本年累计	
			货物及劳务	服务、不动产和无形资产	货物及劳务	服务、不动产和无形资产
一、计税依据	（一）应征增值税不含税销售额（3% 征收率）	1				
	增值税专用发票不含税销售额	2				
	增值税发票不含税销售额	3				
	（二）应征增值税不含税销售额（5% 征收率）	4	—		—	
	增值税专用发票不含税销售额	5	—		—	
	其他增值税发票不含税销售额	6	—		—	
	（三）销售使用过的固定资产不含税销售额	7（7 ≥ 8）		—		—
	其中：其他增值税发票不含税销售额	8		—		—
	（四）免税销售额	9=10+11+12				
	其中：小微企业免税销售额	10				
	未达起征点销售额	11				
	其他免税销售额	12				
	（五）出口免税销售额	13（13 ≥ 14）				
	其中：其他增值税发票不含税销售额	14				
二、税款计算	本期应纳税额	15				
	本期应纳税额减征额	16				
	本期免税额	17				
	其中：小微企业免税额	18				
	未达起征点免税额	19				
	应纳税额合计	20=15-16				
	本期预缴税额	21			—	—
	本期应补（退）税额	22=20-21			—	—
三、附加税费	城市维护建设税本期应补（退）税额	23				
	教育费附加本期应补（退）费额	24				
	地方教育附加本期应补（退）费额	25				

声明：此表是根据国家税收法律法规及相关规定填写的，本人（单位）对填报内容（及附带资料）的真实性、可靠性、完整性负责。

纳税人（签章）： 年 月 日

经办人： 经办人身份证号： 代理机构签章： 代理机构统一社会信用代码：	受理人： 受理税务机关（章）： 受理日期： 年 月 日

表 1-9 增值税及附加税费申报表（小规模纳税人适用）附列资料（一）

增值税及附加税费申报表（小规模纳税人适用）附列资料（一）
（服务、不动产和无形资产扣除项目明细）

税款所属期：　　年　月　日至　　年　月　日　　　　　　　　填表日期：　　年　月　日
纳税人名称（公章）：　　　　　　　　　　　　　　　　　　　金额单位：元（列至角分）

应税行为（3%征收率）扣除额计算			
期初余额	本期发生额	本期扣除额	期末余额
1	2	3（3≤1+2之和，且3≤5）	4=1+2－3
应税行为（3%征收率）计税销售额计算			
全部含税收入（适用3%征收率）	本期扣除额	含税销售额	不含税销售额
5	6=3	7=5－6	8=7÷1.03
应税行为（5%征收率）扣除额计算			
期初余额	本期发生额	本期扣除额	期末余额
9	10	11（11≤9+10之和，且11≤13）	12=9+10－11
应税行为（5%征收率）计税销售额计算			
全部含税收入（适用5%征收率）	本期扣除额	含税销售额	不含税销售额
13	14=11	15=13－14	16=15÷1.05

表 1-10 增值税减免税申报明细表

增值税减免税申报明细表

税款所属期：　　　年　月　日至　　　　年　月　日
纳税人名称（公章）：　　　　　　　　　　　　　　　　　　　金额单位：元（列至角分）

一、减税项目						
减税性质代码及名称	栏次	期初余额	本期发生额	本期应抵减税额	本期实际抵减税额	期末余额
		1	2	3=1+2	4≤3	5=3-4
0001011608|SXA031901121|小规模纳税人减按1%征收率征收增值税	1	—	—	—	—	—
合　计	2	—	—	—	—	—
	3					
	4					
	5					
	6					
二、免税项目						
免税性质代码及名称	栏次	免征增值税项目销售额	免税销售额扣除项目本期实际扣除金额	扣除后免税销售额	免税销售额对应的进项税额	免税额
		1	2	3=1-2	4	5
合　计	7					
出口免税	8		—	—	—	
其中：跨境服务	9		—	—	—	
	10				—	
	11				—	
	12				—	
	13				—	
	14				—	
	15				—	
	16				—	

②一般纳税人增值税申报表

小规模纳税人增值税申报需要填写增值税及附加税费申报表（一般纳税人适用）（如表 1–11 所示）、增值税及附加税费申报表附列资料（一）（如表 1–12 所示）、增值税及附加税费申报表附列资料（二）（如表 1–13 所示）、增值税及附加税费申报表附列资料（三）（如表 1–14 所示）、增值税及附加税费申报表附列资料（四）（如表 1–15 所示）和增值税减免税申报明细表（如表 1–16 所示）。

表 1–11 增值税及附加税费申报表（一般纳税人适用）

附件 1

增值税及附加税费申报表

（一般纳税人适用）

根据国家税收法律法规及增值税相关规定制定本表。纳税人不论有无销售额，均应按税务机关核定的纳税期限填写本表。并向当地税务机关申报。

税款所属时间：自　　年　月　日至　　年　月　日　　填表日期：　年　月　日　金额单位：元（列至角分）

纳税人识别号（统一社会信用代码）：□□□□□□□□□□□□□□□□□□□□□□□□□　所属行业：

纳税人名称：		法定代表人姓名		注册地址	生产经营地址	
开户银行及账号			登记注册类型		电话号码	
项目		栏次	一般项目		即征即退项目	
			本月数	本年累计	本月数	本年累计
销售额	（一）按适用税率计税销售额	1				
	其中：应税货物销售额	2				
	应税劳务销售额	3				
	纳税检查调整的销售额	4				
	（二）按简易办法计税销售额	5				
	其中：纳税检查调整的销售额	6				
	（三）免、抵、退办法出口销售额	7			—	—
	（四）免税销售额	8			—	—
	其中：免税货物销售额	9			—	—
	免税劳务销售额	10			—	—
税款计算	销项税额	11				
	进项税额	12				
	上期留抵税额	13				—
	进项税额转出	14				
	免、抵、退应退税额	15			—	—
	按适用税率计算的纳税检查应补缴税额	16			—	—
	应抵扣税额合计	17=12+13-14-15+16		—		—
	实际抵扣税额	18（如 17 ＜ 11，则为 17，否则为 11）				
	应纳税额	19=11-18				
	期末留抵税额	20=17-18				—
	简易计税办法计算的应纳税额	21				
	按简易计税办法计算的纳税检查应补缴税额	22			—	—
	应纳税额减征额	23				
	应纳税额合计	24=19+21-23				

续表

<table>
<tr><td colspan="2" rowspan="2">项目</td><td rowspan="2">栏次</td><td colspan="2">一般项目</td><td colspan="2">即征即退项目</td></tr>
<tr><td>本月数</td><td>本年累计</td><td>本月数</td><td>本年累计</td></tr>
<tr><td rowspan="14">税款缴纳</td><td>期初未缴税额（多缴为负数）</td><td>25</td><td></td><td></td><td></td><td></td></tr>
<tr><td>实收出口开具专用缴款书退税额</td><td>26</td><td></td><td></td><td>—</td><td>—</td></tr>
<tr><td>本期已缴税额</td><td>27=28+29+30+31</td><td></td><td></td><td></td><td></td></tr>
<tr><td>①分次预缴税额</td><td>28</td><td></td><td>—</td><td></td><td>—</td></tr>
<tr><td>②出口开具专用缴款书预缴税额</td><td>29</td><td></td><td>—</td><td>—</td><td>—</td></tr>
<tr><td>③本期缴纳上期应纳税额</td><td>30</td><td></td><td></td><td></td><td></td></tr>
<tr><td>④本期缴纳欠缴税额</td><td>31</td><td></td><td></td><td></td><td></td></tr>
<tr><td>期末未缴税额（多缴为负数）</td><td>32=24+25+26-27</td><td></td><td></td><td></td><td></td></tr>
<tr><td>其中：欠缴税额（≥0）</td><td>33=25+26-27</td><td></td><td>—</td><td></td><td>—</td></tr>
<tr><td>本期应补（退）税额</td><td>34 ＝ 24-28-29</td><td></td><td>—</td><td></td><td>—</td></tr>
<tr><td>即征即退实际退税额</td><td>35</td><td>—</td><td>—</td><td></td><td></td></tr>
<tr><td>期初未缴查补税额</td><td>36</td><td></td><td></td><td>—</td><td>—</td></tr>
<tr><td>本期入库查补税额</td><td>37</td><td></td><td></td><td>—</td><td>—</td></tr>
<tr><td>期末未缴查补税额</td><td>38=16+22+36-37</td><td></td><td></td><td>—</td><td>—</td></tr>
<tr><td rowspan="3">附加税费</td><td>城市维护建设税本期应补（退）税额</td><td>39</td><td></td><td></td><td>—</td><td>—</td></tr>
<tr><td>教育费附加本期应补（退）费额</td><td>40</td><td></td><td></td><td>—</td><td>—</td></tr>
<tr><td>地方教育附加本期应补（退）费额</td><td>41</td><td></td><td></td><td>—</td><td>—</td></tr>
<tr><td colspan="7">声明：此表是根据国家税收法律法规及相关规定填写的，本人（单位）对填报内容（及附带资料）的真实性、可靠性、完整性负责。
纳税人（签章）：　　　年　月　日</td></tr>
<tr><td colspan="4">经办人：
经办人身份证号：
代理机构签章：
代理机构统一社会信用代码：</td><td colspan="3">受理人：

受理税务机关（章）：
受理日期：　年　月　日</td></tr>
</table>

表 1-12 增值税及附加税费申报表附列资料（一）

增值税及附加税费申报表附列资料（一）

（本期销售情况明细）

税款所属时间：　年　月　日至　年　月　日

纳税人名称：（公章）　　　　　　　　　　　　　　　　　　　　　　　　金额单位：元（列至角分）

项目及栏次				开具增值税专用发票		开具其他发票		未开具发票		纳税检查调整		合计			服务、不动产和无形资产扣除项目本期实际扣除金额	扣除后	
				销售额	销项（应纳）税额	销售额	销项（应纳）税额	销售额	销项（应纳）税额	销售额	销项（应纳）税额	销售额	销项（应纳）税额	价税合计		含税（免税）销售额	销项（应纳）税额
				1	2	3	4	5	6	7	8	9=1+3+5+7	10=2+4+6+8	11=9+10	12	13=11-12	14=13÷（100%+税率或征收率）×税率或征收率
一、一般计税方法计税	全部征税项目	13%税率的货物及加工修理修配劳务	1											—	—	—	—
		13%税率的服务、不动产和无形资产	2														
		9%税率的货物及加工修理修配劳务	3											—	—	—	—
		9%税率的服务、不动产和无形资产	4														
		6%税率	5														
	其中：即征即退项目	即征即退货物及加工修理修配劳务	6	—	—	—	—	—	—	—	—			—	—	—	—
		即征即退服务、不动产和无形资产	7	—	—	—	—	—	—	—	—						
二、简易计税方法计税	全部征税项目	6%征收率	8							—	—			—	—	—	—
		5%征收率的货物及加工修理修配劳务	9a							—	—			—	—	—	—
		5%征收率的服务、不动产和无形资产	9b							—	—						
		4%征收率	10							—	—			—	—	—	—
		3%征收率的货物及加工修理修配劳务	11							—	—			—	—	—	—
		3%征收率的服务、不动产和无形资产	12							—	—						
		预征率a%	13a							—	—						
		预征率b%	13b							—	—						
		预征率c%	13c							—	—						
	其中：即征即退项目	即征即退货物及加工修理修配劳务	14	—	—	—	—	—	—	—	—			—	—	—	—
		即征即退服务、不动产和无形资产	15	—	—	—	—	—	—	—	—						
三、免抵退税	货物及加工修理修配劳务		16	—	—		—		—	—	—		—	—	—	—	—
	服务、不动产和无形资产		17	—	—		—		—	—	—		—				—
四、免税	货物及加工修理修配劳务		18				—		—	—	—		—	—	—	—	—
	服务、不动产和无形资产		19	—	—		—		—	—	—		—				—

表 1-13　增值税及附加税费申报表附列资料（二）

增值税及附加税费申报表附列资料（二）

（本期进项税额明细）

税款所属时间：年　　月　　日至　　年　　月　　日

纳税人名称：（公章）　　　　　　　　　　　　　　　　金额单位：元（列至角分）

一、申报抵扣的进项税额				
项目	栏次	份数	金额	税额
（一）认证相符的增值税专用发票	1=2+3			
其中：本期认证相符且本期申报抵扣	2			
前期认证相符且本期申报抵扣	3			
（二）其他扣税凭证	4=5+6+7+8a+8b			
其中：海关进口增值税专用缴款书	5			
农产品收购发票或者销售发票	6			
代扣代缴税收缴款凭证	7		—	
加计扣除农产品进项税额	8a	—	—	
其他	8b			
（三）本期用于购建不动产的扣税凭证	9			
（四）本期用于抵扣的旅客运输服务扣税凭证	10			
（五）外贸企业进项税额抵扣证明	11	—	—	
当期申报抵扣进项税额合计	12=1+4+11			
二、进项税额转出额				
项目	栏次	税额		
本期进项税额转出额	13=14 至 23 之和			
其中：免税项目用	14			
集体福利、个人消费	15			
非正常损失	16			
简易计税方法征税项目用	17			
免抵退税办法不得抵扣的进项税额	18			
纳税检查调减进项税额	19			
红字专用发票信息表注明的进项税额	20			
上期留抵税额抵减欠税	21			
上期留抵税额退税	22			
异常凭证转出进项税额	23a			
其他应作进项税额转出的情形	23b			
三、待抵扣进项税额				
项目	栏次	份数	金额	税额
（一）认证相符的增值税专用发票	24	—	—	—
期初已认证相符但未申报抵扣	25			
本期认证相符且本期未申报抵扣	26			
期末已认证相符但未申报抵扣	27			
其中：按照税法规定不允许抵扣	28			
（二）其他扣税凭证	29=30 至 33 之和			
其中：海关进口增值税专用缴款书	30			
农产品收购发票或者销售发票	31			
代扣代缴税收缴款凭证	32		—	
其他	33			
	34			
四、其他				
项目	栏次	份数	金额	税额
本期认证相符的增值税专用发票	35			
代扣代缴税额	36	—	—	

表 1-14 增值税及附加税费申报表附列资料（三）

增值税及附加税费申报表附列资料（三）

（服务、不动产和无形资产扣除项目明细）

税款所属时间：　　年　月　日至　　年　月　日

纳税人名称：（公章）　　　　　　　　　　　　　　金额单位：元（列至角分）

项目及栏次		本期服务、不动产和无形资产价税合计额（免税销售额）	服务、不动产和无形资产扣除项目				
			期初余额	本期发生额	本期应扣除金额	本期实际扣除金额	期末余额
		1	2	3	4=2+3	5（5≤1且5≤4）	6=4-5
13% 税率的项目	1						
9% 税率的项目	2						
6% 税率的项目（不含金融商品转让）	3						
6% 税率的金融商品转让项目	4						
5% 征收率的项目	5						
3% 征收率的项目	6						
免抵退税的项目	7						
免税的项目	8						

表 1-15 增值税及附加税费申报表附列资料（四）

增值税及附加税费申报表附列资料（四）

（税额抵减情况表）

税款所属时间：　　年　月　日至　　年　月　日

纳税人名称：（公章）　　　　　　　　　　　　　　金额单位：元（列至角分）

一、税额抵减情况							
序号	抵减项目	期初余额	本期发生额	本期应抵减税额	本期实际抵减税额	期末余额	
		1	2	3=1+2	4≤3	5=3-4	
1	增值税税控系统专用设备费及技术维护费						
2	分支机构预征缴纳税款						
3	建筑服务预征缴纳税款						
4	销售不动产预征缴纳税款						
5	出租不动产预征缴纳税款						
二、加计抵减情况							
序号	加计抵减项目	期初余额	本期发生额	本期调减额	本期可抵减额	本期实际抵减额	期末余额
		1	2	3	4=1+2-3	5	6=4-5
6	一般项目加计抵减额计算						
7	即征即退项目加计抵减额计算						
8	合计						

表 1-16 增值税减免税申报明细表

增值税减免税申报明细表

税款所属时间：自 年 月 日至 年 月 日

纳税人名称（公章）： 金额单位：元（列至角分）

一、减税项目						
减税性质代码及名称	栏次	期初余额	本期发生额	本期应抵减税额	本期实际抵减税额	期末余额
		1	2	3=1+2	4≤3	5=3-4
合计	1					
	2					
	3					
	4					
	5					
	6					
二、免税项目						
免税性质代码及名称	栏次	免征增值税项目销售额	免税销售额扣除项目本期实际扣除金额	扣除后免税销售额	免税销售额对应的进项税额	免税额
		1	2	3=1-2	4	5
合计	7					
出口免税	8		—	—	—	
其中：跨境服务	9		—	—	—	
	10				—	
	11				—	
	12				—	
	13				—	
	14				—	
	15				—	
	16				—	

2. 城建税及教育费附加的申报

城建税、教育费附加的计税依据，都是纳税人实际缴纳的增值税税额，所以其申报期限和增值税是一样的，现在的附加税费不单独申报，而是作为增值税申报表的附列资料。

本小节只介绍城建税及教育费附加的申报应该填哪些表格，具体表格填写会在后面各涉税处理小节举例说明。

（1）小规模纳税人城建税及教育费附加申报表

小规模纳税人城建税及教育费附加的申报需要填写增值税及附加税费申报表（小规模纳税人适用）附列资料（二）（如表 1-17 所示）

表 1-17 增值税及附加税费申报表（小规模纳税人适用）附列资料（二）

增值税及附加税费申报表（小规模纳税人适用）附列资料（二）

（附加税费情况表）

税（费）款所属时间： 年 月 日至 年 月 日

纳税人名称：（公章） 金额单位：元（列至角分）

税（费）种	计税（费）依据	税（费）率（%）	本期应纳税（费）额	本期减免税（费）额		增值税小规模纳税人"六税两费"减征政策		本期已缴税（费）额	本期应补（退）税（费）额
	增值税税额			减免性质代码	减免税（费）额	减征比例（%）	减征额		
	1	2	3=1×2	4	5	6	7=（3-5）×6	8	9=3-5-7-8
城市维护建设税									
教育费附加									
地方教育附加									
合计	—	—		—		—			

（2）一般纳税人城建税及教育费附加申报表

一般纳税人城建税及教育费附加的申报需要填写增值税及附加税费申报表附列资料（五）（如表 1-18 所示）

表 1-18 增值税及附加税费申报表附列资料（五）

增值税及附加税费申报表附列资料（五）

（附加税费情况表）

税（费）款所属时间： 年 月 日至 年 月 日

纳税人名称：（公章） 金额单位：元（列至角分）

税（费）种		计税（费）依据			税（费）率（%）	本期应纳税（费）额	本期减免税（费）额		试点建设培育产教融合型企业		本期已缴税（费）额	本期应补（退）税（费）额
		增值税税额	增值税免抵税额	留抵退税本期扣除额			减免性质代码	减免税（费）额	减免性质代码	本期抵免金额		
		1	2	3	4	5=（1+2-3）×4	6	7	8	9	10	11=5-7-9-10
城市维护建设税	1								—	—		
教育费附加	2											
地方教育附加	3											
合计	4	—	—	—	—		—		—			
本期是否适用试点建设培育产教融合型企业抵免政策					□是 □否	当期新增投资额				5		
						上期留抵可抵免金额				6		
						结转下期可抵免金额				7		
可用于扣除的增值税留抵退税额使用情况						当期新增可用于扣除的留抵退税额				8		
						上期结存可用于扣除的留抵退税额				9		
						结转下期可用于扣除的留抵退税额				10		

3. 企业所得税的申报

企业所得税按年计征，分月或者分季预缴，年终汇算清缴，多退少补。

企业所得税按季预缴，企业应当自月度或季度终了之日起 15 日内，向税务机关报送预缴企业所得税纳税申报表，预缴税款。企业应当自年度终了之日起 5 个月内，向税务机关报送年度企业所得税纳税申报表，并汇算清缴，结清应缴应退税款。

本小节只介绍企业所得税季度申报表和年度申报表应该填哪些表格，具体表格填写会在后面各涉税处理小节举例说明，书末的“附录”为详细填写说明。

（1）企业所得税季度申报表

小企业企业所得税季度申报需填写中华人民共和国企业所得税月（季）度预缴纳税申报表（A 类）（如表 1–19 所示）。

表 1–19 中华人民共和国企业所得税月（季）度预缴纳税申报表（A 类）

A200000

中华人民共和国企业所得税月（季）度预缴纳税申报表（A 类）

税款所属时间：自　　年　　月　　日至　　年　　月　　日

纳税人识别号（统一社会信用代码）：

纳税人名称（公章）：　　　　　　　　　　　　　　金额单位：人民币元（列至角分）

<table>
<tr><td colspan="10">优惠及附报事项有关信息</td></tr>
<tr><td rowspan="2" colspan="2">项目</td><td colspan="2">一季度</td><td colspan="2">二季度</td><td colspan="2">三季度</td><td colspan="2">四季度</td><td rowspan="2">季度平均值</td></tr>
<tr><td>季初</td><td>季末</td><td>季初</td><td>季末</td><td>季初</td><td>季末</td><td>季初</td><td>季末</td></tr>
<tr><td colspan="2">从业人数</td><td></td><td></td><td></td><td></td><td></td><td></td><td></td><td></td><td></td></tr>
<tr><td colspan="2">资产总额（万元）</td><td></td><td></td><td></td><td></td><td></td><td></td><td></td><td></td><td></td></tr>
<tr><td colspan="2">国家限制或禁止行业</td><td colspan="4">□是 □否</td><td colspan="4">小型微利企业</td><td>□是 □否</td></tr>
<tr><td colspan="2"></td><td colspan="8">附 报 事 项 名 称</td><td>金额或选项</td></tr>
<tr><td colspan="2">事项 1</td><td colspan="8">（填写特定事项名称）</td><td></td></tr>
<tr><td colspan="2">事项 2</td><td colspan="8">（填写特定事项名称）</td><td></td></tr>
<tr><td></td><td colspan="9">预缴税款计算</td><td>本年累计</td></tr>
<tr><td>1</td><td colspan="9">营业收入</td><td></td></tr>
<tr><td>2</td><td colspan="9">营业成本</td><td></td></tr>
<tr><td>3</td><td colspan="9">利润总额</td><td></td></tr>
<tr><td>4</td><td colspan="9">加：特定业务计算的应纳税所得额</td><td></td></tr>
<tr><td>5</td><td colspan="9">减：不征税收入</td><td></td></tr>
<tr><td>6</td><td colspan="9">减：资产加速折旧、摊销（扣除）调减额（填写 A201020）</td><td></td></tr>
<tr><td>7</td><td colspan="9">减：免税收入、减计收入、加计扣除（7.1+7.2+…）</td><td></td></tr>
<tr><td>7.1</td><td colspan="9">（填写优惠事项名称）</td><td></td></tr>
<tr><td>7.2</td><td colspan="9">（填写优惠事项名称）</td><td></td></tr>
<tr><td>8</td><td colspan="9">减：所得减免（8.1+8.2+…）</td><td></td></tr>
<tr><td>8.1</td><td colspan="9">（填写优惠事项名称）</td><td></td></tr>
<tr><td>8.2</td><td colspan="9">（填写优惠事项名称）</td><td></td></tr>
<tr><td>9</td><td colspan="9">减：弥补以前年度亏损</td><td></td></tr>
<tr><td>10</td><td colspan="9">实际利润额（3+4-5-6-7-8-9）\ 按照上一纳税年度应纳税所得额平均额确定的应纳税所得额</td><td></td></tr>
<tr><td>11</td><td colspan="9">税率（25%）</td><td></td></tr>
<tr><td>12</td><td colspan="9">应纳所得税额（10×11）</td><td></td></tr>
<tr><td>13</td><td colspan="9">减：减免所得税额（13.1+13.2+…）</td><td></td></tr>
</table>

续表

<table>
<tr><th></th><th colspan="3">预缴税款计算</th><th>本年累计</th></tr>
<tr><td>13.1</td><td colspan="3">符合条件的小型微利企业减免企业所得税</td><td></td></tr>
<tr><td>13.2</td><td colspan="3">（填写优惠事项名称）</td><td></td></tr>
<tr><td>14</td><td colspan="3">减：本年实际已缴纳所得税额</td><td></td></tr>
<tr><td>15</td><td colspan="3">减：特定业务预缴（征）所得税额</td><td></td></tr>
<tr><td>16</td><td colspan="3">本期应补（退）所得税额（12-13-14-15）\ 税务机关确定的本期应纳所得税额</td><td></td></tr>
<tr><td colspan="5">汇总纳税企业总分机构税款计算</td></tr>
<tr><td>17</td><td rowspan="4">总机构</td><td colspan="2">总机构本期分摊应补（退）所得税额（18+19+20）</td><td></td></tr>
<tr><td>18</td><td colspan="2">其中：总机构分摊应补（退）所得税额（16× 总机构分摊比例___%）</td><td></td></tr>
<tr><td>19</td><td colspan="2">财政集中分配应补（退）所得税额（16× 财政集中分配比例___%）</td><td></td></tr>
<tr><td>20</td><td colspan="2">总机构具有主体生产经营职能的部门分摊所得税额（16× 全部分支机构分摊比例___%× 总机构具有主体生产经营职能部门分摊比例___%）</td><td></td></tr>
<tr><td>21</td><td rowspan="2">分支机构</td><td colspan="2">分支机构本期分摊比例</td><td></td></tr>
<tr><td>22</td><td colspan="2">分支机构本期分摊应补（退）所得税额</td><td></td></tr>
<tr><td colspan="5">实际缴纳企业所得税计算</td></tr>
<tr><td>23</td><td colspan="2">减：民族自治地区企业所得税地方分享部分：
□免征　□减征幅度___%</td><td>本年累计应减免金额
［（12-13-15）×40%× 减征幅度］</td><td></td></tr>
<tr><td>24</td><td colspan="3">实际应补（退）所得税额</td><td></td></tr>
<tr><td colspan="5">谨声明：本纳税申报表是根据国家税收法律法规及相关规定填报的，是真实的、可靠的、完整的。
纳税人（签章）：　　　　　　　　年　月　日</td></tr>
<tr><td colspan="4">经办人：
经办人身份证号：
代理机构签章：
代理机构统一社会信用代码：</td><td>受理人：
受理税务机关（章）：
受理日期：　　年　月　日</td></tr>
<tr><td colspan="5">国家税务总局监制</td></tr>
</table>

（2）企业所得税年度申报表

小企业企业所得税年度申报需填写企业基础信息表（如表 1–20 所示）、中华人民共和国企业所得税年度纳税申报表（A 类）（如表 1–21 所示）、纳税调整项目明细表（如表 1–22 所示）、职工薪酬支出及纳税调整明细表（如表 1–23 所示）、资产折旧、摊销及纳税调整明细表（如表 1–24 所示）、企业所得税弥补亏损明细表（如表 1–25 所示）和减免所得税优惠明细表（如表 1–26 所示）。

表 1-20 企业基础信息表

A000000

企业所得税年度纳税申报基础信息表

基本经营情况（必填项目）			
101 纳税申报企业类型（填写代码）	—	102 分支机构就地纳税比例（%）	
103 资产总额（填写平均值，单位：万元）	—	104 从业人数（填写平均值，单位：人）	—
105 所属国民经济行业（填写代码）		106 从事国家限制或禁止行业	□是 □否
107 适用会计准则或会计制度（填写代码）		108 采用一般企业财务报表格式（2019 年版）	□是 □否
109 小型微利企业	□是 □否	110 上市公司	是（□境内□境外）□否
有关涉税事项情况（存在或者发生下列事项时必填）			
201 从事股权投资业务	□是	202 存在境外关联交易	□是
203 境外所得信息	203-1 选择采用的境外所得抵免方式	□分国（地区）不分项 □不分国（地区）不分项	
	203-2 新增境外直接投资信息	□是（产业类别：□旅游业 □现代服务业 □高新技术产业）	
204 有限合伙制创业投资企业的法人合伙人	□是	205 创业投资企业	□是
206 技术先进型服务企业类型（填写代码）		207 非营利组织	□是
208 软件、集成电路企业类型（填写代码）		209 集成电路生产项目类型	□ 130 纳米 □ 65 纳米 □ 28 纳米
210 科技型中小企业	210-1 年（申报所属期年度）入库编号 1		210-2 入库时间 1	
	210-3 年（所属期下一年度）入库编号 2		210-4 入库时间 2	
211 高新技术企业申报所属期年度有效的高新技术企业证书	211-1 证书编号1		211-2 发证时间 1	
	211-3 证书编号2		211-4 发证时间 2	
212 重组事项税务处理方式	□一般性 □特殊性	213 重组交易类型（填写代码）	
214 重组当事方类型（填写代码）		215 政策性搬迁开始时间	年 月
216 发生政策性搬迁且停止生产经营无所得年度	□是	217 政策性搬迁损失分期扣除年度	□是
218 发生非货币性资产对外投资递延纳税事项	□是	219 非货币性资产对外投资转让所得递延纳税年度	□是
220 发生技术成果投资入股递延纳税事项	□是	221 技术成果投资入股递延纳税年度	□是
222 发生资产（股权）划转特殊性税务处理事项	□是	223 债务重组所得递延纳税年度	□是
224 研发支出辅助账样式	□ 2015 版 □ 2021 版 □自行设计		

主要股东及分红情况（必填项目）					
股东名称	证件种类	证件号码	投资比例（%）	当年（决议日）分配的股息、红利等权益性投资收益金额	国籍（注册地址）
其余股东合计					

表 1-21 中华人民共和国企业所得税年度纳税申报表（A 类）

A100000

中华人民共和国企业所得税年度纳税申报表（A 类）

行次	类别	项　　目	金额
1	利润总额计算	一、营业收入（填写 A101010\101020\103000）	
2		减：营业成本（填写 A102010\102020\103000）	
3		减：税金及附加	
4		减：销售费用（填写 A104000）	
5		减：管理费用（填写 A104000）	
6		减：财务费用（填写 A104000）	
7		减：资产减值损失	
8		加：公允价值变动收益	
9		加：投资收益	
10		二、营业利润（1-2-3-4-5-6-7+8+9）	
11		加：营业外收入（填写 A101010\101020\103000）	
12		减：营业外支出（填写 A102010\102020\103000）	
13		三、利润总额（10+11-12）	
14	应纳税所得额计算	减：境外所得（填写 A108010）	
15		加：纳税调整增加额（填写 A105000）	
16		减：纳税调整减少额（填写 A105000）	
17		减：免税、减计收入及加计扣除（填写 A107010）	
18		加：境外应税所得抵减境内亏损（填写 A108000）	
19		四、纳税调整后所得（13-14+15-16-17+18）	
20		减：所得减免（填写 A107020）	
21		减：弥补以前年度亏损（填写 A106000）	
22		减：抵扣应纳税所得额（填写 A107030）	
23		五、应纳税所得额（19-20-21-22）	
24	应纳税额计算	税率（25%）	
25		六、应纳所得税额（23×24）	
26		减：减免所得税额（填写 A107040）	
27		减：抵免所得税额（填写 A107050）	
28		七、应纳税额（25-26-27）	
29		加：境外所得应纳所得税额（填写 A108000）	
30		减：境外所得抵免所得税额（填写 A108000）	
31		八、实际应纳所得税额（28+29-30）	
32		减：本年累计实际已预缴的所得税额	
33		九、本年应补（退）所得税额（31-32）	
34		其中：总机构分摊本年应补（退）所得税额（填写 A109000）	
35		财政集中分配本年应补（退）所得税额（填写 A109000）	
36		总机构主体生产经营部门分摊本年应补（退）所得税额（填写 A109000）	
37	实际应纳税额计算	减：民族自治地区企业所得税地方分享部分：（□ 免征 □ 减征：减征幅度　　%）	
38		十、本年实际应补（退）所得税额（33-37）	

表 1-22 纳税调整项目明细表

A105000

纳税调整项目明细表

行次	项目	账载金额	税收金额	调增金额	调减金额
		1	2	3	4
1	一、收入类调整项目（2+3+…+8+10+11）	*	*		
2	（一）视同销售收入（填写 A105010）	*			*
3	（二）未按权责发生制原则确认的收入（填写 A105020）				
4	（三）投资收益（填写 A105030）				
5	（四）按权益法核算长期股权投资对初始投资成本调整确认收益	*	*	*	
6	（五）交易性金融资产初始投资调整	*	*		*
7	（六）公允价值变动净损益		*		
8	（七）不征税收入	*	*		
9	其中：专项用途财政性资金（填写 A105040）	*	*		
10	（八）销售折扣、折让和退回				
11	（九）其他				
12	二、扣除类调整项目（13+14+…+24+26+27+28+29+30）	*	*		
13	（一）视同销售成本（填写 A105010）	*		*	
14	（二）职工薪酬（填写 A105050）				
15	（三）业务招待费支出				*
16	（四）广告费和业务宣传费支出（填写 A105060）	*	*		
17	（五）捐赠支出（填写 A105070）				
18	（六）利息支出				
19	（七）罚金、罚款和被没收财物的损失		*		*
20	（八）税收滞纳金、加收利息		*		*
21	（九）赞助支出		*		*
22	（十）与未实现融资收益相关在当期确认的财务费用				
23	（十一）佣金和手续费支出（保险企业填写 A105060）				
24	（十二）不征税收入用于支出所形成的费用	*	*		*
25	其中：专项用途财政性资金用于支出所形成的费用（填写 A105040）	*	*		*
26	（十三）跨期扣除项目				
27	（十四）与取得收入无关的支出		*		*
28	（十五）境外所得分摊的共同支出	*	*		*
29	（十六）党组织工作经费				
30	（十七）其他				
31	三、资产类调整项目（32+33+34+35）	*	*		
32	（一）资产折旧、摊销（填写 A105080）				
33	（二）资产减值准备金		*		
34	（三）资产损失（填写 A105090）				
35	（四）其他				
36	四、特殊事项调整项目（37+38+…+43）	*	*		
37	（一）企业重组及递延纳税事项（填写 A105100）				
38	（二）政策性搬迁（填写 A105110）	*	*		
39	（三）特殊行业准备金（39.1+39.2+39.4+39.5+39.6+39.7）	*	*		
39.1	1. 保险公司保险保障基金				
39.2	2. 保险公司准备金				

续表

行次	项目	账载金额	税收金额	调增金额	调减金额
		1	2	3	4
39.3	其中：已发生未报案未决赔款准备金				
39.4	3. 证券行业准备金				
39.5	4. 期货行业准备金				
39.6	5. 中小企业融资（信用）担保机构准备金				
39.7	6. 金融企业、小额贷款公司准备金（填写 A105120）	*	*		
40	（四）房地产开发企业特定业务计算的纳税调整额（填写 A105010）	*			
41	（五）合伙企业法人合伙人应分得的应纳税所得额				
42	（六）发行永续债利息支出				
43	（七）其他	*	*		
44	五、特别纳税调整应税所得	*	*		
45	六、其他	*	*		
46	合计（1+12+31+36+44+45）	*	*		

表 1-23 职工薪酬支出及纳税调整明细表

A105050

职工薪酬支出及纳税调整明细表

行次	项目	账载金额	实际发生额	税收规定扣除率	以前年度累计结转扣除额	税收金额	纳税调整金额	累计结转以后年度扣除额
		1	2	3	4	5	6（1-5）	7（2+4-5）
1	一、工资薪金支出			*	*			*
2	其中：股权激励			*	*			*
3	二、职工福利费支出			14%	*			*
4	三、职工教育经费支出			*				
5	其中：按税收规定比例扣除的职工教育经费			8.00%				
6	按税收规定全额扣除的职工培训费用			100%	*			*
7	四、工会经费支出			2%	*			*
8	五、各类基本社会保障性缴款			*	*			*
9	六、住房公积金			*	*			*
10	七、补充养老保险			5%	*			*
11	八、补充医疗保险			5%	*			*
12	九、其他			*	*			*
13	合计（1+3+4+7+8+9+10+11+12）			*				

表 1-24 资产折旧、摊销及纳税调整明细表

A105080

资产折旧、摊销及纳税调整明细表

行次	项目		账载金额			税收金额					纳税调整金额
			资产原值	本年折旧、摊销额	累计折旧、摊销额	资产计税基础	税收折旧额	享受加速折旧政策的资产按税收一般规定计算的折旧、摊销额	加速折旧统计额	累计折旧、摊销额	
			1	2	3	4	5	6	7(5-6)	8	9(2-5)
1	一、固定资产（2+3+4+5+6+7）							*	*		
2	所有固定资产	（一）房屋、建筑物						*	*		
3		（二）飞机、火车、轮船、机器、机械和其他生产设备						*	*		
4		（三）与生产经营活动有关的器具、工具、家具等						*	*		
5		（四）飞机、火车、轮船以外的运输工具						*	*		
6		（五）电子设备						*	*		
7		（六）其他						*	*		
8	其中：享受固定资产加速折旧及一次性扣除政策的资产加速折旧额大于一般折旧额的部分	（一）重要行业固定资产加速折旧（不含一次性扣除）									*
9		（二）其他行业研发设备加速折旧									*
10		（三）特定地区企业固定资产加速折旧（10.1+10.2）									*
10.1		1. 海南自由贸易港企业固定资产加速折旧									*
10.2		2. 横琴粤澳深度合作区企业固定资产加速折旧									*
11		（四）500 万元以下设备器具一次性扣除（11.1+11.2）									*
11.1		1. 高新技术企业 2022 年第四季度（10 月～12 月）购置单价 500 万元以下设备器具一次性扣除									*
11.2		2. 购置单价 500 万元以下设备器具一次性扣除（不包含高新技术企业 2022 年第四季度购置）									*
12		（五）500 万元以上设备器具一次性扣除（12.1+12.2+12.3+12.4）									*

续表

行次	项目	账载金额			税收金额					纳税调整金额
		资产原值	本年折旧、摊销额	累计折旧、摊销额	资产计税基础	税收折旧额	享受加速折旧政策的资产按税收一般规定计算的折旧、摊销额	加速折旧统计额	累计折旧、摊销额	
		1	2	3	4	5	6	7（5-6）	8	9（2-5）
12.1	中小微企业购置单价500万元以上设备器具 1. 最低折旧年限为 3 年的设备器具一次性扣除									*
12.2	中小微企业购置单价500万元以上设备器具 2. 最低折旧年限为 4、5 年的设备器具 50% 部分一次性扣除									*
12.3	中小微企业购置单价500万元以上设备器具 3. 最低折旧年限为 10 年的设备器具 50% 部分一次性扣除									*
12.4	4. 高新技术企业 2022 年第四季度（10 月～12 月）购置单价 500 万元以上设备器具一次性扣除									*
13	（六）特定地区企业固定资产一次性扣除（13.1+13.2）									*
13.1	1. 海南自由贸易港企业固定资产一次性扣除									*
13.2	2. 横琴粤澳深度合作区企业固定资产一次性扣除									*
14	（七）技术进步、更新换代固定资产加速折旧									*
15	（八）常年强震动、高腐蚀固定资产加速折旧									*
16	（九）外购软件加速折旧									*
17	（十）集成电路企业生产设备加速折旧									*
18	二、生产性生物资产（19+20）						*	*		
19	（一）林木类						*	*		
20	（二）畜类						*	*		
21	三、无形资产（22+23+24+25+26+27+28+29）						*	*		

续表

行次	项目		账载金额			税收金额					纳税调整金额
			资产原值	本年折旧、摊销额	累计折旧、摊销额	资产计税基础	税收折旧额	享受加速折旧政策的资产按税收一般规定计算的折旧、摊销额	加速折旧统计额	累计折旧、摊销额	
			1	2	3	4	5	6	7（5-6）	8	9（2-5）
22	所有无形资产	（一）专利权						*	*		
23		（二）商标权						*	*		
24		（三）著作权						*	*		
25		（四）土地使用权						*	*		
26		（五）非专利技术						*	*		
27		（六）特许权使用费						*	*		
28		（七）软件						*	*		
29		（八）其他						*	*		
30	其中：享受无形资产加速摊销及一次性摊销政策的资产加速摊销额大于一般摊销额的部分	（一）企业外购软件加速摊销									*
31		（二）特定地区企业无形资产加速摊销（31.1+31.2）									*
31.1		1. 海南自由贸易港企业无形资产加速摊销									*
31.2		2. 横琴粤澳深度合作区企业无形资产加速摊销									*
32		（三）特定地区企业无形资产一次性摊销（32.1+32.2）									*
32.1		1. 海南自由贸易港企业无形资产一次性摊销									*
32.2		2. 横琴粤澳深度合作区企业无形资产一次性摊销									*
33	四、长期待摊费用（34+35+36+37+38）							*	*		
34	（一）已足额提取折旧的固定资产的改建支出							*	*		
35	（二）租入固定资产的改建支出							*	*		
36	（三）固定资产的大修理支出							*	*		
37	（四）开办费							*	*		
38	（五）其他							*	*		
39	五、油气勘探投资							*	*		
40	六、油气开发投资							*	*		
41	合计（1+18+21+33+39+40）										
附列资料		全民所有制企业公司制改制资产评估增值政策资产						*	*		

表 1-25 企业所得税弥补亏损明细表

A106000

企业所得税弥补亏损明细表

行次	项目	年度	当年境内所得额	分立转出的亏损额	合并、分立转入的亏损额			弥补亏损企业类型	当年亏损额	当年待弥补的亏损额	用本年度所得额弥补的以前年度亏损额		当年可结转以后年度弥补的亏损额
					可弥补年限5年	可弥补年限8年	可弥补年限10年				使用境内所得弥补	使用境外所得弥补	
		1	2	3	4	5	6	7	8	9	10	11	12
1	前十年度												
2	前九年度												
3	前八年度												
4	前七年度												
5	前六年度												
6	前五年度												
7	前四年度												
8	前三年度												
9	前二年度												
10	前一年度												
11	本年度												
12	可结转以后年度弥补的亏损额合计												

表 1-26 减免所得税优惠明细表

A107040

减免所得税优惠明细表

行次	项目	金额
1	一、符合条件的小型微利企业减免企业所得税	
2	二、国家需要重点扶持的高新技术企业减按 15% 的税率征收企业所得税（填写 A107041）	
3	三、经济特区和上海浦东新区新设立的高新技术企业在区内取得的所得定期减免企业所得税（填写 A107041）	
4	四、受灾地区农村信用社免征企业所得税	*
5	五、动漫企业自主开发、生产动漫产品定期减免企业所得税	
6	六、线宽小于 0.8 微米（含）的集成电路生产企业减免企业所得税（填写 A107042）	
7	七、线宽小于 0.25 微米的集成电路生产企业减按 15% 税率征收企业所得税（填写 A107042）	*
8	八、投资额超过 80 亿元的集成电路生产企业减按 15% 税率征收企业所得税（填写 A107042）	*
9	九、线宽小于 0.25 微米的集成电路生产企业减免企业所得税（填写 A107042）	
10	十、投资额超过 80 亿元的集成电路生产企业减免企业所得税（填写 A107042）	
11	十一、新办集成电路设计企业减免企业所得税（填写 A107042）	
12	十二、国家规划布局内集成电路设计企业可减按 10% 的税率征收企业所得税（填写 A107042）	*
13	十三、符合条件的软件企业减免企业所得税（填写 A107042）	
14	十四、国家规划布局内重点软件企业可减按 10% 的税率征收企业所得税（填写 A107042）	*
15	十五、符合条件的集成电路封装、测试企业定期减免企业所得税（填写 A107042）	*
16	十六、符合条件的集成电路关键专用材料生产企业、集成电路专用设备生产企业定期减免企业所得税（填写 A107042）	*
17	十七、经营性文化事业单位转制为企业的免征企业所得税	
18	十八、符合条件的生产和装配伤残人员专门用品企业免征企业所得税	
19	十九、技术先进型服务企业（服务外包类）减按 15% 的税率征收企业所得税	
20	二十、技术先进型服务企业（服务贸易类）减按 15% 的税率征收企业所得税	
21	二十一、设在西部地区的鼓励类产业企业减按 15% 的税率征收企业所得税（主营业务收入占比____%）	
22	二十二、新疆困难地区新办企业定期减免企业所得税	
23	二十三、新疆喀什、霍尔果斯特殊经济开发区新办企业定期免征企业所得税	
24	二十四、广东横琴、福建平潭、深圳前海、广东南沙等地区的鼓励类产业企业减按 15% 税率征收企业所得税（24.1+24.2+24.3+24.4）	
24.1	（一）横琴粤澳深度合作区的鼓励类产业企业减按 15% 税率征收企业所得税	
24.2	（二）平潭综合实验区的鼓励类产业企业减按 15% 税率征收企业所得税	
24.3	（三）前海深港现代服务业合作区的鼓励类产业企业减按 15% 税率征收企业所得税	
24.4	（四）南沙先行启动区的鼓励类产业企业减按 15% 税率征收企业所得税	
25	二十五、北京冬奥组委、北京冬奥会测试赛赛事组委会免征企业所得税	
26	二十六、线宽小于 130 纳米（含）的集成电路生产企业减免企业所得税（原政策，填写 A107042）	
27	二十七、线宽小于 65 纳米或投资额超过 150 亿元的集成电路生产企业减免企业所得税（原政策，填写 A107042）	
28	二十八、其他（28.1+28.2+28.3+28.4+28.5+28.6）	
28.1	（一）从事污染防治的第三方企业减按 15% 的税率征收企业所得税	
28.2	（二）上海自贸试验区临港新片区的重点产业企业减按 15% 的税率征收企业所得税	
28.3	（三）海南自由贸易港鼓励类企业减按 15% 的税率征收企业所得税	

续表

行次	项目	金额
28.4	（四）国家鼓励的集成电路和软件企业减免企业所得税政策（28.4.1+…+28.4.10）	
28.4.1	1. 线宽小于 28 纳米（含）集成电路生产企业减免企业所得税（填写 A107042）	
28.4.2	2. 线宽小于 65 纳米（含）集成电路生产企业减免企业所得税（填写 A107042）	
28.4.3	3. 线宽小于 130 纳米（含）集成电路生产企业减免企业所得税（填写 A107042）	
28.4.4	4. 集成电路设计业减免企业所得税（填写 A107042）	
28.4.5	5. 重点集成电路设计企业减免企业所得税（填写 A107042）	
28.4.6	6. 集成电路装备企业减免企业所得税（填写 A107042）	
28.4.7	7. 集成电路材料企业减免企业所得税（填写 A107042）	
28.4.8	8. 集成电路封装、测试企业减免企业所得税（填写 A107042）	
28.4.9	9. 软件企业减免企业所得税（填写 A107042）	
28.4.10	10. 重点软件企业减免企业所得税（填写 A107042）	
28.5	（五）其他 1	
28.6	（六）其他 2	
29	二十九、减：项目所得额按法定税率减半征收企业所得税叠加享受减免税优惠	
30	三十、支持和促进重点群体创业就业企业限额减征企业所得税（30.1+30.2）	
30.1	（一）企业招用建档立卡贫困人口就业扣减企业所得税	
30.2	（二）企业招用登记失业半年以上人员就业扣减企业所得税	
31	三十一、扶持自主就业退役士兵创业就业企业限额减征企业所得税	
32	三十二、符合条件的公司型创投企业按照企业年末个人股东持股比例减免企业所得税（个人股东持股比例 ____%）	
33	合计（1+2+…+28-29+30+31+32）	

四、金税四期

什么是金税四期？它对个人和企业有什么影响？会计应该如何应对金税四期？

（一）金税四期介绍

金税工程属于国家级信息系统工程，是国家电子政务建设的重要组成部分，更是我国税务工作全面推进数字化的重要里程碑。

20 世纪 80 年代初，我国基层税务部门就开始使用微型计算机设备辅助工作，用于处理税收计划、统计、会计等纸质数据，着力提高面对面服务效率，拉开了税务信息化的序幕。1994 年分税制改革后，正式启动金税工程各期建设。

1. 金税一期

金税一期于1994年开始运作，重点聚焦于增值税专用发票的有效管理，在全国范围内推动部署增值税交叉稽核系统（该系统主要采用企业提供增值税专用发票，由税务机关组织手工录入的方式进行数据采集）和增值税防伪税控系统。

2. 金税二期

金税二期于2001年开始运作，重点聚焦于增值税发票开票、认证、报税和稽核等，将增值税征管各环节都放在网络上运行，探索实施全链条监管体系，构建增值税“以票管税”新机制；实现增值税交叉稽核系统和发票协查系统在全国范围内联网运行；防伪税控认证子系统在全国范围内推广运行，防伪税控开票子系统已经大规模推广。

3. 金税三期

金税三期于2008年正式启动，总体目标是要建立“一个平台、两级处理、三个覆盖、四个系统”，面向税收征管主要业务、工作流程、岗位职责，构建税收征管新体系。该系统融合了税收征管变革和技术创新，统一了全国国地税征管应用系统版本，搭建了统一的纳税服务平台，实现了全国税收数据大集中，对于进一步规范全国税收执法、优化纳税服务、实现降低税务机关征纳成本和执法风险具有极其重要的意义。

4. 金税四期

金税四期于2023年1月1日上线，2024年全面推行。

国家税务总局于2019年提出升级完善“金税四期”的设想，并于2020年向国家发改委申报了“十四五”规划重点工程项目。“金四”相对于“金三”，做出了很多改变：这次不仅仅是税务方面，对“非税”业务也进行更全面的监控。同时搭建了各部委、银行等机构之间信息共享和核查的通道，实现企业相关人员手机号码、企业纳税状态、企业登记注册信息核查三大功能。

同时通过税务、市监、公安、社保、质监和国家统计局、银行等所有行政管理部门各机构信息共享，全面推动“以数治税”时期的到来。

根据国务院办公厅印发的《关于进一步深化税收征管改革的意见》，提出2022年基本实现法人税费信息“一户式”、自然人税费信息“一人式”智能归集，2023年基本实现税务机关信息“一局式”、税务人员信息“一员式”智能归集，2025年实现税务执法、服务、监管与大数据智能化应用深度融合、高效联动、全面升级。

（二）金税四期对个人的影响

金税四期将会影响到每一个人的纳税情况。

1. 私卡交易监控

金税四期上线之后，对资金的监控将会更为严格，特别是个人卡交易。个人名下一张银行卡涉案，5 年内不能开新户，同时记入征信，基本告别办理信用卡和房贷车贷。从而真正实现“让守信者处处受益，一旦失信，你将寸步难行”。随着金税四期的上线，国家可以更细致、更全面地了解中国企业和税收居民的信息，数字人民币也在推进落实中。

2. 引入高净值人群反避税条款

对于高净值人群来说，伴随着自然人纳税识别号的建立，新个税首次引入反避税条款进入征信，海内外资产收支更透明。

3. 所查对象

（1）第一拨查的是资本性所得；

（2）第二拨查的是网红、娱乐明星；

（3）第三拨查的是老板。

老板从对公账户往个人账户转款，超过 20 万元都算大额。老板从对公账户往个人账户转款，也需谨慎。因为一旦老板转到个人账户上，会默认为老板的股息分红，需缴纳 20% 的个税。

4. 查个人卡

金税四期严查的是个人卡。个人账户流水多少会被金税四期监管？

简单说，这 3 种情况，会被重点监管：

（1）任何账户的现金交易，超过 5 万元。

（2）公户转账，超过 200 万元。

（3）私户转账超 20 万元（境外）或 50 万元（境内）。

2022 年起个人银行账户进账高于这个数要小心了，大额交易会被严查！中国人民银行 2020 年已经发布了《关于大额现金管理的通知》，从浙江省、深圳市、河北省率先开始作为试点，试点期为两年。

（三）金税四期对企业的影响

国家和税务总局就是寄希望于“金四”电子发票，希望通过电子发票这种形式，掌握企业经营的情况、申报核算的情况。

通过你的每一笔交易，自动形成纳税信息。在这种情况下，国家能够对涉嫌虚开发票、虚抵发票进行有效打击。如果电子发票在全国全面落地实施，会形成一张网，那就意味着信息的即刻生成加上人工智能化的数据分析，再打通金融、进出口、民政、教育、公安等 70 多个部门的信息，企业自以为隐藏得很深的、不合规的东西会很快暴露出来，这能很好地约束企业合规运营。

1. 查到必罚的 7 种避税方法

（1）买发票。买发票属于虚开发票，也触犯了法律。即使走了账，签了合同，货物流也匹配不上。

（2）对开发票、环开发票。对开、环开发票，就是基于没有真实业务的情况下，互相开票。虽然都是闭环抵扣，但也是属于虚开发票，不会出现支付开票手续费的情况。

（3）故意用现金或者个人卡发工资。网银时代，发放现金毕竟是极少数。

（4）用现金收支货款。有隐匿收入等风险，还有可能会牵扯出少缴社保、少缴个税等一连串问题。

（5）到处找发票抵税。

（6）代缴社保。一旦被查，不但涉嫌偷税，还涉嫌骗保，将会面临罚款和刑事处罚。

（7）大量员工个税零申报。长期零申报的企业很容易被税务系统纳入高风险之列。

2. 容易被稽查的 9 类交易

（1）现金交易超 5 万元。

（2）公转公超 200 万元。

（3）私户转账金额过大：境内转账超 50 万元，境外转账超 20 万元。

（4）规模小但流水巨大。

（5）转入转出异常：如分批转入集中转出，或者是集中转入分批转出。

（6）资金流向与经营无关。

（7）公户私户频繁互转。

（8）频繁开销户。

（9）闲置账户大量交易。

（四）金税四期对会计的影响

登录电子税务局开票、实名认证开票，“数电”发票的推进，是金税四期最大的改变，也和会计息息相关。

金税四期下，更能发挥会计在企业中的作用。在金税四期之下，财务人员要定期进行税务风险检测、做好财税风险管控，使企业税务合规。

1. 定期进行税务风险检测

财务人员要定期做好税务风险检测，彻底排查公司存在的潜在风险，如两套账、企业之间互开发票、虚开发票、虚拟暂估成本结转成本、以税负率倒推成本费用等。对于遗留问题和风险，会计应该拿出可行的解决方案，及时解决税务风险遗留问题。

2. 打造财税风险管控系统

财务人员应根据企业的实际情况和业务模式，搭建适合的纳税管理标准、目标和实施方案，打造财税风险管控系统，在金税四期“以数治税”背景下，要把希望寄托在系统上。

3. 做好企业税务合规

税务大数据时代来临，企业合规是关键。金税四期“以数控税”方式的正式上场，代表着我国的税务监管已上升到了一个全新的维度。数字化手段作为税务建设的重要手段，同样也能成为企业提升核心竞争力、降低经营成本的重要途径。财务人员应融会贯通，做好企业税务规划，通过数字化升级转型，合法合规实现降本增效。

第二章　新办企业财税处理

成立一个企业的程序分六步，如表 2-1 所示。

表 2-1 成立企业程序

程序	内容
申请企业名称	在工商网站操作。如在广西注册公司，需要登录“广西数字政务一体化平台企业开办一窗通”（网址：http://zwfw.gxzf.gov.cn/yct/）
提交资料	将企业的名称、经营项目范围、参股人信息、注册登记地状况、资本比例等在工商网站提交
获取营业执照	网上申报材料审核通过后，到工商局获得证照
刻章	企业拿到执照后即可在工商局刻章（公章、财务章、法人章、发票章）
开设企业对公账号	携带营业执照和印章，开立企业银行账号
税务局登记	企业获取证照的30天之内，在电子税务局进行新办纳税人登记、核定税种、购买发票等操作

新办企业进行了上述一系列操作后，真正的财税处理才开始。通过本章的学习，读者会对新办小企业的股东入资、银行贷款和开办费业务的财税处理有所了解。

一、股东入资

小企业的第一笔业务一般与股东有关，比如：存备用金进银行，款项来源于股东；支付房租，款项是股东垫付的。注册资金实行认缴制后，只要股东把款项存进企业的对公银行账户，且备注用途有“注册资金”字样，财务人员即可根据银行回单、公司章程等进行记录。

根据 2020 年版《中华人民共和国公司法》的规定，除法律、行政法规以及国务院决定对公司注册资本实缴有另行规定的以外，取消了关于公司股东（发起人）应自公司成立之日起两年内缴足出资，投资公司在五年内缴足出资的规定；取消了一人有限责任公司股东应一次足额缴纳出资的规定。转而采取公司股东（发起人）自主约定认缴出资额、出资方式、出资期限等，并记载于公司章程的方式。

《中华人民共和国公司法》

第二十六条　有限责任公司的注册资本为在公司登记机关登记的全体股东认缴的出资额。

法律、行政法规以及国务院决定对有限责任公司注册资本实缴、注册资本最低限额另有规定的，从其规定。

暂不实行注册资本认缴登记制的行业（30类）如表2-2所示。

表2-2 暂不实行注册资本认缴登记制的行业

序号	名称	依据
1	采取募集方式设立的股份有限公司	《中华人民共和国公司法》
2	商业银行	《中华人民共和国商业银行法》
3	外资银行	《中华人民共和国外资银行管理条例》
4	金融资产管理公司	《金融资产管理公司条例》
5	信托公司	《中华人民共和国银行业监督管理法》
6	财务公司	《中华人民共和国银行业监督管理法》
7	金融租赁公司	《中华人民共和国银行业监督管理法》
8	汽车金融公司	《中华人民共和国银行业监督管理法》
9	消费金融公司	《中华人民共和国银行业监督管理法》
10	货币经纪公司	《中华人民共和国银行业监督管理法》
11	村镇银行	《中华人民共和国银行业监督管理法》
12	贷款公司	《中华人民共和国银行业监督管理法》
13	农村信用合作联社	《中华人民共和国银行业监督管理法》
14	农村资金互助社	《中华人民共和国银行业监督管理法》
15	证券公司	《中华人民共和国证券法》
16	期货公司	《期货交易管理条例》
17	基金管理公司	《中华人民共和国证券投资基金法》
18	保险公司	《中华人民共和国保险法》
19	保险专业代理机构、保险经纪人	《中华人民共和国保险法》
20	外资保险公司	《中华人民共和国外资保险公司管理条例》
21	直销企业	《直销管理条例》
22	对外劳务合作企业	《对外劳务合作管理条例》
23	融资性担保公司	《融资性担保公司管理暂行办法》
24	劳务派遣企业	2013年10月25日国务院第28次常务会议决定
25	典当行	2013年10月25日国务院第28次常务会议决定
26	保险资产管理公司	2013年10月25日国务院第28次常务会议决定
27	小额贷款公司	2013年10月25日国务院第28次常务会议决定
28	金融控股公司	《国务院关于实施金融控股公司准入管理的决定》
29	民办学校	《中华人民共和国民办教育促进法实施条例》
30	非银行支付机构	《非银行支付机构监督管理条例》

说明：暂不实行注册资本认缴登记制的行业（30类）依据法律法规，按照《注册资本登记制度改革方案》整理。

（一）会计核算

财务人员应了解小企业股东入资环节的经济业务和财务流程，并按《小企业会计准则》要求设置会计科目和进行账务核算。

1. 会计科目设置

小企业股东入资业务涉及“实收资本”等会计科目。如表 2–3 所示。

表 2–3 股东入资业务涉及的会计科目

<table>
<tr><th>会计科目</th><th>实收资本</th></tr>
<tr><td>核算内容</td><td>核算小企业接受投资者投入的实收资本</td></tr>
<tr><td>明细科目设置</td><td>按照投资人的单位名称或个人姓名设置明细科目进行核算</td></tr>
<tr><td>T 形图</td><td><table>
<tr><td>借方</td><td>实收资本　　贷方</td></tr>
<tr><td>小企业资本过剩或发生重大亏损而减少的资本额</td><td>小企业收到投资人投入的资本金、企业公积金转增资本金、债务重组转增资本金</td></tr>
<tr><td></td><td>小企业实际收到投资者投入的资本金</td></tr>
</table></td></tr>
</table>

财税笔记：

为了明细科目的规范，“实收资本”会计科目的二级科目一般是“单位”或“个人”，三级科目为投资人的单位名称或个人姓名。如：实收资本——单位——纳尔团；实收资本——个人——彭纳西。

2. 账务处理规范

（1）投资者入资的账务处理

①投资者以货币资金投入的资本，应当以实际收到或者存入企业开户银行的金额作为实收资本，应按照公司章程，并以银行回单（如图 2–1 所示）作为附件进行账务处理。

网上银行电子回单

回单编号：

付款方	账号		收款方	账号	
	户名			户名	
	开户行			开户行	
金额（小写）			金额（大写）		
币种			交易渠道		网上银行
摘要			凭证号		
交易时间			会计日期		
附言					

图 2–1 银行回单

会计分录为：

借：银行存款

　贷：实收资本

②投资者以非货币资金投入的资本，应当按照投资合同或协议约定的价值确定实收资本，以增值税发票（如图 2-2 所示）、入库单（如图 2-3 所示）等作为附件进行账务处理。

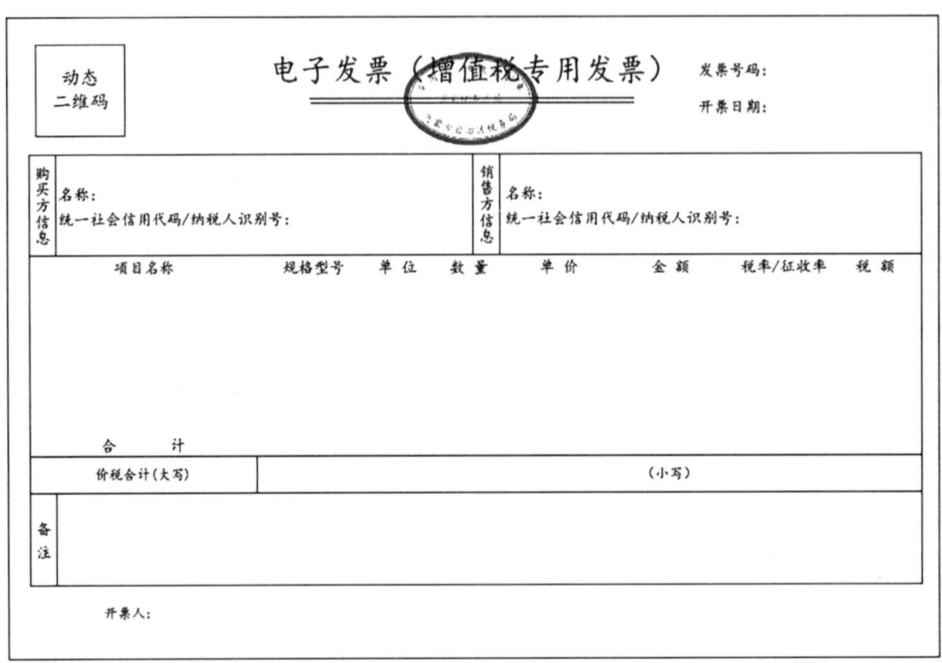

动态二维码

电子发票（增值税专用发票）

发票号码：

开票日期：

购买方信息	名称： 统一社会信用代码/纳税人识别号：	销售方信息	名称： 统一社会信用代码/纳税人识别号：

项目名称	规格型号	单位	数量	单价	金额	税率/征收率	税额
合计							

价税合计（大写）	（小写）
备注	

开票人：

图 2-2 增值税发票

入库单

供应商：　　　　　　　　　　　　　　　　　　　　　　　日期：

品名	规格	单位	数量	单价	金额	备注
合 计						

第二联 财务联

主管：　　　　　　　　　　　　　　仓管：　　　　　　　　　　　　采购：

图 2-3 入库单

会计分录为：

借：原材料等

　应交税费——应交增值税（进项税额）……一般纳税人会涉及的会计科目

　贷：实收资本

（2）股权转让、股东撤资的账务处理

股东入资后，也会发生股权转让、股东撤资的情况。

①股权转让

a.《中华人民共和国公司法》

第七十一条　有限责任公司的股东之间可以相互转让其全部或者部分股权。

股东向股东以外的人转让股权，应当经其他股东过半数同意。

b.《市场监管总局登记注册局关于更新〈市场主体登记提交材料规范〉（市场主体登记文书规范）的通知》[市监注（司）函〔2022〕169号]

变更股东的，股东向其他股东转让全部股权的，提交股东双方签署的股权转让协议或者股权交割证明。股东向股东以外的人转让股权的，提交其他股东过半数同意的文件；其他股东接到通知三十日未答复的，提交拟转让股东就转让事宜发给其他股东的书面通知；股东双方签署的股权转让协议或者股权交割证明；新股东的主体资格文件或自然人身份证件复印件。

因继承、受遗赠取得股权，当事人申请办理股东登记的，应当提交经公证的材料或者生效的法律文书等继承证明材料。

公司章程对股权转让、股权继承另有规定的，从其规定。

公司股权转让，应按照股权转让协议等进行确认，并进行账务处理。

会计分录为：

借：实收资本——新股东

　贷：实收资本——原股东

②股东撤资

《中华人民共和国公司法》

第七十四条　有下列情形之一的，对股东会该项决议投反对票的股东可以请求公司按照合理的价格收购其股权：

（1）公司连续五年不向股东分配利润，而公司该五年连续盈利，并且符合本法规定的分配利润条件的；

（2）公司合并、分立、转让主要财产的；

（3）公司章程规定的营业期限届满或者章程规定的其他解散事由出现，股东会会议通过决议修改章程使公司存续的。自股东会会议决议通过之日起六十日内，股东与公司不能达成股权收购协议的，股东可以自股东会会议决议通过之日起九十日内向人民法院提起诉讼。

企业应根据股东协议等进行实收资本的确认，并以银行回单等附件进行账务处理。

会计分录为：

借：实收资本

　贷：银行存款

3. 会计核算案例

此处以纳西公司为例，对股东入资业务进行会计核算。

【例 2-1】2023 年 6 月 1 日，纳尔公司、彭纳西（个人）以货币资金形式出资设立纳西公司，其中：纳尔公司出资 500,000 元，彭纳西（个人）出资 500,000 元，款项已存入纳西公司账户。

（1）案例解读

股东入资，应根据公司章程等确认实收资本，并在工商网站上公示。

（2）账务处理

该经济业务，使得纳西公司的银行存款、实收资本增加。

“银行存款”会计科目如表 2-4 所示。

表 2-4 股东入资业务涉及的会计科目

<table>
<tr><td>会计科目</td><td colspan="2">银行存款</td></tr>
<tr><td>核算内容</td><td colspan="2">核算小企业存放在银行和其他金融机构的货币资金</td></tr>
<tr><td>明细科目设置</td><td colspan="2">按照币种、开户行设置明细科目进行核算</td></tr>
<tr><td rowspan="3">T 形图</td><td colspan="2">借方　　　银行存款　　　贷方</td></tr>
<tr><td>小企业银行存款增加（收入）的款项</td><td>小企业银行存款减少（支出）的款项</td></tr>
<tr><td>小企业存在银行或其他金融机构的各种款项</td><td></td></tr>
</table>

财税笔记：

“银行存款”会计科目的明细科目一般按开户行加账号后四位进行设置，如果是同一银行既有基本户又有一般户情况，要分别设置明细科目进行核算。如：银行存款——农行（基本户）8888、银行存款——农行（一般户）9999、银行存款——工商银行 6666 等。

以银行账户用途来分类，企业能开设银行账户有以下四种：

①临时存款账户：如名所述，有明确的有效期，主要用于企业临时经营活动的结算。

②专用存款账户：作用就是专款专用，公司要开设这个账户，需要提供相关部门的批文或证明。

③基本存款账户：也就是我们平时所说的企业基本户，主要用于企业平时的转账、结算和现金收付。

④一般存款账户：也称为企业一般户，企业的一些结算需要经过一般户，如基本户以外的银行有借款的，或者为了获得基本户以外的银行特殊服务（结算速度快、业务范围广、规避同一家银行的风险，等等）。

注意事项：

①一个企业只能有一个基本户，在开了基本户的基础上才可以开立多个一般户（类似于电话卡的主卡和副卡的关系），开立时需提供相关的依据、文件；通过基本户的每笔核算业务，企业都要详细记录。

②以上四类银行账户中，只有一般户不得办理现金提取业务。在实际工作中，如果企业确实急需从一般户支出现金的，可以填开转账支票转到个人户，再通过个人户提取现金。专用存款账户能否支取现金要视情况而定。

对于企业来说，开基本户和一般户是比较常见的，那它们有啥区别呢?

①数量区别：人民银行的账户管理规定，一个企业只能开立一个基本账户，但是一般账户可以开多个，没有数量限制。

②使用区别：在使用上，基本户比一般户功能多一点。基本户可以：存、取、转、收。一般户只能：存、转、收，不得办理现金提取业务。

会计分录：

借：银行存款　　1,000,000

　贷：实收资本——单位——纳尔公司　　500,000

　　　实收资本——个人——彭纳西　　500,000

记账凭证如图 2-4 所示：

记　账　凭　证

2023年6月1日　　　　记第　号

摘要	会计科目		借方金额	贷方金额	记账√
	总账科目	明细科目			
入资	银行存款		1,000,000.00		
	实收资本	单位——纳尔公司		500,000.00	
	实收资本	个人——彭纳西		500,000.00	
合计	⊗壹佰万元整		¥1,000,000.00	¥1,000,000.00	

附单据2张

制单：白雨

图 2-4【例 2-1】记账凭证

（3）所附原始凭证

此业务所附原始凭证包括：银行回单（如图 2-5 所示）。

网上银行电子回单

回单编号：

付款方	账号	20-7200010400XXXXX	收款方	账号	20-7200010400WWWWW
	户名	纳尔公司		户名	纳西公司
	开户行	中国农业银行XX分行		开户行	中国农业银行XX分行
金额（小写）		¥500,000.00	金额（大写）		⊗伍拾万元整
币种		人民币	交易渠道		网上银行
摘要		转账取款	凭证号		
交易时间		2023/6/1	会计日期		20230601
附言		入资			

网上银行电子回单

回单编号：

付款方	账号	62284812344120XXXXX	收款方	账号	20-7200010400WWWWW
	户名	彭纳西		户名	纳西公司
	开户行	中国农业银行XX分行		开户行	中国农业银行XX分行
金额（小写）		¥500,000.00	金额（大写）		⊗伍拾万元整
币种		人民币	交易渠道		网上银行
摘要		转账取款	凭证号		
交易时间		2023/6/1	会计日期		20230601
附言		入资			

图 2-5【例 2-1】银行回单

【例 2-2】2023 年 6 月 1 日，纳尔公司以设备（纳尔公司生产）投资纳西公司，并开具增值税普通发票价税合计 200,000 元，设备已投入运营。

（1）案例解读

纳尔公司以非货币资金形式投资，如本案例，设备是纳尔公司生产的，所以应由纳尔公司开具发票，如果设备是纳尔公司从第三方供应商处采购，则需要提供设备转账记录。

（2）账务处理

该经济业务，使得纳西公司的固定资产、实收资本增加。

会计分录：

借：固定资产　　200,000

　贷：实收资本——单位——纳尔公司　　200,000

记账凭证如图 2-6 所示：

记　账　凭　证

2023年6月1日　　　　记第　　号

摘要	会计科目		借方金额	贷方金额	记账√
	总账科目	明细科目			
入资	固定资产		200,000.00		
	实收资本	单位——纳尔公司		200,000.00	
合计	⊗贰拾万元整		¥200,000.00	¥200,000.00	

附单据 1 张

制单：白雨

图 2-6【例 2-2】记账凭证

（3）所附原始凭证

此业务所附原始凭证包括：增值税发票（如图 2-7 所示）。

动态二维码

电子发票（普通发票）

发票号码：23412000000004444444

开票时间：2023年06月01日

购买方信息	名称：纳尔公司 统一社会信用代码/纳税人识别号：91450521HHHHHHHHHH	销售方名称	名称：纳西公司 统一社会信用代码/纳税人识别号：91450521EEEEEEEEEE

项目名称	规格型号	单位	数量	单价	金额	税率/征收率	税额
*机床*滚具机		台	1	198,019.80	198,019.80	1%	1,980.20
合　计					¥198,019.80		¥1,980.20
价税合计（大写）	⊗贰拾万元整			（小写）¥200,000.00			
备注	开户行：中国农业银行XX分行；银行账号：20-7200010400YYYYY						

下载次数：1

开票人：张洁

图 2-7【例 2-2】增值税发票

（二）涉税处理

财务人员应正确核算股东入资业务，按时对相关税费进行申报，避免税务风险。小企业股东入资业务主要涉及印花税和个人所得税。

1. 印花税

股东入资，“实收资本”会计科目会增加，涉及资金账簿印花税。

资金账簿是按“实收资本”与“资本公积”合计金额的万分之二点五贴花的，目前是可以减半征收。

a.《中华人民共和国印花税法》（中华人民共和国主席令第八十九号）

营业账簿印花税税率为实收资本（股本）、资本公积合计金额的万分之二点五。

b.《财政部 税务总局关于进一步支持小微企业和个体工商户发展有关税费政策的公告》（财政部 税务总局公告 2023 年第 12 号）

二、自 2023 年 1 月 1 日至 2027 年 12 月 31 日，对增值税小规模纳税人、小型微利企业和个体工商户减半征收资源税（不含水资源税）、城市维护建设税、房产税、城镇土地使用税、印花税（不含证券交易印花税）、耕地占用税和教育费附加、地方教育附加。

资金账簿印花税按“次”申报缴纳。需要填写财产和行为税纳税申报表（如表

2–5 所示）和财产和行为税减免税明细申报附表（如表 2–6 所示）。

表 2–5 财产和行为税纳税申报表

财产和行为税纳税申报表

纳税人识别号（统一社会信用代码）：
纳税人名称：　　　　金额单位：人民币元（列至角分）

序号	税种	税目	税款所属期起	税款所属期止	计税依据	税率	应纳税额	减免税额	已缴税额	应补（退）税额
1										
2										
3										
4										
5										
6										
7										
8										
9										
10	合计	—	—	—	—	—				
声明：此表是根据国家税收法律法规及相关规定填写的，本人（单位）对填报内容（及附带资料）的真实性、可靠性、完整性负责。 纳税人（签章）：　　年　月　日										
经办人： 经办人身份证号： 代理机构签章： 代理机构统一社会信用代码：					受理人： 受理税务机关（章）： 受理日期：　年　月　日					

填表说明：

（1）本表适用于申报城镇土地使用税、房产税、契税、耕地占用税、土地增值税、印花税、车船税、烟叶税、环境保护税、资源税。

（2）本表根据各税种税源明细表自动生成，申报前需填写税源明细表。

（3）本表包含一张附表《财产和行为税减免税明细申报附表》。

（4）纳税人识别号（统一社会信用代码）：填写税务机关核发的纳税人识别号或有关部门核发的统一社会信用代码。纳税人名称：填写营业执照、税务登记证等证件载明的纳税人名称。

（5）税种：税种名称，多个税种的，可增加行次。

（6）税目：税目名称，多个税目的，可增加行次。

（7）税款所属期起：纳税人申报相应税种所属期的起始时间，填写具体的年、月、日。

（8）税款所属期止：纳税人申报相应税种所属期的终止时间，填写具体的年、月、日。

（9）计税依据：计算税款的依据。

（10）税率：适用的税率。

（11）应纳税额：纳税人本期应当缴纳的税额。

（12）减免税额：纳税人本期享受的减免税金额，等于减免税附表中该税种的减免税额小计。

（13）已缴税额：纳税人本期应纳税额中已经缴纳的部分。

（14）应补（退）税额：纳税人本期实际需要缴纳的税额。应补（退）税额＝应纳税额－减免税额－已缴税额。

表 2-6 财产和行为税减免税明细申报附表

财产和行为税减免税明细申报附表

纳税人识别号（统一社会信用代码）：

纳税人名称：　　　　　　　　　　　　　　　　　　　　　金额单位：人民币元（列至角分）

<table>
<tr><td rowspan="3">本期是否适用小微企业“六税两费”减免政策</td><td rowspan="3" colspan="2">□是 □否</td><td rowspan="2">减免政策适用主体</td><td colspan="2">增值税小规模纳税人：□是 □否</td></tr>
<tr><td colspan="2">增值税一般纳税人：□个体工商户 □小型微利企业</td></tr>
<tr><td>适用减免政策起止时间</td><td colspan="2">年 月 至 年 月</td></tr>
<tr><td colspan="3">合计减免税额</td><td colspan="3"></td></tr>
<tr><td colspan="6">城镇土地使用税</td></tr>
<tr><td>序号</td><td>土地编号</td><td>税款所属期起</td><td>税款所属期止</td><td>减免性质代码和项目名称</td><td>减免税额</td></tr>
<tr><td>1</td><td></td><td></td><td></td><td></td><td></td></tr>
<tr><td>2</td><td></td><td></td><td></td><td></td><td></td></tr>
<tr><td>小计</td><td>—</td><td></td><td></td><td>—</td><td></td></tr>
<tr><td colspan="6">房产税</td></tr>
<tr><td>序号</td><td>房产编号</td><td>税款所属期起</td><td>税款所属期止</td><td>减免性质代码和项目名称</td><td>减免税额</td></tr>
<tr><td>1</td><td></td><td></td><td></td><td></td><td></td></tr>
<tr><td>2</td><td></td><td></td><td></td><td></td><td></td></tr>
<tr><td>小计</td><td>—</td><td></td><td></td><td>—</td><td></td></tr>
<tr><td colspan="6">车船税</td></tr>
<tr><td>序号</td><td>车辆识别代码/船舶识别码</td><td>税款所属期起</td><td>税款所属期止</td><td>减免性质代码和项目名称</td><td>减免税额</td></tr>
<tr><td>1</td><td></td><td></td><td></td><td></td><td></td></tr>
<tr><td>2</td><td></td><td></td><td></td><td></td><td></td></tr>
<tr><td>小计</td><td></td><td></td><td></td><td>—</td><td></td></tr>
<tr><td colspan="6">印花税</td></tr>
<tr><td>序号</td><td>税目</td><td>税款所属期起</td><td>税款所属期止</td><td>减免性质代码和项目名称</td><td>减免税额</td></tr>
<tr><td>1</td><td></td><td></td><td></td><td></td><td></td></tr>
<tr><td>2</td><td></td><td></td><td></td><td></td><td></td></tr>
<tr><td>小计</td><td>—</td><td></td><td></td><td>—</td><td></td></tr>
</table>

续表

资源税						
序号	税目	子目	税款所属期起	税款所属期止	减免性质代码和项目名称	减免税额
1						
2						
小计	—				—	

耕地占用税					
序号	税源编号	税款所属期起	税款所属期止	减免性质代码和项目名称	减免税额
1					
2					
小计	—			—	

契税					
序号	税源编号	税款所属期起	税款所属期止	减免性质代码和项目名称	减免税额
1					
2					
小计	—			—	

土地增值税					
序号	项目编号	税款所属期起	税款所属期止	减免性质代码和项目名称	减免税额
1					
2					
小计	—			—	

环境保护税							
序号	税源编号	污染物类别	污染物名称	税款所属期起	税款所属期止	减免性质代码和项目名称	减免税额
1							
2							
小计	—					—	

声明：此表是根据国家税收法律法规及相关规定填写的，本人（单位）对填报内容（及附带资料）的真实性、可靠性、完整性负责。 纳税人（签章）：　　　　年　月　日	
经办人： 经办人身份证号： 代理机构签章： 代理机构统一社会信用代码：	受理人： 受理税务机关（章）： 受理日期：年　月　日

填表说明：

（1）本表为《财产和行为税纳税申报表》的附表，适用于申报城镇土地使用税、房产税、契税、耕地占用税、土地增值税、印花税、车船税、环境保护税、资源税的减免税。

（2）纳税人识别号（统一社会信用代码）：填写税务机关核发的纳税人识别号或有关部门核发的统一社会信用代码。纳税人名称：填写营业执照、税务登记证等证件载明的纳税人名称。

（3）本期是否适用小微企业“六税两费”减免政策：纳税人在税款所属期内适用增值税小规模纳税人、个体工商户、小型微利企业减免政策的，勾选“是”；否则，勾选“否”。

（4）减免政策适用主体：适用小微企业“六税两费”减免政策的，填写本项。纳税人是增值税小规模纳税人的，在“增值税小规模纳税人”处勾选“是”，无需勾选“增值税一般纳税人：□个体工商户□小型微利企业”；纳税人是增值税一般纳税人的，据类型勾选“个体工商户”或“小型微利企业”。登记为增值税一般纳税人的新设立企业，从事国家非限制和禁止行业，且同时符合设立时从业人数不超过 300 人、资产总额不超过 5000 万元两项条件的，勾选“小型微利企业”。

（5）适用减免政策起止时间：填写适用减免政策的起止月份，不得超出当期申报的税款所属期限。

（6）税款所属期起：指纳税人申报相应税种所属期的起始时间，具体到年、月、日。

（7）税款所属期止：指纳税人申报相应税种所属期的终止时间，具体到年、月、日。

（8）减免性质代码和项目名称：按照税务机关最新制发的减免税政策代码表中最细项减免项目名称填写。

（9）减免税额：减免税项目对应的减免税金额。

2. 个人所得税

如有股东入资，必会有股权转让。股权转让涉及个人所得税。

自 2023 年 4 月 1 日起，个人转让股权，向市场监督管理部门申请办理股权变更登记前，扣缴义务人或纳税人应先到被投资企业所在地主管税务机关依法办理个人所得税纳税申报。

（1）股权和股权转让

股权是指个人投资于在中国境内成立的企业或组织（不包括个人独资企业和合伙企业）的股权或股份。

股权转让是公司股东依法将自己的股东权益有偿转让给他人，使他人取得股权的民事法律行为。

（2）股权转让的行为

《国家税务总局关于发布〈股权转让所得个人所得税管理办法（试行）〉的公告》（国家税务总局公告 2014 年第 67 号）

第三条　本办法所称股权转让是指个人将股权转让给其他个人或法人的行为，包括以下情形：

（一）出售股权；

（二）公司回购股权；

（三）发行人首次公开发行新股时，被投资企业股东将其持有的股份以公开发行方式一并向投资者发售；

（四）股权被司法或行政机关强制过户；

（五）以股权对外投资或进行其他非货币性交易；

（六）以股权抵偿债务；

（七）其他股权转移行为。

（3）股权转让收入

股权转让收入是指转让方因股权转让而获得现金、实物、有价证券和其他形式的经济利益。具体内容如表 2-7 所示。

表 2-7 股权转让收入的内容

股权转让	具体内容
与股权相关的各种款项	包括违约金、补偿金以及其他名目的款项、资产、权益等收入。以及纳税人按照合同约定，在满足约定条件后取得的后续收入
特殊情况	存在股权转让收入明显偏低、转让方无法提供相关资料等情况时，主管税务机关可以核定股权转让收入

（4）股权转让需要缴纳个人所得税

《国家税务总局关于发布〈股权转让所得个人所得税管理办法（试行）〉的公告》（国家税务总局公告 2014 年第 67 号）

第四条 个人转让股权，以股权转让收入减除股权原值和合理费用后的余额为应纳税所得额，按“财产转让所得”缴纳个人所得税。

股权转让以股权转让方为纳税人，以受让方为扣缴义务人，需在股权转让行为发生后次月 15 日内向被投资企业所在地的主管税务机关按照“财产转让所得”进行个人所得税的申报及缴纳，税率为 20%。

计算公式如下：

应纳税额 =（确认的股权转让收入－股权原值－合理费用）× 20%

其中：合理费用是指股权转让时按照规定支付的相关费用。

股权转让需要填写个人所得税自行纳税申报表（如表 2-8 所示）。

表 2-8 个人所得税自行纳税申报表

个人所得税自行纳税申报表（A 表）

税款所属期：　　年　月　日至　　年　月　日

纳税人姓名：

纳税人识别号：□□□□□□□□□□□□□□□□□□□□　　金额单位：人民币元（列至角分）

<table>
<tr><td>自行申报情形</td><td>□居民个人取得应税所得，扣缴义务人未扣缴税款
□非居民个人取得应税所得，扣缴义务人未扣缴税款
□非居民个人在中国境内从两处以上取得工资、薪金所得　□其他 ______</td><td>是否为非居民个人</td><td>□是
□否</td><td>非居民个人本年度境内居住天数</td><td>□不超过90天
□超过90天不超过183天</td></tr>
</table>

序号	所得项目	收入额计算			减除费用	专项扣除				其他扣除			减按计税比例	准予扣除的捐赠额	税款计算							备注
		收入	费用	免税收入		基本养老保险费	基本医疗保险费	失业保险费	住房公积金	财产原值	允许扣除的税费	其他			应纳税所得额	税率	速算扣除数	应纳税额	减免税额	已缴税额	应补/退税额	
1	2	3	4	5	6	7	8	9	10	11	12	13	14	15	16	17	18	19	20	21	22	23

谨声明：本表是根据国家税收法律法规及相关规定填报的，是真实的、可靠的、完整的。

纳税人签字：　　　　年　　月　　日

经办人签字： 经办人身份证件号码： 代理机构签章： 代理机构统一社会信用代码：	受理人： 受理税务机关（章）： 受理日期：　　年　　月　　日

3. 涉税处理案例

此处以纳西公司为例，对股东入资业务进行涉税处理。

【例 2-3】承【例 2-1】，2023 年 6 月 3 日，纳西公司应纳尔公司和彭纳西出资申报印花税（适用小微企业“六税两费”减免政策）。纳尔公司出资 500,000 元，彭纳西（个人）出资 500,000 元。

（1）案例解读

实行按季、按年计征的，纳税人应当自季度、年度终了之日起十五日内申报缴纳税款；实行按次计征的，纳税人应当自纳税义务发生之日起十五日内申报缴纳税款。

纳西公司印花税实行按次计征，所以必须在 6 月 15 日前完成印花税申报及缴纳。

（2）申报表填写

此案例需要填写财产和行为税纳税申报表（如表 2-9 所示）和财产和行为税减免税明细申报附表（如表 2-10 所示）。

表 2-9【例 2-3】财产和行为税纳税申报表

财产和行为税纳税申报表

纳税人识别号（统一社会信用代码）：91450521WWWWWWWWWW

纳税人名称：纳西公司　　　　金额单位：人民币元（列至角分）

序号	税种	税目	税款所属期起	税款所属期止	计税依据	税率	应纳税额	减免税额	已缴税额	应补（退）税额
1	印花税	营业账簿	2023-6-1	2023-6-1	1,000,000.00	0.3‰	300.00	150.00		150.00
2										
3										
4										
5										
6										
7										
8										
9										
10	合计	—	—	—	—	—	300.00	150.00		150.00
声明：此表是根据国家税收法律法规及相关规定填写的，本人（单位）对填报内容（及附带资料）的真实性、可靠性、完整性负责。 纳税人（签章）：年 月 日										
经办人： 经办人身份证号： 代理机构签章： 代理机构统一社会信用代码：					受理人： 受理税务机关（章）： 受理日期：年 月 日					

表 2-10【例 2-3】财产和行为税减免税明细申报附表

财产和行为税减免税明细申报附表

纳税人识别号（统一社会信用代码）：91450521WWWWWWWWWW

纳税人名称：纳西公司　　　　金额单位：人民币元（列至角分）

<table>
<tr><td rowspan="3">本期是否适用小微企业“六税两费”减免政策</td><td rowspan="3">√是 □否</td><td rowspan="2">减免政策适用主体</td><td>增值税小规模纳税人：√是 □否</td></tr>
<tr><td>增值税一般纳税人：□个体工商户 □小型微利企业</td></tr>
<tr><td>适用减免政策起止时间</td><td>2023 年 6 月 至 2023 年 6 月</td></tr>
<tr><td colspan="3">合计减免税额</td><td>150.00</td></tr>
</table>

城镇土地使用税

序号	土地编号	税款所属期起	税款所属期止	减免性质代码和项目名称	减免税额
1					
2					
小计	—			—	

房产税

序号	房产编号	税款所属期起	税款所属期止	减免性质代码和项目名称	减免税额
1					
2					
小计	—			—	

车船税

序号	车辆识别代码/船舶识别码	税款所属期起	税款所属期止	减免性质代码和项目名称	减免税额
1					
2					
小计				—	

印花税

序号	税目	税款所属期起	税款所属期止	减免性质代码和项目名称	减免税额
1	营业账簿	2023/6/1	2023/6/1		150.00
2					
小计	—			—	

资源税

序号	税目	子目	税款所属期起	税款所属期止	减免性质代码和项目名称	减免税额
1						
2						
小计	—				—	

耕地占用税

序号	税源编号	税款所属期起	税款所属期止	减免性质代码和项目名称	减免税额
1					
2					
小计	—			—	

契税

序号	税源编号	税款所属期起	税款所属期止	减免性质代码和项目名称	减免税额
1					
2					
小计	—			—	

续表

<table>
<tr><td colspan="8">土地增值税</td></tr>
<tr><td>序号</td><td>项目编号</td><td colspan="2">税款所属期起</td><td colspan="2">税款所属期止</td><td>减免性质代码和项目名称</td><td>减免税额</td></tr>
<tr><td>1</td><td></td><td colspan="2"></td><td colspan="2"></td><td></td><td></td></tr>
<tr><td>2</td><td></td><td colspan="2"></td><td colspan="2"></td><td></td><td></td></tr>
<tr><td>小计</td><td>—</td><td colspan="2"></td><td colspan="2"></td><td>—</td><td></td></tr>
<tr><td colspan="8">环境保护税</td></tr>
<tr><td>序号</td><td>税源编号</td><td>污染物类别</td><td>污染物名称</td><td>税款所属期起</td><td>税款所属期止</td><td>减免性质代码和项目名称</td><td>减免税额</td></tr>
<tr><td>1</td><td></td><td></td><td></td><td></td><td></td><td></td><td></td></tr>
<tr><td>2</td><td></td><td></td><td></td><td></td><td></td><td></td><td></td></tr>
<tr><td>小计</td><td>—</td><td></td><td></td><td></td><td></td><td>—</td><td></td></tr>
<tr><td colspan="8">声明：此表是根据国家税收法律法规及相关规定填写的，本人（单位）对填报内容（及附带资料）的真实性、可靠性、完整性负责。
纳税人（签章）：　　　　年　月　日</td></tr>
<tr><td colspan="5">经办人：
经办人身份证号：
代理机构签章：
代理机构统一社会信用代码：</td><td colspan="3">受理人：
受理税务机关（章）：
受理日期：年　月　日</td></tr>
</table>

二、银行贷款

企业贷款时需提供如下资料（各个地方银行有所区别）：

（1）营业执照、行业资质证书。

（2）公司法人、自然人股东身份证。

（3）公司章程。

（4）公司情况：

①基本情况：成立时间、人员分析、法人基本情况介绍（包括家庭资产情况、其他股东基本情况）、经营范围、股东构成、产品类型等；公司联系方式。

②经营情况：公司产能、生产设备、产品核算、成本构成、产品销售及销售网络、产品市场占比等；公司产品质量情况，获取荣誉等。

（5）财务情况：

近三年财务报表和最近一期报表（年报审计更好），包括资产负债表、利润表、现金流量表（月报不需要）；最近一期财务报表附注。

（6）公司近三个月水、电、税票，购销合同（承包合同）等。

财税笔记：

提供给银行的财务报表，先要自行核对如下 14 个财务指标是否符合要求。

银行财务报表 14 个财务指标如表 2-11 所示。

表 2-11 银行财务报表 14 个财务指标

财务指标		公式
（1）财务结构	1. 净资产与年末贷款余额比率必须大于 100%（房地产企业可大于 80%）	净资产与年末贷款余额比率 = 年末贷款余额 ÷ 净资产 ×100%，净资产与年末贷款余额比率也称净资产负债率
	2. 资产负债率必须小于 70%，最好低于 55%	资产负债率 = 负债总额 ÷ 资产总额 ×100%
（2）偿债能力	3. 流动比率在 150% ～ 200% 较好	流动比率 = 流动资产额 ÷ 流动负债 ×100%
	4. 速动比率在 100% 左右较好，对中小企业适当放宽，也应大于 80%	速动比率 = 速动资产额 / 流动负债 ×100%；速动资产 = 货币资金 + 交易性金融资产 + 应收账款 + 应收票据 = 流动资产－存货－预付账款－1 年内到期的非流动资产－其他流动资产
	5. 担保比例小于 0.5 为好	
	6. 现金比率大于 30%	现金比率 =（现金 + 现金等价物）÷ 流动负债
（3）现金流量	7. 企业经营活动产生的净现金流应为正值，其销售收入现金回笼应在 85% ～ 95% 之间	
	8. 企业在经营活动中支付采购商品，劳务的现金支付率应在 85% ～ 95% 之间	
（4）经营能力	9. 主营业务收入增长率不小于 8%，说明该企业的主业正处于成长期，如果该比率低于 5%，说明该产品进入生命末期了	主营业务收入增长率 =（本期主营业务收入－上期主营业务收入）÷ 上期主营业务收入 ×100%
	10. 应收账款周转速度应大于六次。一般讲企业应收账款周转速度越高，企业应收账款平均收款期越短，资金回笼的速度也就越快	应收账款周转速度（应收账款周转次数）= 营业收入 ÷ 平均应收账款余额 = 营业收入 ÷[（应收账款年初余额 + 应收账款年末余额）÷2]= 营业收入 ×2÷（应收账款年初余额 + 应收账款年末余额）
	11. 存货周转速度中小企业应大于五次。存货周转速度越快，存货占用水平越低，流动性越强	存货周转速度（次数）= 营业成本 ÷ 平均存货余额，其中存货平均余额 =（期初存货 + 期末存货）÷2
（5）经营效益	12. 营业利润率应大于 8%，当然指标值越大，表明企业综合获利能力越强	营业利润率 = 营业利润 ÷ 营业收入 ×100%=（销售收入－营业成本－管理费用－销售费用）÷ 营业收入 ×100%
	13. 净资产收益率中小企业应大于 5%。一般情况下，该指标值越高说明投资带来的回报越高，股东们收益水平也就越高	净资产收益率 = 总资产净利率 × 权益乘数 = 营业净利率 × 总资产周转率 × 权益乘数；其中营业净利率 = 净利润 ÷ 营业收入；总资产周转率（次）= 营业收入 ÷ 平均资产总额；权益乘数 = 资产总额 ÷ 所有者权益总额 =1÷（1－资产负债率）
	14. 利息保障倍数应大于 400%	利息保障倍数 = 息税前利润 ÷ 利息费用 =（利润总额 + 财务费用）÷（财务费用中的利息支出 + 资本化利息）

需要向银行贷款的企业，财务人员应根据贷款的合同协议、银行回单、开具发票等进行经济业务的记录。并对资金的安排进行合理的规划。

（一）会计核算

财务人员应了解小企业银行贷款环节的经济业务和财务流程，并按《小企业会计准则》要求设置会计科目和进行账务核算。

1. 会计科目设置

小企业银行贷款业务涉及“短期借款”“长期借款”“财务费用”等会计科目。如表 2–12 所示。

表 2–12　银行贷款业务涉及的会计科目

会计科目	短期借款	长期借款	财务费用
核算内容	核算小企业短期借款的取得、偿还等情况	核算小企业长期借款的取得、偿还等情况	核算小企业为筹集生产经营所需资金等而发生的费用
明细科目设置	按照借款种类、贷款人、币种自行设置明细科目进行核算	按照贷款单位和种类设置明细科目进行核算	按照费用种类设置明细科目进行核算
T 形图	借方　短期借款　贷方 借方：小企业偿还短期借款的本金数额 贷方：小企业取得短期借款的本金数额 贷方余额：小企业尚未偿还的本金	借方　长期借款　贷方 借方：小企业长期借款本息的减少额 贷方：小企业长期借款本息的增加额 贷方余额：小企业尚未偿还的长期借款	借方　财务费用　贷方 借方：小企业财务费用发生额 贷方：小企业财务费用月末结转的金额

财税笔记：

（1）短期借款 / 长期借款设置明细科目，如：短期借款——人民币、长期借款——农行。

（2）财务费用按种类设置明细科目，如：财务费用——利息收入、财务费用——利息支出。

2. 账务处理规范

（1）短期借款的账务处理

①企业向银行借入的短期借款，根据银行回单等进行账务处理。

会计分录为：

借：银行存款

　贷：短期借款

②企业归还银行的短期借款，根据银行回单进行账务处理。

会计分录为：

借：短期借款

贷：银行存款

（2）长期借款的账务处理

①企业向银行借入的长期借款，根据银行回单进行账务处理。

会计分录为：

借：银行存款

贷：长期借款

②企业归还银行长期借款，根据银行回单进行账务处理。

会计分录为：

借：长期借款

贷：银行存款

存在利息调整余额的，还需要借（或贷）记“长期借款——利息调整”科目。

（3）借款利息的账务处理

①当月直接扣除借款利息的，应根据银行回单等进行账务处理。

会计分录为：

借：财务费用

贷：银行存款

②季末扣除借款利息的，每月月末应按计算确定的借款利息费用等，根据自制利息计算表进行账务处理。

会计分录为：

借：财务费用

贷：应付利息

3. 会计核算案例

此处以纳西公司为例，对银行贷款业务进行会计核算。

【例 2-4】2023 年 6 月 26 日，纳西公司向银行贷款 1,000,000 元。

（1）案例解读

到银行办理贷款手续后，放款时根据银行单据进行账务处理。

（2）账务处理

该业务，使得该公司银行存款、短期借款增加。

会计分录为：

借：银行存款　　1,000,000

贷：短期借款——中国银行　1,000,000

记账凭证如图 2-8 所示：

记　账　凭　证

2023年6月26日　　　　记第　　号

摘要	会计科目		借方金额	贷方金额	记账√
	总账科目	明细科目			
银行贷款	银行存款		1,000,000.00		
	短期借款	中国银行		1,000,000.00	
合计	⊗壹佰万元整		¥1,000,000.00	¥1,000,000.00	

附单据1张

制单：白雨

图 2-8【例 2-4】记账凭证

（3）所附原始凭证

此业务所附原始凭证包括：银行单据（如图 2-9 所示）。

中国银行　　**借款借据**

机构号：123456　　2023年6月26日　　流水号：0123456789　　NO.1234567890

机构名称：	中国银行合浦县支行		
借款人：	纳西公司		
证件类型：	信用机构代码证	合同编号：	No45010120000000000
借款账号：	613251111111	存款账号：	613123456789
住址：	广西北海市合浦县XX镇XX路XX号		
借款种类：	短期流动资金贷款		
借款金额（大写）：	⊗壹佰万元整	¥ 1,000,000.00	
利率档次：Y05	利率种类：年利率		合同利率：5.00%
结息方式：按月计息	借款日期：2023年06月26日		到期日期：2024年06月26日

以上款项已转入借款人指定账号或直接给付现金。

借款人签章：　　贷款单位签章：

负责人：

领款人（签章）：　　信贷员：

身份证号码：　　经办人：

授权：　　复核：　　记账：

图 2-9【例 2-4】银行单据

【例 2-5】2024 年 1 月 31 日，纳西公司计提当月应付银行的贷款利息 6,888.89 元。

（1）案例解读

如果采用“按月计息”的结息方式，即每月末不用计提当月应付银行的贷款利息，直接以银行扣款回单入账即可。

“按季计息”情况下，涉及“应付利息”会计科目。如表 2-13 所示。

表 2-13 银行贷款业务会计科目的设置

会计科目	应付利息
核算内容	核算小企业应付利息的发生、支付等情况
明细科目设置	按照债权人设置明细科目进行核算
T形图	借方　应付利息　贷方 借方：小企业实际支付的利息 贷方：小企业按合同约定计算的应付利息 贷方余额：小企业应付未付的利息

（2）账务处理

该业务，使得纳西公司财务费用、应付利息增加。

会计分录为：

借：财务费用——利息支出　6,888.89

　贷：应付利息　6,888.89

记账凭证如图 2-10 所示：

记　账　凭　证

2024年1月31日　　记第　号

摘要	会计科目		借方金额	贷方金额	记账√
	总账科目	明细科目			
计提贷款利息	财务费用	利息支出	6,888.89		
	应付利息			6,888.89	
合计	⊗陆仟捌佰捌拾捌元捌角玖分		¥6,888.89	¥6,888.89	

附单据1张

制单：白雨

图 2-10【例 2-5】记账凭证

（3）所附原始凭证

此业务所附原始凭证包括：借款利息计算表（如表 2-14 所示）。

表 2-14【例 2-5】借款利息计算表

借款利息计算表（2024 年 1 月）

贷款银行	本金 1	合同利息率 2	执行年利率 3	计息开始时间 4	计息结束时间 5	计息期间（天） 6	应计利息 7=1*3*6/360
中国农业银行	500,000.00	5.00%	5.00%	2024-01-01	2024-01-31	31	2,152.78
中国建设银行	1,000,000.00	5.50%	5.50%	2024-01-01	2024-01-31	31	4,736.11
合计	1,500,000.00						6,888.89

（二）涉税处理

财务人员应正确核算银行贷款业务，按时对相关税费进行申报，避免税务风险。小企业银行贷款业务主要涉及增值税和企业所得税。

1. 增值税

营改增以后，银行贷款业务应开具增值税发票。小企业（一般纳税人）中的相关业务，如贷款利息、手续费、投融资顾问费、咨询费等会涉及增值税。如果企业是一般纳税人，在办理银行贷款相关业务，如支付上述业务费用时，一定要索取专用发票，可视情况进行进项税额抵扣。

（1）贷款利息发票增值税的抵扣

一般纳税人支付贷款利息、贴现息取得增值税专用发票不得抵扣进项税额。

a.《营业税改征增值税试点实施办法》（财税〔2016〕36 号附件 1）

《销售服务、无形资产、不动产注释》对“贷款服务”的规定：贷款，是指将资金贷与他人使用而取得利息收入的业务活动。

各种占用、拆借资金取得的收入，包括金融商品持有期间（含到期）利息（保本收益、报酬、资金占用费、补偿金等）收入、信用卡透支利息收入、买入返售金融商品利息收入、融资融券收取的利息收入，以及融资性售后回租、押汇、罚息、票据贴现、转贷等业务取得的利息及利息性质的收入，按照贷款服务缴纳增值税。

b.《营业税改征增值税试点实施办法》（财税〔2016〕36 号附件 1）

第二十七条　下列项目的进项税额不得从销项税额中抵扣：

…………

（六）购进的旅客运输服务、贷款服务、餐饮服务、居民日常服务和娱乐服务。

c.《营业税改征增值税试点有关事项的规定》（财税〔2016〕36 号附件 2）

第一条第（四）项　纳税人接受贷款服务向贷款方支付的与该笔贷款直接相关的投融资顾问费、手续费、咨询费等费用，其进项税额不得从销项税额中抵扣。

因此，纳税人支付给银行的与贷款直接相关的顾问费、咨询费等，不得抵扣进项税额。

（2）银行手续费增值税发票的抵扣

a.《营业税改征增值税试点实施办法》（财税〔2016〕36号附件1）

《销售服务、无形资产、不动产注释》对“直接收费金额服务”的规定：直接收费金融服务，是指为货币资金融通及其他金融业务提供相关服务并且收取费用的业务活动。包括提供货币兑换、账户管理、电子银行、信用卡、信用证、财务担保、资产管理、信托管理、基金管理、金融交易场所（平台）管理、资金结算、资金清算、金融支付等服务。

b.《营业税改征增值税试点有关事项的规定》（财税〔2016〕36号附件2）

第一条第（四）项　纳税人接受贷款服务向贷款方支付的与该笔贷款直接相关的投融资顾问费、手续费、咨询费等费用，其进项税额不得从销项税额中抵扣。

因此，一般纳税人向银行支付的与贷款服务直接相关的手续费不得抵扣进项税额，其他与贷款服务不直接相关的手续费，如汇款手续费，可以凭取得的增值税专用发票抵扣进项税额。

如果收到了不能抵扣进项税额的专用发票，需要填写增值税及附加税费申报表附列资料（二）（如表2-15所示），进项转出。

表2-15 增值税及附加税费申报表附列资料（二）

增值税及附加税费申报表附列资料（二）

（本期进项税额明细）

税款所属时间：年　　月　　日至　　年　　月　　日

纳税人名称：（公章）　　　　金额单位：元（列至角分）

一、申报抵扣的进项税额				
项目	栏次	份数	金额	税额
（一）认证相符的增值税专用发票	1=2+3			
其中：本期认证相符且本期申报抵扣	2			
前期认证相符且本期申报抵扣	3			
（二）其他扣税凭证	4=5+6+7+8a+8b			
其中：海关进口增值税专用缴款书	5			
农产品收购发票或者销售发票	6			
代扣代缴税收缴款凭证	7		—	
加计扣除农产品进项税额	8a	—	—	
其他	8b			
（三）本期用于购建不动产的扣税凭证	9			
（四）本期用于抵扣的旅客运输服务扣税凭证	10			
（五）外贸企业进项税额抵扣证明	11	—	—	
当期申报抵扣进项税额合计	12=1+4+11			

续表

二、进项税额转出额		
项目	栏次	税额
本期进项税额转出额	13=14 至 23 之和	
其中：免税项目用	14	
集体福利、个人消费	15	
非正常损失	16	
简易计税方法征税项目用	17	
免抵退税办法不得抵扣的进项税额	18	
纳税检查调减进项税额	19	
红字专用发票信息表注明的进项税额	20	
上期留抵税额抵减欠税	21	
上期留抵税额退税	22	
异常凭证转出进项税额	23a	
其他应作进项税额转出的情形	23b	

三、待抵扣进项税额				
项目	栏次	份数	金额	税额
（一）认证相符的增值税专用发票	24	—	—	—
期初已认证相符但未申报抵扣	25			
本期认证相符且本期未申报抵扣	26			
期末已认证相符但未申报抵扣	27			
其中：按照税法规定不允许抵扣	28			
（二）其他扣税凭证	29=30 至 33 之和			
其中：海关进口增值税专用缴款书	30			
农产品收购发票或者销售发票	31			
代扣代缴税收缴款凭证	32		—	
其他	33			
	34			
四、其他				
项目	栏次	份数	金额	税额
本期认证相符的增值税专用发票	35			
代扣代缴税额	36	—	—	

2. 企业所得税

小企业银行贷款支付的贷款利息需要在汇算清缴前索取合规发票，否则相关的成本费用不能在所得税前扣除，需要调增该项成本费用。

《国家税务总局关于企业所得税若干问题的公告》（国家税务总局公告 2011 年第 34 号）

企业当年度实际发生的相关成本、费用，由于各种原因未能及时取得该成本、费用的有效凭证，企业在预缴季度所得税时，可暂按账面发生金额进行核算；但在汇算清缴时，应补充提供该成本、费用的有效凭证。

贷款利息在汇算未能索取合规发票的，相关成本费用不能在所得税前扣除，即把需要调整所对应的成本税收金额及纳税调整金额，填写在纳税调整项目明细表（如表 2-16 所示）第 30 行“（十七）其他”中。

表 2-16 纳税调整项目明细表

A105000

纳税调整项目明细表

行次	项目	账载金额	税收金额	调增金额	调减金额
		1	2	3	4
1	一、收入类调整项目（2+3+…+8+10+11）	*	*		
2	（一）视同销售收入（填写 A105010）	*			*
3	（二）未按权责发生制原则确认的收入（填写 A105020）				
4	（三）投资收益（填写 A105030）				
5	（四）按权益法核算长期股权投资对初始投资成本调整确认收益	*	*	*	
6	（五）交易性金融资产初始投资调整	*	*		*
7	（六）公允价值变动净损益		*		
8	（七）不征税收入	*	*		
9	其中：专项用途财政性资金（填写 A105040）	*	*		
10	（八）销售折扣、折让和退回				
11	（九）其他				
12	二、扣除类调整项目（13+14+…+24+26+27+28+29+30）	*	*		
13	（一）视同销售成本（填写 A105010）	*		*	
14	（二）职工薪酬（填写 A105050）				
15	（三）业务招待费支出				*
16	（四）广告费和业务宣传费支出（填写 A105060）	*	*		
17	（五）捐赠支出（填写 A105070）				
18	（六）利息支出				
19	（七）罚金、罚款和被没收财物的损失		*		*
20	（八）税收滞纳金、加收利息		*		*
21	（九）赞助支出		*		*
22	（十）与未实现融资收益相关在当期确认的财务费用				
23	（十一）佣金和手续费支出				*
24	（十二）不征税收入用于支出所形成的费用	*	*		*
25	其中：专项用途财政性资金用于支出所形成的费用（填写 A105040）	*	*		*
26	（十三）跨期扣除项目				
27	（十四）与取得收入无关的支出		*		*
28	（十五）境外所得分摊的共同支出	*	*		*
29	（十六）党组织工作经费				
30	（十七）其他				
31	三、资产类调整项目（32+33+34+35）	*	*		
32	（一）资产折旧、摊销（填写 A105080）				
33	（二）资产减值准备金		*		
34	（三）资产损失（填写 A105090）				
35	（四）其他				
36	四、特殊事项调整项目（37+38+…+42）	*	*		
37	（一）企业重组及递延纳税事项（填写 A105100）				
38	（二）政策性搬迁（填写 A105110）	*	*		
39	（三）特殊行业准备金（填写 A105120）				
40	（四）房地产开发企业特定业务计算的纳税调整额（填写 A105010）	*			
41	（五）有限合伙企业法人合伙方应分得的应纳税所得额				
42	（六）其他	*	*		
43	五、特别纳税调整应税所得	*	*		
44	六、其他	*	*		
45	合计（1+12+31+36+43+44）	*	*		

填表说明：

（1）第 18 行“（六）利息支出”：第 1 列“账载金额”填报纳税人向非金融企业借款，会计核算计入当期损益的利息支出的金额。第 2 列“税收金额”填报按照税收规定允许税前扣除的利息支出的金额。若第 1 列≥第 2 列，第 3 列“调增金额”填报第 1−2 列金额。若第 1 列＜第 2 列，第 4 列“调减金额”填报第 1−2 列金额的绝对值。

（2）第 30 行“（十七）其他”：填报其他因会计处理与税收规定有差异需纳税调整的扣除类项目金额。若第 1 列≥第 2 列，第 3 列“调增金额”填报第 1−2 列金额。若第 1 列＜第 2 列，第 4 列“调减金额”填报第 1−2 列金额的绝对值。

3. 涉税处理案例

此处以纳尔公司（非金融企业）为例，对银行贷款业务进行涉税处理。

【例 2–6】2023 年 1 月 1 日向银行贷款 1,000,000 元用于补充流动资金，年利率 6%，期限一年，利息每月支付一次。同年 7 月 1 日又向小额贷款公司贷款 500,000 元，用于周转，贷款利率 10%，期限一年，利息每月支付。并已索取发票。

（1）案例解读

2023 年度支付银行贷款利息 =1,000,000 × 6%=60,000（元）

2023 年度支付小额贷款公司利息 =500,000 × 10% × 6 ÷ 12=25,000（元）

《企业所得税法实施条例》

第三十八条　企业在生产经营活动中发生的下列利息支出，准予扣除：

（一）非金融企业向金融企业借款的利息支出、金融企业的各项存款利息支出和同业拆借利息支出、企业经批准发行债券的利息支出；

（二）非金融企业向非金融企业借款的利息支出，不超过按照金融企业同期同类贷款利率计算的数额的部分。

小额贷款公司、纳尔公司都属于非金融企业，因此纳尔公司向小额贷款公司借款利息 2023 年度可以税前扣除金额 =500,000 × 6% × 6 ÷ 12=15,000（元），税前不可以扣除金额 =25,000 −15,000=10,000（元）。

（2）申报表填写

此案例需要填写纳税调整项目明细表（如表 2–17 所示）。第 18 行“（六）利息支出”填报纳税人向非金融企业借款，所以 2023 年度支付银行贷款利息 60,000 元不列入该项目，账载金额为纳尔公司 2023 年度支付小额贷款公司利息 25,000 元，税收金额为纳尔公司向小额贷款公司借款利息 2023 年度可以税前扣除金额 15,000 元，所以调增金额为税前不可扣除的金额 10,000 元。

表 2-17【例 2-6】纳税调整项目明细表

A105000

纳税调整项目明细表

行次	项目	账载金额	税收金额	调增金额	调减金额
		1	2	3	4
1	一、收入类调整项目（2+3+…+8+10+11）	*	*		
2	（一）视同销售收入（填写 A105010）	*			*
3	（二）未按权责发生制原则确认的收入（填写 A105020）				
4	（三）投资收益（填写 A105030）				
5	（四）按权益法核算长期股权投资对初始投资成本调整确认收益	*	*	*	
6	（五）交易性金融资产初始投资调整	*	*		*
7	（六）公允价值变动净损益		*		
8	（七）不征税收入	*	*		
9	其中：专项用途财政性资金（填写 A105040）	*	*		
10	（八）销售折扣、折让和退回				
11	（九）其他				
12	二、扣除类调整项目（13+14+…+24+26+27+28+29+30）	*	*		
13	（一）视同销售成本（填写 A105010）	*		*	
14	（二）职工薪酬（填写 A105050）				
15	（三）业务招待费支出				*
16	（四）广告费和业务宣传费支出（填写 A105060）	*	*		
17	（五）捐赠支出（填写 A105070）				
18	（六）利息支出	25,000.00	15,000.00	10,000.00	
19	（七）罚金、罚款和被没收财物的损失		*		*
20	（八）税收滞纳金、加收利息		*		*
21	（九）赞助支出		*		*
22	（十）与未实现融资收益相关在当期确认的财务费用				
23	（十一）佣金和手续费支出				*
24	（十二）不征税收入用于支出所形成的费用	*	*		*
25	其中：专项用途财政性资金用于支出所形成的费用（填写 A105040）	*	*		*
26	（十三）跨期扣除项目				
27	（十四）与取得收入无关的支出		*		*
28	（十五）境外所得分摊的共同支出	*	*		*
29	（十六）党组织工作经费				
30	（十七）其他				
31	三、资产类调整项目（32+33+34+35）	*	*		
32	（一）资产折旧、摊销（填写 A105080）				
33	（二）资产减值准备金		*		
34	（三）资产损失（填写 A105090）				
35	（四）其他				
36	四、特殊事项调整项目（37+38+…+42）	*	*		
37	（一）企业重组及递延纳税事项（填写 A105100）				
38	（二）政策性搬迁（填写 A105110）	*	*		
39	（三）特殊行业准备金（填写 A105120）				
40	（四）房地产开发企业特定业务计算的纳税调整额（填写 A105010）	*			
41	（五）有限合伙企业法人合伙方应分得的应纳税所得额				
42	（六）其他	*	*		
43	五、特别纳税调整应税所得	*	*		
44	六、其他	*	*		
45	合计（1+12+31+36+43+44）	*	*		

财税笔记：

此业务并不涉及增值税。如果期间发生了手续费，即使取得了手续费，其进项税额也不得从销项税额中抵扣。如果期间银行存款取得的利息收入不需要缴纳增值税。

《营业税改征增值税试点有关事项的规定》（财税〔2016〕36号印发）

一、营改增试点期间，试点纳税人［指按照《营业税改征增值税试点实施办法》（以下称《试点实施办法》）缴纳增值税的纳税人］有关政策。

（二）不征收增值税项目。

2. 存款利息。

三、开办费

新办企业有一个常见的费用：开办费。

开办费是指企业在批准筹建之日起，到开始生产、经营（包括试生产、试营业）之日止的期间（即筹建期间）发生的费用支出，包括筹建期人员工资、办公费、差旅费、印刷费、注册登记费以及不计入固定资产和无形资产购建成本的汇兑损益和利息支出。

对于筹建期起始日的定位目前主要有三种说法，分别是领取营业执照之日、取得第一笔收入之日、开始投入生产经营之日。

对于不同的行业，有不同的特点，主要分以下三种：

（1）工业企业，由于需要建设厂房等基础设施，所以生产设施建设完毕，并且购进原材料进行生产之前的时间，都是筹建期间；

（2）商业性质的企业，装修好商场、购进商品之前的时间，都是筹建期间；

（3）服务性质的企业，由于没有具体形式上的商品，开始经营之日之前的时间，可以视为筹建期间。

财务人员应审核监督筹建期间的费用，根据费用报销单、发票等进行费用的报销支付，并对筹建期间产生的费用进行记录。

（一）会计核算

财务人员应了解小企业开办费环节的经济业务和财务流程，并按《小企业会计准则》要求设置会计科目和进行账务核算。

1. 会计科目设置

小企业开办费业务涉及“管理费用——开办费”会计科目。如表 2-18 所示。

表 2-18 开办费业务涉及的会计科目

会计科目	管理费用
核算内容	核算小企业为组织和管理生产经营活动发生的各项管理费用（如开办费）
明细科目设置	设置“开办费”明细科目进行核算
T 形图	借方　管理费用——开办费　贷方 小企业开办费发生额 | 小企业开办费月末结转的金额

2. 账务处理规范

选择会计准则和制度的不同，筹建期间的开办费账务处理也有区别。

（1）选择《企业会计准则》或《小企业会计准则》的账务处理

小企业发生的开办费，应根据发票、报销单、工资表等相关凭据进行账务处理。

《企业会计准则——应用指南》附录会计科目和主要账务处理规定：管理费用科目核算企业为组织和管理企业生产经营所发生的管理费用，包括企业在筹建期间内发生的开办费。企业在筹建期间内发生的开办费，包括人员工资、办公费、培训费、差旅费、印刷费、注册登记费以及不计入固定资产成本的借款费用等在实际发生时，借记“管理费用——开办费”，贷记“银行存款”等科目。

会计分录为：

借：管理费用——开办费

　贷：银行存款等

（2）选择《企业会计制度》的账务处理

①小企业发生的开办费，在发生的当期是要计入待摊费用的，应根据发票、报销单、工资表等相关凭据进行账务处理。

会计分录为：

借：长期待摊费用

贷：银行存款等

②小企业开办费在正常经营当月进行摊销，根据长期待摊费用摊销明细表（如表2-19所示）进行账务处理。

表 2-19 长期待摊费用摊销明细表

长期待摊费用摊销明细表

名称	摊销期限/年	账面余额	月摊销额	累计摊销	账面余额

会计分录为：

借：管理费用

贷：长期待摊费用

3. 会计核算案例

此处以纳京公司为例，对筹建期间费用业务进行会计核算。

【例 2-7】2023 年 7 月，发生车油费 5,000 元，招待费 5,000 元，员工工资 20,000 元，房租 5,000 元。均以现金支付。

（1）案例解读

会计应审核招待费发票、工资表等原始凭证，并据之进行账务处理。

（2）账务处理

此经济业务，使得该公司开办费（管理费用）增加、库存现金减少。

会计分录：

借：管理费用——开办费　　35,000

贷：库存现金　　35,000

记账凭证如图 2-11 所示：

记　账　凭　证

2023年7月30日　　　　记第　　号

摘要	会计科目		借方金额	贷方金额	记账
	总账科目	明细科目			√
开办费	管理费用	开办费	35, 000. 00		
	库存现金			35, 000. 00	
合计	⊗叁万伍仟元整		¥35, 000. 00	¥35, 000. 00	

附单据4张

制单：白雨

图 2-11【例 2-7】记账凭证

（3）所附原始凭证

此业务所附原始凭证包括：油费发票（如图 2-12 所示）、招待费发票、工资表、房租收据（如图 2-13 所示）。

动态二维码

广西增值税专用发票

发票代码：045002100XXX

发票号码：12345678

开票日期：2023年7月19日

校验码：12345 12345 12345 12345

购货单位	名称： 纳税人识别号： 地址、电话： 开户行及账号：	纳京公司 91450521WWWWWWWWWW 广西合浦县公园路888号　0779-72XXXXX 中国农业银行XX分行20-7200010400WWWWW			密码区	-919<<>/45<20094<*-406+09<+ 8-85/4*8<7*923849+5*-/22/85 //929337321+67-8/<2288<<2++ 159*337-24>/56*8/43+6>-5040		
货物或应税劳务名称		规格型号	单位	数量	单价	金额	税率	税额
*预付卡销售*加油IC卡充值款						5,000.00	不征税	***
合　计						¥5,000.00		***
价税合计（大写）		⊗伍仟元整				（小写）		¥5, 000. 00
销货单位	名称： 纳税人识别号： 地址、电话： 开户行及账号：	中国石化销售股份有限公司XX分公司 91450500BBBBBBBBBB 北海市XX路与XX路交汇西北角0779-2222222 中国银行XX分行6145XXXXXXXX			备注			

第二联　发票联

收款人：白芸　　复核：吴昊　　开票人：吴昊　　销货单位（章）：

图 2-12【例 2-7】油费发票

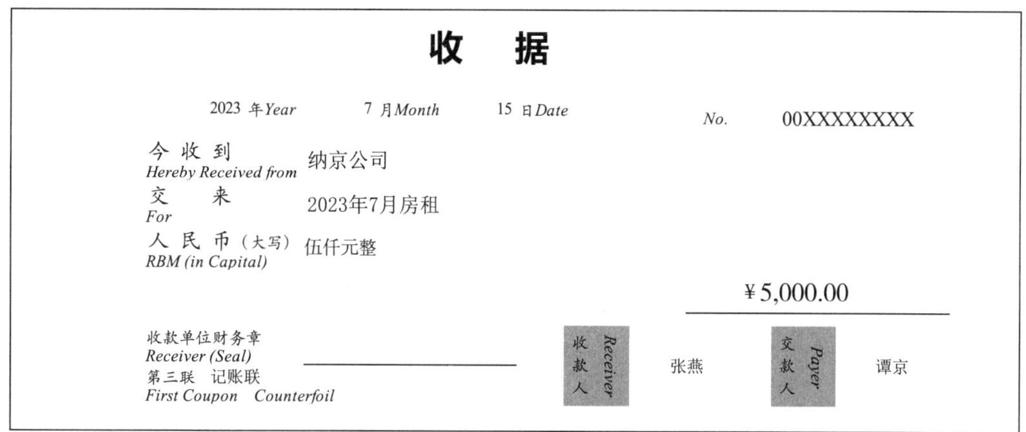

收　据

2023 年Year　　7 月Month　　15 日Date　　No.　00XXXXXXXX

今收到 Hereby Received from　纳京公司

交来 For　2023年7月房租

人民币（大写）RBM (in Capital)　伍仟元整

¥5,000.00

收款单位财务章 Receiver (Seal)　　收款人 Receiver　张燕　　交款人 Payer　谭京

第三联　记账联 First Coupon　Counterfoil

图 2-13【例 2-7】房租收据

财税笔记：

如果使用《企业会计制度》的企业，该经济业务的会计分录为：

①发生的当期

借：长期待摊费用　　35,000

　　贷：银行存款等　　35,000

②正常经营当月进行摊销

假设按 2 年进行摊销，则每月摊销金额为 35,000 ÷ 24=1,458.33（元）

借：管理费用　　1,458.33

　　贷：长期待摊费用　　1,458.33

收款收据、加油卡充值款只能作为做账依据，并不能作为税前扣除依据。所以在 2024 年 5 月 31 日企业所得税汇算清缴前，必须取得合规的发票，才能在 2023 年企业所得税年度申报中扣除。

（二）涉税处理

财务人员应正确核算开办费业务，按时对相关税费进行申报，避免税务风险。小企业开办费业务主要涉及增值税和企业所得税。

1. 增值税

新设立的企业，从办理税务登记，到开始生产经营，往往要经过一定的筹建期，在此期间，企业也会取得一定数量的增值税扣税凭证。如：购买办公生产设备、租房等。

有些情况下，企业在筹建期间未能及时认定为一般纳税人，在税务机关的征管系统中存在一段时期的小规模纳税人状态，导致其取得的增值税扣税凭证在抵扣进项税额时遇到障碍。

a.《增值税一般纳税人登记管理办法》（国家税务总局令第 43 号）

第九条　纳税人自一般纳税人生效之日起，按照增值税一般计税方法计算应纳税额，并可以按照规定领用增值税专用发票，财政部、国家税务总局另有规定的除外。本办法所称的生效之日，是指纳税人办理登记的当月 1 日或者次月 1 日，由纳税人在办理登记手续时自行选择。

b.《国家税务总局关于落实“三证合一”登记制度改革的通知》（税总函〔2015〕482 号）

第二条　新设立企业、农民专业合作社（统称“企业”）领取由工商行政管理部门核发加载法人和其他组织统一社会信用代码（称统一代码）的营业执照后，无需再次进行税务登记，不再领取税务登记证。企业办理涉税事宜时，在完成补充信息采集后，凭加载统一代码的营业执照可代替税务登记证使用。

c.《国家税务总局关于纳税人认定或登记为一般纳税人前进项税额抵扣问题的公告》（国家税务总局公告 2015 年第 59 号）

一、纳税人自办理税务登记至认定或登记为一般纳税人期间，未取得生产经营收入，未按照销售额和征收率简易计算应纳税额申报缴纳增值税的，其在此期间取得的增值税扣税凭证，可以在认定或登记为一般纳税人后抵扣进项税额。

d.《国家税务总局办公厅〈关于国家税务总局关于纳税人认定或登记为一般纳税人前进项税额抵扣问题的公告〉的解读》

新设立的企业，从办理税务登记，到开始生产经营，往往要经过一定的筹建期，进行基础建设、购买办公和生产设备、建账建制、招聘员工、联系进销渠道等。在此期间，企业也会取得一定数量的增值税扣税凭证。有些情况下，企业在筹建期间未能及时认定为一般纳税人，在税务机关的征管系统中存在一段时期的小规模纳税人状态，导致其取得的增值税扣税凭证在抵扣进项税额时遇到障碍。为有效解决这一问题，税务总局制发了《国家税务总局关于纳税人认定或登记为一般纳税人前进项税额抵扣问题的公告》。本公告适用范围是虽然存在一段时间的小规模纳税人状态，但在此期间并未开展生产经营取得收入，并且未按照简易方法缴纳过增值税的纳税人。本公告所称的“未取得生产经营收入，未按照销售额和征收率简易计算应纳税额申报缴纳增值税”，指的是纳税人按照会计制度和税法的规定，真实记录和准确核算的经营结果，通过隐瞒收入形成的“未取得生产经营收入，未按照销售额和征收率简易计算应纳税额申报缴纳增值税”，不在本公告规定之列。

新公司筹办期取得增值税专用发票，同时在此期间未取得生产经营收入，未按照销售额和征收率简易计算应纳税额申报缴纳增值税的，可以在一般纳税人生效后申报抵扣进项税额。

2. 企业所得税

（1）开办费税前扣除

小企业在筹建期间发生的开办费也不能 100% 扣除，如业务招待费支出，按实际发生额的 60% 扣除。

《国家税务总局关于企业所得税应纳税所得额若干税务处理问题的公告》（国家税务总局公告 2012 年第 15 号）

五、关于筹办期业务招待费等费用税前扣除问题

企业在筹建期间，发生的与筹办活动有关的业务招待费支出，可按实际发生额的 60% 计入企业筹办费，并按有关规定在税前扣除；发生的广告费和业务宣传费，可按实际发生额计入企业筹办费，并按有关规定在税前扣除。

（2）开办费不得计入亏损弥补期

《国家税务总局关于贯彻落实企业所得税法若干税收问题的通知》（国税函〔2010〕79 号）：

七、企业筹办期间不计算为亏损年度问题

企业自开始生产经营的年度，为开始计算企业损益的年度。企业从事生产经营之前进行筹办活动期间发生筹办费用支出，不得计算为当期的亏损，应按照《国家税务总局关于企业所得税若干税务事项衔接问题的通知》（国税函〔2009〕98 号）第九条规定执行。

《国家税务总局关于企业所得税若干税务事项衔接问题的通知》（国税函〔2009〕98 号）

九、关于开（筹）办费的处理

新税法中开（筹）办费未明确列作长期待摊费用，企业可以在开始经营之日的当年一次性扣除，也可以按照新税法有关长期待摊费用的处理规定处理，但一经选定，不得改变。

按照税法规定，开（筹）办费可以选择在开始经营的当年一次性扣除，也可以选择按新税法有关长期待摊费用的处理（即自支出发生月份次月起，分期摊销，摊销年限不低于 3 年）分 3 年进行扣除。

开办费的企业所得税税前扣除需要填写纳税调整项目明细表（如表 2–20 所示）。把需要调整所对应的成本税收金额及纳税调整金额，在第 30 行“（十七）其他”列示。

表 2-20 纳税调整项目明细表

A105000

纳税调整项目明细表

行次	项目	账载金额	税收金额	调增金额	调减金额
		1	2	3	4
1	一、收入类调整项目（2+3+…+8+10+11）	*	*		
2	（一）视同销售收入（填写 A105010）	*			*
3	（二）未按权责发生制原则确认的收入（填写 A105020）				
4	（三）投资收益（填写 A105030）				
5	（四）按权益法核算长期股权投资对初始投资成本调整确认收益	*	*	*	
6	（五）交易性金融资产初始投资调整	*	*		*
7	（六）公允价值变动净损益		*		
8	（七）不征税收入	*	*		
9	其中：专项用途财政性资金（填写 A105040）	*	*		
10	（八）销售折扣、折让和退回				
11	（九）其他				
12	二、扣除类调整项目（13+14+…+24+26+27+28+29+30）	*	*		
13	（一）视同销售成本（填写 A105010）	*		*	
14	（二）职工薪酬（填写 A105050）				
15	（三）业务招待费支出				*
16	（四）广告费和业务宣传费支出（填写 A105060）	*	*		
17	（五）捐赠支出（填写 A105070）				
18	（六）利息支出				
19	（七）罚金、罚款和被没收财物的损失		*		*
20	（八）税收滞纳金、加收利息		*		*
21	（九）赞助支出		*		*
22	（十）与未实现融资收益相关在当期确认的财务费用				
23	（十一）佣金和手续费支出				*
24	（十二）不征税收入用于支出所形成的费用	*	*		*
25	其中：专项用途财政性资金用于支出所形成的费用（填写 A105040）	*	*		*
26	（十三）跨期扣除项目				
27	（十四）与取得收入无关的支出		*		*
28	（十五）境外所得分摊的共同支出	*	*		*
29	（十六）党组织工作经费				
30	（十七）其他				
31	三、资产类调整项目（32+33+34+35）	*	*		
32	（一）资产折旧、摊销（填写 A105080）				
33	（二）资产减值准备金		*		
34	（三）资产损失（填写 A105090）				
35	（四）其他				
36	四、特殊事项调整项目（37+38+…+42）	*	*		
37	（一）企业重组及递延纳税事项（填写 A105100）				
38	（二）政策性搬迁（填写 A105110）	*	*		
39	（三）特殊行业准备金（填写 A105120）				
40	（四）房地产开发企业特定业务计算的纳税调整额（填写 A105010）	*			
41	（五）有限合伙企业法人合伙方应分得的应纳税所得额				
42	（六）其他	*	*		
43	五、特别纳税调整应税所得	*	*		
44	六、其他	*	*		
45	合计（1+12+31+36+43+44）	*	*		

3. 涉税处理案例

此处以纳京公司为例，对开办费业务进行涉税处理。

【例 2-8】纳京公司成立于 2023 年 7 月 1 日，成立后立即进入筹办期，且 2023 年度产生收入。2023 年度共发生筹建费用 500,000 元，其中业务招待费 50,000 元，广告费和业务宣传费 30,000 元。

（1）案例解读

2023 年筹建期间的业务招待费税前扣除额 =50,000 × 60%=30,000（元）

2023 年筹建期间业务招待费税前扣除额为实际发生额的 60%，即筹建期业务招待费其中的 20,000 元（50,000－30,000）不得扣除。

2023 年筹建期间的广告宣传费可在税前全额扣除，即扣除额 =30,000（元）

综上，2023 年筹建期可以税前扣除的开办费 =500,000－20,000=480,000（元）

（2）申报表填写

此案例需要填写纳税调整项目明细表（如表 2-21 所示）。

表 2-21【例 2-8】纳税调整项目明细表

A105000

纳税调整项目明细表

行次	项目	账载金额	税收金额	调增金额	调减金额
		1	2	3	4
1	一、收入类调整项目（2+3+…+8+10+11）	*	*		
2	（一）视同销售收入（填写 A105010）	*			*
3	（二）未按权责发生制原则确认的收入（填写 A105020）				
4	（三）投资收益（填写 A105030）				
5	（四）按权益法核算长期股权投资对初始投资成本调整确认收益	*	*	*	
6	（五）交易性金融资产初始投资调整	*	*		*
7	（六）公允价值变动净损益		*		
8	（七）不征税收入	*	*		
9	其中：专项用途财政性资金（填写 A105040）	*	*		
10	（八）销售折扣、折让和退回				
11	（九）其他				
12	二、扣除类调整项目（13+14+…+24+26+27+28+29+30）	*	*		
13	（一）视同销售成本（填写 A105010）	*		*	
14	（二）职工薪酬（填写 A105050）				
15	（三）业务招待费支出				*
16	（四）广告费和业务宣传费支出（填写 A105060）	*	*		
17	（五）捐赠支出（填写 A105070）				
18	（六）利息支出				
19	（七）罚金、罚款和被没收财物的损失		*		*
20	（八）税收滞纳金、加收利息		*		*
21	（九）赞助支出		*		*

续表

行次	项目	账载金额	税收金额	调增金额	调减金额
		1	2	3	4
22	（十）与未实现融资收益相关在当期确认的财务费用				
23	（十一）佣金和手续费支出				*
24	（十二）不征税收入用于支出所形成的费用	*	*		*
25	其中：专项用途财政性资金用于支出所形成的费用（填写 A105040）	*	*		*
26	（十三）跨期扣除项目				
27	（十四）与取得收入无关的支出		*		*
28	（十五）境外所得分摊的共同支出	*	*		*
29	（十六）党组织工作经费				
30	（十七）其他	500,000.00	480,000.00	20,000.00	
31	三、资产类调整项目（32+33+34+35）	*	*		
32	（一）资产折旧、摊销（填写 A105080）				
33	（二）资产减值准备金		*		
34	（三）资产损失（填写 A105090）				
35	（四）其他				
36	四、特殊事项调整项目（37+38+…+42）	*	*		
37	（一）企业重组及递延纳税事项（填写 A105100）				
38	（二）政策性搬迁（填写 A105110）	*	*		
39	（三）特殊行业准备金（填写 A105120）				
40	（四）房地产开发企业特定业务计算的纳税调整额（填写 A105010）	*			
41	（五）有限合伙企业法人合伙方应分得的应纳税所得额				
42	（六）其他	*	*		
43	五、特别纳税调整应税所得	*	*		
44	六、其他	*	*		
45	合计（1+12+31+36+43+44）	*	*		

如果纳京公司 2023 年度并未产生收入，那么 2023 年产生的开办费用 500,000 元将全额调增，即账载金额为 500,000 元，税收金额为 0 元，调增金额为 500,000 元。2024 年产生收入时，当年并未产生开办费，即账载金额为 0 元，税收金额为 480,000 元，调减金额为 480,000 元。2023 年纳税调整项目明细表和 2024 年纳税调整项目明细表如表 2-22 和表 2-23 所示。

表 2-22 纳税调整项目明细表（2023 年）

A105000

纳税调整项目明细表

行次	项目	账载金额	税收金额	调增金额	调减金额
		1	2	3	4
1	一、收入类调整项目（2+3+…+8+10+11）	*	*		
2	（一）视同销售收入（填写 A105010）	*			*
3	（二）未按权责发生制原则确认的收入（填写 A105020）				
4	（三）投资收益（填写 A105030）				
5	（四）按权益法核算长期股权投资对初始投资成本调整确认收益	*	*	*	
6	（五）交易性金融资产初始投资调整	*	*		*
7	（六）公允价值变动净损益		*		
8	（七）不征税收入	*	*		
9	其中：专项用途财政性资金（填写 A105040）	*	*		
10	（八）销售折扣、折让和退回				
11	（九）其他				
12	二、扣除类调整项目（13+14+…+24+26+27+28+29+30）	*	*		
13	（一）视同销售成本（填写 A105010）	*		*	
14	（二）职工薪酬（填写 A105050）				
15	（三）业务招待费支出				*
16	（四）广告费和业务宣传费支出（填写 A105060）	*	*		
17	（五）捐赠支出（填写 A105070）				
18	（六）利息支出				
19	（七）罚金、罚款和被没收财物的损失		*		*
20	（八）税收滞纳金、加收利息		*		*
21	（九）赞助支出		*		*
22	（十）与未实现融资收益相关在当期确认的财务费用				
23	（十一）佣金和手续费支出				*
24	（十二）不征税收入用于支出所形成的费用	*	*		*
25	其中：专项用途财政性资金用于支出所形成的费用（填写 A105040）	*	*		*
26	（十三）跨期扣除项目				
27	（十四）与取得收入无关的支出		*		*
28	（十五）境外所得分摊的共同支出	*	*		*
29	（十六）党组织工作经费				
30	（十七）其他	500,000.00		500,000.00	
31	三、资产类调整项目（32+33+34+35）	*	*		
32	（一）资产折旧、摊销（填写 A105080）				
33	（二）资产减值准备金		*		
34	（三）资产损失（填写 A105090）				
35	（四）其他				
36	四、特殊事项调整项目（37+38+…+42）	*	*		
37	（一）企业重组及递延纳税事项（填写 A105100）				
38	（二）政策性搬迁（填写 A105110）	*	*		
39	（三）特殊行业准备金（填写 A105120）				
40	（四）房地产开发企业特定业务计算的纳税调整额（填写 A105010）	*			
41	（五）有限合伙企业法人合伙方应分得的应纳税所得额				
42	（六）其他	*	*		
43	五、特别纳税调整应税所得	*	*		
44	六、其他	*	*		
45	合计（1+12+31+36+43+44）	*	*		

表 2-23 纳税调整项目明细表（2024 年）

A105000

纳税调整项目明细表

行次	项　　　目	账载金额	税收金额	调增金额	调减金额
		1	2	3	4
1	一、收入类调整项目（2+3+…+8+10+11）	*	*		
2	（一）视同销售收入（填写 A105010）	*			*
3	（二）未按权责发生制原则确认的收入（填写 A105020）				
4	（三）投资收益（填写 A105030）				
5	（四）按权益法核算长期股权投资对初始投资成本调整确认收益	*	*	*	
6	（五）交易性金融资产初始投资调整	*	*		*
7	（六）公允价值变动净损益		*		
8	（七）不征税收入	*	*		
9	其中：专项用途财政性资金（填写 A105040）	*	*		
10	（八）销售折扣、折让和退回				
11	（九）其他				
12	二、扣除类调整项目（13+14+…+24+26+27+28+29+30）	*	*		
13	（一）视同销售成本（填写 A105010）	*		*	
14	（二）职工薪酬（填写 A105050）				
15	（三）业务招待费支出				*
16	（四）广告费和业务宣传费支出（填写 A105060）	*	*		
17	（五）捐赠支出（填写 A105070）				
18	（六）利息支出				
19	（七）罚金、罚款和被没收财物的损失		*		*
20	（八）税收滞纳金、加收利息		*		*
21	（九）赞助支出		*		*
22	（十）与未实现融资收益相关在当期确认的财务费用				
23	（十一）佣金和手续费支出				*
24	（十二）不征税收入用于支出所形成的费用	*	*		*
25	其中：专项用途财政性资金用于支出所形成的费用（填写 A105040）	*	*		*
26	（十三）跨期扣除项目				
27	（十四）与取得收入无关的支出		*		*
28	（十五）境外所得分摊的共同支出	*	*		*
29	（十六）党组织工作经费				
30	（十七）其他		480,000.00		480,000.00
31	三、资产类调整项目（32+33+34+35）	*	*		
32	（一）资产折旧、摊销（填写 A105080）				
33	（二）资产减值准备金		*		
34	（三）资产损失（填写 A105090）				
35	（四）其他				
36	四、特殊事项调整项目（37+38+…+42）	*	*		
37	（一）企业重组及递延纳税事项（填写 A105100）				
38	（二）政策性搬迁（填写 A105110）	*	*		
39	（三）特殊行业准备金（填写 A105120）				
40	（四）房地产开发企业特定业务计算的纳税调整额（填写 A105010）	*			
41	（五）有限合伙企业法人合伙方应分得的应纳税所得额				
42	（六）其他	*	*		
43	五、特别纳税调整应税所得	*	*		
44	六、其他	*	*		
45	合计（1+12+31+36+43+44）	*	*		

第三章 采购环节财税处理

各行业的采购环节大体是相似的，工业企业主要是原材料加工成品，商贸等企业也有委托加工的需求，这些企业根据生产计划的需要，向供应商采购一定数量的原材料、辅助材料等存货，这些业务构成了工业企业生产环节前的主要核算部分。通过本章的学习，读者会对小企业供应商往来业务以及工业企业采购原材料、辅助材料等存货的财税处理有所了解。

一、供应商往来

小企业向供应商进行采购，财务人员应根据采购部门提供的付款申请单、和供应商签订的有效经济合同或协议办理货款的支付，并对来料签收、发票管理等业务进行核算与监督，清晰记录每笔往来业务，并定期与供应商进行账务核对。

（一）会计核算

财务人员应了解小企业供应商往来环节的经济业务和财务流程，并按《小企业会计准则》要求设置会计科目和进行账务核算。

1. 会计科目设置

小企业供应商往来业务涉及“预付账款”“应付账款”等会计科目。如表 3–1 所示。

表 3-1 供应商往来业务涉及的会计科目

会计科目	预付账款	应付账款
核算内容	核算小企业按合同规定，购买材料、商品等预先支付的货款或定金	核算小企业因购买材料、商品等而产生的应支付给供应商的货款
明细科目设置	按照供应商的单位名称设置明细科目进行核算	
T 形图	借方 预付账款 贷方 借方：小企业预付的款项和补付的款项 贷方：小企业应支付的预付账款数额和预付账款多余而退回的款项 借方余额：小企业预付的款项	借方 应付账款 贷方 借方：小企业清偿的应付款项 贷方：小企业采购发生的应付款项 贷方余额：小企业尚未支付的应付款项

财税笔记：

（1）一个供应商只设置一个会计科目。比如供应商 A 公司，如果第一笔业务是记在“预付账款”会计科目，即使后面是欠款，也应记于“预付账款”会计科目的贷方，这也是为了方便查询供应商 A 公司的挂账情况。

（2）对于“预付账款”和“应付账款”明细科目的设置。为了方便管理，一般这两个科目的二级科目以“单位”“个人”或者地区来设置。如“预付账款——单位——A 公司”“应付账款——个人——张三”“应付账款——华南地区——C 公司”等。

（3）对于预付账款较多的企业，为了反映和监督预付账款的增减变动情况，企业应设置“预付账款”会计科目进行核算。预付款项情况不多的企业，也可以不设置该科目，将预付的款项直接记入“应付账款”会计科目的借方。

2. 账务处理规范

（1）预付账款的账务处理

①企业根据采购合同规定，支付材料、商品等预付款项及最终结算补付款项时，应按照预付、补付的金额（如表 3-2 所示），根据付款申请单（如图 3-1 所示）、银行回单（如图 3-2 所示）进行账务处理。

表 3-2 预付款项及补付款项的确定或计算

经济业务	预付款项的确定	预付款项的计算
（1）采购 100,000 元材料，预付款为 20%	按合同规定确定预付金额	100,000×20%=20,000（元）
（2）采购入库，金额 100,000 元，税额 13,000 元，合计 113,000 元	冲减经济业务（1）的预付金额，以确定补付金额	113,000－20,000=93,000（元）

付款申请单

部门：　　　　　　　　　　　　　　　　　　　　　　　　日期：

收款人		收款人开户行	
		收款人账号	
付款金额（大写）		（小写）	
款项用途		付款方式	

领导审批：　　　　财务审核：　　　　部门审核：　　　　经办人：

图 3-1 付款申请单

网上银行电子回单

回单编号：

付款方	账号		收款方	账号	
	户名			户名	
	开户行			开户行	
金额（小写）			金额（大写）		
币种			交易渠道		网上银行
摘要			凭证号		
交易时间			会计日期		
附言					

图 3-2 银行回单

会计分录为：

借：预付账款

　贷：银行存款等

②企业收到所购材料、商品等，应按照购入成本金额、税法规定可抵扣的增值税进项税额及应支付的金额，根据增值税发票（如图 3-3 所示）、入库单（如图 3-4 所示）等进行账务处理。

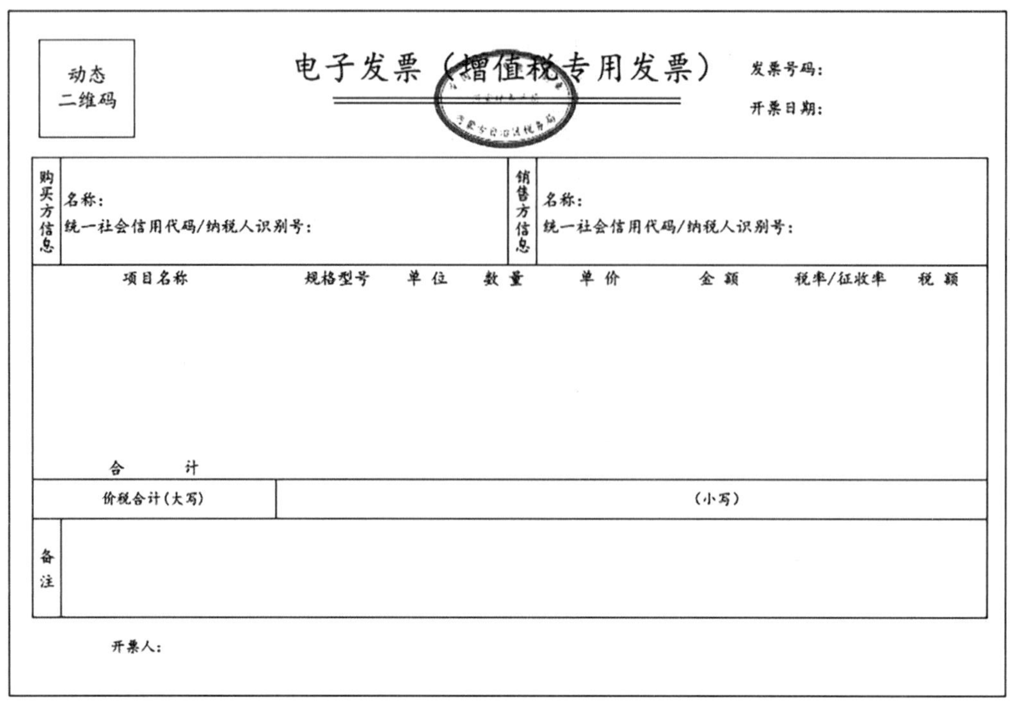

动态二维码

电子发票（增值税专用发票）

发票号码：

开票日期：

购买方信息	名称： 统一社会信用代码/纳税人识别号：	销售方信息	名称： 统一社会信用代码/纳税人识别号：

项目名称	规格型号	单位	数量	单价	金额	税率/征收率	税额
合计							

价税合计（大写）	（小写）

备注	

开票人：

图 3-3 增值税发票

入库单

供应商：　　　　　　　　　　　　　　　　　　日期：

品名	规格	单位	数量	单价	金额	备注
合计						

第二联 财务联

主管：　　　　　　　　　　仓管：　　　　　　　　　　采购：

图 3-4 入库单

会计分录为：

借：原材料等

　　应交税费——应交增值税（进项税额）

　贷：预付账款

③企业收到供应商退回的预付账款，应按照收到的金额，根据银行收款回单进行账务处理。

会计分录为：

借：银行存款

　贷：预付账款

实际工作中，收到供应商退回的预付账款，会计分录为：

借：银行存款

借：预付账款（红字）

（2）应付账款的账务处理

①企业购入材料、商品等未验收入库，货款尚未支付，应按照材料、商品的成本实际金额或暂估金额，可抵扣的增值税进项税额以及应付的价款，根据增值税发票、入库单等进行账务处理。

会计分录为：

借：原材料等

　　应交税费——应交增值税（进项税额）

　贷：应付账款

②企业偿付应付账款，应按照应付金额，根据付款申请单、银行转账回单进行账务处理。

会计分录为：

借：应付账款

　贷：银行存款

③企业确实无法偿付的应付账款，应按照无法偿付金额，根据相应的无法偿付说明（如图 3-5 所示）等进行账务处理。

应付账款无法偿付说明

××（领导）：

出于××原因，应付账款科目金额……无法偿付。其中：

（1）××年××月第××号凭证发生的应付账款××元。

（2）……

（3）……

根据上述情况，财务部决定对上述无法偿付的应付账款进行处置，将金额××元结转至“营业外收入”中。

后附债务人××公司××协议。

请批复。

财务部

年　月　日

图 3-5　应付账款无法偿付说明

会计分录为：

借：应付账款

　贷：营业外收入

3. 会计核算案例

此处以纳尔公司（一般纳税人）为例，对供应商往来业务进行会计核算。

【例 3-1】2023 年 6 月 1 日，向供应商邦远公司采购一批原材料，合同标明的货款总价为 100,000 元，按照合同规定，企业应于 6 月 7 日以银行转账方式预付货款总价的 50%。

（1）案例解读

6 月 1 日的经济业务，纳尔公司只是签订合同，并未发生经济业务，故不用进行账务处理。

预付账款为货款总价的 50%，即 100,000×50%=50,000（元）。

（2）账务处理

6 月 7 日的经济业务，使得纳尔公司的预付账款增加，银行存款减少。

会计分录：

借：预付账款——单位——邦远公司　　50,000

　贷：银行存款　　50,000

记账凭证如图 3-6 所示：

记　账　凭　证

2023年6月7日　　　　　　　　记第　　号

摘要	会计科目		借方金额	贷方金额	记账√
	总账科目	明细科目			
预付材料款	预付账款	单位——邦远公司	50,000.00		
	银行存款			50,000.00	
合计	⊗伍万元整		¥50,000.00	¥50,000.00	

附单据2张

制单：白雨

图 3-6【例 3-1】记账凭证

（3）所附原始凭证

此业务所附原始凭证包括：付款申请单（如图 3-7 所示）、银行回单（如图 3-8 所示）。

付款申请单

部门：采购部　　　　　　　　日期：2023年6月7日

收款人	邦远公司	收款人开户行	中国建设银行XX分行
		收款人账号	450501657142XXXXXXXX
付款金额（大写）	⊗伍万元整	（小写）	¥50,000.00
款项用途	预付材料款	付款方式	转账

领导审批：沈洋　　财务审核：白雨　　部门审核：庞博　　经办人：方圆

图 3-7【例 3-1】付款申请单

网上银行电子回单

回单编号：

付款方	账号	20-7200010400XXXXX	收款方	账号	450501657142XXXXXXXX
	户名	纳尔公司		户名	邦远公司
	开户行	中国农业银行XX分行		开户行	中国建设银行XX分行
金额（小写）		¥50,000.00	金额（大写）		⊗伍万元整
币种		人民币	交易渠道		网上银行
摘要		转账取款	凭证号		
交易时间		2023-6-7	会计日期		20230607
附言		预付材料款			

图 3-8【例 3-1】银行回单

【例 3-2】承上例，6 月 10 日，原材料已验收入库，收到的增值税专用发票不含税金额为 100,000 元，税金为 13,000 元。并于当日以银行转账方式支付尾款。

（1）案例解读

纳尔公司为一般纳税人，收到的增值税专用发票的税额即进项税额是可以抵扣的。

（2）账务处理

材料验收入库时，使得该公司原材料增加，应交税费、预付账款减少。支付尾款时，使得邦远公司的预付账款增加，银行存款减少。

材料签收入库时，会计分录为：

借：原材料　　100,000

　应交税费——应交增值税（进项税额）　　13,000

　贷：预付账款——单位——邦远公司　　113,000

支付尾款时，会计分录为：

借：预付账款——单位——邦远公司　　63,000

　贷：银行存款　　63,000

记账凭证如图 3-9 所示：

记　账　凭　证

2023年6月10日　　　　记第　　号

摘要	会计科目		借方金额	贷方金额	记账 √
	总账科目	明细科目			
材料签收入库	原材料		100,000.00		
	应交税费	应交增值税（进项税额）	13,000.00		
	预付账款	单位——邦远公司		113,000.00	
合计	⊗壹拾壹万叁仟元整		¥113,000.00	¥113,000.00	

附单据2张

制单：白雨

图 3-9【例 3-2】记账凭证（1）

记　账　凭　证

2023年6月10日　　　　记第　　号

摘要	会计科目		借方金额	贷方金额	记账√
	总账科目	明细科目			
支付尾款	预付账款	单位——邦远公司	63,000.00		
	银行存款			63,000.00	
合计	⊗陆万叁仟元整		¥63,000.00	¥63,000.00	

附单据2张

制单：白雨

图 3-9【例 3-2】记账凭证（2）

也可将上述两笔业务合并一笔，纳尔公司材料验收入库并支付尾款时，使得该公司原材料增加，应交税费、预付账款及银行存款减少。

会计分录为：

借：原材料　　100,000

　　应交税费——应交增值税（进项税额）　　13,000

　贷：预付账款——单位——邦远公司　　50,000

　　　银行存款　　63,000

记账凭证如图 3-10 所示：

记　账　凭　证

2023年6月10日　　　　记第　　号

摘要	会计科目		借方金额	贷方金额	记账√
	总账科目	明细科目			
材料签收入库，支付尾款	原材料		100,000.00		
	应交税费	应交增值税（进项税额）	13,000.00		
	预付账款	单位——邦远公司		50,000.00	
	银行存款			63,000.00	
合计	⊗壹拾壹万叁仟元整		¥113,000.00	¥113,000.00	

附单据4张

制单：白雨

图 3-10【例 3-2】记账凭证

（3）所附原始凭证

此业务所附原始凭证包括：增值税专用发票（如图3–11所示）、入库单（如图3–12所示）、付款申请单（如图3–13所示）、银行回单（如图3–14所示）。

动态二维码　　4500133140　　**广西增值税专用发票**　　NO. 00499777

4500133140

00499777

校验码 12345 12345 12345 12345　　　　开票日期　2023年6月10日

购货单位	名称：纳尔公司 纳税人识别号：91450521AAAAAAAAAA 地址、电话：广西合浦县廉州路666号　0779-72XXXXX 开户行及账号：中国农业银行XX分行20-7200010400XXXXX			密码区	-919<<>/45<20094<*-406+09<+ 8-85/4*8<7*923849+5*-/22/85 //929337321+67-8/<2288<<2++ 159*337-24>/56*8/43+6>-5040			
货物或应税劳务名称	规格型号	单位	数量	单价	金额	税率	税额	
*黑色金属冶炼压延品*A材料		件	1000	100.00	100,000.00	13%	13,000.00	
合　计					¥100,000.00		¥13,000.00	
价税合计（大写）	⊗壹拾壹万叁仟元整				（小写）	¥113,000.00		
销货单位	名称：邦远公司 纳税人识别号：91450521BBBBBBBBBB 地址、电话：合浦县某某路123号　0779-7288888 开户行及账号：中国建设银行XX分行450501657142XXXXXXXX			备注				

收款人：李响　　复核：赵丽　　开票人：赵丽　　销货单位（章）：

第二联：发票联　购货方记账凭证

图3–11【例3–2】增值税专用发票

入库单

供应商：邦远公司　　　　日期：2023年6月10日

品名	规格	单位	数量	单价	金额	备注
A材料		件	1,000	100.00	100,000.00	
合　计					¥100,000.00	

主管：庞博　　仓管：郭蝈　　采购：方圆

第二联　财务联

图3–12【例3–2】入库单

付款申请单

部门：　　采购部　　　　　　　　　　　　　　　　日期：　　2023年6月10日

收款人	邦远公司	收款人开户行	中国建设银行XX分行
		收款人账号	450501657142XXXXXXXX
付款金额（大写）	⊗陆万叁仟元整	（小写）	¥ 63,000.00
款项用途	材料尾款	付款方式	转账

领导审批：沈洋　　财务审核：白雨　　部门审核：庞博　　经办人：方圆

图 3-13【例 3-2】付款申请单

网上银行电子回单

回单编号：

付款方	账号	20-7200010400XXXXX	收款方	账号	450501657142XXXXXXXX
	户名	纳尔公司		户名	邦远公司
	开户行	中国农业银行XX分行		开户行	中国建设银行XX分行
金额（小写）		¥ 63,000.00	金额（大写）		⊗陆万叁仟元整
币种		人民币	交易渠道		网上银行
摘要		转账取款	凭证号		
交易时间		2023-6-10	会计日期		20230610
附言		材料尾款			

图 3-14【例 3-2】银行回单

【例 3-3】2023 年 4 月 12 日，纳尔公司向供应商向阳公司（小规模纳税人）采购原材料一批，收到的增值税普通发票上注明的价款为 30,000 元，材料已验收入库，价款尚未支付。合同中规定的现金折扣条件为 2/10，1/20，n/30，假定计算现金折扣时不考虑增值税。该企业在 2023 年 4 月 18 日付清货款。

（1）案例解读

①现金折扣条件解释：

2/10 意思是说 10 天付款，给予总货款 2% 的现金折扣，1/20 意思是说 20 天付款，给予总货款 1% 的现金折扣，n/30 意思是说 20—30 天内付款，要付全款，没有折扣。比如，销售 100 件商品，50 元 / 件，现金折扣计算如表 3-3 所示。

表 3-3 现金折扣计算

现金折扣条件	现金折扣	计算
10天内付款	2%	100×50×2%
20天内付款	1%	100×50×1%
20—30天内付款	不享受	100×50

②现金折扣不需要开具增值税发票

现金折扣在实际发生时作为财务费用扣除，不需开具发票。

《国家税务总局关于确认企业所得税收入若干问题的通知》（国税函〔2008〕875 号）

一、除企业所得税法及实施条例另有规定外，企业销售收入的确认，必须遵循权责发生制原则和实质重于形式原则。

…………

（五）企业为促进商品销售而在商品价格上给予的价格扣除属于商业折扣，商品销售涉及商业折扣的，应当按照扣除商业折扣后的金额确定销售商品收入金额。债权人为鼓励债务人在规定的期限内付款而向债务人提供的债务扣除属于现金折扣，销售商品涉及现金折扣的，应当按扣除现金折扣前的金额确定销售商品收入金额，现金折扣在实际发生时作为财务费用扣除。

（2）账务处理

4 月 12 日，纳尔公司材料验收入库，确认应付账款，使得该公司原材料增加，应付账款增加。

会计分录为：

借：原材料　　30,000

　贷：应付账款——单位——向阳公司　　30,000

记账凭证如图 3-15 所示：

记　账　凭　证

2023年4月12日　　　　记第　　号

摘要	会计科目		借方金额	贷方金额	记账√
	总账科目	明细科目			
材料签收入库	原材料		30,000.00		
	应付账款	单位——向阳公司		30,000.00	
合计	⊗叁万元整		¥30,000.00	¥30,000.00	

附单据 2 张

制单：　　白雨

图 3-15【例 3-3】记账凭证

4 月 18 日，付清应付账款，现金折扣条件为“10 日内付款”，给予总货款的 2% 现金折扣，即 30,000 × 2%=600（元）。该业务使得该公司应付账款、财务费用和银行存款减少。

会计分录为：

借：应付账款——单位——向阳公司　　30,000

　贷：财务费用　　600

银行存款 29,400

记账凭证如图 3-16 所示：

记 账 凭 证

2023年4月18日 记第 号

摘要	会计科目		借方金额	贷方金额	记账√
	总账科目	明细科目			
结算应付账款	应付账款	单位——向阳公司	30,000.00		
	财务费用			600.00	
	银行存款			29,400.00	
合计	⊗叁万元整		¥30,000.00	¥30,000.00	

附单据2张

制单：白雨

图 3-16【例 3-3】记账凭证

（3）所附原始凭证

4 月 12 日经济业务所附原始凭证包括：入库单（如图 3-17 所示）、增值税普通发票（如图 3-18 所示）。

入库单

供应商： 向阳公司 日期： 2023年4月12日

品名	规格	单位	数量	单价	金额	备注
B材料		件	100	300.00	30,000.00	
合 计					30,000.00	

第二联 财务联

主管：庞博 仓管：郭蝈 采购：方圆

图 3-17【例 3-3】入库单

动态二维码	4500199999	广西增值税普通发票					NO. 00499888	
								4500199999 00499888
	校验码 12345 12345 12345 12345						开票日期 2023年4月12日	
购货单位	名称：纳尔公司 纳税人识别号：91450521AAAAAAAAAA 地址、电话：广西合浦县廉州路666号 0779-72XXXXX 开户行及账号：中国农业银行XX分行20-7200010400XXXXX			密码区	-919<<>/45<20094<*-406+09<+ 8-85/4*8<7*923849+5*-/22/85 //929337321+67-8/<2288<<2++ 159*337-24>/56*8/43+6>-5040			第二联：发票联 购货方记账凭证
货物或应税劳务名称	规格型号	单位	数量	单价	金额	税率	税额	
*黑色金属冶炼压延品*B材料		件	1,000	100.00	29,702.97	1%	297.03	
合　计					¥29,702.97		¥297.03	
价税合计（大写）	⊗叁万元整				（小写）		¥30,000.00	
销货单位	名称：向阳公司 纳税人识别号：450501657142YYYYYYYY 地址、电话：合浦县某某路123号 0779-7266666 开户行及账号：中国建设银行XX分行450501657142XXXXXXXX			备注				

收款人：向阳　　复核：许诺　　开票人：许诺　　销货单位（章）：

图 3-18【例 3-3】增值税普通发票

4 月 18 日经济业务所附原始凭证包括：付款申请单（如图 3-19 所示）、银行回单（如图 3-20 所示）。

付款申请单

部门：　采购部　　　　　　　　　　日期：　2023年4月18日

收款人	向阳公司	收款人开户行	中国建设银行XX分行
		收款人账号	450501657142XXXXXXXX
付款金额（大写）	⊗贰万玖仟肆佰元整	（小写）	¥ 29,400.00
款项用途	采购款，10日内付款，2%折扣（30,000×2%=600元）	付款方式	转账

领导审批：沈洋　　财务审核：白雨　　部门审核：庞博　　经办人：方圆

图 3-19【例 3-3】付款申请单

网上银行电子回单

回单编号：

付款方	账号	20-7200010400XXXXX	收款方	账号	450501657142XXXXXXXX
	户名	纳尔公司		户名	向阳公司
	开户行	中国农业银行XX分行		开户行	中国建设银行XX分行
金额（小写）		¥ 29,400.00	金额（大写）		⊗贰万玖仟肆佰元整
币种		人民币	交易渠道		网上银行
摘要		转账取款	凭证号		
交易时间		2023-4-18	会计日期		20230418
附言		采购款			

图 3-20【例 3-3】银行回单

（二）涉税处理

财务人员应正确核算供应商往来业务，按时对相关税费进行申报，避免税务风险。小企业供应商往来业务主要涉及企业所得税和印花税。

1. 企业所得税

供应商挂账涉及“预付账款”和“应付账款”两个会计科目，这两个会计科目长期大金额挂账可能隐藏着虚开发票、隐匿收入、虚列成本费用、无法偿付的款项被调增缴纳企业所得税的风险，所以企业应当定期或不定期对往来款进行核对并清理。

（1）应付账款涉税处理

企业作为当事人，更了解债权人的实际情况，可以由企业判断其应付款项是否确实无法偿付，同时，税务机关如有确凿证据表明债权人失踪或死亡，债权人注销或破产等导致债权人债权消亡的，税务机关可判定债务人确实无法偿付，对于这部分无法偿付的应付未付款项，属于《中华人民共和国企业所得税法》收入总额中的“其他收入”，需要转入营业外收入，不需缴纳增值税，但是需要并入收入总额按照规定计算缴纳企业所得税。

纳税人因确实无法偿付的应付款项而确认的收入，应在中华人民共和国企业所得税年度纳税申报表（A101010一般企业收入明细表）（如表3-4所示）第24行“确实无法偿付的应付款项”中列示。

表3-4　一般企业收入明细表

A101010　**一般企业收入明细表**

行次	项目	金额
1	一、营业收入(2+9)	
2	(一)主营业务收入(3+5+6+7+8)	
3	1.销售商品收入	
4	其中：非货币性资产交换收入	
5	2.提供劳务收入	
6	3.建造合同收入	
7	4.让渡资产使用权收入	
8	5.其他	
9	(二)其他业务收入(10+12+13+14+15)	
10	1.销售材料收入	
11	其中：非货币性资产交换收入	
12	2.出租固定资产收入	
13	3.出租无形资产收入	
14	4.出租包装物和商品收入	
15	5.其他	
16	二、营业外收入(17+18+19+20+21+22+23+24+25+26)	
17	(一)非流动资产处置利得	
18	(二)非货币性资产交换利得	
19	(三)债务重组利得	
20	(四)政府补助利得	
21	(五)盘盈利得	

续表

行次	项目	金额
22	（六）捐赠利得	
23	（七）罚没利得	
24	（八）确实无法偿付的应付款项	
25	（九）汇兑收益	
26	（十）其他	

（2）预付账款涉税处理

面对单位长期挂账的预付账款，账务上可作坏账损失列支，计入营业外支出。

《财政部 国家税务总局关于企业资产损失税前扣除政策的通知》（财税〔2009〕57 号）

四、企业除贷款类债权外的应收、预付账款符合下列条件之一的，减除可收回金额后确认的无法收回的应收、预付款项，可以作为坏账损失在计算应纳税所得额时扣除：

（一）债务人依法宣告破产、关闭、解散、被撤销，或者被依法注销、吊销营业执照，其清算财产不足清偿的；

（二）债务人死亡，或者依法被宣告失踪、死亡，其财产或者遗产不足清偿的；

（三）债务人逾期 3 年以上未清偿，且有确凿证据证明已无力清偿债务的；

（四）与债务人达成债务重组协议或法院批准破产重整计划后，无法追偿的；

（五）因自然灾害、战争等不可抗力导致无法收回的；

（六）国务院财政、税务主管部门规定的其他条件。

企业除贷款类债权外的、确认无法收回的预付账款坏账损失，符合《财政部 国家税务总局关于企业资产损失税前扣除政策的通知》（财税〔2009〕57 号）第四条规定的，依据相关材料确认（如表 3–5 所示），可在计算应纳税所得额时进行扣除。

表 3–5 预付账款坏账损失税前扣除确认资料

序号	内容
1	相关事项合同、协议或说明
2	属于债务人破产清算的，应有人民法院的破产、清算公告
3	属于诉讼案件的，应出具人民法院的判决书或裁决书或仲裁机构的仲裁书，或者被法院裁定终（中）止执行的法律文书
4	属于债务人停止营业的，应有工商部门注销、吊销营业执照证明
5	属于债务人死亡、失踪的，应有公安机关等有关部门对债务人个人的死亡、失踪证明
6	属于债务重组的，应有债务重组协议及债务人重组收益纳税情况说明
7	属于因自然灾害、战争等不可抗力而无法收回的，应有债务人受灾情况说明以及放弃债权申明

纳税人当年发生的预付款项坏账损失的账载金额、资产损失准备金核销金额、资产处置收入、赔偿收入、资产计税基础、资产损失的税收金额及纳税调整金额，填写在资产损失税前扣除及纳税调整明细表（如表 3–6 所示）第 2 行“二、应收及预付款项坏账损失”。

表 3-6　资产损失税前扣除及纳税调整明细表

A105090

资产损失税前扣除及纳税调整明细表

行次	项目	资产损失直接计入本年损益金额	资产损失准备金核销金额	资产处置收入	赔偿收入	资产计税基础	资产损失的税收金额	纳税调整金额
		1	2	3	4	5	6(5-3-4)	7
1	一、现金及银行存款损失		*					
2	二、应收及预付款项坏账损失							
3	其中：逾期三年以上的应收款项损失							
4	逾期一年以上的小额应收款项损失							
5	三、存货损失							
6	其中：存货盘亏、报废、损毁、变质或被盗损失							
7	四、固定资产损失							
8	其中：固定资产盘亏、丢失、报废、损毁或被盗损失							
9	五、无形资产损失							
10	其中：无形资产转让损失							
11	无形资产被替代或超过法律保护期限形成的损失							
12	六、在建工程损失		*					
13	其中：在建工程停建、报废损失		*					
14	七、生产性生物资产损失							
15	其中：生产性生物资产盘亏、非正常死亡、被盗、丢失等产生的损失							
16	八、债权性投资损失（17+23）							
17	（一）金融企业债权性投资损失（18+22）							
18	1. 贷款损失							
19	其中：符合条件的涉农和中小企业贷款损失							
20	其中：单户贷款余额 300 万（含）以下的贷款损失							
21	单户贷款余额 300 万元至 1,000 万元（含）的 贷款损失							
22	2. 其他债权性投资损失							
23	（二）非金融企业债权性投资损失							
24	九、股权（权益）性投资损失							
25	其中：股权转让损失							
26	十、通过各种交易场所、市场买卖债券、股票、期货、基金以及金融衍生产品等发生的损失							
27	十一、打包出售资产损失							
28	十二、其他资产损失							
29	合计（1+2+5+7+9+12+14+16+24+26+27+28）							
30	其中：分支机构留存备查的资产损失							

2. 印花税

（1）采购合同的纳税义务人

只要在我国境内签订购销合同的单位和个人，都是印花税的纳税义务人，都应按照《中华人民共和国印花税暂行条例》的规定缴纳印花税。

采购合同是购销合同之一，企业为采购合同签订的其中一方，应当就所执的那份合同金额缴纳印花税。纳税人实际已发生采购业务，虽未签订合同，但有相关的具有合同性质凭证（如具有合同效力的协议、契约、合约、单据、确认书及其他各种凭证），也应按采购合同性质的凭证缴纳印花税。

（2）印花税的计算

采购合同的印花税按合同载明的“购销金额”的 0.3‰贴花。采购合同印花税的计税依据如表 3–7 所示。

表 3–7 采购合同印花税的计税依据

合同载明的“购销金额”情形	计税依据
合同中只有不含税金额	以不含税金额作为印花税的计税依据
合同中既有不含税金额又有增值税金额，且分别记载的	以不含税金额作为印花税的计税依据
合同所载金额中包含增值税金额，但未分别记载的	以合同所载金额（即含税金额）作为印花税的计税依据

（3）申报缴纳

企业达到纳税时间（签采购合同时）需一次性缴纳印花税。

印花税的申报分两种，如表 3–8 所示。

表 3–8 采购合同印花税的申报分类

种类	按次申报	按期申报
办理税种认定	否	是
申报流程	登录电子税务局进行税源采集后直接申报	按月或按季登录电子税务局申报
申报期限	签立合同时申报	月/季度申报，即使不签合同也需要申报

申报印花税时需要填写财产和行为税纳税申报表（如表 3–9 所示）及财产和行为税减免税明细申报附表（如表 3–10 所示）。

表 3-9 财产和行为税纳税申报表

财产和行为税纳税申报表

纳税人识别号（统一社会信用代码）：

纳税人名称：　　　　　　　　　　　　　　　　　　　　金额单位：人民币元（列至角分）

序号	税种	税目	税款所属期起	税款所属期止	计税依据	税率	应纳税额	减免税额	已缴税额	应补（退）税额
1										
2										
3										
4										
5										
6										
7										
8										
9										
10	合计	—	—	—	—	—				

<table>
<tr><td colspan="2">声明：此表是根据国家税收法律法规及相关规定填写的，本人（单位）对填报内容（及附带资料）的真实性、可靠性、完整性负责。
纳税人（签章）：　　年　月　日</td></tr>
<tr><td>经办人：
经办人身份证号：
代理机构签章：
代理机构统一社会信用代码：</td><td>受理人：
受理税务机关（章）：
受理日期：　　年　月　日</td></tr>
</table>

表 3-10 财产和行为税减免税明细申报附表

财产和行为税减免税明细申报附表

纳税人识别号（统一社会信用代码）：

纳税人名称：　　　　　　　　　　　　　　　　　　　　金额单位：人民币元（列至角分）

<table>
<tr><td colspan="2" rowspan="3">本期是否适用小微企业“六税两费”减免政策</td><td colspan="2" rowspan="3">□是 □否</td><td rowspan="2">减免政策适用主体</td><td colspan="2">增值税小规模纳税人：□是 □否</td></tr>
<tr><td colspan="2">增值税一般纳税人：□个体工商户
□小型微利企业</td></tr>
<tr><td>适用减免政策起止时间</td><td colspan="2">年　月　至　　年　　月</td></tr>
<tr><td colspan="4">合计减免税额</td><td colspan="3"></td></tr>
<tr><td colspan="7">城镇土地使用税</td></tr>
<tr><td>序号</td><td>土地编号</td><td>税款所属期起</td><td colspan="2">税款所属期止</td><td>减免性质代码和项目名称</td><td>减免税额</td></tr>
<tr><td>1</td><td></td><td></td><td colspan="2"></td><td></td><td></td></tr>
<tr><td>2</td><td></td><td></td><td colspan="2"></td><td></td><td></td></tr>
<tr><td>小计</td><td>—</td><td></td><td colspan="2"></td><td>—</td><td></td></tr>
<tr><td colspan="7">房产税</td></tr>
<tr><td>序号</td><td>房产编号</td><td>税款所属期起</td><td colspan="2">税款所属期止</td><td>减免性质代码和项目名称</td><td>减免税额</td></tr>
<tr><td>1</td><td></td><td></td><td colspan="2"></td><td></td><td></td></tr>
<tr><td>2</td><td></td><td></td><td colspan="2"></td><td></td><td></td></tr>
<tr><td>小计</td><td>—</td><td></td><td colspan="2"></td><td>—</td><td></td></tr>
<tr><td colspan="7">车船税</td></tr>
<tr><td>序号</td><td>车辆识别代码/船舶识别码</td><td>税款所属期起</td><td colspan="2">税款所属期止</td><td>减免性质代码和项目名称</td><td>减免税额</td></tr>
<tr><td>1</td><td></td><td></td><td colspan="2"></td><td></td><td></td></tr>
<tr><td>2</td><td></td><td></td><td colspan="2"></td><td></td><td></td></tr>
<tr><td>小计</td><td></td><td></td><td colspan="2"></td><td>—</td><td></td></tr>
</table>

续表

<table>
<tr><td colspan="8">印花税</td></tr>
<tr><td>序号</td><td>税目</td><td colspan="2">税款所属期起</td><td colspan="2">税款所属期止</td><td>减免性质代码和项目名称</td><td>减免税额</td></tr>
<tr><td>1</td><td></td><td colspan="2"></td><td colspan="2"></td><td></td><td></td></tr>
<tr><td>2</td><td></td><td colspan="2"></td><td colspan="2"></td><td></td><td></td></tr>
<tr><td>小计</td><td>—</td><td colspan="2"></td><td colspan="2"></td><td>—</td><td></td></tr>
<tr><td colspan="8">资源税</td></tr>
<tr><td>序号</td><td>税目</td><td>子目</td><td>税款所属期起</td><td colspan="2">税款所属期止</td><td>减免性质代码和项目名称</td><td>减免税额</td></tr>
<tr><td>1</td><td></td><td></td><td></td><td colspan="2"></td><td></td><td></td></tr>
<tr><td>2</td><td></td><td></td><td></td><td colspan="2"></td><td></td><td></td></tr>
<tr><td>小计</td><td>—</td><td></td><td></td><td colspan="2"></td><td>—</td><td></td></tr>
<tr><td colspan="8">耕地占用税</td></tr>
<tr><td>序号</td><td>税源编号</td><td colspan="2">税款所属期起</td><td colspan="2">税款所属期止</td><td>减免性质代码和项目名称</td><td>减免税额</td></tr>
<tr><td>1</td><td></td><td colspan="2"></td><td colspan="2"></td><td></td><td></td></tr>
<tr><td>2</td><td></td><td colspan="2"></td><td colspan="2"></td><td></td><td></td></tr>
<tr><td>小计</td><td>—</td><td colspan="2"></td><td colspan="2"></td><td>—</td><td></td></tr>
<tr><td colspan="8">契税</td></tr>
<tr><td>序号</td><td>税源编号</td><td colspan="2">税款所属期起</td><td colspan="2">税款所属期止</td><td>减免性质代码和项目名称</td><td>减免税额</td></tr>
<tr><td>1</td><td></td><td colspan="2"></td><td colspan="2"></td><td></td><td></td></tr>
<tr><td>2</td><td></td><td colspan="2"></td><td colspan="2"></td><td></td><td></td></tr>
<tr><td>小计</td><td>—</td><td colspan="2"></td><td colspan="2"></td><td>—</td><td></td></tr>
<tr><td colspan="8">土地增值税</td></tr>
<tr><td>序号</td><td>项目编号</td><td colspan="2">税款所属期起</td><td colspan="2">税款所属期止</td><td>减免性质代码和项目名称</td><td>减免税额</td></tr>
<tr><td>1</td><td></td><td colspan="2"></td><td colspan="2"></td><td></td><td></td></tr>
<tr><td>2</td><td></td><td colspan="2"></td><td colspan="2"></td><td></td><td></td></tr>
<tr><td>小计</td><td>—</td><td colspan="2"></td><td colspan="2"></td><td>—</td><td></td></tr>
<tr><td colspan="8">环境保护税</td></tr>
<tr><td>序号</td><td>税源编号</td><td>污染物类别</td><td>污染物名称</td><td>税款所属期起</td><td>税款所属期止</td><td>减免性质代码和项目名称</td><td>减免税额</td></tr>
<tr><td>1</td><td></td><td></td><td></td><td></td><td></td><td></td><td></td></tr>
<tr><td>2</td><td></td><td></td><td></td><td></td><td></td><td></td><td></td></tr>
<tr><td>小计</td><td>—</td><td></td><td></td><td></td><td></td><td>—</td><td></td></tr>
<tr><td colspan="8">声明：此表是根据国家税收法律法规及相关规定填写的，本人（单位）对填报内容（及附带资料）的真实性、可靠性、完整性负责。
纳税人（签章）：　　　　年　月　日</td></tr>
<tr><td colspan="5">经办人：
经办人身份证号：
代理机构签章：
代理机构统一社会信用代码：</td><td colspan="3">受理人：
受理税务机关（章）：
受理日期：年　月　日</td></tr>
</table>

3. 涉税处理案例

此处以纳尔公司为例，对供应商往来业务进行涉税处理。

【例 3-4】2023 年 7 月 3 日，纳尔公司申报印花税（适用小微企业“六税两费”减免政策）。合同中不含税金额 1,000,000 元。

《财政部　税务总局关于进一步支持小微企业和个体工商户发展有关税费政策的公告》(财政部　税务总局公告 2023 年第 12 号)

二、自 2023 年 1 月 1 日至 2027 年 12 月 31 日，对增值税小规模纳税人、小型微利企业和个体工商户减半征收资源税（不含水资源税）、城市维护建设税、房产税、城镇土地使用税、印花税（不含证券交易印花税）、耕地占用税和教育费附加、地方教育附加。

（1）案例解读

采购合同的印花税按合同载明的“购销金额”的 0.3‰贴花。合同中只有不含税金额的，以不含税金额作为印花税的计税依据。所以此合同应交印花税为：

印花税 =1,000,000 × 0.3‰ =300（元）

因纳尔公司适用小微企业“六税两费”减免政策，所以此合同应交印花税为：

印花税 =300 ÷ 2=150（元）

（2）申报表填写

此案例需要填写财产和行为税纳税申报表（如表 3-11 所示）及财产和行为税减免税明细申报附表（如表 3-12 所示）。

表 3-11【例 3-4】财产和行为税纳税申报表

财产和行为税纳税申报表

纳税人识别号（统一社会信用代码）：91450521AAAAAAAAAA

纳税人名称：纳尔公司　　　　金额单位：人民币元（列至角分）

序号	税种	税目	税款所属期起	税款所属期止	计税依据	税率	应纳税额	减免税额	已缴税额	应补（退）税额
1	印花税	买卖合同	2023-6-30	2023-6-30	1,000,000.00	0.3‰	300.00	150.00		150.00
2										
3										
4										
5										
6										
7										
8										
9										
10	合计	—	—	—	—	—	300.00	150.00		150.00
声明：此表是根据国家税收法律法规及相关规定填写的，本人（单位）对填报内容（及附带资料）的真实性、可靠性、完整性负责。 纳税人（签章）：　年　月　日										
经办人： 经办人身份证号： 代理机构签章： 代理机构统一社会信用代码：						受理人： 受理税务机关（章）： 受理日期：　年　月　日				

表 3-12 财产和行为税减免税明细申报附表

财产和行为税减免税明细申报附表

纳税人识别号（统一社会信用代码）：91450521AAAAAAAAAA

纳税人名称：纳尔公司　　　　　　　　　　　　　　　　　金额单位：人民币元（列至角分）

本期是否适用小微企业“六税两费”减免政策	√是 □否	减免政策适用主体	增值税小规模纳税人：□是 □否
			增值税一般纳税人：□个体工商户 √小型微利企业
		适用减免政策起止时间	2023 年 6 月 至 2023 年 6 月
合计减免税额		150.00	

城镇土地使用税

序号	土地编号	税款所属期起	税款所属期止	减免性质代码和项目名称	减免税额
1					
2					
小计	—			—	

房产税

序号	房产编号	税款所属期起	税款所属期止	减免性质代码和项目名称	减免税额
1					
2					
小计	—			—	

车船税

序号	车辆识别代码/船舶识别码	税款所属期起	税款所属期止	减免性质代码和项目名称	减免税额
1					
2					
小计				—	

印花税

序号	税目	税款所属期起	税款所属期止	减免性质代码和项目名称	减免税额
1	买卖合同	2023-6-30	2023-6-30		150.00
2					
小计	—			—	

资源税

序号	税目	子目	税款所属期起	税款所属期止	减免性质代码和项目名称	减免税额
1						
2						
小计	—				—	

耕地占用税

序号	税源编号	税款所属期起	税款所属期止	减免性质代码和项目名称	减免税额
1					
2					
小计	—			—	

契税

序号	税源编号	税款所属期起	税款所属期止	减免性质代码和项目名称	减免税额
1					
2					
小计	—			—	

土地增值税

序号	项目编号	税款所属期起	税款所属期止	减免性质代码和项目名称	减免税额
1					
2					
小计	—			—	

环境保护税

序号	税源编号	污染物类别	污染物名称	税款所属期起	税款所属期止	减免性质代码和项目名称	减免税额
1							
2							
小计	—					—	

声明：此表是根据国家税收法律法规及相关规定填写的，本人（单位）对填报内容（及附带资料）的真实性、可靠性、完整性负责。

纳税人（签章）：　　　　　　年　月　日

经办人： 经办人身份证号： 代理机构签章： 代理机构统一社会信用代码：	受理人： 受理税务机关（章）： 受理日期：年 月 日

二、原材料采购

需要采购原材料的企业，财务人员应根据采购部门提供的付款申请单等进行货款的支付，审核监督来料签收、发票管理、仓库盘点等业务，并对每笔采购原材料的经济业务进行记录，保证账实核对。

（一）会计核算

财务人员应了解小企业原材料采购环节的经济业务和财务流程，并按《小企业会计准则》要求设置会计科目和进行账务核算。

1. 会计科目设置

小企业原材料的采购业务涉及“原材料”等会计科目。如表 3–13 所示。

表 3–13 原材料采购业务涉及的会计科目

会计科目	原材料
核算内容	核算小企业库存的各种材料，包括原料及主要材料、辅助材料、外购半成品（外购件）、修理用备件（备品备件）、包装材料、燃料等计划成本或实际成本
明细科目设置	按照材料的保管地点（仓库）、材料的类别、品种和规格等设置明细科目进行核算
T 形图	借方　原材料　贷方 借方：企业各种渠道取得原材料的实际成本或计划成本 贷方：企业出于生产领用等原因减少原材料的实际成本或计划成本 余额（借方）：反映企业库存原材料的实际成本或计划成本

财税笔记：

（1）原材料二级科目按保管地点、材料类别设置，如：原材料——五金仓、原材料——轻化仓；原材料——钢材类、原材料——毛坯类等。

（2）原材料三级科目按品种规格设置，如：原材料——五金仓——螺丝（ϕ10）、原材料——轻化仓——油漆（黄色）、原材料——毛坯类——XX 轴等。

很多小企业财务软件和进销存系统是独立的两个模块，在会计科目的设置时也只设置到二级科目，如上述（1）的设置。最后与进销存系统大类的金额核对无误即可。

2. 账务处理规范

实际工作中，采购原材料的账务处理大部分是按其实际成本计价。

（1）从供应商处采购原材料的账务处理

原材料的取得大部分是从供应商处采购，主要包括：企业购入并签收入库和已验收入库但尚未办理结算手续两种情况。

①企业购入并验收入库的原材料，按照实际成本、税法规定可抵扣的增值税进项税额，根据增值税发票、入库单等进行账务处理。

会计分录为：

借：原材料

　　应交税费

　贷：在途物资 / 应付账款等

②企业购入的材料已经到达并已验收入库，但在月末尚未办理结算手续的（通常指未开具发票，即货到票未到的情况），可根据对方开具的送货单、入库单的暂估价值进行账务处理，因暂估金额未涉及税法规定可抵扣的增值税进项税额，所以无须对税金进行核算；次月月初，根据入库单（红字）进行冲回。

会计分录为：

暂估入库时，

借：原材料

　贷：应付账款

次月，红冲暂估时，

借：原材料（红字）

　贷：应付账款（红字）

财税笔记：

理论上，月末暂估的，次月月初用红字作同样的会计分录予以冲回。但红冲后，“原材料”科目余额与未暂估前的金额是一样的，且与实际盘点金额不符合。所以我们在实际工作中，为保证账实相符，一般在收到发票账单等结算凭证进行“发票签收入库”经济业务的账务处理时，再对暂估的会计分录进行红冲。

（2）以其他方式取得原材料的账务处理

原材料的取得，还包括投资者的投入、自制并验收入库和委外加工三种情况。

①取得投资者投入的原材料，应当按照评估价值、税法规定可抵扣的增值税进项税额，根据入库单、评估表等进行账务处理。

会计分录为：

借：原材料

　　应交税费

　贷：实收资本 / 资本公积

②自制并已验收入库的材料，按照实际成本，根据成本核算表等进行账务处理。

会计分录为：

借：原材料

　贷：生产成本

③外单位加工完成并已验收入库的材料，按照加工收回材料的实际成本、税法规定可抵扣的增值税进项税额，根据对方开具的增值税发票进行账务处理。

会计分录为：

借：原材料

　贷：委托加工物资

3. 会计核算案例

此处以纳尔公司（一般纳税人）为例，对原材料采购业务进行会计核算。

【例 3–5】2023 年 6 月 26 日，向供应商邦远公司采购原材料已验收入库，收到的增值税专用发票不含税金额为 200,000 元，税金为 26,000 元。款项尚未支付。

（1）案例解读

纳尔公司为一般纳税人，收到的增值税专用发票的税额即进项税额是可以抵扣的。

（2）账务处理

材料验收入库时，使得该公司原材料增加，应交税费、预付账款减少。

材料签收入库时，会计分录为：

借：原材料　　200,000

　　应交税费——应交增值税（进项税额）　　26,000

　贷：预付账款——单位——邦远公司　　226,000

记账凭证如图 3–21 所示：

记　账　凭　证

2023年6月26日　　　　记第　　号

摘要	会计科目		借方金额	贷方金额	记账
	总账科目	明细科目			√
材料签收入库	原材料		200,000.00		
	应交税费	应交增值税（进项税额）	26,000.00		
	预付账款	单位——邦远公司		226,000.00	
合计	⊗贰拾贰万陆仟元整		¥226,000.00	¥226,000.00	

附单据2张

制单：白雨

图 3-21【例 3-5】记账凭证

（3）所附原始凭证

此业务所附原始凭证包括：增值税专用发票（如图 3-22 所示）、入库单（如图 3-23 所示）。

动态二维码　　4500133140　　**广西增值税专用发票**　　NO.00499777

4500133140
00499777

校验码 12345 12345 12345 12345　　　　开票日期 2023年6月10日

购货单位	名称：纳尔公司 纳税人识别号：91450521AAAAAAAAAA 地址、电话：广西合浦县廉州路666号 0779-72XXXXX 开户行及账号：中国农业银行XX分行20-7200010400XXXXX			密码区	-919<<>/45<20094<*-406+09<+ 8-85/4*8<7*923849+5*-/22/85 //929337321+67-8/<2288<<2++ 159*337-24>/56*8/43+6>-5040		
货物或应税劳务名称	规格型号	单位	数量	单价	金额	税率	税额
*黑色金属冶炼压延品*A材料		件	1000	100.00	100,000.00	13%	13,000.00
合　计					¥100,000.00		¥13,000.00
价税合计（大写）	⊗壹拾壹万叁仟元整				（小写）		¥113,000.00
销货单位	名称：邦远公司 纳税人识别号：91450521BBBBBBBBBB 地址、电话：合浦县某某路123号 0779-7288888 开户行及账号：中国建设银行XX分行450501657142XXXXXXXX			备注			

收款人：李响　　复核：赵丽　　开票人：赵丽　　销货单位（章）：

第二联：发票联　购货方记账凭证

图 3-22【例 3-2】增值税专用发票

入库单

供应商：　邦远公司　　　　日期：　2023年6月26日

品名	规格	单位	数量	单价	金额	备注
A材料		件	2,000	100.00	200,000.00	
合 计					200,000.00	

第二联 财务联

主管：庞博　　　　仓管：郭蝈　　　　采购：方圆

图 3-23【例 3-5】入库单

【例 3-6】2023 年 6 月 30 日，向供应商邦远公司采购原材料已验收入库，送货单注明的金额为 50,000 元，但未收到发票。款项尚未支付。

（1）案例解读

此业务属于货到票未到的情况，仓库应按送货单上金额进行确认签收，填写入库单。

（2）账务处理

在货到票未到的情况下，材料验收入库时，使得该公司原材料增加，应付账款增加。

财税笔记：

对于暂估入库的供应商挂账，一般设置“应付账款——暂估”会计科目，方便查询多少未开具发票的情况。当然，也可以按供应商名称设置三级明细科目，如：“应付账款——暂估——邦远公司”会计科目。

材料签收入库时，会计分录为：

借：原材料　　50,000

　贷：应付账款——暂估　　50,000

记账凭证如图 3-24 所示：

记　账　凭　证

2023年6月30日　　　　记第　　号

摘要	会计科目		借方金额	贷方金额	记账√
	总账科目	明细科目			
材料暂估入库	原材料		50,000.00		
	应付账款	暂估		50,000.00	
合计	⊗伍万元整		¥50,000.00	¥50,000.00	

附单据1张

制单：白雨

图 3-24【例 3-6】记账凭证

（3）所附原始凭证

此业务所附原始凭证包括：入库单（如图 3-25 所示）。

入库单

供应商：　邦远公司　　　　日期：　2023年6月30日

品名	规格	单位	数量	单价	金额	备注
A材料		件	500	100.00	50,000.00	
合　计					50,000.00	

第二联财务联

主管：庞博　　　　仓管：郭蝈　　　　采购：方圆

图 3-25【例 3-6】入库单

【例 3-7】2023 年 7 月 6 日，收到供应商邦远公司开来的增值税专用发票，不含税金额 50,000 元，税额 6,500 元。经签收核对，该发票为 6 月 30 日已入库未开具发票的。

（1）案例解读

此业务为货先到发票后到的情况，仓库管理员对发票签收前应对原暂估入库的单据进行红字冲销，再根据发票金额进行签收。

（2）账务处理

红冲暂估入库时，使得该公司原材料增加，应付账款增加；发票签收时，使得该公司原材料增加，应交税费、预付账款减少。

红冲暂估入库时，会计分录为：

借：原材料　　50,000

　贷：应付账款——暂估　　50,000

注：以上分录框起来的数据即表示负数。

记账凭证如图 3-26 所示（注：因本书非彩印，所以凭证中红字金额用负数表示）：

记　账　凭　证

2023年7月6日　　　　记第　　号

摘要	会计科目		借方金额	贷方金额	记账√
	总账科目	明细科目			
红冲暂估入库	原材料		-50,000.00		
	应付账款	暂估		-50,000.00	
合计	⊗负伍万元整		¥-50,000.00	¥-50,000.00	

附单据1张

制单：白雨

图 3-26【例 3-7】记账凭证 1

发票入库时，会计分录为：

借：原材料　　50,000

　　应交税费——应交增值税（进项税额）　　6,500

　贷：预付账款——单位——邦远公司　　56,500

记账凭证如图 3-27 所示：

记　账　凭　证

2023年7月6日　　　　记第　　号

摘要	会计科目		借方金额	贷方金额	记账√
	总账科目	明细科目			
材料签收入库	原材料		50,000.00		
	应交税费	应交增值税（进项税额）	6,500.00		
	预付账款	单位——邦远公司		56,500.00	
合计	⊗伍万陆仟伍佰元整		¥56,500.00	¥56,500.00	

附单据2张

制单：白雨

图 3-27【例 3-7】记账凭证 2

（3）所附原始凭证

此业务所附原始凭证包括：

①红冲暂估入库业务所附原始凭证包括：入库单（如图 3-28 所示）。

②发票签收入库业务的原始凭证包括：入库单、增值税发票。

入库单

供应商：　邦远公司　　　　日期：　2023年7月6日

品名	规格	单位	数量	单价	金额	备注
A材料		件	-500	100.00	-50,000.00	红冲6月30日暂估入库
合 计					-50,000.00	

第二联　财务联

主管：庞博　　　　仓管：郭蝈　　　　采购：方圆

图 3-28【例 3-7】入库单

（二）涉税处理

财务人员应正确核算原材料采购业务，按时对相关税费进行申报，避免税务风险。小企业原材料采购业务主要涉及增值税和企业所得税。

1. 增值税

纳税人分为一般纳税人以及小规模纳税人，只有一般纳税人才可以抵扣进项税额。

（1）抵扣凭证

符合抵扣条件的一般纳税人，只有取得符合抵扣条件的增值税扣税凭证才可以抵扣进项税额。目前增值税扣税凭证包括增值税专用发票（包括税控机动车销售统一发票），收费公路通行费增值税电子普通发票（征税发票），海关进口增值税专用缴款书，农产品收购发票，农产品销售发票，代扣代缴税款的完税凭证，道路、桥、闸通行费发票，纳税人购进国内旅客运输服务（包括增值税电子普通发票，注明旅客身份信息的航空运输电子客票行程单，注明旅客身份信息的铁路车票，注明旅客身份信息的公路、水路等其他客票）。

财税笔记：

增值税电子专用发票属于增值税专用发票，其法律效力、基本用途、基本使用规定等与增值税纸质专用发票相同。

纳税人自办理税务登记至认定或登记为一般纳税人期间，未取得生产经营收入，未按照销售额和征收率简易计算应纳税额申报缴纳增值税的，其在此期间取得的增值税扣税凭证，可以在认定或登记为一般纳税人后抵扣进项税额。

（2）发票审核

发票接收方可以通过国家税务总局全国增值税发票查验平台来查验发票的真伪。

国家税务总局全国增值税发票查验平台网址：https://inv-veri.chinatax.gov.cn/。

除此，还需要审核扣税凭证票面是否符合开具要求：

①税收分类编码简称是否正确。目前没有编码简称的项目名称是开具不成功的。

②发票专用章是否规范。数电发票等是采用电子签名代替发票专用章。

③备注栏是否符合规定。如：货物运输服务应在发票备注栏中填写起运地、到达地、车种车号以及运输货物信息。建筑服务应在发票的备注栏注明建筑服务发生地县（市、区）名称及项目名称。

④纳税人名称、税号等要素填写是否规范。索取发票时，一定要核对发票上的购

买方信息是否与营业执照上的企业名称和统一社会信用代码内容一致。

动态二维码

电子发票（增值税专用发票）

发票号码：

开票日期：

购买方信息	名称： 统一社会信用代码/纳税人识别号：	销售方信息	名称： 统一社会信用代码/纳税人识别号：

项目名称	规格型号	单位	数量	单价	金额	税率/征收率	税额
票面内容根据业务不同，格式不尽相同，包括但不限于项目名称、规格型号、单价、数量、税率、税额等							
合计							
价税合计（大写）					（小写）		
备注	取消发票密码区、发票代码、校验码、检验区、收款人、复核人、发票专用章						

开票人：开票人采用实名制　　　　此处没有章

《国家税务总局关于增值税发票综合服务平台等事项的公告》（国家税务总局公告2020年第1号）规定，纳税人通过增值税电子发票公共服务平台开具的增值税电子普通发票，属于税务机关监制的发票，采用电子签名代替发票专用章，其法律效力、基本用途、基本使用规定等与增值税普通发票相同。

对于原材料发票的审核，还需要看是否跟入库单相吻合。

（3）不能抵扣的情形

《财政部　税务总局关于全面推开营业税改征增值税试点的通知》（财税〔2016〕36号）附件一:《营业税改征增值税试点实施办法》《财政部 税务总局关于租入固定资产进项税额抵扣等增值税政策的通知》（财税〔2017〕90号）

下列项目的进项税额不得从销项税额中抵扣：

①用于简易计税方法计税项目、免征增值税项目、集体福利或者个人消费的购进货物、加工修理修配劳务、服务、无形资产和不动产。其中涉及的固定资产、无形资产、不动产，仅指专用于上述项目的固定资产、无形资产（不包括其他权益性无形资产）、不动产。纳税人的交际应酬消费属于个人消费。

自2018年1月1日起，纳税人租入固定资产、不动产，既用于一般计税方法计税项目，又用于简易计税方法计税项目、免征增值税项目、集体福利或者个人消费的，其进项税额准予从销项税额中全额抵扣。

②非正常损失的购进货物，以及相关的加工修理修配劳务和交通运输服务。

③非正常损失的在产品、产成品所耗用的购进货物（不包括固定资产）、加工修理修配劳务和交通运输服务。

④非正常损失的不动产，以及该不动产所耗用的购进货物、设计服务和建筑服务。

⑤非正常损失的不动产在建工程所耗用的购进货物、设计服务和建筑服务。纳税人新建、改建、扩建、修缮、装饰不动产，均属于不动产在建工程。

⑥购进的贷款服务、餐饮服务、居民日常服务和娱乐服务。

⑦财政部和国家税务总局规定的其他情形。

（4）抵扣期限及抵扣表格填写

增值税一般纳税人取得 2017 年 1 月 1 日及以后开具的增值税专用发票、海关进口增值税专用缴款书、机动车销售统一发票、收费公路通行费增值税电子普通发票，取消认证确认、稽核比对、申报抵扣的期限。一般纳税人在进行增值税纳税申报前，应当通过本省（自治区、直辖市和计划单列市）增值税发票综合服务平台对上述扣税凭证信息进行用途确认，即“勾选发票”。

①登录电子税务局：我要办税——税务数字账户（如图 3-29 所示）

图 3-29 登录电子税务局税务数字账户

②点击发票勾选确认、抵扣类勾选（如图 3-30、图 3-31 所示），查询后统计确认即可。

图 3-30 点击发票勾选确认

图 3-31 点击抵扣类勾选

一般纳税人只有在正确填写增值税纳税申报表附列资料（二）（如表 3-14 所示）后，才能对进项进行抵扣。

表 3-14 增值税纳税申报表附列资料（二）

增值税纳税申报表附列资料（二）

（本期进项税额明细）

税款所属时间：　　年　　月　　日至　　年　　月　　日

纳税人名称：（公章）　　　　　　　　　　　　　　金额单位：元（列至角分）

一、申报抵扣的进项税额				
项目	栏次	份数	金额	税额
（一）认证相符的增值税专用发票	1=2+3			
其中：本期认证相符且本期申报抵扣	2			
前期认证相符且本期申报抵扣	3			
（二）其他扣税凭证	4=5+6+7+8a+8b			
其中：海关进口增值税专用缴款书	5			
农产品收购发票或者销售发票	6			
代扣代缴税收缴款凭证	7		—	
加计扣除农产品进项税额	8a	—	—	
其他	8b			

续表

项目	栏次	份数	金额	税额
（三）本期用于购建不动产的扣税凭证	9			
（四）本期用于抵扣的旅客运输服务扣税凭证	10			
（五）外贸企业进项税额抵扣证明	11	—	—	
当期申报抵扣进项税额合计	12=1+4+11			
二、进项税额转出额				
项目	栏次	税额		
本期进项税额转出额	13=14 至 23 之和			
其中：免税项目用	14			
集体福利、个人消费	15			
非正常损失	16			
简易计税方法征税项目用	17			
免抵退税办法不得抵扣的进项税额	18			
纳税检查调减进项税额	19			
红字专用发票信息表注明的进项税额	20			
上期留抵税额抵减欠税	21			
上期留抵税额退税	22			
其他应作进项税额转出的情形	23			
三、待抵扣进项税额				
项目	栏次	份数	金额	税额
（一）认证相符的增值税专用发票	24	—	—	—
期初已认证相符但未申报抵扣	25			
本期认证相符且本期未申报抵扣	26			
期末已认证相符但未申报抵扣	27			
其中：按照税法规定不允许抵扣	28			
（二）其他扣税凭证	29=30 至 33 之和			
其中：海关进口增值税专用缴款书	30			
农产品收购发票或者销售发票	31			
代扣代缴税收缴款凭证	32		—	
其他	33			
	34			
四、其他				
本期认证相符的增值税专用发票	35			
代扣代缴税额	36	—	—	

2. 企业所得税

原材料采购业务应及时向供应商索取发票，即在企业所得税汇算清缴时税前扣除，即不用填写中华人民共和国企业所得税年度纳税申报表（A105000 纳税调整项目明细表）（如表 3-15 所示）。

（1）汇算清缴前未取得合规发票，相关的成本费用不能在所得税前扣除，需要调增该项成本费用。如果能在汇算清缴前取得有效成本费用凭证，正常做税前扣除处理就可，否则，不能扣除。最常见的就是跨年发票，如发票业务发生在2023年，2024年才取得的且在2024年才进行账务处理的发票，如查询确实是2023年的业务，且2023年已计入相关成本费用，是可以正常做税前扣除处理的。

《国家税务总局关于企业所得税若干问题的公告》（国家税务总局公告2011年第34号）中关于企业提供有效凭证时间问题提到，企业当年度实际发生的相关成本、费用，由于各种原因未能及时取得该成本、费用的有效凭证，企业在预缴季度所得税时，可暂按账面发生金额进行核算；但在汇算清缴时，应补充提供该成本、费用的有效凭证。

（2）无法取得成本费用有效凭证也能在所得税前扣除特殊情形

《国家税务总局关于发布〈企业所得税税前扣除凭证管理办法〉的公告》（国家税务总局公告2018年第28号）

第十四条　企业在补开、换开发票、其他外部凭证过程中，因对方注销、撤销、依法被吊销营业执照、被税务机关认定为非正常户等特殊原因无法补开、换开发票、其他外部凭证的，可凭以下资料证实支出真实性后，其支出允许税前扣除：

①无法补开、换开发票、其他外部凭证原因的证明资料（包括工商注销、机构撤销、列入非正常经营户、破产公告等证明资料）；

②相关业务活动的合同或者协议；

③采用非现金方式支付的付款凭证；

④货物运输的证明资料；

⑤货物入库、出库内部凭证；

⑥企业会计核算记录以及其他资料。

如果出于开票方已经注销、撤销、依法被吊销营业执照、被税务机关认定为非正常户等特殊原因无法再取得发票或有效凭证，企业必须把上述六项资料（前三项为必备资料）收集完备以证实支出真实性，相关的成本费用支出可在所得税前扣除，即不用进行调增处理，除税务机关要求写补充资料，否则上述资料归档备查即可。

（3）汇算清缴前无法取得成本费用有效票据（不属于特殊情形），汇算年度年报时，把需要调整所对应的成本税收金额及纳税调整金额，填写在中华人民共和国企业所得税年度纳税申报表（A105000纳税调整项目明细表）（如表3–15所示）第30行“（十七）其他”。

表 3-15 纳税调整项目明细表

A105000

纳税调整项目明细表

行次	项目	账载金额	税收金额	调增金额	调减金额
		1	2	3	4
1	一、收入类调整项目（2+3+…+8+10+11）	*	*		
2	（一）视同销售收入（填写 A105010）	*			*
3	（二）未按权责发生制原则确认的收入（填写 A105020）				
4	（三）投资收益（填写 A105030）				
5	（四）按权益法核算长期股权投资对初始投资成本调整确认收益	*	*	*	
6	（五）交易性金融资产初始投资调整	*	*		*
7	（六）公允价值变动净损益		*		
8	（七）不征税收入	*	*		
9	其中：专项用途财政性资金（填写 A105040）	*	*		
10	（八）销售折扣、折让和退回				
11	（九）其他				
12	二、扣除类调整项目（13+14+…+24+26+27+28+29+30）	*	*		
13	（一）视同销售成本（填写 A105010）	*		*	
14	（二）职工薪酬（填写 A105050）				
15	（三）业务招待费支出				*
16	（四）广告费和业务宣传费支出（填写 A105060）	*	*		
17	（五）捐赠支出（填写 A105070）				
18	（六）利息支出				
19	（七）罚金、罚款和被没收财物的损失		*		*
20	（八）税收滞纳金、加收利息		*		*
21	（九）赞助支出		*		*
22	（十）与未实现融资收益相关在当期确认的财务费用				
23	（十一）佣金和手续费支出				*
24	（十二）不征税收入用于支出所形成的费用	*	*		*
25	其中：专项用途财政性资金用于支出所形成的费用（填写 A105040）	*	*		*
26	（十三）跨期扣除项目				
27	（十四）与取得收入无关的支出		*		*
28	（十五）境外所得分摊的共同支出	*	*		*
29	（十六）党组织工作经费				
30	（十七）其他				
31	三、资产类调整项目（32+33+34+35）	*	*		
32	（一）资产折旧、摊销（填写 A105080）				
33	（二）资产减值准备金		*		
34	（三）资产损失（填写 A105090）				
35	（四）其他				
36	四、特殊事项调整项目（37+38+…+42）	*	*		
37	（一）企业重组及递延纳税事项（填写 A105100）				
38	（二）政策性搬迁（填写 A105110）	*	*		
39	（三）特殊行业准备金（填写 A105120）				

续表

行次	项目	账载金额	税收金额	调增金额	调减金额
		1	2	3	4
40	（四）房地产开发企业特定业务计算的纳税调整额（填写A105010）	*			
41	（五）有限合伙企业法人合伙方应分得的应纳税所得额				
42	（六）其他	*	*		
43	五、特别纳税调整应税所得	*	*		
44	六、其他	*	*		
45	合计（1+12+31+36+43+44）	*	*		

所以采购方应积极向供应商索取发票，以避免不必要的损失。

3. 涉税处理案例

此处以纳尔公司为例，对原材料的采购业务进行涉税处理。

【例 3-8】2023 年 7 月 3 日，纳尔公司对 2023 年 6 月的增值税进行申报。其中：勾选认证相符的增值税专用发票 20 份，金额 200,000 元，税额 26,000 元。

（1）案例解读

纳尔公司在 7 月 17 日（申报截止日）前登录广西电子税务局进行发票勾选的确认。

对于所有勾选认证相符的都应在增值税纳税申报表附列资料（二）中“申报抵扣的进项税额”相关栏次中填列，对于不能抵扣的再在“进项税额转出额”相关栏次中列示（见“三、成品采购”）。

（2）申报表填写

此案例需要填写增值税纳税申报表附列资料（二）（如表 3-16 所示）。

表 3-16【例 3-8】增值税纳税申报表附列资料（二）

增值税纳税申报表附列资料（二）

（本期进项税额明细）

税款所属时间：2023 年 6 月 1 日至 2023 年 6 月 30 日

纳税人名称：（公章） 纳尔公司 金额单位：元（列至角分）

一、申报抵扣的进项税额				
项目	栏次	份数	金额	税额
（一）认证相符的增值税专用发票	1=2+3	20	200,000	26,000
其中：本期认证相符且本期申报抵扣	2	20	200,000	26,000
前期认证相符且本期申报抵扣	3			
（二）其他扣税凭证	4=5+6+7+8a+8b			
其中：海关进口增值税专用缴款书	5			
农产品收购发票或者销售发票	6			
代扣代缴税收缴款凭证	7		—	
加计扣除农产品进项税额	8a	—	—	

续表

一、申报抵扣的进项税额				
其他	8b			
（三）本期用于购建不动产的扣税凭证	9			
（四）本期用于抵扣的旅客运输服务扣税凭证	10			
（五）外贸企业进项税额抵扣证明	11	—	—	
当期申报抵扣进项税额合计	12=1+4+11			26,000
二、进项税额转出额				
项目	栏次	税额		
本期进项税额转出额	13=14 至 23 之和			
其中：免税项目用	14			
集体福利、个人消费	15			
非正常损失	16			
简易计税方法征税项目用	17			
免抵退税办法不得抵扣的进项税额	18			
纳税检查调减进项税额	19			
红字专用发票信息表注明的进项税额	20			
上期留抵税额抵减欠税	21			
上期留抵税额退税	22			
其他应作进项税额转出的情形	23			
三、待抵扣进项税额				
项目	栏次	份数	金额	税额
（一）认证相符的增值税专用发票	24	—	—	—
期初已认证相符但未申报抵扣	25			
本期认证相符且本期未申报抵扣	26			
期末已认证相符但未申报抵扣	27			
其中：按照税法规定不允许抵扣	28			
（二）其他扣税凭证	29=30 至 33 之和			
其中：海关进口增值税专用缴款书	30			
农产品收购发票或者销售发票	31			
代扣代缴税收缴款凭证	32		—	
其他	33			
	34			
四、其他				
项目	栏次	份数	金额	税额
本期认证相符的增值税专用发票	35	20	200,000	26,000
代扣代缴税额	36	—	—	

三、成品采购

需要采购成品的企业，财务人员应根据采购部门提供的付款申请单等进行货款的支付，审核监督来料签收、发票管理、仓库盘点等业务，并对每笔采购原材料的经济业务进行记录，保证账实核对。

（一）会计核算

财务人员应了解小企业成本采购环节的经济业务和财务流程，并按《小企业会计准则》要求设置会计科目和进行账务核算。

1. 会计科目设置

小企业成品的采购业务需设置涉及“库存商品”等会计科目。如表 3–17 所示。

表 3–17 成品采购业务涉及的会计科目

<table>
<tr><th>会计科目</th><th>库存商品</th></tr>
<tr><td>核算内容</td><td>核算小企业库存的各种商品的实际成本（或进价）或计划成本（或售价），包括库存产成品、外购商品、存放在门市部准备出售的商品、发出展览的商品以及寄存在外的商品等</td></tr>
<tr><td>明细科目设置</td><td>按照库存商品的种类、品种和规格设置明细科目进行核算</td></tr>
<tr><td>T 形图</td><td><table><tr><th>借方</th><th>库存商品　　贷方</th></tr><tr><td>登记生产进仓的待售产品</td><td>登记销售或出于其他原因而减少商品</td></tr><tr><td>反映各种库存商品的实际成本或计划成本</td><td></td></tr></table></td></tr>
</table>

2. 账务处理规范

采购成品按其实际成本计价与原材料的账务处理规范是一样的。成品的采购还有一种计价方法——售价金额法。

（1）售价金额法介绍

售价金额法是指平时商品的购入、加工收回、销售均按售价记账，售价与进价的差额通过“商品进销差价”科目核算，期末计算进销差价率和本期已销售商品应分摊的进销差价，并据以调整本期销售成本的一种方法。

（2）售价金额法的账务处理

购入商品验收入库后，按照商品的实际成本或售价、税法规定可抵扣的增值税进项税额，根据发票、入库单等进行账务处理。

会计分录为：

①购入商品时，

借：商品采购（商品的实际成本）

　　应交税费

　贷：银行存款等

②以销售价格入库

借：库存商品（商品的售价）
　　贷：商品采购（商品的实际成本）
　　　　商品进销差价（进销差额）

3. 会计核算案例

此处以纳尼公司（小规模纳税人）为例，对成品采购业务进行会计核算。

【例 3-9】2023 年 6 月 30 日，向供应商威乐公司采购商品已验收入库，收到电子发票（普通发票）金额20,000元，税金为200元，价税合计20,200元。款项尚未支付。（实际成本法）

（1）案例解读

纳尼公司为小规模纳税人，即使收到增值税专用发票也是不能抵扣进项税的，所以此案例以价税合计 20,200 元计入产品成本。

（2）账务处理

材料验收入库时，使得该公司库存商品增加、应付账款减少。

会计分录：

借：库存商品　　20,200
　　贷：应付账款——单位——威乐公司　　20,200

记账凭证如图 3-32 所示：

记　　账　　凭　　证

2023年6月30日　　　　记第　　号

摘要	会计科目		借方金额	贷方金额	记账√
	总账科目	明细科目			
材料签收入库	原材料		20,200.00		
	应付账款	单位——威乐公司		20,200.00	
合计	⊗贰万零贰佰元整		¥20,200.00	¥20,200.00	

附单据2张

制单：白雨

图 3-32【例 3-9】记账凭证

（3）所附原始凭证

此业务所附原始凭证包括：电子发票（普通发票）（如图 3-33 所示）、入库单（如图 3-34 所示）。

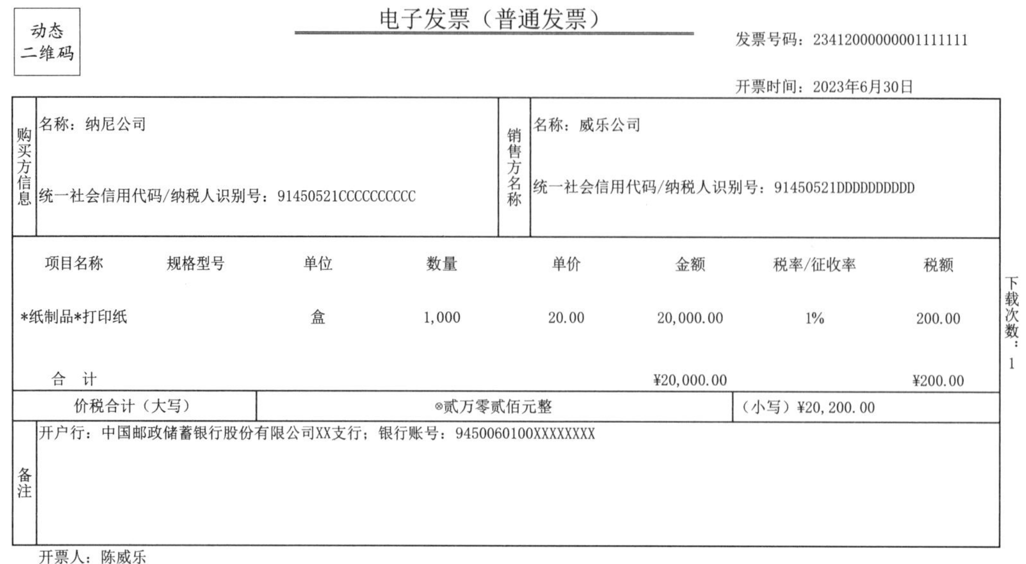

动态二维码

电子发票（普通发票）

发票号码：23412000000001111111

开票时间：2023年6月30日

购买方信息	名称：纳尼公司 统一社会信用代码/纳税人识别号：91450521CCCCCCCCCC	销售方名称	名称：威乐公司 统一社会信用代码/纳税人识别号：91450521DDDDDDDDDD

项目名称	规格型号	单位	数量	单价	金额	税率/征收率	税额
*纸制品*打印纸		盒	1,000	20.00	20,000.00	1%	200.00
合 计					¥20,000.00		¥200.00
价税合计（大写）	⊗贰万零贰佰元整				（小写）¥20,200.00		
备注	开户行：中国邮政储蓄银行股份有限公司XX支行；银行账号：9450060100XXXXXXXX						

下载次数：1

开票人：陈威乐

图 3-33【例 3-9】电子发票（普通发票）

入 库 单

供应商：　威乐公司　　　　日期：　2023年6月30日

品名	规格	单位	数量	单价	金额	备注
打印纸		盒	1,000	20.20	20,200.00	
合 计					20,200.00	

第二联 财务联

主管：庞博　　　　仓管：郭蝈　　　　采购：方圆

图 3-34【例 3-9】入库单

【例 3-10】2023 年 6 月 30 日，向供应商威乐公司采购商品已验收入库，收到电子发票（普通发票）金额 20,000 元，税金为 200 元，价税合计 20,200 元。款项尚未支付。该产品售价为 40,000 元。（销售金额法）

（1）案例解读

纳乐公司为小规模纳税人，即使收到增值税专用发票也是不能抵扣进项税的，所以此案例以价税合计 20,200 元计入产品成本。

（2）账务处理

①购入商品时，使得该公司商品采购增加、应付账款减少。

会计分录：

借：商品采购　　20,200（按商品的实际成本）

　贷：应付账款——单位——威乐公司　　20,200

②以销售价格入库，使得该公司库存商品增加、商品采购和商品进销差价减少。

会计分录：

借：库存商品　　40,000（按商品的售价）

　贷：商品采购　　20,200（按商品的实际成本）

　　　商品进销差价　　19,800

记账凭证如图 3-35 所示：

记　账　凭　证

2023年6月30日　　　　记第　　号

摘要	会计科目		借方金额	贷方金额	记账 √
	总账科目	明细科目			
购入商品	商品采购		20,200.00		
	应付账款	单位——威乐公司		20,200.00	
合计	⊗贰万零贰佰元整		¥20,200.00	¥20,200.00	

附单据2张

制单：白雨

记　账　凭　证

2023年6月30日　　　　记第　　号

摘要	会计科目		借方金额	贷方金额	记账 √
	总账科目	明细科目			
入库	库存商品		40,000.00		
	商品采购			20,200.00	
	商品进销差价			19,800.00	
合计	⊗肆万元整		¥40,000.00	¥40,000.00	

附单据　张

制单：白雨

图 3-35【例 3-10】记账凭证

（3）所附原始凭证

此业务所附原始凭证包括：电子发票（普通发票）（如图 3–36 所示）、入库单等。

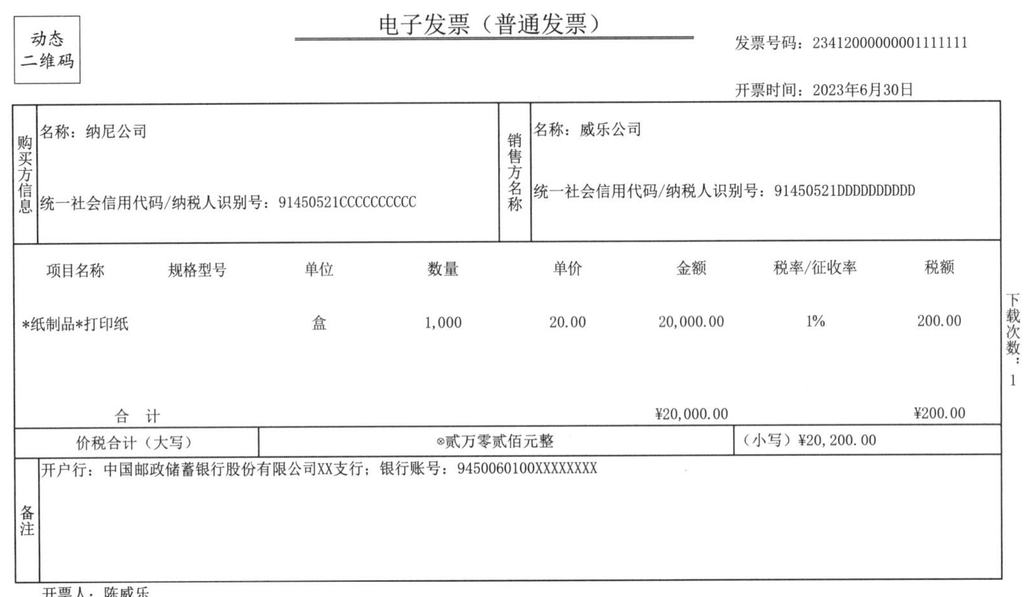

动态二维码

电子发票（普通发票）

发票号码：23412000000001111111

开票时间：2023年6月30日

购买方信息	名称：纳尼公司 统一社会信用代码/纳税人识别号：91450521CCCCCCCCCC	销售方名称	名称：威乐公司 统一社会信用代码/纳税人识别号：91450521DDDDDDDDDD

项目名称	规格型号	单位	数量	单价	金额	税率/征收率	税额
*纸制品*打印纸		盒	1,000	20.00	20,000.00	1%	200.00
合 计					¥20,000.00		¥200.00
价税合计（大写）	⊗贰万零贰佰元整				（小写）¥20, 200. 00		
备注	开户行：中国邮政储蓄银行股份有限公司XX支行；银行账号：9450060100XXXXXXXX						

下载次数：1

开票人：陈威乐

图 3–36【例 3–10】电子发票（普通发票）

（二）涉税处理

财务人员应正确核算成品采购业务，按时对相关税费进行申报，避免税务风险。小企业成品的采购业务和原材料采购业务的涉税处理是一样的。

1. 增值税

小企业采购退货的业务，如果是一般纳税人，采购收到的增值税专用发票已经抵扣，那么就要进行增值税进项转出处理。

（1）什么是进项转出

进项税额转出是将那些按税法规定不能抵扣，但购进时已作抵扣的进项税额如数转出。

（2）进项转出的情形

进项转出的情形有：

①购入材料货物或应税劳务用于与增值税生产经营无关的；

②用于简易计税方法计税项目、免征增值税项目；

③用于集体福利和个人消费的购进货物、加工修理修配劳务、服务、无形资产和不动产；

④发生非正常损失的购进货物、在产品、产成品、不动产、不动产在建工程；

⑤购进的贷款服务、餐饮服务、居民日常服务和娱乐服务；

⑥异常增值税扣税凭证；

⑦财政部和国家税务总局规定的其他情形。

（3）进项税额转出的计算方法：

①按原抵扣的进项税额转出

按原抵扣的进项税额转出分为以票抵税和计算抵税两种计算方法，如表3-18所示。

表3-18 按原抵扣的进项税额转出的计算方法

方法	计算公式	注意事项
以票抵税	采购成本×税率	
计算抵税	纳税人购进用于生产销售或委托加工13%税率货物的农产品、按农产品采购成本÷[1-10%（或9%）]×10%（或9%）计算	若农产品领用之前就发生进项税额转出，不考虑加扣1%问题

②按当期实际成本计算应扣减的进项税额（无法准确确定该进项税额的）

进项税额转出数额 = 当期实际成本 × 税率

③利用公式计算进项税额转出

利用公式计算进项税额转出也分为两种计算方法，如表3-19所示。

表3-19 利用公式计算进项税额转出的计算方法

方法	计算公式
一般纳税人兼营简易计税项目、免征增值税项目而无法划分不得抵扣的进项税额	不得抵扣的进项税额=当期无法划分的全部进项税额×（当期简易计税项目销售额+免税项目销售额）÷当期全部销售额
已抵扣进项税额的不动产，发生非正常损失或改变用途的（用于简易计税项目、免税项目、集体福利和个人消费）不得抵扣进项税额	不得抵扣进项税额=已抵扣进项税额×不动产净值率

一般纳税人对于退货的进项转出需要填写增值税纳税申报表附列资料（二）（如表3-20所示）中第20栏次“红字专用发票信息表注明的进项税额”。

表 3-20 增值税纳税申报表附列资料（二）

增值税纳税申报表附列资料（二）
（本期进项税额明细）

税款所属时间：　年　月　日至　年　月　日

纳税人名称：（公章）　　　　金额单位：元（列至角分）

一、申报抵扣的进项税额				
项目	栏次	份数	金额	税额
（一）认证相符的增值税专用发票	1=2+3			
其中：本期认证相符且本期申报抵扣	2			
前期认证相符且本期申报抵扣	3			
（二）其他扣税凭证	4=5+6+7+8a+8b			
其中：海关进口增值税专用缴款书	5			
农产品收购发票或者销售发票	6			
代扣代缴税收缴款凭证	7		—	
加计扣除农产品进项税额	8a	—	—	
其他	8b			
（三）本期用于购建不动产的扣税凭证	9			
（四）本期用于抵扣的旅客运输服务扣税凭证	10			
（五）外贸企业进项税额抵扣证明	11	—	—	
当期申报抵扣进项税额合计	12=1+4+11			
二、进项税额转出额				
项目	栏次	税额		
本期进项税额转出额	13=14 至 23 之和			
其中：免税项目用	14			
集体福利、个人消费	15			
非正常损失	16			
简易计税方法征税项目用	17			
免抵退税办法不得抵扣的进项税额	18			
纳税检查调减进项税额	19			
红字专用发票信息表注明的进项税额	20			
上期留抵税额抵减欠税	21			
上期留抵税额退税	22			
异常凭证转出进项税额	23a			
其他应作进项税额转出的情形	23b			
三、待抵扣进项税额				
项目	栏次	份数	金额	税额
（一）认证相符的增值税专用发票	24	—	—	—
期初已认证相符但未申报抵扣	25			
本期认证相符且本期未申报抵扣	26			
期末已认证相符但未申报抵扣	27			
其中：按照税法规定不允许抵扣	28			
（二）其他扣税凭证	29=30 至 33 之和			
其中：海关进口增值税专用缴款书	30			
农产品收购发票或者销售发票	31			
代扣代缴税收缴款凭证	32		—	
其他	33			
	34			
四、其他				
项目	栏次	份数	金额	税额
本期认证相符的增值税专用发票	35			
代扣代缴税额	36	—	—	

2. 企业所得税

企业原材料没有取得正规发票（不单指上述可以抵扣的增值税专用发票），是无法在企业所得税汇算清缴时进行扣除的，即税法上需要调整所对应的成本。

那么如果是发票开具延后，税法上是否需要调整对应的成本呢?

这是一种常见现象，企业在经营过程中，经常会存在当月收到供应商原材料，但以后月份结算货款时，供应商才开具发票的情况。这种情况如果发生在同一年度，则企业所得税不受影响，如果原材料在年底暂估入库，该原材料经生产加工后在本年度销售并确认收入，根据配比原则，企业会根据原材料暂估金额进行产品成本的核算，进而结转销售成本，但该原材料的发票在本年度没有收到，在企业所得税汇算清缴时，根据《国家税务总局关于企业所得税若干问题的公告》（国家税务总局公告 2011 年第 34 号）、《企业所得税税前扣除凭证管理办法》（国家税务总局公告 2018 年第 28 号）规定，符合下列情况的，可以不用进行企业所得税汇算调整。

（1）企业当年度实际发生的相关成本、费用，由于各种原因未能及时取得该成本、费用的有效凭证，企业在预缴季度所得税时，可暂按账面发生金额进行核算；但在汇算清缴时，需补充提供该成本、费用的有效凭证。

（2）企业应在当年年度企业所得税法规定的汇算清缴期结束前取得税前扣除凭证。

（3）发生年度未取得发票的相应支出可以在取得发票时追补至发生年度税前扣除，但追补年限不得超过 5 年。例如，2023 年计入损益类成本费用的发票在 2024 年汇算清缴截止日（2024 年 5 月 31 日）前未取得发票，那么在 2024 年填写的 2023 年企业所得税年度纳税申报表不得税前扣除，即进行调增处理。在 2025 年取得发票，即可以在 2026 年填写的 2025 年企业所得税年度纳税申报表进行税前扣除（实际操作中也有返回修改 2024 年填报的 2023 年企业所得税年度纳税申报表）。

所以采购方应积极向供应商索取发票，以避免不必要的损失。

3. 涉税处理案例

此处以纳尼公司为例，对原材料的采购成品业务进行涉税处理。

【例 3-11】2023 年 6 月 30 日，纳尼公司办公室领用仓库的成品（打印纸）10 盒，20 元 / 盒，收到供应商威乐公司开具的税率为 1% 的增值税专用发票（如图 3-37 所示）。

动态二维码

电子发票（增值税专用发票）

发票号码：23412000000001111111

开票时间：2023年6月30日

购买方信息	名称：纳尼公司 统一社会信用代码/纳税人识别号：91450521CCCCCCCCCC			销售方名称	名称：威乐公司 统一社会信用代码/纳税人识别号：91450521DDDDDDDDDD		
项目名称	规格型号	单位	数量	单价	金额	税率/征收率	税额
*纸制品*打印纸		盒	1,000	20.00	20,000.00	1%	200.00
合　计					¥20,000.00		¥200.00
价税合计（大写）	⊗贰万零贰佰元整				（小写）¥20,200.00		
备注	开户行：中国邮政储蓄银行股份有限公司XX支行；银行账号：9450060100XXXXXXXX						

下载次数：1

开票人：陈威乐

图 3-37【例 3-11】增值税发票

（1）案例解读

纳尼公司在 7 月 17 日（申报截止日）前登录电子税务局进行勾选确认，并对所领用的成品进行进项转出处理。

进项转出金额＝领用数量 × 单价 ÷（1＋1%）× 1%=10 × 20 ÷（1＋1%）× 1% ≈ 1.98（元）

（2）申报表填写

此案例需要填写增值税纳税申报表附列资料（二）（如表 3-21 所示）。

表 3-21【例 3-11】增值税纳税申报表附列资料（二）

增值税纳税申报表附列资料（二）
（本期进项税额明细）

税款所属时间：2023 年　6　月　1 日至　2023　年　6　月　30　日

纳税人名称：（公章）纳尼公司

金额单位：元(列至角分)

一、申报抵扣的进项税额				
项目	栏次	份数	金额	税额
（一）认证相符的增值税专用发票	1=2+3			
其中：本期认证相符且本期申报抵扣	2			
前期认证相符且本期申报抵扣	3			
（二）其他扣税凭证	4=5+6+7+8a+8b			
其中：海关进口增值税专用缴款书	5			
农产品收购发票或者销售发票	6			
代扣代缴税收缴款凭证	7		—	
加计扣除农产品进项税额	8a	—	—	
其他	8b			
（三）本期用于购建不动产的扣税凭证	9			
（四）本期用于抵扣的旅客运输服务扣税凭证	10			
（五）外贸企业进项税额抵扣证明	11	—	—	
当期申报抵扣进项税额合计	12=1+4+11			

二、进项税额转出额		
项目	栏次	税额
本期进项税额转出额	13=14 至 23 之和	1.98
其中：免税项目用	14	
集体福利、个人消费	15	
非正常损失	16	
简易计税方法征税项目用	17	
免抵退税办法不得抵扣的进项税额	18	
纳税检查调减进项税额	19	
红字专用发票信息表注明的进项税额	20	
上期留抵税额抵减欠税	21	
上期留抵税额退税	22	
异常凭证转出进项税额	23a	
其他应作进项税额转出的情形	23b	1.98

三、待抵扣进项税额				
项目	栏次	份数	金额	税额
（一）认证相符的增值税专用发票	24	—	—	—
期初已认证相符但未申报抵扣	25			
本期认证相符且本期未申报抵扣	26			
期末已认证相符但未申报抵扣	27			
其中：按照税法规定不允许抵扣	28			
（二）其他扣税凭证	29=30 至 33 之和			
其中：海关进口增值税专用缴款书	30			
农产品收购发票或者销售发票	31			
代扣代缴税收缴款凭证	32		—	
其他	33			
	34			

四、其他				
项目	栏次	份数	金额	税额
本期认证相符的增值税专用发票	35			
代扣代缴税额	36	—	—	

财税笔记：

如果此案例中的发票开具时间为 2024 年（跨年），进项转出金额和申报表填列方法是一样的。

第四章　生产环节财税处理

小企业的生产环节大体包括制造企业的自产环节、受托加工环节和非制造企业的委托加工环节。通过本章的学习，读者会对小企业自产环节、受托加工、委托加工三个生产环节业务的财税处理有所了解。

一、自产环节

小企业的自产环节主要包括材料、人工和费用的归集和分配。财务人员应根据领料单、工资表和报销支付凭证对小企业自产环节的成本进行核算和监督，清晰记录每笔生产成本相关的经济业务，以使账实相符。

（一）会计核算

财务人员应了解小企业自产环节的经济业务和财务流程，并按《小企业会计准则》要求设置会计科目和进行账务核算。

1. 会计科目设置

小企业自产环节业务涉及“生产成本”“原材料”“库存商品”“制造费用”“应付职工薪酬”等会计科目。如表 4-1 所示。

表 4-1 生产环节业务涉及的会计科目

会计科目	生产成本	制造费用
核算内容	核算小企业进行工业性生产，发生的各种产成品、半成品、自制材料、自制工具和自制设备等生产费用	核算小企业生产车间为生产产品和提供劳务而发生的各项间接费用
明细科目设置	按照基本生产成本、辅助生产成本设置明细科目进行核算	按照不同的车间、部门和费用项目设置明细科目进行核算
T 形图	借方　生产成本　贷方 借方：小企业发生的生产成本和应负担的制造费用 贷方：小企业验收入库的产成品和自制的半成品的材料成本 借方余额：小企业尚未加工完成的在产品成本	借方　制造费用　贷方 借方：小企业车间在组织生产过程中发生的各项间接费用 贷方：小企业会计期间按受益对象分配转出的制造费用 注：一般无余额，但是企业发生季节性停产或临时停产时，可能会发生借方余额。

财税笔记：

（1）企业对外提供劳务发生的成本，可将本科目改为“4001 劳务成本”科目，或单独设置“4002 劳务成本”科目进行核算。

（2）明细科目的设置

①材料的归集与核算，可以设置科目为：生产成本——基本生产成本——直接材料，生产成本——辅助生产成本——直接材料，生产成本——一车间——直接材料，生产成本——二车间——直接材料。

②人工的归集与核算，可以设置科目为：生产成本——基本生产成本——直接人工，生产成本——辅助生产成本——直接人工，生产成本——一车间——直接人工，生产成本——二车间——直接人工。

③费用的归集与核算，可以设置科目为：生产成本——基本生产成本——制造费用，生产成本——辅助生产成本——制造费用，生产成本——一车间——制造费用，生产成本——二车间——制造费用。

2. 账务处理规范

（1）归集生产成本的账务处理

①小企业发生的各项直接生产成本（材料和人工），应根据原材料领材料汇总表、工资表等进行账务处理。

会计分录为：

借：生产成本

　贷：原材料 / 应付职工薪酬

②小企业发生的各项间接生产成本（制造费用），应根据发票、费用报销单等进行账务处理。

会计分录为：

借：制造费用

　贷：库存现金等

财税笔记：

车间工人的工资在“生产成本”会计科目中归集，车间管理人员的工资应在“制造费用”会计科目中归集。

（2）分配生产成本的账务处理

小企业结转各生产车间应负担的制造费用，即把“制造费用”会计科目的余额结平。

会计分录为：

借：生产成本

　贷：制造费用

（3）结转生产成本的账务处理

小企业已经生产完成并已验收入库的产成品以及入库的自制半成品，根据入库单、产成品结转表等进行账务处理。

会计分录为：

借：库存商品

　贷：生产成本

3. 会计核算案例

此处以纳西公司为例，对自产环节业务进行会计核算。

【例 4–1】2023 年 7 月 31 日，汇总 7 月车间领用原材料 100,000 元，生产车间工人工资 80,000 元，生产车间管理人员工资 30,000 元，银行存款支付劳保费用 5,000 元、水电费 10,000 元。结转制造费用 35,000 元。完工入库产成品 225,000 元。

（1）案例解读

生产环节的核算工作一般在月末汇总，根据原材料汇总表、工资计提表等进行领用原材料及车间工资的核算，劳保费用及水电费即按报销日期作账务处理。

（2）账务处理

①领用原材料，结转车间人工工资、水电费经济业务，使得该公司的生产成本、应付职工薪酬增加，原材料、银行存款减少。

会计分录：

借：生产成本——直接材料　　100,000

生产成本——直接人工　　80,000

生产成本——燃料动力　　10,000

贷：原材料　　100,000

应付职工薪酬　　80,000

银行存款　　10,000

②结转车间管理人员工资、劳保费用经济业务，使得该公司的制造费用、应付职工薪酬增加，银行存款减少。

会计分录：

借：制造费用——工资　　30,000

制造费用——劳保费用　　5,000

贷：应付职工薪酬　　30,000

银行存款　　5,000

③结转制造费用经济业务，使得该公司生产成本增加，制造费用减少。

会计分录：

借：生产成本——制造费用　　35,000

贷：制造费用——工资　　30,000

制造费用——劳保费用　　5,000

④完工产品入库经济业务，使得该公司库存商品增加，生产成本减少。

会计分录：

借：库存商品　　225,000

贷：生产成本——直接材料　　100,000

生产成本——直接人工　　80,000

生产成本——燃料动力　　10,000

生产成本——制造费用　　35,000

记账凭证如图 4–1 至图 4–4 所示：

记　账　凭　证

2023年7月31日　　　　记第　　号

摘要	会计科目		借方金额	贷方金额	记账√
	总账科目	明细科目			
汇总生产成本	生产成本	直接材料	100,000.00		
	生产成本	直接人工	80,000.00		
	生产成本	燃料动力	10,000.00		
	原材料			100,000.00	
	应付职工薪酬			80,000.00	
	银行存款			10,000.00	
合计	⊗壹拾玖万元整		¥190,000.00	¥190,000.00	

附单据3张

制单：白雨

图 4-1【例 4-1】记账凭证

记　账　凭　证

2023年7月31日　　　　记第　　号

摘要	会计科目		借方金额	贷方金额	记账√
	总账科目	明细科目			
汇总制造费用	制造费用	工资	30,000.00		
	制造费用	劳保	5,000.00		
	应付职工薪酬			30,000.00	
	银行存款			5,000.00	
合计	⊗叁万伍仟元整		¥35,000.00	¥35,000.00	

附单据2张

制单：白雨

图 4-2【例 4-1】记账凭证

记　账　凭　证

2023年7月31日　　　　记第　　号

摘要	会计科目		借方金额	贷方金额	记账√
	总账科目	明细科目			
结转制造费用	生产成本	制造费用	35,000.00		
	制造费用	工资		30,000.00	
	制造费用	劳保		5,000.00	
合计	⊗叁万伍仟元整		¥35,000.00	¥35,000.00	

附单据1张

制单：白雨

图 4-3【例 4-1】记账凭证

记　账　凭　证

2023年7月31日　　　　记第　　号

摘要	会计科目		借方金额	贷方金额	记账√
	总账科目	明细科目			
完工产品入库	库存商品		225,000.00		
	生产成本	直接材料		100,000.00	
	生产成本	直接人工		80,000.00	
	生产成本	燃料动力		10,000.00	
	生产成本	制造费用		35,000.00	
合计	⊗贰拾贰万伍仟元整		¥225,000.00	¥225,000.00	

附单据1张

制单：白雨

图 4-4【例 4-1】记账凭证

（3）所附原始凭证

此业务所附原始凭证包括：原材料领用汇总表（如表 4-2 所示）、工资计提表（车间工人部分）（如表 4-3 所示）、增值税发票、制造费用结转表（如表 4-4 所示）、产成品结转表（如表 4-5 所示）、银行回单。

表 4-2【例 4-1】原材料领用汇总表

原材料领用汇总表（2023 年 7 月）

领用部门	原材料名称	规格型号	数量	单价	金额	备注
一车间	A材料	AAA	600	100.00	60,000.00	
二车间	B材料	BBB	400	100.00	40,000.00	
合计					100,000.00	

表 4-3【例 4-1】工资计提表（车间工人部分）

工资计提表（2023 年 7 月）

部门	出勤天数/工时	基本工资	岗位津贴	计件工资	加班工资	其他	应发工资	备注
一车间		5,000	2,000	10,000	3,000		20,000.00	
二车间		12,000	8,000	35,000	5,000		60,000.00	
合计							80,000.00	

表 4-4【例 4-1】制造费用结转表

制造费用结转表（2023 年 7 月）

费用名称	结转金额
工资	30,000.00
劳保费用	5,000.00
合计	35,000.00

表 4-5【例 4-1】产成品结转表

产成品结转表（2023 年 7 月）

产成品名称	分配比率	直接材料	直接人工	燃料动力	制造费用	合计金额	数量	成本单价
A产品	0.3	30,000.00	24,000.00	3,000.00	10,500.00	67,500.00	100	675.00
B产品	0.7	70,000.00	56,000.00	7,000.00	24,500.00	157,500.00	200	787.50
合计		100,000.00	80,000.00	10,000.00	35,000.00	225,000.00	300	

（二）涉税处理

财务人员应正确核算生产环节业务，按时对相关税费进行申报，避免税务风险。小企业生产环节业务主要涉及增值税和企业所得税。

1. 增值税

一般来说，对按照规定用途购买和使用的劳动保护用品，可以开具增值税专用发票，申报抵扣增值税进项税额。但企业以“劳动保护”名义而发放的各种实物，则属于“集体福利”范围，相应其进项税不得从销项税额中抵扣。

《中华人民共和国增值税暂行条例》（国务院令第 691 号）

第十条　下列项目的进项税额不得从销项税额中抵扣：

（一）用于简易计税方法计税项目、免征增值税项目、集体福利或者个人消费的购进货物、劳务、服务、无形资产和不动产；

（二）非正常损失的购进货物，以及相关的劳务和交通运输服务；

（三）非正常损失的在产品、产成品所耗用的购进货物（不包括固定资产）、劳务和交通运输服务；

（四）国务院规定的其他项目。

劳动保护费支出如不属于上述不可以申请抵扣进项税额的范围，购进的劳保用品，只要取得合法的增值税扣税凭证，其进项税额可以从销项税额中抵扣。

《国家税务总局关于修订〈增值税专用发票使用规定〉的通知》（国税发〔2006〕156 号）

第十条　商业企业一般纳税人零售的烟、酒、食品、服装、鞋帽（不包括劳保专用部分）、化妆品等消费品不得开具专用发票。

未通过开票系统开具销货清单，不能抵扣进项税额。

《国家税务总局关于修订〈增值税专用发票使用规定〉的通知》（国税发〔2006〕156 号）

第十二条　一般纳税人销售货物或者提供应税劳务可汇总开具专用发票。汇总开具专用发票的，同时使用防伪税控系统开具《销售货物或者提供应税劳务清单》，并加盖财务专用章或者发票专用章。

2. 企业所得税

对于劳动保护支出，需要满足以下条件：一、必须是因工作需要。如果企业发生的所谓支出，并非出于工作的需要，那么其支出就不得按照劳动保护进行税前扣除。二、为其雇员配备或提供，而不是给与其没有任何劳动关系的其他人配备或提供。三、限于劳动保护用品的范围。

《中华人民共和国企业所得税法实施条例》

第四十八条　企业发生的合理的劳动保护支出，准予扣除。

《劳动防护用品配备标准（试行）》和《关于规范社会保险缴费基数有关问题的通知》

劳动保护支出的范围包括：工作服、手套、洗衣粉等劳保用品，解毒剂等安全保护用品，清凉饮料等防暑降温用品，以及按照原劳动部等部门规定的对接触有毒物质、矽尘作业、放射线作业和潜水、沉箱作业、高温作业等 5 类工种所享受的由劳动保护费开支的保健食品待遇。

小企业以上支出计入劳动保护费，可以据实税前扣除。

小企业为了提升企业形象，单位统一制作并着装所发生的费用既不属于劳动保护开支，也不属于员工福利，可作为与生产经营相关的合理费用在税前扣除。

《国家税务总局关于企业所得税若干问题的公告》(国家税务总局2011年第34号公告)

第二条　企业根据其工作性质和特点，由企业统一制作并要求员工工作时统一着装所发生的工作服饰费用，根据《企业所得税法实施条例》第二十七条的规定，可以作为企业合理的支出给予税前扣除。

《中华人民共和国企业所得税法实施条例》

第二十七条　企业所得税法第八条所称有关的支出，是指与取得收入直接相关的支出。

企业所得税法第八条所称合理的支出，是指符合生产经营活动常规，应当计入当期损益或者有关资产成本的必要和正常的支出。

小微企业可税前扣除劳务保护费用，只需填写中华人民共和国企业所得税年度纳税申报表（A类）(如表4-6所示)。

表4-6 中华人民共和国企业所得税年度纳税申报表（A类）

A100000

中华人民共和国企业所得税年度纳税申报表（A类）

行次	类别	项目	金额
1	利润总额计算	一、营业收入（填写A101010\101020\103000）	
2		减：营业成本（填写A102010\102020\103000）	
3		减：税金及附加	
4		减：销售费用（填写A104000）	
5		减：管理费用（填写A104000）	
6		减：财务费用（填写A104000）	
7		减：资产减值损失	
8		加：公允价值变动收益	
9		加：投资收益	
10		二、营业利润（1-2-3-4-5-6-7+8+9）	
11		加：营业外收入（填写A101010\101020\103000）	
12		减：营业外支出（填写A102010\102020\103000）	
13		三、利润总额（10+11-12）	
14	应纳税所得额计算	减：境外所得（填写A108010）	
15		加：纳税调整增加额（填写A105000）	
16		减：纳税调整减少额（填写A105000）	
17		减：免税、减计收入及加计扣除（填写A107010）	
18		加：境外应税所得抵减境内亏损（填写A108000）	
19		四、纳税调整后所得（13-14+15-16-17+18）	
20		减：所得减免（填写A107020）	
21		减：弥补以前年度亏损（填写A106000）	
22		减：抵扣应纳税所得额（填写A107030）	
23		五、应纳税所得额（19-20-21-22）	

续表

行次	类别	项目	金额
24	应纳税额计算	税率（25%）	
25		六、应纳所得税额（23×24）	
26		减：减免所得税额（填写 A107040）	
27		减：抵免所得税额（填写 A107050）	
28		七、应纳税额（25-26-27）	
29		加：境外所得应纳所得税额（填写 A108000）	
30		减：境外所得抵免所得税额（填写 A108000）	
31		八、实际应纳所得税额（28+29-30）	
32		减：本年累计实际已预缴的所得税额	
33		九、本年应补（退）所得税额（31-32）	
34		其中：总机构分摊本年应补（退）所得税额（填写 A109000）	
35		财政集中分配本年应补（退）所得税额（填写 A109000）	
36		总机构主体生产经营部门分摊本年应补（退）所得税额（填写 A109000）	
37	实际应纳税额计算	减：民族自治地区企业所得税地方分享部分：（□ 免征 □ 减征：减征幅度 %）	
38		十、本年实际应补（退）所得税额（33-37）	

3. 涉税处理案例

此处以纳源公司为例，对自产环节业务进行涉税处理。

【例 4-2】2023 年，纳源公司发生劳动保护费用 80,000 元，其中，清凉饮料 5,000 元未取得正规发票。

（1）案例解读

未取得正规发票不能在企业所得税税前扣除，所以纳源公司需要填写纳税调整项目明细表。

（2）申报表填写

此案例需要填写纳税调整项目明细表（如表 4-7 所示）和中华人民共和国企业所得税年度纳税申报表（A 类）（如表 4-8 所示）。

表 4-7【例 4-2】纳税调整项目明细表

A105000

纳税调整项目明细表

行次	项目	账载金额	税收金额	调增金额	调减金额
		1	2	3	4
1	一、收入类调整项目（2+3+…+8+10+11）	*	*		
2	（一）视同销售收入（填写 A105010）	*			*
3	（二）未按权责发生制原则确认的收入（填写 A105020）				
4	（三）投资收益（填写 A105030）				
5	（四）按权益法核算长期股权投资对初始投资成本调整确认收益	*	*	*	
6	（五）交易性金融资产初始投资调整	*	*		*
7	（六）公允价值变动净损益		*		
8	（七）不征税收入	*	*		
9	其中：专项用途财政性资金（填写 A105040）	*	*		

续表

行次	项目	账载金额	税收金额	调增金额	调减金额
		1	2	3	4
10	（八）销售折扣、折让和退回				
11	（九）其他				
12	二、扣除类调整项目（13+14+…+24+26+27+28+29+30）	*	*	5,000.00	
13	（一）视同销售成本（填写 A105010）	*		*	
14	（二）职工薪酬（填写 A105050）				
15	（三）业务招待费支出				*
16	（四）广告费和业务宣传费支出（填写 A105060）	*	*		
17	（五）捐赠支出（填写 A105070）				
18	（六）利息支出				
19	（七）罚金、罚款和被没收财物的损失		*		*
20	（八）税收滞纳金、加收利息		*		*
21	（九）赞助支出		*		*
22	（十）与未实现融资收益相关在当期确认的财务费用				
23	（十一）佣金和手续费支出（保险企业填写 A105060）				
24	（十二）不征税收入用于支出所形成的费用	*	*		*
25	其中：专项用途财政性资金用于支出所形成的费用（填写 A105040）	*	*		*
26	（十三）跨期扣除项目				
27	（十四）与取得收入无关的支出		*		*
28	（十五）境外所得分摊的共同支出	*	*		*
29	（十六）党组织工作经费				
30	（十七）其他	5,000.00		5,000.00	
31	三、资产类调整项目（32+33+34+35）	*	*		
32	（一）资产折旧、摊销（填写 A105080）				
33	（二）资产减值准备金		*		
34	（三）资产损失（填写 A105090）				
35	（四）其他				
36	四、特殊事项调整项目（37+38+…+43）	*	*		
37	（一）企业重组及递延纳税事项（填写 A105100）				
38	（二）政策性搬迁（填写 A105110）	*	*		
39	（三）特殊行业准备金（39.1+39.2+39.4+39.5+39.6+39.7）	*	*		
39.1	1. 保险公司保险保障基金				
39.2	2. 保险公司准备金				
39.3	其中：已发生未报案未决赔款准备金				
39.4	3. 证券行业准备金				
39.5	4. 期货行业准备金				
39.6	5. 中小企业融资（信用）担保机构准备金				
39.7	6. 金融企业、小额贷款公司准备金（填写 A105120）	*	*		
40	（四）房地产开发企业特定业务计算的纳税调整额（填写 A105010）	*			
41	（五）合伙企业法人合伙人应分得的应纳税所得额				
42	（六）发行永续债利息支出				
43	（七）其他	*	*		
44	五、特别纳税调整应税所得	*	*		
45	六、其他	*	*		
46	合计（1+12+31+36+44+45）	*	*	5,000.00	

表 4-8【例 4-2】中华人民共和国企业所得税年度纳税申报表（A 类）

A100000

中华人民共和国企业所得税年度纳税申报表（A 类）

行次	类别	项目	金额
1	利润总额计算	一、营业收入（填写 A101010\101020\103000）	
2		减：营业成本（填写 A102010\102020\103000）	
3		减：税金及附加	
4		减：销售费用（填写 A104000）	
5		减：管理费用（填写 A104000）	80,000.00
6		减：财务费用（填写 A104000）	
7		减：资产减值损失	
8		加：公允价值变动收益	
9		加：投资收益	
10		二、营业利润（1-2-3-4-5-6-7+8+9）	
11		加：营业外收入（填写 A101010\101020\103000）	
12		减：营业外支出（填写 A102010\102020\103000）	
13		三、利润总额（10+11-12）	-80,000.00
14	应纳税所得额计算	减：境外所得（填写 A108010）	
15		加：纳税调整增加额（填写 A105000）	5,000.00
16		减：纳税调整减少额（填写 A105000）	
17		减：免税、减计收入及加计扣除（填写 A107010）	
18		加：境外应税所得抵减境内亏损（填写 A108000）	
19		四、纳税调整后所得（13-14+15-16-17+18）	-75,000.00
20		减：所得减免（填写 A107020）	
21		减：弥补以前年度亏损（填写 A106000）	
22		减：抵扣应纳税所得额（填写 A107030）	
23		五、应纳税所得额（19-20-21-22）	
24	应纳税额计算	税率（25%）	
25		六、应纳所得税额（23×24）	
26		减：减免所得税额（填写 A107040）	
27		减：抵免所得税额（填写 A107050）	
28		七、应纳税额（25-26-27）	
29		加：境外所得应纳所得税额（填写 A108000）	
30		减：境外所得抵免所得税额（填写 A108000）	
31		八、实际应纳所得税额（28+29-30）	
32		减：本年累计实际已预缴的所得税额	
33		九、本年应补（退）所得税额（31-32）	
34		其中：总机构分摊本年应补（退）所得税额（填写 A109000）	
35		财政集中分配本年应补（退）所得税额（填写 A109000）	
36		总机构主体生产经营部门分摊本年应补（退）所得税额（填写 A109000）	
37	实际应纳税额计算	减：民族自治地区企业所得税地方分享部分：（□ 免征 □ 减征：减征幅度 %）	
38		十、本年实际应补（退）所得税额（33-37）	

二、委托加工环节

小企业委托外单位代为加工改制的各种物资，其中的材料费、加工费等也需要核算和监督，清晰记录每笔委托加工环节的成本费用，以使账实相符。

（一）会计核算

财务人员应了解小企业委托加工环节的经济业务和财务流程，并按《小企业会计准则》要求设置会计科目和进行账务核算。

1. 会计科目设置

小企业委托加工环节业务涉及“委托加工物资”等会计科目。如表 4–9 所示。

表 4–9 委托加工环节业务涉及的会计科目

会计科目	委托加工物资
核算内容	核算小企业委托外单位加工的各种物资的实际成本
明细科目设置	按照加工合同、受托加工单位以及加工物资的品种等设置明细科目进行核算
T 形图	借方　　委托加工物资　　贷方 借方：小企业发出物资的实际成本、支付的加工费、负担的运杂费及税金 贷方：小企业加工完成验收入库物资的实际成本 借方余额：小企业委托外单位加工尚未完成物资的实际成本

2. 账务处理规范

（1）发出委托加工物资材料

小企业发给外单位加工的物资，按照实际成本，根据出库单等进行账务处理。

会计分录为：

借：委托加工物资

　贷：原材料 / 库存商品

> 财税笔记：
>
> 按照计划成本或售价核算的，还应同时结转材料成本差异或商品进销差价。

（2）支付委托加工物资加工费、运杂费

支付加工费、运杂费等，根据发票、银行回单等进行账务处理。

会计分录为：

借：委托加工物资

　贷：银行存款

（3）委托加工物资收回验收入库

加工完成验收入库的物资和剩余的物资，按照加工收回物资的实际成本和剩余物资的实际成本，根据入库单等进行账务处理。

会计分录为：

借：原材料 / 库存商品

　贷：委托加工物资

（4）支付委托加工物资的消费税

需要交纳消费税的委托加工物资，由受托方代收代缴的消费税，根据完税凭证等进行账务处理。

会计分录为：

借：委托加工物资……收回后直接销售

　　应交税费——应交消费税……收回后用于继续加工

　贷：应付账款 / 银行存款

3. 会计核算案例

此处以纳西公司为例，对委托加工环节业务进行会计核算。

【例 4–3】2023 年 7 月 4 日，发出甲材料委托民新公司加工一批 B 产品（成品）。甲材料的实际成本为 30,000 元。7 月 17 日，收到民新公司转来的增值税专用发票，加工费 20,000 元，增值税额 200 元，款项已通过银行转账支付。7 月 18 日，收回的 B 产品（加工物资）验收入库。

（1）案例解读

收到增值税专用发票可抵增值税。

（2）账务处理

①发出甲材料经济业务，使得纳西公司的委托加工物资增加，原材料减少。

会计分录：

借：委托加工物资　　30,000

　贷：原材料　　30,000

②支付加工费经济业务，使得纳西公司的委托加工物资增加，应交税费、银行存款减少。

会计分录：

借：委托加工物资　　20,000

　　应交税费——应交增值税（进项税额）　　200

　贷：银行存款　　20,200

③收回加工物资验收入库经济业务，使得纳西公司的库存商品增加，委托加工物资减少。

会计分录：

借：库存商品　　50,000

　贷：委托加工物资　　50,000

记账凭证如图 4–5 所示：

记　　账　　凭　　证

2023年7月4日　　　　记第　　号

摘要	会计科目		借方金额	贷方金额	记账√
	总账科目	明细科目			
发出甲材料	委托加工物资		30,000.00		
	原材料			30,000.00	
合计	⊗叁万元整		¥30,000.00	¥30,000.00	

附单据1张

制单：白雨

记　　账　　凭　　证

2023年7月17日　　　　记第　　号

摘要	会计科目		借方金额	贷方金额	记账√
	总账科目	明细科目			
支付加工费	委托加工物资		20,000.00		
	应交税费	应交增值税（进项税额）	200.00		
	银行存款			20,200.00	
合计	⊗贰万零贰佰元整		¥20,200.00	¥20,200.00	

附单据3张

制单：白雨

记　账　凭　证

2023年7月18日　　　　　　　　记第　　号

摘要	会计科目		借方金额	贷方金额	记账√
	总账科目	明细科目			
加工物资验收入库	库存商品		50,000.00		
	委托加工物资			50,000.00	
合计	⊗伍万元整		¥50,000.00	¥50,000.00	

附单据1张

制单：白雨

图 4-5【例 4-3】记账凭证

（3）所附原始凭证

此业务所附原始凭证包括：委外加工出库单（如图 4-6 所示）、加工费发票（如图 4-7 所示）、银行回单、委外加工入库单（如图 4-8 所示）。

委外加工出库单

单位：　民新公司　　　　　　日期：　2023年7月4日

序号	品名	规格型号	单位	数量	单价	金额	备注
1	甲材料		条	1,000	30.00	30,000.00	
合计						¥30,000.00	

主管：贾西贝　　　　仓管：郭李木子　　　　领料人：顾佳

图 4-6【例 4-3】委外加工出库单

动态二维码	电子发票（专用发票）	发票号码：23412000000002222222
		开票时间：2023年7月17日

购买方信息	名称：纳西公司 统一社会信用代码/纳税人识别号：91450521GGGGGGGGGG	销售方名称	名称：民新公司 统一社会信用代码/纳税人识别号：91450521EEEEEEEEEE

项目名称	规格型号	单位	数量	单价	金额	税率/征收率	税额
*劳务*加工费		项	1	20,000.00	20,000.00	1%	200.00
合　计					¥20,000.00		¥200.00
价税合计（大写）	⊗贰万零贰佰元整				（小写）¥20,200.00		
备注	开户行：中国邮政储蓄银行股份有限公司XX支行；银行账号：9450060100EEEEEEEE						

下载次数：1

开票人：宋新民

图 4-7【例 4-3】加工费发票

委外加工入库单

单位：　民新公司　　　　　　　　日期：2023年7月18日

序号	品名	规格型号	单位	数量	单价	金额	备注
1	B产品		件	100	500.00	50,000.00	
合计						¥50,000.00	

主管：贾西贝　　　　　　仓管：郭李木子

图 4-8【例 4-3】委外加工入库单

（二）涉税处理

财务人员应正确核算委托加工物资业务，按时对相关税费进行申报，避免税务风险。小企业委托加工物资业务主要涉及消费税和增值税。

1. 消费税

（1）按照销售自制应税消费品缴纳消费税的情形

出现以下情况，不论在财务上是否作销售处理，都不得作为委托加工应税消费品，而应当按照销售自制应税消费品缴纳消费税：

①对于由受托方提供原材料生产的应税消费品。

②受托方先将原材料卖给委托方，然后再接受加工的应税消费品。

③由受托方以委托方名义购进原材料生产的应税消费品。

（2）委托加工纳税时间

①受托方为企业时：纳税人委托加工应税消费品的，纳税义务时间为纳税人提货的当天。提货时由受托方代扣代缴消费税。

②受托方为其他个人或者个体工商户时：受托方不代收代缴消费税，由委托方向税务机关申报纳税。

（3）消费税的核算

①委托加工的应税消费品，按照受托方的同类消费品的销售价格计算缴税。如果没有同类消费品销售价格，按照组成计税价格计算纳税。

②实行从价定率办法计算纳税的组成计税价格计算公式：

组成计税价格＝（材料成本＋加工费）÷（1－比例税率）

【例 4–4】甲企业为增值税一般纳税人，2024 年 1 月外购一批木材，取得增值税专用发票注明价款 500,000 元、税额 65,000 元；将该批木材运往乙企业委托其加工木制一次性筷子，取得增值税专用发票注明运费 10,000 元、税额 300 元，支付不含税委托加工费 50,000 元。假定乙企业无同类产品对外销售价格，木制一次性筷子消费税税率为 5%。

分析：本案例支付的运费应计入材料成本中。

乙企业应代收代缴的消费税=（500,000+10,000+50,000）÷（1－5%）×5%≈29,474（元）。

③实行复合计税办法计算纳税的组成计税价格计算公式：

组成计税价格＝（材料成本＋加工费＋委托加工数量 × 定额税率）÷（1－比例税率）

财税笔记：

加工费是指受托方加工应税消费品向委托方所收取的全部费用（包括代垫辅助材料的实际成本）。

材料成本是指委托方所提供加工材料的实际成本。委托加工应税消费品的纳税人，必须在委托加工合同上如实注明（或者以其他方式提供）材料成本，凡未提供材料成本的，受托方主管税务机关有权核定其材料成本。

（4）委托方消费税的缴纳

①委托方将委托加工的应税消费品直接出售，不再缴纳消费税。

直接出售是委托方将收回的应税消费品，以不高于受托方的计税价格出售。属于直接出售的产品，委托方不缴纳消费税。

②委托方以高于受托方的计税价格出售的产品，不属于直接出售，需申报缴纳消

费税，在计税时准予扣除受托方已代收代缴的消费税。

③委托加工的应税消费品，委托方用于连续生产应税消费品的，所纳税款准予按规定抵扣。

当期准予扣除的委托加工收回的应税消费品的已纳消费税税款，应按当期生产领用数量计算。

计算公式如下：

当期准予扣除的委托加工应税消费品已纳税款＝期初库存的委托加工应税消费品已纳税款＋当期收回的委托加工应税消费品已纳税款－期末库存的委托加工应税消费品已纳税款

2. 增值税

一般纳税人在委托加工环节，收到受托方开来的增值税专用发票是可以抵扣的。需要填写增值税及附加税费申报表附列资料（二）（如表 4-10 所示）。

表 4-10 增值税及附加税费申报表附列资料（二）

增值税及附加税费申报表附列资料（二）

（本期进项税额明细）

税款所属时间：　年　　月　　日至　　　年　　月　　日

纳税人名称：（公章）　纳西公司　　　　金额单位：元（列至角分）

一、申报抵扣的进项税额				
项目	栏次	份数	金额	税额
（一）认证相符的增值税专用发票	1=2+3			
其中：本期认证相符且本期申报抵扣	2			
前期认证相符且本期申报抵扣	3			
（二）其他扣税凭证	4=5+6+7+8a+8b			
其中：海关进口增值税专用缴款书	5			
农产品收购发票或者销售发票	6			
代扣代缴税收缴款凭证	7		—	
加计扣除农产品进项税额	8a	—	—	
其他	8b			
（三）本期用于购建不动产的扣税凭证	9			
（四）本期用于抵扣的旅客运输服务扣税凭证	10			
（五）外贸企业进项税额抵扣证明	11	—	—	
当期申报抵扣进项税额合计	12=1+4+11			
二、进项税额转出额				
项目	栏次	税额		
本期进项税额转出额	13=14 至 23 之和			
其中：免税项目用	14			
集体福利、个人消费	15			
非正常损失	16			
简易计税方法征税项目用	17			

续表

二、进项税额转出额		
项目	栏次	税额
免抵退税办法不得抵扣的进项税额	18	
纳税检查调减进项税额	19	
红字专用发票信息表注明的进项税额	20	
上期留抵税额抵减欠税	21	
上期留抵税额退税	22	
异常凭证转出进项税额	23a	
其他应作进项税额转出的情形	23b	

三、待抵扣进项税额				
项目	栏次	份数	金额	税额
（一）认证相符的增值税专用发票	24	—	—	——
期初已认证相符但未申报抵扣	25			
本期认证相符且本期未申报抵扣	26			
期末已认证相符但未申报抵扣	27			
其中：按照税法规定不允许抵扣	28			
（二）其他扣税凭证	29=30 至 33 之和			
其中：海关进口增值税专用缴款书	30			
农产品收购发票或者销售发票	31			
代扣代缴税收缴款凭证	32		—	
其他	33			
	34			
四、其他				
项目	栏次	份数	金额	税额
本期认证相符的增值税专用发票	35			
代扣代缴税额	36	—	—	

3. 涉税处理案例

此处以纳西公司为例，对委托加工环节业务进行涉税处理。

【例 4–5】2023 年 7 月 17 日，收到受托方民新公司转来的增值税专用发票，加工费 20,000 元，增值税额 200 元，已经勾选。

（1）案例解读

一般纳税人在委托加工环节，收到受托方开来的增值税专用发票是可以抵扣的。增值税专用发票勾选后可抵扣。

（2）申报表填写

此案例需要填写增值税及附加税费申报表附列资料（二）（如表 4–11 所示）。

表 4-11【例 4-5】增值税及附加税费申报表附列资料（二）

增值税及附加税费申报表附列资料（二）

（本期进项税额明细）

税款所属时间：2023 年 7 月 1 日至 2023 年 7 月 31 日

纳税人名称：（公章） 纳西公司 金额单位：元（列至角分）

一、申报抵扣的进项税额				
项目	栏次	份数	金额	税额
（一）认证相符的增值税专用发票	1=2+3	1	20,000.00	200.00
其中：本期认证相符且本期申报抵扣	2	1	20,000.00	200.00
前期认证相符且本期申报抵扣	3			
（二）其他扣税凭证	4=5+6+7+8a+8b			
其中：海关进口增值税专用缴款书	5			
农产品收购发票或者销售发票	6			
代扣代缴税收缴款凭证	7		—	
加计扣除农产品进项税额	8a	—	—	
其他	8b			
（三）本期用于购建不动产的扣税凭证	9			
（四）本期用于抵扣的旅客运输服务扣税凭证	10			
（五）外贸企业进项税额抵扣证明	11	—	—	
当期申报抵扣进项税额合计	12=1+4+11			200.00
二、进项税额转出额				
项目	栏次	税额		
本期进项税额转出额	13=14 至 23 之和			
其中：免税项目用	14			
集体福利、个人消费	15			
非正常损失	16			
简易计税方法征税项目用	17			
免抵退税办法不得抵扣的进项税额	18			
纳税检查调减进项税额	19			
红字专用发票信息表注明的进项税额	20			
上期留抵税额抵减欠税	21			
上期留抵税额退税	22			
异常凭证转出进项税额	23a			
其他应作进项税额转出的情形	23b			
三、待抵扣进项税额				
项目	栏次	份数	金额	税额
（一）认证相符的增值税专用发票	24	—	—	—
期初已认证相符但未申报抵扣	25			
本期认证相符且本期未申报抵扣	26			
期末已认证相符但未申报抵扣	27			
其中：按照税法规定不允许抵扣	28			
（二）其他扣税凭证	29=30 至 33 之和			
其中：海关进口增值税专用缴款书	30			
农产品收购发票或者销售发票	31			
代扣代缴税收缴款凭证	32		—	
其他	33			
	34			
四、其他				
项目	栏次	份数	金额	税额
本期认证相符的增值税专用发票	35	1	20,000.00	200.00
代扣代缴税额	36	—	—	

三、受托加工环节

小企业接受客户代为加工改制的各种物资，其中的材料费、加工费等也需要核算和监督，清晰记录每笔委托加工环节的成本费用，以使账实相符。

（一）会计核算

财务人员应了解小企业受托加工环节经济业务和财务流程，并按《小企业会计准则》要求设置会计科目和进行账务核算。

1. 会计科目设置

小企业受托加工环节业务如需经过入库后再交付受托方，即涉及“库存商品”等会计科目。如表 4–12 所示。

表 4–12 受托加工环节业务涉及的会计科目

会计科目	库存商品
核算内容	核算小企业库存的各种商品的实际成本（或进价）或计划成本（或售价），包括库存产成品、外购商品、存放在门市部准备出售的商品、发出展览的商品以及寄存在外的商品等。接受来料加工制造的代制品和为外单位加工修理的代修品，在制造和修理完成验收入库后，视同企业的产成品，也通过本科目核算
明细科目设置	按照库存商品的种类、品种和规格设置明细科目进行核算
T 形图	借方　库存商品　贷方 借方：小企业生产进仓的待售产品 贷方：小企业销售或出于其他原因而减少商品 借方余额：小企业各种库存商品的实际成本或计划成本

财税笔记：

在实际工作中，如果车间加工完成后未经入库直接交付受托方，无需通过“库存商品”科目进行核算。在结转加工过程中发生的成本贷记“生产成本”科目即可。

2. 账务处理规范

（1）小企业收到受托加工的物资材料时，不需做账，不需在账簿中确认，只需要在备查簿中备查登记。

（2）在加工过程中，对于发生的相关费用及人工成本，根据领料单、工资表等进行账务处理。

会计分录为：

借：生产成本

　贷：原材料

　　应付职工薪酬等

（3）加工完成后，交付给委托方时，根据送货单、发票、成本结转表等进行账务处理。

会计分录为：

①确认加工劳务收入

借：银行存款 / 应收账款

　贷：主营业务收入 / 其他业务收入

　　应交税费——应交增值税（销项税额）

　　应交税费——应交消费税

②结转加工过程中发生的成本

借：主营业务成本 / 其他业务成本

　贷：生产成本

③将原来备查登记的受托加工物资注销

（4）按规定缴纳消费税，根据完税凭证进行账务处理。

会计分录为：

借：应交税费——应交消费税

　贷：银行存款

3. 会计核算案例

此处以民新公司为例，对委托加工环节业务进行会计核算。

【例 4–6】2023 年 7 月 4 日，收到纳西公司委托加工物资甲材料加工成 B 产品。甲材料的实际成本为 30,000 元。加工期间发生人工成本 10,000 元，材料费 5,000 元。7 月 17 日，加工完成，交付给纳西公司并开具增值税专用发票，加工费 20,000 元，增值税额 200 元，并收到对方转账 20,200 元。

（1）案例解读

①收到受托加工的物资材料时，不需做账，不需在账簿中确认，只需要在备查簿中备查登记。

②在加工过程中，对于发生的相关费用及人工成本，根据领料单、工资表等进行账务处理。

③加工完成后，交付给委托方时，根据送货单、发票、成本结转表等进行账务处

理。并将原来备查登记的受托加工物资注销。

（2）账务处理

①加工成本核算

该经济业务，使得民新公司的生产成本、应付职工薪酬增加。

会计分录：

借：生产成本——直接人工　　10,000

　　生产成本——直接材料　　5,000

　贷：应付职工薪酬　　10,000

　　　原材料　　5,000

②确认加工收入

该经济业务，使得民新公司银行存款、其他业务收入、应交税费增加。

会计分录：

借：银行存款　　20,200

　贷：其他业务收入　　20,000

　　　应交税费——应交增值税（销项税额）　　200

③结转加工成本

该经济业务，使得民新公司其他营业成本增加，生产成本减少。

会计分录：

借：其他业务成本　　15,000

　贷：生产成本　　15,000

记账凭证如图 4-9 所示：

记　账　凭　证

2023年7月16日　　　　记第　　号

摘要	会计科目		借方金额	贷方金额	记账√
	总账科目	明细科目			
加工成本核算	生产成本	直接人工	10,000.00		
	生产成本	直接材料	5,000.00		
	应付职工薪酬			10,000.00	
	原材料			5,000.00	
合计	⊗壹万伍仟元整		¥15,000.00	¥15,000.00	

附单据1张

制单：白雨

记　账　凭　证

2023年7月17日　　　　记第　　号

摘要	会计科目		借方金额	贷方金额	记账√
	总账科目	明细科目			
确认加工收入	银行存款		20,200.00		
	其他业务收入			20,000.00	
	应交税费	应交增值税（进项税额）		200.00	
合计	⊗贰万零贰佰元整		¥20,200.00	¥20,200.00	

附单据2张

制单：白雨

记　账　凭　证

2023年7月17日　　　　记第　　号

摘要	会计科目		借方金额	贷方金额	记账√
	总账科目	明细科目			
结转加工成本	其他业务成本		15,000.00		
	生产成本			15,000.00	
合计	⊗壹万伍仟元整		¥15,000.00	¥15,000.00	

附单据1张

制单：白雨

图 4-9【例 4-6】记账凭证

（3）所附原始凭证

①加工成本核算原始凭证包括：原材料领用单（如图 4–10 所示）、工资计提表（如表 4–13 所示）。

原材料领用单

领用部门：　　二车间　　　　　　　　　　　　　　　　　　日期：2023年7月5日

序号	品名	规格型号	单位	数量	单价	金额	备注
1	乙材料		只	250	20.00	5,000.00	
合计						¥5,000.00	

主管：谭欣　　　　　　　　　仓管员：沈忱　　　　　　　领料人：曾荟

图 4–10【例 4–6】原材料领用单

表 4–13【例 4–6】工资计提表

工资计提表（2023.7.4–2023.7.17）

部门	天数	人数	加工工时	工时单价	应付工资	委托单位
二车间	10	5	400	25.00	10,000.00	纳西公司
合计					¥10,000.00	

②确认加工收入原始凭证包括：加工费发票（如图 4–11 所示）、银行回单（如图 4–12 所示）。

动态二维码

电子发票（专用发票）

发票号码：34120000000002222222
开票时间：2023年7月17日

购买方信息	名称：纳西公司 统一社会信用代码/纳税人识别号：91450521GGGGGGGGGG	销售方名称	名称：民新公司 统一社会信用代码/纳税人识别号：91450521EEEEEEEEEE

项目名称	规格型号	单位	数量	单价	金额	税率/征收率	税额
*劳务*加工费		项	1	20,000.00	20,000.00	1%	200.00
合　计					¥20,000.00		¥200.00

价税合计（大写）	⊗贰万零贰佰元整	（小写）¥20,200.00
备注	开户行：中国邮政储蓄银行股份有限公司XX支行；银行账号：9450060100EEEEEEEE	

下载次数：1

开票人：宋新民

图 4–11【例 4–6】加工费发票

网上银行电子回单

回单编号：

付款方	账号	20-7200010400WWWWW	收款方	账号	9450060100EEEEEEEE
	户名	纳西公司		户名	民新公司
	开户行	中国农业银行XX分行		开户行	中国邮政储蓄银行股份有限公司XX支行
金额（小写）		¥20,200.00	金额（大写）		⊗贰万零贰佰元整
币种		人民币	交易渠道		网上银行
摘要		转账取款	凭证号		
交易时间		2023-7-17	会计日期		20230717
附言		加工费			

图 4-12【例 4-6】银行回单

③结转加工成本原始凭证包括：成本结转表（如表 4-14 所示）。

表 4-14【例 4-6】加工成本结转表

加工成本结转表

成本类别	金额
材料费	5,000.00
人工费	10,000.00
合计	¥15,000.00

（二）涉税处理

财务人员应正确核算受托加工环节业务，按时对相关税费进行申报，避免税务风险。小企业受托加工环节业务主要涉及增值税和印花税。

1. 增值税

一般纳税人受托加工环节涉及的增值税税率为 13%，小规模纳税人征收率为 3%（目前政策按 1% 核算）。

应税劳务的纳税义务发生时间为收讫销售款或取得索取销售款凭据（如银行收款回单、现金收据、银行汇票日期等）的当天。先开具发票的，为开具发票的当天。

一般纳税人需要填写增值税及附加税费申报表附列资料（一）（如表 4-15 所示），小规模纳税人需要填写增值税及附加税费申报表（小规模纳税人适用）（如表 4-16 所示）。

表 4-15 增值税及附加税费申报表附列资料（一）

增值税及附加税费申报表附列资料（一）

（本期销售情况明细）

税款所属时间：　年　月　日至　年　月　日

纳税人名称：（公章）　　　　金额单位：元（列至角分）

项目及栏次				开具增值税专用发票		开具其他发票		未开具发票		纳税检查调整		合计			服务、不动产和无形资产扣除项目本期实际扣除金额	扣除后	
				销售额	销项（应纳）税额	销售额	销项（应纳）税额	销售额	销项（应纳）税额	销售额	销项（应纳）税额	销售额	销项（应纳）税额	价税合计		含税（免税）销售额	销项（应纳）税额
				1	2	3	4	5	6	7	8	9=1+3+5+7	10=2+4+6+8	11=9+10	12	13=11-12	14=13÷（100%+税率或征收率）×税率或征收率
一、一般计税方法计税	全部征税项目	13% 税率的货物及加工修理修配劳务	1											—	—	—	—
		13% 税率的服务、不动产和无形资产	2														
		9% 税率的货物及加工修理修配劳务	3											—	—	—	—
		9% 税率的服务、不动产和无形资产	4														
		6% 税率	5														
	其中：即征即退项目	即征即退货物及加工修理修配劳务	6	—	—	—	—	—	—	—	—			—	—	—	—
		即征即退服务、不动产和无形资产	7	—	—	—	—	—	—	—	—						

续表

二、简易计税方法计税	全部征税项目	6% 征收率	8							—	—			—	—	—	—
		5% 征收率的货物及加工修理修配劳务	9a							—	—			—	—	—	—
		5% 征收率的服务、不动产和无形资产	9b							—	—						
		4% 征收率	10							—	—			—	—	—	—
		3% 征收率的货物及加工修理修配劳务	11							—	—			—	—	—	—
		3% 征收率的服务、不动产和无形资产	12							—	—						
		预征率 a%	13a							—	—						
		预征率 b%	13b							—	—						
		预征率 c%	13c							—	—						
	其中：即征即退项目	即征即退货物及加工修理修配劳务	14	—	—	—	—	—	—	—	—			—	—	—	—
		即征即退服务、不动产和无形资产	15	—	—	—	—	—	—	—	—						
三、免抵退税	货物及加工修理修配劳务		16	—	—		—		—	—	—		—	—	—	—	—
	服务、不动产和无形资产		17	—	—		—		—	—	—		—				—
四、免税	货物及加工修理修配劳务		18				—		—	—	—		—	—	—	—	—
	服务、不动产和无形资产		19	—	—		—		—	—	—		—				—

表 4-16 增值税及附加税费申报表（小规模纳税人适用）

附件 3

增值税及附加税费申报表

（小规模纳税人适用）

纳税人识别号（统一社会信用代码）：□□□□□□□□□□□□□□□□□□□□□□□□□□

纳税人名称：　　　　　　　　　　　　　　　　　　　　　　金额单位：元（列至角分）

税款所属期：　　年　月　日至　　　年　月　日　　　　　　填表日期：　年　月　日

	项目	栏次	本期数		本年累计	
			货物及劳务	服务、不动产和无形资产	货物及劳务	服务、不动产和无形资产
一、计税依据	（一）应征增值税不含税销售额（3% 征收率）	1				
	增值税专用发票不含税销售额	2				
	其他增值税发票不含税销售额	3				
	（二）应征增值税不含税销售额（5% 征收率）	4	—		—	
	增值税专用发票不含税销售额	5	—		—	
	其他增值税发票不含税销售额	6	—		—	
	（三）销售使用过的固定资产不含税销售额	7（7 ≥ 8）		—		—
	其中：其他增值税发票不含税销售额	8		—		—
	（四）免税销售额	9=10+11+12				
	其中：小微企业免税销售额	10				
	未达起征点销售额	11				
	其他免税销售额	12				
	（五）出口免税销售额	13（13 ≥ 14）				
	其中：其他增值税发票不含税销售额	14				
二、税款计算	本期应纳税额	15				
	本期应纳税额减征额	16				
	本期免税额	17				
	其中：小微企业免税额	18				
	未达起征点免税额	19				
	应纳税额合计	20=15-16				
	本期预缴税额	21			—	—
	本期应补（退）税额	22=20-21			—	—
三、附加税费	城市维护建设税本期应补（退）税额	23				
	教育费附加本期应补（退）费额	24				
	地方教育附加本期应补（退）费额	25				

声明：此表是根据国家税收法律法规及相关规定填写的，本人（单位）对填报内容（及附带资料）的真实性、可靠性、完整性负责。

纳税人（签章）：　　　年　月　日

经办人： 经办人身份证号： 代理机构签章： 代理机构统一社会信用代码：	受理人： 受理税务机关（章）： 受理日期：　年　月　日

2. 印花税

《中华人民共和国印花税法》（中华人民共和国主席令第八十九号）

第一条　在中华人民共和国境内书立应税凭证、进行证券交易的单位和个人，为印花税的纳税人，应当依照本法规定缴纳印花税。

在中华人民共和国境外书立在境内使用的应税凭证的单位和个人，应当依照本法规定缴纳印花税。

第二条　本法所称应税凭证，是指本法所附《印花税税目税率表》列明的合同、产权转移书据和营业账簿。

…………

第九条 同一应税凭证载有两个以上税目事项并分别列明金额的，按照各自适用的税目税率分别计算应纳税额；未分别列明金额的，从高适用税率。

附：

印花税税目税率表

税目		税率	备注
合同（指书面合同）	借款合同	借款金额的万分之零点五	指银行业金融机构、经国务院银行业监督管理机构批准设立的其他金融机构与借款人（不包括同业拆借）的借款合同
	融资租赁合同	租金的万分之零点五	
	买卖合同	价款的万分之三	指动产买卖合同（不包括个人书立的动产买卖合同）
	承揽合同	报酬的万分之三	
	建设工程合同	价款的万分之三	
	运输合同	运输费用的万分之三	指货运合同和多式联运合同（不包括管道运输合同）
	技术合同	价款、报酬或者使用费的万分之三	不包括专利权、专有技术使用权转让书据
	租赁合同	租金的千分之一	
	保管合同	保管费的千分之一	
	仓储合同	仓储费的千分之一	
	财产保险合同	保险费的千分之一	不包括再保险合同
产权转移书据	土地使用权出让书据	价款的万分之五	转让包括买卖（出售）、继承、赠与、互换、分割
	土地使用权、房屋等建筑物和构筑物所有权转让书据（不包括土地承包经营权和土地经营权转移）	价款的万分之五	
	股权转让书据（不包括应缴纳证券交易印花税的）	价款的万分之五	
	商标专用权、著作权、专利权、专有技术使用权转让书据	价款的万分之三	
营业账簿		实收资本（股本）、资本公积合计金额的万分之二点五	
证券交易		成交金额的千分之一	

申报印花税时需要填写财产和行为税纳税申报表（如表 4–17 所示）和财产和行为税减免税明细申报附表（如表 4–18 所示）。

表 4-17 财产和行为税纳税申报表

财产和行为税纳税申报表

纳税人识别号（统一社会信用代码）：□□□□□□□□□□□□□□□□□□□□□□□□

纳税人名称：　　　　　　　　　　　　　　　　　　　　　　　　　金额单位：人民币元（列至角分）

序号	税种	税目	税款所属期起	税款所属期止	计税依据	税率	应纳税额	减免税额	已缴税额	应补（退）税额
1										
2										
3										
4										
5										
6										
7										
8										
9										
10	合计	—	—	—	—	—				
声明：此表是根据国家税收法律法规及相关规定填写的，本人（单位）对填报内容（及附带资料）的真实性、可靠性、完整性负责。 纳税人（签章）：　　年　月　日										
经办人： 经办人身份证号： 代理机构签章： 代理机构统一社会信用代码：					受理人： 受理税务机关（章）： 受理日期：　　年　月　日					

表 4-18 财产和行为税减免税明细申报附表

财产和行为税减免税明细申报附表

纳税人识别号（统一社会信用代码）：

纳税人名称：　　　　　　　　　　　　　　　　　　　　　　　　　金额单位：人民币元（列至角分）

本期是否适用小微企业"六税两费"减免政策	□是 □否	减免政策适用主体	增值税小规模纳税人：□是 □否 增值税一般纳税人：□个体工商户 □小型微利企业
		适用减免政策起止时间	年　月　至　年　月
合计减免税额			

城镇土地使用税					
序号	土地编号	税款所属期起	税款所属期止	减免性质代码和项目名称	减免税额
1					
2					
小计	—			—	
房产税					
序号	房产编号	税款所属期起	税款所属期止	减免性质代码和项目名称	减免税额
1					
2					
小计	—			—	
车船税					
序号	车辆识别代码/船舶识别码	税款所属期起	税款所属期止	减免性质代码和项目名称	减免税额
1					
2					
小计				—	
印花税					
序号	税目	税款所属期起	税款所属期止	减免性质代码和项目名称	减免税额
1					
2					
小计	—			—	

续表

<table>
<tr><td colspan="8">资源税</td></tr>
<tr><td>序号</td><td>税目</td><td>子目</td><td>税款所属期起</td><td colspan="2">税款所属期止</td><td>减免性质代码和项目名称</td><td>减免税额</td></tr>
<tr><td>1</td><td></td><td></td><td></td><td colspan="2"></td><td></td><td></td></tr>
<tr><td>2</td><td></td><td></td><td></td><td colspan="2"></td><td></td><td></td></tr>
<tr><td>小计</td><td>—</td><td></td><td></td><td colspan="2"></td><td>—</td><td></td></tr>
<tr><td colspan="8">耕地占用税</td></tr>
<tr><td>序号</td><td>税源编号</td><td colspan="2">税款所属期起</td><td colspan="2">税款所属期止</td><td>减免性质代码和项目名称</td><td>减免税额</td></tr>
<tr><td>1</td><td></td><td colspan="2"></td><td colspan="2"></td><td></td><td></td></tr>
<tr><td>2</td><td></td><td colspan="2"></td><td colspan="2"></td><td></td><td></td></tr>
<tr><td>小计</td><td>—</td><td colspan="2"></td><td colspan="2"></td><td>—</td><td></td></tr>
<tr><td colspan="8">契税</td></tr>
<tr><td>序号</td><td>税源编号</td><td colspan="2">税款所属期起</td><td colspan="2">税款所属期止</td><td>减免性质代码和项目名称</td><td>减免税额</td></tr>
<tr><td>1</td><td></td><td colspan="2"></td><td colspan="2"></td><td></td><td></td></tr>
<tr><td>2</td><td></td><td colspan="2"></td><td colspan="2"></td><td></td><td></td></tr>
<tr><td>小计</td><td>—</td><td colspan="2"></td><td colspan="2"></td><td>—</td><td></td></tr>
<tr><td colspan="8">土地增值税</td></tr>
<tr><td>序号</td><td>项目编号</td><td colspan="2">税款所属期起</td><td colspan="2">税款所属期止</td><td>减免性质代码和项目名称</td><td>减免税额</td></tr>
<tr><td>1</td><td></td><td colspan="2"></td><td colspan="2"></td><td></td><td></td></tr>
<tr><td>2</td><td></td><td colspan="2"></td><td colspan="2"></td><td></td><td></td></tr>
<tr><td>小计</td><td>—</td><td colspan="2"></td><td colspan="2"></td><td>—</td><td></td></tr>
<tr><td colspan="8">环境保护税</td></tr>
<tr><td>序号</td><td>税源编号</td><td>污染物类别</td><td>污染物名称</td><td>税款所属期起</td><td>税款所属期止</td><td>减免性质代码和项目名称</td><td>减免税额</td></tr>
<tr><td>1</td><td></td><td></td><td></td><td></td><td></td><td></td><td></td></tr>
<tr><td>2</td><td></td><td></td><td></td><td></td><td></td><td></td><td></td></tr>
<tr><td>小计</td><td>—</td><td></td><td></td><td></td><td></td><td>—</td><td></td></tr>
<tr><td colspan="8">声明：此表是根据国家税收法律法规及相关规定填写的，本人（单位）对填报内容（及附带资料）的真实性、可靠性、完整性负责。
纳税人（签章）：　　　　年　月　日</td></tr>
<tr><td colspan="5">经办人：
经办人身份证号：
代理机构签章：
代理机构统一社会信用代码：</td><td colspan="3">受理人：
受理税务机关（章）：
受理日期：年　月　日</td></tr>
</table>

3. 涉税处理案例

此处以民新公司为例，对受托加工环节业务进行涉税处理。

【例 4-7】承【例 4-6】，2023 年 7 月 17 日，加工完成，交付给纳西公司并开具增值税专用发票，加工费 20,000 元，增值税额 200 元（如图 4-11 所示）。假设民新公司是小规模纳税人，2023 年第三季度只发生该笔业务。

（1）案例解读

①增值税

虽然民新公司是小规模纳税人，且季度销售金额小于 300,000 元，但是因开具的是增值税专用发票，必须按发票金额全额缴税。所以在填写增值税申报表时，应将加工费 20,000 元在增值税及附加税费申报表第 1、2 行中列示。

②印花税

因民新公司与纳西公司签订受托加工合同，所以图 4-11 应作为具有合同性质的凭证进行印花税申报。即民新公司按加工收入的0.3‰贴花。

（2）申报表填写

①增值税

此案例需要填写增值税及附加税费申报表（如表4–19所示）。

表4–19【例4–7】增值税及附加税费申报表

附件3

增值税及附加税费申报表

（小规模纳税人适用）

纳税人识别号（统一社会信用代码）：91450521EEEEEEEEEE

纳税人名称：民新公司　　　　金额单位：元（列至角分）

税款所属期：2023年7月1日至2023年9月30日　　　　填表日期：2023年10月10日

	项目	栏次	本期数		本年累计	
			货物及劳务	服务、不动产和无形资产	货物及劳务	服务、不动产和无形资产
一、计税依据	（一）应征增值税不含税销售额（3%征收率）	1	20,000.00			
	增值税专用发票不含税销售额	2	20,000.00			
	其他增值税发票不含税销售额	3				
	（二）应征增值税不含税销售额（5%征收率）	4	—		—	
	增值税专用发票不含税销售额	5	—		—	
	其他增值税发票不含税销售额	6	—		—	
	（三）销售使用过的固定资产不含税销售额	7(7≥8)		—		—
	其中：其他增值税发票不含税销售额	8		—		—
	（四）免税销售额	9=10+11+12				
	其中：小微企业免税销售额	10				
	未达起征点销售额	11				
	其他免税销售额	12				
	（五）出口免税销售额	13(13≥14)				
	其中：其他增值税发票不含税销售额	14				
二、税款计算	本期应纳税额	15	600.00			
	本期应纳税额减征额	16	400.00			
	本期免税额	17				
	其中：小微企业免税额	18				
	未达起征点免税额	19				
	应纳税额合计	20=15-16	200.00			
	本期预缴税额	21			—	—
	本期应补（退）税额	22=20-21	200.00		—	—
三、附加税费	城市维护建设税本期应补（退）税额	23				
	教育费附加本期应补（退）费额	24				
	地方教育附加本期应补（退）费额	25				

声明：此表是根据国家税收法律法规及相关规定填写的，本人（单位）对填报内容（及附带资料）的真实性、可靠性、完整性负责。

纳税人（签章）：　　　年　月　日

经办人： 经办人身份证号： 代理机构签章： 代理机构统一社会信用代码：	受理人： 受理税务机关（章）： 受理日期：　　年　月　日

②印花税

财产和行为税纳税申报表（如表4–20所示）和财产和行为税减免税明细申报附表（如表4–21所示）

表4–20【例4–7】财产和行为税纳税申报表

财产和行为税纳税申报表

纳税人识别号（统一社会信用代码）：9145052191450521EEEEEEEEEE

纳税人名称：民新公司　　金额单位：人民币元（列至角分）

序号	税种	税目	税款所属期起	税款所属期止	计税依据	税率	应纳税额	减免税额	已缴税额	应补（退）税额
1	印花税	承揽合同	2023-7-17	2023-7-17	20,200.00	0.3‰	6.06	3.03		3.03
2										
3										
4										
5										
6										
7										
8										
9										
10	合计	—	—	—	—	—	6.06	3.03		3.03
声明：此表是根据国家税收法律法规及相关规定填写的，本人（单位）对填报内容（及附带资料）的真实性、可靠性、完整性负责。 纳税人（签章）：年 月 日										
经办人： 经办人身份证号： 代理机构签章： 代理机构统一社会信用代码：					受理人： 受理税务机关（章）： 受理日期：年 月 日					

表4–21【例4–7】财产和行为税减免税明细申报附表

财产和行为税减免税明细申报附表

纳税人识别号（统一社会信用代码）：9145052191450521EEEEEEEEEE

纳税人名称：民新公司　　金额单位：人民币元（列至角分）

本期是否适用小微企业“六税两费”减免政策	√是 □否	减免政策适用主体	增值税小规模纳税人：√是 □否
			增值税一般纳税人：□个体工商户 √小型微利企业
		适用减免政策起止时间	2023 年 7 月 至 2023 年 7 月
合计减免税额		3.03	

城镇土地使用税					
序号	土地编号	税款所属期起	税款所属期止	减免性质代码和项目名称	减免税额
1					
2					
小计	—			—	
房产税					
序号	房产编号	税款所属期起	税款所属期止	减免性质代码和项目名称	减免税额
1					
2					
小计	—			—	

续表

车船税					
序号	车辆识别代码/船舶识别码	税款所属期起	税款所属期止	减免性质代码和项目名称	减免税额
1					
2					
小计				—	

印花税					
序号	税目	税款所属期起	税款所属期止	减免性质代码和项目名称	减免税额
1	承揽合同	2023-7-17	2023-7-17		3.03
2					
小计	—			—	

资源税						
序号	税目	子目	税款所属期起	税款所属期止	减免性质代码和项目名称	减免税额
1						
2						
小计	—				—	

耕地占用税					
序号	税源编号	税款所属期起	税款所属期止	减免性质代码和项目名称	减免税额
1					
2					
小计	—			—	

契税					
序号	税源编号	税款所属期起	税款所属期止	减免性质代码和项目名称	减免税额
1					
2					
小计	—			—	

土地增值税					
序号	项目编号	税款所属期起	税款所属期止	减免性质代码和项目名称	减免税额
1					
2					
小计	—			—	

环境保护税							
序号	税源编号	污染物类别	污染物名称	税款所属期起	税款所属期止	减免性质代码和项目名称	减免税额
1							
2							
小计	—					—	

声明：此表是根据国家税收法律法规及相关规定填写的，本人（单位）对填报内容（及附带资料）的真实性、可靠性、完整性负责。 纳税人（签章）：　　　　年　月　日	
经办人： 经办人身份证号： 代理机构签章： 代理机构统一社会信用代码：	受理人： 受理税务机关（章）： 受理日期：年　月　日

第五章　销售环节财税处理

各行业的销售环节大体是相似的，工业企业销售自产的成品，商贸企业销售购进的商品，销售后要对所销售的商品成本进行结转，这些业务构成了销售环节的主要核算部分。通过本章的学习，读者会对小企业客户往来业务以及销售开票、结转销售成本有所了解。

一、客户往来

企业向客户销售产品，财务人员应根据销售部门提供的送货单开具发票，并对产品出库、合同签订和货款催收等业务进行核算与监督，清晰记录每笔往来业务，并定期与客户进行账务核对。

（一）会计核算

财务人员应了解小企业客户往来环节的经济业务和财务流程，并按《小企业会计准则》要求设置会计科目和进行账务核算。

1. 会计科目设置

小企业客户往来业务涉及“应收账款”“预收账款”等会计科目。如表 5–1 所示。

表 5–1 供应商往来业务涉及的会计科目

<table>
<tr><th>会计科目</th><th colspan="2">应收账款</th><th colspan="2">预收账款</th></tr>
<tr><td>核算内容</td><td colspan="2">核算小企业因销售商品、提供劳务等日常生产经营活动应收取的款项</td><td colspan="2">核算小企业预收账款的取得、偿付等情况</td></tr>
<tr><td>明细科目设置</td><td colspan="4">按照客户的单位名称设置明细科目进行核算</td></tr>
<tr><td rowspan="3">T 形图</td><td colspan="2">借方　应收账款　贷方</td><td colspan="2">借方　预收账款　贷方</td></tr>
<tr><td>企业应收的款项</td><td>已收回的款项、转作商业汇票结算的款项等</td><td>向购货方发货后冲销的预收账款金额和退回购货方多付款项的金额</td><td>发生的预收账款金额和购货单位补付账款的金额</td></tr>
<tr><td>企业尚未收回的应收账款</td><td>企业预收的款项</td><td>企业尚未转销的款项</td><td>企业预收的款项</td></tr>
</table>

财税笔记：

（1）一个客户只设置一个会计科目。比如客户A公司，如果第一笔业务是记在“预收账款”会计科目，即使后面是应收款，也应记于“预收账款”会计科目的贷方，这也是为了方便查询客户A公司的挂账情况。

（2）对于“应收账款”和“预收账款”明细科目的设置。为了方便管理，一般这两个科目的二级科目以“单位”“个人”或者地区来设置。如“应收账款——单位——A公司”“应收账款——个人——张X”“预收账款——华南地区——C公司”等。

（3）不单独设置“预收账款”科目的企业，预收的账款也在“应收账款”科目的贷方核算。

2. 账务处理规范

（1）应收账款的账务处理

①企业销售收入实现时，应根据送货单（如图5-1所示）等销售凭证，核对并开具发票，按照实现的收入金额，以发票及送货单作为原始凭证进行账务处理。

送货单

客户：　　　　　　　　　　　　　　　　日期：　　年　月　日

序号	商品全名	单位	数量	单价	金额（元）	备注
合计（大写）				（小写）		

制表：　　　　　　　　送货人：　　　　　　　　收货单位签字：

图5-1 送货单

会计分录为：

借：应收账款

　贷：主营业务收入

　　应交税费——应交增值税（销项税额）

②收到客户的款项，应以银行回单作为原始凭证进行账务处理。

会计分录为：

借：银行存款

　贷：应收账款

（2）预收账款的账务处理

预收账款的账务处理和应收账款是一样的。预收款项不多的企业，可以在“应收账款”科目中核算预收款项。

①企业向购货单位预收的款项，应以银行回单作为原始凭证进行账务处理。

会计分录为：

借：银行存款

　贷：预收账款

②企业销售收入实现时，应根据送货单等销售凭证，核对并开具发票，按照实现的收入金额，以发票及送货单作为原始凭证进行账务处理。

会计分录为：

借：预收账款

　贷：主营业务收入

　　应交税费——应交增值税（销项税额）

3. 会计核算案例

此处以纳尼公司（小规模纳税人）为例，对供应商往来业务进行会计核算。

【例 5-1】2023 年 7 月 21 日，向客户朵宝公司销售商品一批，并开出增值税普通发票，票面金额 50,000 元，税额 500 元，合计 50,500 元，货款尚未收到。

（1）案例解读

纳尼公司销售商品，应与对方核对，确认收入后开出发票，如对方不需要发票，也要做未开票收入，缴纳相应的税费。

（2）账务处理

该经济业务，使得纳尼公司的应收账款、主营业务收入、应交税费增加。

会计分录：

借：应收账款——单位——朵宝公司　　50,500

　贷：主营业务收入　　50,000

　　应交税费——应交增值税（销项税额）　　500

记账凭证如图 5-2 所示：

记　账　凭　证

2023年7月21日　　　　记第　　号

摘要	会计科目		借方金额	贷方金额	记账√
	总账科目	明细科目			
销售商品	应收账款	单位——朵宝公司	50,500.00		
	主营业务收入			50,000.00	
	应交税费	应交增值税（销项税额）		500.00	
合计	⊗伍万零伍佰元整		¥50,500.00	¥50,500.00	

附单据2张

制单：白雨

图 5-2【例 5-1】记账凭证

（3）所附原始凭证

此业务所附原始凭证包括：送货单（如图5-3所示）、增值税普通发票（如图5-4所示）。

送货单

客户：　　　　日期：2023年7月21日

序号	商品全名	单位	数量	单价	金额（元）	备注
1	打印纸	盒	1,250	40.00	50,000.00	
合计（大写）	⊗伍万元整			（小写）　¥50,000.00		

制表：晓燕　　　送货人：马力　　　收货单位签字：黄宝

图 5-3【例 5-1】送货单

<table>
<tr><td colspan="9">动态二维码　　电子发票（普通发票）　　发票号码：23412000000002222222
开票时间：2023年7月21日</td></tr>
<tr><td>购买方信息</td><td colspan="3">名称：朵宝公司
统一社会信用代码/纳税人识别号：91450521DDDDDDDDDD</td><td>销售方名称</td><td colspan="4">名称：纳尼公司
统一社会信用代码/纳税人识别号：91450521CCCCCCCCCC</td></tr>
<tr><td>项目名称</td><td>规格型号</td><td>单位</td><td>数量</td><td>单价</td><td>金额</td><td>税率/征收率</td><td>税额</td><td rowspan="3">下载次数：1</td></tr>
<tr><td>*纸制品*打印纸</td><td></td><td>盒</td><td>1,250</td><td>40.00</td><td>50,000.00</td><td>1%</td><td>500.00</td></tr>
<tr><td>合　计</td><td></td><td></td><td></td><td></td><td>¥50,000.00</td><td></td><td>¥500.00</td></tr>
<tr><td colspan="2">价税合计（大写）</td><td colspan="3">⊗伍万零伍佰元整</td><td colspan="4">（小写）¥50,500.00</td></tr>
<tr><td>备注</td><td colspan="8">开户行：中国农业银行XX分行；银行账号：20-7200010400XXXXX</td></tr>
</table>

开票人：薛莉

图 5-4【例 5-1】增值税普通发票

【例 5-2】承上例，7 月 24 日，银行收到朵宝公司支付的货款 50,500 元。

（1）案例解读

银行收到的客户回款可以不开具收据（即发票代替收据），双方以银行回单作为凭证，视客户要求而定。

（2）账务处理

该经济业务，使得纳尼公司银行存款、应收账款增加。

会计分录为：

借：银行存款　　50,500

　贷：应收账款——单位——朵宝公司　　50,500

记账凭证如图 5-5 所示：

记　账　凭　证

2023年7月24日　　　　记第　　号

<table>
<tr><td rowspan="2">摘要</td><td colspan="2">会计科目</td><td rowspan="2">借方金额</td><td rowspan="2">贷方金额</td><td rowspan="2">记账
√</td><td rowspan="11">附
单
据
2
张</td></tr>
<tr><td>总账科目</td><td>明细科目</td></tr>
<tr><td>销售商品</td><td>银行存款</td><td></td><td>50,500.00</td><td></td><td></td></tr>
<tr><td></td><td>应收账款</td><td>单位——朵宝公司</td><td></td><td>50,500.00</td><td></td></tr>
<tr><td></td><td></td><td></td><td></td><td></td><td></td></tr>
<tr><td></td><td></td><td></td><td></td><td></td><td></td></tr>
<tr><td></td><td></td><td></td><td></td><td></td><td></td></tr>
<tr><td></td><td></td><td></td><td></td><td></td><td></td></tr>
<tr><td></td><td></td><td></td><td></td><td></td><td></td></tr>
<tr><td></td><td></td><td></td><td></td><td></td><td></td></tr>
<tr><td>合计</td><td colspan="2">⊗伍万零伍佰元整</td><td>¥50,500.00</td><td>¥50,500.00</td><td></td></tr>
</table>

制单：白雨

图 5-5【例 5-2】记账凭证

（3）所附原始凭证

此业务所附原始凭证包括：银行回单（如图 5–6 所示）。

网上银行电子回单

回单编号：

<table>
<tr><td rowspan="3">付款方</td><td>账号</td><td>9450060100SSSSSSSS</td><td rowspan="3">收款方</td><td>账号</td><td>20-7200010400XXXXX</td></tr>
<tr><td>户名</td><td>朵宝公司</td><td>户名</td><td>纳尼公司</td></tr>
<tr><td>开户行</td><td>中国邮政储蓄银行股份有限公司SS支行</td><td>开户行</td><td>中国农业银行XX分行</td></tr>
<tr><td colspan="2">金额（小写）</td><td>¥50,500.00</td><td colspan="2">金额（大写）</td><td>⊗伍万零伍佰元整</td></tr>
<tr><td colspan="2">币种</td><td>人民币</td><td colspan="2">交易渠道</td><td>网上银行</td></tr>
<tr><td colspan="2">摘要</td><td>转账取款</td><td colspan="2">凭证号</td><td></td></tr>
<tr><td colspan="2">交易时间</td><td>2023-7-24</td><td colspan="2">会计日期</td><td>20230724</td></tr>
<tr><td colspan="2">附言</td><td colspan="4">货款</td></tr>
</table>

图 5–6【例 5–2】银行回单

（二）涉税处理

财务人员应正确核算客户往来业务，按时对相关税费进行申报，避免税务风险。小企业客户往来业务主要涉及企业所得税和印花税。

1. 企业所得税

企业实际发生的与取得收入有关的、合理的支出是可以在企业所得税前扣除的，在没有坏账、烂账的情况下，无需进行调整。无法收回的坏账、烂账（应收账款）符合条件的是可以在企业所得税税前扣除的，需要填写资产损失税前扣除及纳税调整明细表（如表 5–2 所示）。

（1）坏账已实际发生

按照规定，企业只有实际发生的与取得收入有关的、合理的支出，才允许税前扣除。

《中华人民共和国企业所得税法》

第八条　企业实际发生的与取得收入有关的、合理的支出，包括成本、费用、税金、损失和其他支出，准予在计算应纳税所得额时扣除。

（2）账款逾期时间要求

根据金额不同，应收账款的逾期时间应至少在 1 年以上或 3 年以上。一年以内的应收账款，若不符合其他条件，即使出现了坏账无法收回，该笔损失也是不能税前扣除的。

《国家税务总局关于发布〈企业资产损失所得税税前扣除管理办法〉的公告》（国家税务总局公告2011年第25号）

第二十三条　企业逾期三年以上的应收款项在会计上已作为损失处理的，可以作为坏账损失，但应说明情况，并出具专项报告。

第二十四条　企业逾期一年以上，单笔数额不超过五万元或者不超过企业年度收入总额万分之一的应收款项，会计上已经作为损失处理的，可以作为坏账损失，但应说明情况，并出具专项报告。

（3）事实证据规范要求

企业应具有证明损失的外部和内部相关资料，能够内外结合、相互印证。

①企业所得税法中，确认资产损失的外部证据包括专业技术鉴定和经济鉴定证明，但二者并不相同。

《国家税务总局关于发布〈企业资产损失所得税税前扣除管理办法〉的公告》（国家税务总局公告2011年第25号）

第十六条　企业资产损失相关的证据包括具有法律效力的外部证据和特定事项的企业内部证据。

第十七条　具有法律效力的外部证据，是指司法机关、行政机关、专业技术鉴定部门等依法出具的与本企业资产损失相关的具有法律效力的书面文件，主要包括：

（一）司法机关的判决或者裁定；

（二）公安机关的立案结案证明、回复；

（三）工商部门出具的注销、吊销及停业证明；

（四）企业的破产清算公告或清偿文件；

（五）行政机关的公文；

（六）专业技术部门的鉴定报告；

（七）具有法定资质的中介机构的经济鉴定证明；

（八）仲裁机构的仲裁文书；

（九）保险公司对投保资产出具的出险调查单、理赔计算单等保险单据；

（十）符合法律规定的其他证据。

上述公告第十七条中的外部证据包含的内容，只需要提供能够证明确认资产损失的外部证据即可，并不需要全部提供。

②专业技术鉴定报告根据资产类型不同，出具单位也不同。出具单位包括企业技术部门出具鉴定意见、政府对应职能部门和有法定资质的中介机构。比如：自然灾害等不可抗力造成的损失，找市气象局办理灾害鉴定；机动车的技术检验报告由旧机动车鉴定评估机构出具；房屋的报废损失技术证明由建筑质量检查站和建筑工程质量

监督站出具；特种设备的技术检验报告由技术监督局出具；专利技术、非专利技术的稳定性 / 有效性分析，由国家知识产权局下属的三级单位国专知识产权评估认证中心出具。

③社会中介机构的经济鉴证证明，是指社会中介机构按照独立、客观、公正的原则，在充分调查研究、论证和分析计算基础上，进行职业推断和客观评判，对企业的某项经济事项发表的专项经济鉴证证明或鉴证意见书，包括：会计师事务所、资产评估机构、律师事务所、专业鉴定机构等出具的经济鉴证证明或鉴证意见书。

不同类型的鉴证证明内容不同，因而不能相互替代使用。

④专业技术鉴定仅从专业技术角度说明被鉴定资产的质量水平和技术有效性程度，用于确认税法上的资产损失，还需要辅之以资产评估报告。

《企业资产损失所得税税前扣除管理办法》（国家税务总局公告 2011 年第 25 号）

以下资产损失业务，可能需要出具资产评估报告。

（1）存货、工程物资的报废、毁损或变质损失，数额较大的（指占企业该类资产计税成本 10% 以上，或减少当年应纳税所得、增加亏损 10% 以上，下同）；

（2）固定资产盘亏、丢失损失，损失金额较大的；

（3）固定资产报废、毁损损失，损失金额较大的或自然灾害等不可抗力原因造成固定资产毁损、报废的；

（4）企业股权投资损失；

（5）企业按独立交易原则向关联企业转让资产而发生的损失；

（6）企业将不同类别的资产捆绑（打包），以拍卖、询价、竞争性谈判、招标等市场方式出售，其出售价格低于计税成本而发生的损失。

（4）企业所得税申报填报及备查资料保管要求

填报资产损失税前扣除及纳税调整明细表（如表 5–2 所示）。未经申报的损失不得在税前扣除。企业需要保管相关留存备查资料。

表 5-2 资产损失税前扣除及纳税调整明细表

A105090

资产损失税前扣除及纳税调整明细表

行次	项目	资产损失直接计入本年损益金额	资产损失准备金核销金额	资产处置收入	赔偿收入	资产计税基础	资产损失的税收金额	纳税调整金额
		1	2	3	4	5	6（5-3-4）	7
1	一、现金及银行存款损失		*					
2	二、应收及预付款项坏账损失							
3	其中：逾期三年以上的应收款项损失							
4	逾期一年以上的小额应收款项损失							
5	三、存货损失							
6	其中：存货盘亏、报废、损毁、变质或被盗损失							
7	四、固定资产损失							
8	其中：固定资产盘亏、丢失、报废、损毁或被盗损失							
9	五、无形资产损失							
10	其中：无形资产转让损失							
11	无形资产被替代或超过法律保护期限形成的损失							
12	六、在建工程损失		*					
13	其中：在建工程停建、报废损失		*					
14	七、生产性生物资产损失							
15	其中：生产性生物资产盘亏、非正常死亡、被盗、丢失等产生的损失							
16	八、债权性投资损失（17+23）							
17	（一）金融企业债权性投资损失（18+22）							
18	1. 贷款损失							
19	其中：符合条件的涉农和中小企业贷款损失							
20	其中：单户贷款余额 300 万（含）以下的贷款损失							
21	单户贷款余额 300 万元至 1,000 万元（含）的 贷款损失							
22	2. 其他债权性投资损失							
23	（二）非金融企业债权性投资损失							
24	九、股权（权益）性投资损失							
25	其中：股权转让损失							
26	十、通过各种交易场所、市场买卖债券、股票、期货、基金以及金融衍生产品等发生的损失							
27	十一、打包出售资产损失							
28	十二、其他资产损失							
29	合计（1+2+5+7+9+12+14+16+24+26+27+28）							
30	其中：分支机构留存备查的资产损失							

《国家税务总局关于发布〈企业资产损失所得税税前扣除管理办法〉的公告》（国家税务总局公告2011年第25号）

第五条规定　企业发生的资产损失，应按规定的程序和要求向主管税务机关申报后方能在税前扣除。未经申报的损失，不得在税前扣除。

《国家税务总局关于企业所得税资产损失资料留存备查有关事项的公告》（国家税务总局公告2018年第15号）

一、企业向税务机关申报扣除资产损失，仅需填报企业所得税年度纳税申报表《资产损失税前扣除及纳税调整明细表》，不再报送资产损失相关资料。相关资料由企业留存备查。

二、企业应当完整保存资产损失相关资料，保证资料的真实性、合法性。

2. 印花税

（1）销售合同的纳税义务人

只要在我国境内签订购销合同的单位和个人，都是印花税的纳税义务人，都应按照《中华人民共和国印花税暂行条例》的规定缴纳印花税。

销售合同是购销合同之一，企业为销售合同签订的其中一方，应当就所执的那份合同金额缴纳印花税。纳税人实际已发生销售业务，虽未签订合同，但有相关的具有合同性质凭证（如具有合同效力的协议、契约、合约、单据、确认书及其他各种凭证），也应按购销合同性质的凭证缴纳印花税。

（2）印花税的计算

销售合同的印花税按合同载明的“购销金额”的0.3‰贴花。采购合同印花税的计税依据如表5-3所示。

表5-3 采购印花税的计税依据

合同载明的“购销金额”情形	计税依据
合同中只有不含税金额	以不含税金额作为印花税的计税依据
合同中既有不含税金额又有增值税金额，且分别记载的	以不含税金额作为印花税的计税依据
合同所载金额中包含增值税金额，但未分别记载的	以合同所载金额（即含税金额）作为印花税的计税依据

财税笔记：

从上表中可以看出，购销合同中如果有不含税金额，印花税的计税金额会小，也减少了印花税的缴纳。如果购销合同所载金额中包含增值税金额，但未分别记载的情形，则增加了印花税的计税金额，多缴纳了印花税。所以会计人员审核购销合同时特别关注这个点。

（3）申报缴纳

企业达到纳税时间（签销售合同时）需一次性缴纳印花税。

印花税的申报分两种，如表 5–4 所示。

表 5–4 购销合同印花税的申报分类

种类	按次申报	按期申报
办理税种认定	否	是
申报流程	登录电子税务局进行税源采集后直接申报	按月或按季登录电子税务局申报
申报期限	书立合同时申报	月/季度申报，即使不签合同也需要申报

纳税人可以选择按期（按月或按季）或按次进行合同印花税的申报。如果企业经常签订合同，建议选择税种核定，按期申报。如果不经常签订合同的话，建议选择按次申报。

申报印花税时需要填写财产和行为税纳税申报表（如表 5–5 所示）和财产和行为税减免税明细申报附表（如表 5–6 所示）。

表 5–5 财产和行为税纳税申报表

财产和行为税纳税申报表

纳税人识别号（统一社会信用代码）：

纳税人名称：　　　　金额单位：人民币元（列至角分）

序号	税种	税目	税款所属期起	税款所属期止	计税依据	税率	应纳税额	减免税额	已缴税额	应补（退）税额
1										
2										
3										
4										
5										
6										
7										
8										
9										
10	合计	—	—	—	—	—				
声明：此表是根据国家税收法律法规及相关规定填写的，本人（单位）对填报内容（及附带资料）的真实性、可靠性、完整性负责。 纳税人（签章）：　年　月　日										
经办人： 经办人身份证号： 代理机构签章： 代理机构统一社会信用代码：					受理人： 受理税务机关（章）： 受理日期：　年　月　日					

表 5-6 财产和行为税减免税明细申报附表

财产和行为税减免税明细申报附表

纳税人识别号（统一社会信用代码）：

纳税人名称：　　　　　　　　　　　　　　　　　　　　　　金额单位：人民币元（列至角分）

<table>
<tr><td rowspan="3">本期是否适用小微企业“六税两费”减免政策</td><td rowspan="3">□是 □否</td><td rowspan="2">减免政策适用主体</td><td>增值税小规模纳税人：□是 □否</td></tr>
<tr><td>增值税一般纳税人：□个体工商户
□小型微利企业</td></tr>
<tr><td>适用减免政策起止时间</td><td>年 月 至 年 月</td></tr>
<tr><td colspan="2">合计减免税额</td><td colspan="2"></td></tr>
</table>

<table>
<tr><td colspan="7">城镇土地使用税</td></tr>
<tr><td>序号</td><td>土地编号</td><td colspan="2">税款所属期起</td><td>税款所属期止</td><td>减免性质代码和项目名称</td><td>减免税额</td></tr>
<tr><td>1</td><td></td><td colspan="2"></td><td></td><td></td><td></td></tr>
<tr><td>2</td><td></td><td colspan="2"></td><td></td><td></td><td></td></tr>
<tr><td>小计</td><td>—</td><td colspan="2"></td><td></td><td>—</td><td></td></tr>
<tr><td colspan="7">房产税</td></tr>
<tr><td>序号</td><td>房产编号</td><td colspan="2">税款所属期起</td><td>税款所属期止</td><td>减免性质代码和项目名称</td><td>减免税额</td></tr>
<tr><td>1</td><td></td><td colspan="2"></td><td></td><td></td><td></td></tr>
<tr><td>2</td><td></td><td colspan="2"></td><td></td><td></td><td></td></tr>
<tr><td>小计</td><td>—</td><td colspan="2"></td><td></td><td>—</td><td></td></tr>
<tr><td colspan="7">车船税</td></tr>
<tr><td>序号</td><td>车辆识别代码/船舶识别码</td><td colspan="2">税款所属期起</td><td>税款所属期止</td><td>减免性质代码和项目名称</td><td>减免税额</td></tr>
<tr><td>1</td><td></td><td colspan="2"></td><td></td><td></td><td></td></tr>
<tr><td>2</td><td></td><td colspan="2"></td><td></td><td></td><td></td></tr>
<tr><td>小计</td><td></td><td colspan="2"></td><td></td><td>—</td><td></td></tr>
<tr><td colspan="7">印花税</td></tr>
<tr><td>序号</td><td>税目</td><td colspan="2">税款所属期起</td><td>税款所属期止</td><td>减免性质代码和项目名称</td><td>减免税额</td></tr>
<tr><td>1</td><td></td><td colspan="2"></td><td></td><td></td><td></td></tr>
<tr><td>2</td><td></td><td colspan="2"></td><td></td><td></td><td></td></tr>
<tr><td>小计</td><td>—</td><td colspan="2"></td><td></td><td>—</td><td></td></tr>
<tr><td colspan="7">资源税</td></tr>
<tr><td>序号</td><td>税目</td><td>子目</td><td>税款所属期起</td><td>税款所属期止</td><td>减免性质代码和项目名称</td><td>减免税额</td></tr>
<tr><td>1</td><td></td><td></td><td></td><td></td><td></td><td></td></tr>
<tr><td>2</td><td></td><td></td><td></td><td></td><td></td><td></td></tr>
<tr><td>小计</td><td>—</td><td></td><td></td><td></td><td>—</td><td></td></tr>
<tr><td colspan="7">耕地占用税</td></tr>
<tr><td>序号</td><td>税源编号</td><td colspan="2">税款所属期起</td><td>税款所属期止</td><td>减免性质代码和项目名称</td><td>减免税额</td></tr>
<tr><td>1</td><td></td><td colspan="2"></td><td></td><td></td><td></td></tr>
<tr><td>2</td><td></td><td colspan="2"></td><td></td><td></td><td></td></tr>
<tr><td>小计</td><td>—</td><td colspan="2"></td><td></td><td>—</td><td></td></tr>
<tr><td colspan="7">契税</td></tr>
<tr><td>序号</td><td>税源编号</td><td colspan="2">税款所属期起</td><td>税款所属期止</td><td>减免性质代码和项目名称</td><td>减免税额</td></tr>
<tr><td>1</td><td></td><td colspan="2"></td><td></td><td></td><td></td></tr>
<tr><td>2</td><td></td><td colspan="2"></td><td></td><td></td><td></td></tr>
<tr><td>小计</td><td>—</td><td colspan="2"></td><td></td><td>—</td><td></td></tr>
</table>

续表

土地增值税							
序号	项目编号	税款所属期起		税款所属期止		减免性质代码和项目名称	减免税额
1							
2							
小计	—					—	
环境保护税							
序号	税源编号	污染物类别	污染物名称	税款所属期起	税款所属期止	减免性质代码和项目名称	减免税额
1							
2							
小计	—					—	
声明：此表是根据国家税收法律法规及相关规定填写的，本人（单位）对填报内容（及附带资料）的真实性、可靠性、完整性负责。 纳税人（签章）：　　年　月　日							
经办人： 经办人身份证号： 代理机构签章： 代理机构统一社会信用代码：				受理人： 受理税务机关（章）： 受理日期：年　月　日			

3. 涉税处理案例

此处以纳西公司为例，对客户往来业务进行涉税处理。

【例5-3】2022年1月，纳西公司为真灵公司提供设计服务，合同金额20,000元；同年6月，服务完成，纳西公司开具全额普通发票；同年12月，因真灵公司违法经营被公安机关立案，预计服务款无法收回。2023年1月，真灵公司因违法经营，被工商局吊销营业执照，服务款无法收回。（纳西公司执行《小企业会计准则》）

（1）案例解读

①计提坏账准备

因纳西公司执行的是《小企业会计准则》，所以2022年12月不用计提坏账准备。如执行《企业会计准则》，应于2022年12月计提坏账准备。

会计分录为：

借：信用减值损失　　20,000

　贷：坏账准备　　20,000

②确认坏账

纳西公司执行《小企业会计准则》，会计分录为：

借：营业外支出　　20,000

　贷：应收账款——单位——真灵公司　　20,000

如执行《企业会计准则》，会计分录为：

借：坏账准备　　20,000

　贷：应收账款——单位——真灵公司　　20,000

（2）申报表填写

财税笔记：

①年度汇算清缴时，依据规定的程序和要求向主管税务机关申报应收账款损失。

②实际发生且会计上已作损失处理的年度税前扣除。

③逾期一年以上且单笔金额小于 50,000 元，分类为“逾期一年以上的小额应收款项损失”。如果金额超过 50,000 元，不用单独列示。

④纳西公司留存备案资料：相关事项合同、协议或说明；真灵公司被工商部门吊销营业执照的网页截图。

此案例应填写资产损失税前扣除及纳税调整明细表第 4 行“逾期一年以上的小额应收款项损失”填报金额。如表 5–7 所示。

表 5-7【例 5-3】资产损失税前扣除及纳税调整明细表

A105090

资产损失税前扣除及纳税调整明细表

行次	项目	资产损失直接计入本年损益金额	资产损失准备金核销金额	资产处置收入	赔偿收入	资产计税基础	资产损失的税收金额	纳税调整金额
		1	2	3	4	5	6（5-3-4）	7
1	一、现金及银行存款损失		*					
2	二、应收及预付款项坏账损失	20,000				20,000	20,000	
3	其中：逾期三年以上的应收款项损失							
4	逾期一年以上的小额应收款项损失	20,000				20,000	20,000	
5	三、存货损失							
6	其中：存货盘亏、报废、损毁、变质或被盗损失							
7	四、固定资产损失							
8	其中：固定资产盘亏、丢失、报废、损毁或被盗损失							
9	五、无形资产损失							
10	其中：无形资产转让损失							
11	无形资产被替代或超过法律保护期限形成的损失							
12	六、在建工程损失		*					
13	其中：在建工程停建、报废损失		*					
14	七、生产性生物资产损失							
15	其中：生产性生物资产盘亏、非正常死亡、被盗、丢失等产生的损失							
16	八、债权性投资损失（17+23）							
17	（一）金融企业债权性投资损失（18+22）							
18	1. 贷款损失							
19	其中：符合条件的涉农和中小企业贷款损失							
20	其中：单户贷款余额 300 万（含）以下的贷款损失							
21	单户贷款余额 300 万元至 1,000 万元（含）的 贷款损失							
22	2. 其他债权性投资损失							
23	（二）非金融企业债权性投资损失							
24	九、股权（权益）性投资损失							
25	其中：股权转让损失							
26	十、通过各种交易场所、市场买卖债券、股票、期货、基金以及金融衍生产品等发生的损失							
27	十一、打包出售资产损失							
28	十二、其他资产损失							
29	合计（1+2+5+7+9+12+14+16+24+26+27+28）							
30	其中：分支机构留存备查的资产损失							

二、销售业务

企业发生销售业务时，财务人员应根据销售部门提供的送货单等进行发票开具和货款回收，并对每笔销售相关的经济业务进行记录，保证账实相符。

（一）会计核算

财务人员应了解小企业销售环节的经济业务和财务流程，并按《小企业会计准则》要求设置会计科目和进行账务核算。

1. 会计科目设置

小企业销售业务涉及“主营业务收入”“其他业务收入”等会计科目。如表 5-8 所示。

表 5-8 销售业务涉及的会计科目

会计科目	主营业务收入	其他业务收入
核算内容	核算小企业确认的销售商品、提供服务等主营业务的收入	核算小企业确认的除主营业务活动以外的其他经营活动实现的收入
明细科目设置	按照主营业务种类设置明细科目进行核算	按照其他业务种类设置明细科目进行核算
T 形图	借方　主营业务收入　贷方 企业月末结转的主营业务收入 | 企业发生的主营业务收入	借方　其他业务收入　贷方 企业月末结转的其他业务收入 | 企业发生的其他业务收入

财税笔记：

业务收入按业务种类进行设置，如：主营业务收入——蔬菜类、主营业务收入——粮油类等。

《财政部 国家税务总局关于免征蔬菜流通环节增值税有关问题的通知》（财税〔2011〕137 号）

二、纳税人既销售蔬菜又销售其他增值税应税货物的，应分别核算蔬菜和其他增值税应税货物的销售额；未分别核算的，不得享受蔬菜增值税免税政策。

2. 账务处理规范

（1）确认销售收入的账务处理

企业确认销售收入时，应根据送货单等销售凭证，核对并开具发票，按照实现的收入金额，以发票及送货单作为原始凭证进行账务处理。

会计分录为：

借：应收账款等

　贷：主营业务收入 / 其他业务收入

　　应交税费——应交增值税（销项税额）

财税笔记：

在进行销售商品收入的账务处理时，对于不符合销售商品收入确认条件的，即使商品已发出，也不能确认收入。

会计分录为：

借：发出商品

　贷：库存商品

（2）销售折让的账务处理

企业因售出的商品质量不合格等原因而给予客户的售价减让，应根据销售凭证等原始凭证进行账务处理，在实际发生时冲减当期营业收入，按规定允许扣减当期的销项税额，理论上，应用红字冲减当期的“应交税费——应交增值税（销项税额）”科目。实际工作中，应按冲减后的金额做账务处理。

会计分录为：

借：银行存款

　贷：主营业务收入

　　应交税费——应交增值税（销项税额）

（3）销售退回的账务处理

企业因售出的商品质量不合格等原因而发生的退货，应根据红字送货单、负数发票等进行账务处理，可分以下两种情况进行处理：

①销售退回发生在企业确认收入之前

会计分录为：

借：库存商品

　贷：发出商品

财税笔记：

理论中，销售退回发生在企业确认收入之前的经济业务账务处理即是与销售时相反的会计分录。实际工作中，一般为与销售时相同的红字分录。

会计分录为：

借：发出商品（红字）

　贷：库存商品（红字）

②销售退回发生在企业确认收入之后

会计分录为：

借：主营业务收入 / 其他业务收入

　　应交税费——应交增值税（销项税额）

　贷：应收账款等

财税笔记：

理论中，销售退回发生在企业确认收入之后的经济业务账务处理即是与销售时相反的会计分录。实际工作中，一般为与销售时相同的红字分录。

借：应收账款等（红字）

　贷：主营业务收入 / 其他业务收入（红字）

　　　应交税费——应交增值税（销项税额）（红字）

不论销售是发生还是退回，是否发生折扣或折让，都应同时结转销售成本（见本章三、结转销售成本小节）。

3. 会计核算案例

此处以纳美公司（小规模纳税人）为例，对销售业务进行会计核算。

【例 5–4】2023 年 7 月 25 日，向汇隆超市销售农产品一批，并开具增值税普通发票 6 张，共计金额 50,000 元。

（1）案例解读

销售农产品要享受免税政策，只能开具增值税普通发票，且分别核算免税农产品和其他增值税应税货物的销售额。

（2）账务处理

该经济业务，使得该公司应收账款、主营业务收入增加，由于是免税产品，所以不产生应交税费。

会计分录为：

借：应收账款——单位——汇隆超市　　50,000

　贷：主营业务收入——蔬菜　　50,000

记账凭证如图 5-7 所示：

记　账　凭　证

2023年7月25日　　　　记第　　号

摘要	会计科目		借方金额	贷方金额	记账
	总账科目	明细科目			√
销售商品	应收账款	单位——汇隆超市	50,000.00		
	主营业务收入	蔬菜		50,000.00	
合计	⊗伍万元整		¥50,000.00	¥50,000.00	

附单据2张

制单：白雨

图 5-7【例 5-4】记账凭证

（3）所附原始凭证

此业务所附原始凭证包括：电子发票（如图 5-8 所示）、送货单（如图 5-9 所示）。

动态二维码

电子发票（普通发票）

发票号码：23412000000003333333
开票时间：2023年7月25日

购买方信息	名称：汇隆超市 统一社会信用代码/纳税人识别号：91450521FFFFFFFFF			销售方名称	名称：纳美公司 统一社会信用代码/纳税人识别号：91450521EEEEEEEEEE		
项目名称	规格型号	单位	数量	单价	金额	税率/征收率	税额
*蔬菜*胡萝卜		斤	2,400	2.50	6,000.00	免税	0.00
*蔬菜*西红柿		斤	3,000	3.00	9,000.00	免税	0.00
*蔬菜*小白菜		斤	5,000	3.50	17,500.00	免税	0.00
*蔬菜*青瓜		斤	2,000	3.50	7,000.00	免税	0.00
*蔬菜*莴笋		斤	3,000	3.50	10,500.00	免税	0.00
合　计					¥50,000.00		¥0.00
价税合计（大写）	⊗伍万元整			（小写）¥50,000.00			
备注	开户行：中国农业银行XX分行；银行账号：20-7200010400YYYYY						

下载次数：1

开票人：张洁

图 5-8【例 5-4】电子发票

送货单

客户：汇隆超市　　　　　　　　　　　　　　　　　　　　　　　　日期：2023年7月25日

序号	商品全名	单位	数量	单价	金额（元）	备注
1	胡萝卜	斤	2,400	2.50	6,000.00	
2	西红柿	斤	3,000	3.00	9,000.00	
3	小白菜	斤	5,000	3.50	17,500.00	
4	青瓜	斤	2,000	3.50	7,000.00	
5	莴笋	斤	3,000	3.50	10,500.00	
合计（大写）	⊗伍万元整			（小写）¥50,000.00		

制表：庞培云　　　　　　　　送货人：张羽　　　　　　　　收货单位签字：黄家汇

图 5-9【例 5-4】送货单

（二）涉税处理

财务人员应正确核算销售业务，按时对相关税费进行申报，避免税务风险。小企业销售业务主要涉及增值税和企业所得税。

1. 增值税

销售货物主要涉及增值税中的销项税额。

（1）增值税计算销项税额的时间

增值税计算销项税额的时间如表 5-9 所示。

表 5-9 增值税计算销项税额的时间

<table>
<tr><th colspan="2">销售方式</th><th>纳税义务发生时间</th><th>备注</th></tr>
<tr><td rowspan="3">一般规定</td><td>销售货物或者应税劳务和应税服务</td><td>收讫销售款或取得索取销售款凭据的当天</td><td>先开具发票的，为开具发票的当天</td></tr>
<tr><td>进口货物</td><td>报关进口的当天</td><td></td></tr>
<tr><td colspan="3">增值税扣缴义务发生时间为增值税纳税义务发生的当天</td></tr>
<tr><td rowspan="6">具体规定</td><td>直接收款</td><td colspan="2">不论货物是否发出，均为收到销售款或者取得索取销售款凭证的当天</td></tr>
<tr><td>托收承付/委托银行收款</td><td colspan="2">为发出货物并办妥托收手续的当天</td></tr>
<tr><td>赊销和分期</td><td colspan="2">书面合同约定的收款日期的当天。无书面合同或者合同没有约定收款日期的，为货物发出的当天</td></tr>
<tr><td>预收货款</td><td colspan="2">为货物发出的当天，但生产销售生产工期超过12个月的大型机械设备等货物，为收到预收款或者书面合同约定的收款日期的当天</td></tr>
<tr><td>委托他人代销货物</td><td colspan="2">收到代销单位的代销清单、全部或者部分货款的当天，最晚不超过发出代销货物满180天的当天</td></tr>
<tr><td>其他视同销售行为</td><td colspan="2">货物移送的当天</td></tr>
</table>

（2）销项税额的计算

在不包含优惠政策享受增值税减免的情况下，对于一般销售开具的增值税发票上已经体现出了要交的增值税。

当期销项税额＝不含增值税销售额 × 适用税率

＝含增值税销售额 ÷（1＋适用税率）× 适用税率

（3）增值税申报表的填写

一般纳税人需要填写增值税及附加税费申报表附列资料（一）（如表5-10所示），小规模纳税人需要填写增值税及附加税费申报表（小规模纳税人适用）（如表5-11所示）。

表 5-10　增值税及附加税费申报表附列资料（一）

增值税及附加税费申报表附列资料（一）

（本期销售情况明细）

税款所属时间：　年　月　日至　年　月　日

纳税人名称：（公章）　　　　金额单位：元（列至角分）

项目及栏次				开具增值税专用发票		开具其他发票		未开具发票		纳税检查调整		合计			服务、不动产和无形资产扣除项目本期实际扣除金额	扣除后	
				销售额	销项（应纳）税额	销售额	销项（应纳）税额	销售额	销项（应纳）税额	销售额	销项（应纳）税额	销售额	销项（应纳）税额	价税合计		含税（免税）销售额	销项（应纳）税额
				1	2	3	4	5	6	7	8	9=1+3+5+7	10=2+4+6+8	11=9+10	12	13=11-12	14=13÷（100%+税率或征收率）×税率或征收率
一、一般计税方法计税	全部征税项目	13% 税率的货物及加工修理修配劳务	1											—	—	—	—
		13% 税率的服务、不动产和无形资产	2														
		9% 税率的货物及加工修理修配劳务	3											—	—	—	—
		9% 税率的服务、不动产和无形资产	4														
		6% 税率	5														
	其中：即征即退项目	即征即退货物及加工修理修配劳务	6	—	—	—	—	—	—	—	—			—	—	—	—
		即征即退服务、不动产和无形资产	7	—	—	—	—	—	—	—	—						

续表

项目及栏次				开具增值税专用发票		开具其他发票		未开具发票		纳税检查调整		合计			服务、不动产和无形资产扣除项目本期实际扣除金额	扣除后	
				销售额	销项（应纳）税额	销售额	销项（应纳）税额	销售额	销项（应纳）税额	销售额	销项（应纳）税额	销售额	销项（应纳）税额	价税合计		含税（免税）销售额	销项（应纳）税额
				1	2	3	4	5	6	7	8	9=1+3+5+7	10=2+4+6+8	11=9+10	12	13=11-12	14=13÷（100%+税率或征收率）×税率或征收率
二、简易计税方法计税	全部征税项目	6% 征收率	8							—	—			—	—	—	—
		5% 征收率的货物及加工修理修配劳务	9a							—	—			—	—	—	—
		5% 征收率的服务、不动产和无形资产	9b							—	—						
		4% 征收率	10							—	—			—	—	—	—
		3% 征收率的货物及加工修理修配劳务	11							—	—			—	—	—	—
		3% 征收率的服务、不动产和无形资产	12							—	—						
		预征率 a%	13a							—	—						
		预征率 b%	13b							—	—						
		预征率 c%	13c							—	—						
	其中：即征即退项目	即征即退货物及加工修理修配劳务	14	—	—	—	—	—	—	—	—			—	—	—	—
		即征即退服务、不动产和无形资产	15	—	—	—	—	—	—	—	—						
三、免抵退税	货物及加工修理修配劳务		16	—	—		—		—	—	—		—	—	—	—	—
	服务、不动产和无形资产		17	—	—		—		—	—	—		—				—
四、免税	货物及加工修理修配劳务		18				—		—	—	—		—	—	—	—	—
	服务、不动产和无形资产		19	—	—		—		—	—	—		—				—

表 5-11 增值税及附加税费申报表（小规模纳税人适用）

附件 3

增值税及附加税费申报表

（小规模纳税人适用）

纳税人识别号（统一社会信用代码）：□□□□□□□□□□□□□□□□□□□□□□□□

纳税人名称：　　　　　　　　　　　　　　　　　　　　　　金额单位：元（列至角分）

税款所属期：　　年　月　日至　　年　月　日　　　　　　　　填表日期：　　年　月　日

	项目	栏次	本期数		本年累计	
			货物及劳务	服务、不动产和无形资产	货物及劳务	服务、不动产和无形资产
一、计税依据	（一）应征增值税不含税销售额（3% 征收率）	1				
	增值税专用发票不含税销售额	2				
	其他增值税发票不含税销售额	3				
	（二）应征增值税不含税销售额（5% 征收率）	4	—		—	
	增值税专用发票不含税销售额	5	—		—	
	其他增值税发票不含税销售额	6	—		—	
	（三）销售使用过的固定资产不含税销售额	7（7 ≥ 8）		—		—
	其中：其他增值税发票不含税销售额	8		—		—
	（四）免税销售额	9=10+11+12				
	其中：小微企业免税销售额	10				
	未达起征点销售额	11				
	其他免税销售额	12				
	（五）出口免税销售额	13（13 ≥ 14）				
	其中：其他增值税发票不含税销售额	14				
二、税款计算	本期应纳税额	15				
	本期应纳税额减征额	16				
	本期免税额	17				
	其中：小微企业免税额	18				
	未达起征点免税额	19				
	应纳税额合计	20=15-16				
	本期预缴税额	21			—	—
	本期应补（退）税额	22=20-21			—	—
三、附加税费	城市维护建设税本期应补（退）税额	23				
	教育费附加本期应补（退）费额	24				
	地方教育附加本期应补（退）费额	25				

声明：此表是根据国家税收法律法规及相关规定填写的，本人（单位）对填报内容（及附带资料）的真实性、可靠性、完整性负责。

纳税人（签章）：　　　年　月　日

经办人： 经办人身份证号： 代理机构签章： 代理机构统一社会信用代码：	受理人： 受理税务机关（章）： 受理日期：　　年　月　日

2. 企业所得税

相对于正常的销售业务，那些非正常的视同销售在财税上的处理要引起注意。

（1）视同销售的概念

视同销售是指在会计上不作为销售核算，而按税法规定需作为销售、确认收入计算缴纳税款的货物、资产或劳务的转移行为。其实视同销售是税法上的一个概念。

《中华人民共和国企业所得税法实施条例》

第二十五条　企业发生非货币性资产交换，以及将货物、财产、劳务用于捐赠、偿债、赞助、集资、广告、样品、职工福利或者分配利润等用途的，应当视同销售货物、转让财产或者提供劳务，但国务院财政、税务主管部门另有规定的除外。

（2）视同销售确认收入

《国家税务总局关于企业处置资产所得税处理问题的通知》（国税函〔2008〕828号）

二、企业将资产移送他人的下列情形，因资产所有权属已发生改变而不属于内部处置资产，应按规定视同销售确定收入。

（一）用于市场推广或销售；

（二）用于交际应酬；

（三）用于职工奖励或福利；

（四）用于股息分配；

（五）用于对外捐赠；

（六）其他改变资产所有权属的用途。

《国家税务总局关于企业所得税有关问题的公告》（国家税务总局公告2016年第80号）

第二条　企业发生《国家税务总局关于企业处置资产所得税处理问题的通知》（国税函〔2008〕828号）第二条所述情形的，除另有规定外，应按照被移送资产的公允价值确认销售收入。

（3）申报表的填写

根据企业实际情况填写视同销售和房地产开发企业特定业务纳税调整明细表（如表5-12所示）和纳税调整项目明细表（如表5-13所示）。

表 5-12 视同销售和房地产开发企业特定业务纳税调整明细表

A105010

视同销售和房地产开发企业特定业务纳税调整明细表

行次	项目	税收金额	纳税调整金额
		1	2
1	一、视同销售（营业）收入（2+3+4+5+6+7+8+9+10）		
2	（一）非货币性资产交换视同销售收入		
3	（二）用于市场推广或销售视同销售收入		
4	（三）用于交际应酬视同销售收入		
5	（四）用于职工奖励或福利视同销售收入		
6	（五）用于股息分配视同销售收入		
7	（六）用于对外捐赠视同销售收入		
8	（七）用于对外投资项目视同销售收入		
9	（八）提供劳务视同销售收入		
10	（九）其他		
11	二、视同销售（营业）成本（12+13+14+15+16+17+18+19+20）		
12	（一）非货币性资产交换视同销售成本		
13	（二）用于市场推广或销售视同销售成本		
14	（三）用于交际应酬视同销售成本		
15	（四）用于职工奖励或福利视同销售成本		
16	（五）用于股息分配视同销售成本		
17	（六）用于对外捐赠视同销售成本		
18	（七）用于对外投资项目视同销售成本		
19	（八）提供劳务视同销售成本		
20	（九）其他		
21	三、房地产开发企业特定业务计算的纳税调整额（22-26）		
22	（一）房地产企业销售未完工开发产品特定业务计算的纳税调整额（24-25）		
23	1. 销售未完工产品的收入		
24	2. 销售未完工产品预计毛利额		
25	3. 实际发生的税金及附加、土地增值税		
26	（二）房地产企业销售的未完工产品转完工产品特定业务计算的纳税调整额（28-29）		
27	1. 销售未完工产品转完工产品确认的销售收入		
28	2. 转回的销售未完工产品预计毛利额		
29	3. 转回实际发生的税金及附加、土地增值税		

表 5-13 纳税调整项目明细表

A105000

纳税调整项目明细表

行次	项目	账载金额	税收金额	调增金额	调减金额
		1	2	3	4
1	一、收入类调整项目（2+3+…+8+10+11）	*	*		
2	（一）视同销售收入（填写 A105010）	*			*
3	（二）未按权责发生制原则确认的收入（填写 A105020）				
4	（三）投资收益（填写 A105030）				
5	（四）按权益法核算长期股权投资对初始投资成本调整确认收益	*	*	*	
6	（五）交易性金融资产初始投资调整	*	*		*
7	（六）公允价值变动净损益		*		
8	（七）不征税收入	*	*		
9	其中：专项用途财政性资金（填写 A105040）	*	*		
10	（八）销售折扣、折让和退回				
11	（九）其他				
12	二、扣除类调整项目（13+14+…+24+26+27+28+29+30）	*	*		
13	（一）视同销售成本（填写 A105010）	*		*	
14	（二）职工薪酬（填写 A105050）				
15	（三）业务招待费支出				*
16	（四）广告费和业务宣传费支出（填写 A105060）	*	*		
17	（五）捐赠支出（填写 A105070）				
18	（六）利息支出				
19	（七）罚金、罚款和被没收财物的损失		*		*
20	（八）税收滞纳金、加收利息		*		*
21	（九）赞助支出		*		*
22	（十）与未实现融资收益相关在当期确认的财务费用				
23	（十一）佣金和手续费支出				*
24	（十二）不征税收入用于支出所形成的费用	*	*		*
25	其中：专项用途财政性资金用于支出所形成的费用（填写 A105040）	*	*		*
26	（十三）跨期扣除项目				
27	（十四）与取得收入无关的支出		*		*
28	（十五）境外所得分摊的共同支出	*	*		*
29	（十六）党组织工作经费				
30	（十七）其他				
31	三、资产类调整项目（32+33+34+35）	*	*		
32	（一）资产折旧、摊销（填写 A105080）				
33	（二）资产减值准备金		*		
34	（三）资产损失（填写 A105090）				

续表

行次	项目	账载金额	税收金额	调增金额	调减金额
		1	2	3	4
35	（四）其他				
36	四、特殊事项调整项目（37+38+…+42）	*	*		
37	（一）企业重组及递延纳税事项（填写 A105100）				
38	（二）政策性搬迁（填写 A105110）	*	*		
39	（三）特殊行业准备金（填写 A105120）				
40	（四）房地产开发企业特定业务计算的纳税调整额（填写 A105010）	*			
41	（五）有限合伙企业法人合伙方应分得的应纳税所得额				
42	（六）其他	*	*		
43	五、特别纳税调整应税所得	*	*		
44	六、其他	*	*		
45	合计（1+12+31+36+43+44）	*	*		

3. 涉税处理案例

此处以纳尔公司为例，对销售业务进行涉税处理。

【例 5–5】2023 年 7 月 3 日，纳尔公司对 2023 年 6 月增值税进行申报，其中：开出的增值税专用发票 6 份，金额 200,000 元，税额 26,000 元；增值税普通发票 2 份，金额 20,000 元，税额 2,600 元。未开具发票已确认收入金额 5,000 元，税额 650 元。

（1）案例解读

对于对方不需要发票或已确认收入未开具发票的，也在纳税义务发生的所属期内进行申报。

（2）申报表填写

此案例需要填写增值税纳税申报表附列资料（一）（如表 5–14 所示）。

表 5-14 【例 5-5】增值税纳税申报表附列资料（一）

增值税及附加税费申报表附列资料（一）

（本期销售情况明细）

税款所属时间：2023 年 6 月 1 日至 2023 年 6 月 30 日

纳税人名称：（公章） 纳尔公司

项目及栏次				开具增值税专用发票		开具其他发票	
				销售额	销项（应纳）税额	销售额	销项（应纳）税额
				1	2	3	4
一、一般计税方法计税	全部征税项目	13% 税率的货物及加工修理修配劳务	1	200,000.00	26,000.00	20,000.00	2,600.00
		13% 税率的服务、不动产和无形资产	2				
		9% 税率的货物及加工修理修配劳务	3				
		9% 税率的服务、不动产和无形资产	4				
		6% 税率	5				
	其中：即征即退项目	即征即退货物及加工修理修配劳务	6	—	—	—	—
		即征即退服务、不动产和无形资产	7	—	—	—	—
二、简易计税方法计税	全部征税项目	6% 征收率	8				
		5% 征收率的货物及加工修理修配劳务	9a				
		5% 征收率的服务、不动产和无形资产	9b				
		4% 征收率	10				
		3% 征收率的货物及加工修理修配劳务	11				
		3% 征收率的服务、不动产和无形资产	12				
		预征率 a%	13a				
		预征率 b%	13b				
		预征率 c%	13c				
	其中：即征即退项目	即征即退货物及加工修理修配劳务	14	—	—	—	—
		即征即退服务、不动产和无形资产	15	—	—	—	—
三、免抵退税	货物及加工修理修配劳务		16	—	—		—
	服务、不动产和无形资产		17	—	—		—
四、免税	货物及加工修理修配劳务		18				—
	服务、不动产和无形资产		19	—	—		—

金额单位：元（列至角分）

未开具发票		纳税检查调整		合计			服务、不动产和无形资产扣除项目本期实际扣除金额	扣除后	
销售额	销项（应纳）税额	销售额	销项（应纳）税额	销售额	销项（应纳）税额	价税合计		含税（免税）销售额	销项（应纳）税额
5	6	7	8	9=1+3+5+7	10=2+4+6+8	11=9+10	12	13=11-12	14=13÷（100%+税率或征收率）×税率或征收率
000.00	650.00			225,000.00	29,250.00	—	—	—	—
						—	—	—	—
—	—	—	—			—	—	—	—
—	—	—	—						
		—	—			—	—	—	—
		—	—			—	—	—	—
		—	—						
		—	—			—	—	—	—
		—	—			—	—	—	—
		—	—						
		—	—						
		—	—						
		—	—						
—	—	—	—			—	—	—	—
—	—	—	—						
	—	—	—		—	—	—	—	—
	—	—	—		—				—
	—	—	—		—	—	—		—
	—	—	—		—				—

三、结转销售成本

对于销售出去的产品或商品，不管是否已经确认收入，财务人员都应根据仓库出库单来进行销售成本的结转，审核监督出库及库存盘点等业务，并对每笔销售成本的结转业务进行记录，保证账实相符。

（一）会计核算

财务人员应了解小企业结转销售成本环节的经济业务和财务流程，并按《小企业会计准则》要求设置会计科目和进行账务核算。

1. 会计科目设置

小企业结转销售成本业务涉及“主营业务成本”“其他业务成本”等会计科目。如表 5-15 所示。

表 5-15 结转销售成本业务涉及的会计科目

会计科目	主营业务成本	其他业务成本
核算内容	核算小企业确认销售商品、提供服务等主营业务收入时应结转的成本	核算小企业确认的除主营业务活动以外的其他日常经营活动所发生的支出
明细科目设置	按照主营业务种类设置明细科目进行核算	按照其他业务种类设置明细科目进行核算
T 形图	借方 主营业务成本 贷方 企业发生的主营业务成本 | 企业月末结转的主营业务成本	借方 其他业务成本 贷方 企业发生的其他业务成本 | 企业月末结转的其他业务成本

财税笔记：

业务成本的明细科目按业务种类进行设置，应对应“主营业务收入”和“其他业务收入”。如：主营业务成本——蔬菜类、主营业务成本——粮油类等。

2. 账务处理规范

（1）销售成本结转的账务处理

①确认销售收入成本的结转

企业确认销售收入后，应对对应的销售成本进行结转，按照销售数量和商品的成本单价进行销售成本的核算，并编制销售成本结转表，以送货单及销售成本结转表作为原始凭证进行账务处理。

会计分录为：

借：主营业务成本 / 其他业务成本

　贷：库存商品

②未确认销售收入成本的结转

在进行销售商品收入的账务处理时，对于不符合销售商品收入确认条件的，商品已发出，也不能结转销售成本。

会计分录为：

借：发出商品

　贷：库存商品

（2）销售退回成本结转的账务处理

企业因售出的商品质量不合格等原因而发生的退货，应根据出库单等进行账务处理，可分以下两种情况进行处理：

①销售退回发生在企业确认收入之前

会计分录为：

借：库存商品

　贷：发出商品

实际工作中的会计分录为：

借：发出商品（红字）

　贷：库存商品（红字）

②销售退回发生在企业确认收入之后

会计分录为：

借：库存商品

　贷：主营业务成本

财税笔记：

理论中，销售退回的结转成本账务处理即是与销售成本结转时相反的会计分录。实际工作中，一般为与销售成本结转时相同的红字分录。

借：主营业务成本（红字）

　贷：库存商品（红字）

3. 会计核算案例

此处以纳美公司（小规模纳税人）为例，对结转销售成本业务进行会计核算。

【例 5-6】2023 年 7 月 25 日，向汇隆超市销售农产品一批，金额 50,000 元，对应的成本为 38,000 元。

（1）案例解读

核对出库单与送货单的数量是否相符，并根据商品成本单价编制销售成本结转表。

（2）账务处理

该经济业务，使得该公司主营业务成本增加，库存商品减少。

会计分录为：

借：主营业务成本 ——蔬菜　　38,000

　贷：库存商品　　38,000

记账凭证如图 5-10 所示：

记　账　凭　证

2023年7月25日　　　　记第　　号

摘要	会计科目		借方金额	贷方金额	记账√
	总账科目	明细科目			
结转成本	主营业务成本	蔬菜	38,000.00		
	库存商品			38,000.00	
合计	⊗叁万捌仟元整		¥38,000.00	¥38,000.00	

附单据 1 张

制单：白雨

图 5-10【例 5-6】记账凭证

（3）所附原始凭证

此业务所附原始凭证包括：销售成本结转表（如表 5-16 所示）。

表 5-16【例 5-6】销售成本结转表

销售成本结转表

序号	商品全名	单位	销售数量	成本单价	成本金额	备注
1	胡萝卜	斤	2,400	2.00	4,800.00	
2	西红柿	斤	3,000	2.10	6,300.00	
3	小白菜	斤	5,000	2.70	13,500.00	
4	青瓜	斤	2,000	2.80	5,600.00	
5	莴笋	斤	3,000	2.60	7,800.00	
					38,000.00	

（二）涉税处理

财务人员应正确核算结转销售成本业务，按时对相关税费进行申报，避免税务风险。小企业结转销售成本业务主要涉及企业所得税。

1. 企业所得税（预缴）

采购环节章节提到，未取得发票的材料成本可暂估入库，如此就必定会产生结转销售成本时未取得成本发票的情况。这种情况下，在季度企业所得税申报时，可暂按账面发生额进行填写。

《国家税务总局关于企业所得税若干问题的公告》（国家税务总局公告 2011 年第 34 号）

企业当年度实际发生的相关成本、费用，由于各种原因未能及时取得该成本、费用的有效凭证，企业在预缴季度所得税时，可暂按账面发生金额进行核算；但在汇算清缴时，应补充提供该成本、费用的有效凭证。

企业所得税预缴申报时，需要填写中华人民共和国企业所得税月（季）度预缴纳税申报表（A 类）（如表 5-17 所示）。

表 5-17 中华人民共和国企业所得税月（季）度预缴纳税申报表（A 类）

A200000

中华人民共和国企业所得税月（季）度预缴纳税申报表（A 类）

税款所属时间：自　　年　　月　　日至　　年　　月　　日

纳税人识别号（统一社会信用代码）：

纳税人名称（公章）：　　　　金额单位：人民币元（列至角分）

优惠及附报事项有关信息									
项目	一季度		二季度		三季度		四季度		季度平均值
	季初	季末	季初	季末	季初	季末	季初	季末	
从业人数									
资产总额（万元）									
国家限制或禁止行业	□是□否				小型微利企业				□是□否
	附报事项名称								金额或选项
事项 1	（填写特定事项名称）								
事项 2	（填写特定事项名称）								
	预缴税款计算								本年累计
1	营业收入								
2	营业成本								
3	利润总额								
4	加：特定业务计算的应纳税所得额								
5	减：不征税收入								
6	减：资产加速折旧、摊销（扣除）调减额（填写 A201020）								
7	减：免税收入、减计收入、加计扣除（7.1+7.2+…）								
7.1	（填写优惠事项名称）								
7.2	（填写优惠事项名称）								
8	减：所得减免（8.1+8.2+…）								
8.1	（填写优惠事项名称）								
8.2	（填写优惠事项名称）								

续表

<table>
<tr><th></th><th colspan="3">预缴税款计算</th><th>本年累计</th></tr>
<tr><td>9</td><td colspan="3">减：弥补以前年度亏损</td><td></td></tr>
<tr><td>10</td><td colspan="3">实际利润额（3+4-5-6-7-8-9）\ 按照上一纳税年度应纳税所得额平均额确定的应纳税所得额</td><td></td></tr>
<tr><td>11</td><td colspan="3">税率（25%）</td><td></td></tr>
<tr><td>12</td><td colspan="3">应纳所得税额（10×11）</td><td></td></tr>
<tr><td>13</td><td colspan="3">减：减免所得税额（13.1+13.2+…）</td><td></td></tr>
<tr><td>13.1</td><td colspan="3">符合条件的小型微利企业减免企业所得税</td><td></td></tr>
<tr><td>13.2</td><td colspan="3">（填写优惠事项名称）</td><td></td></tr>
<tr><td>14</td><td colspan="3">减：本年实际已缴纳所得税额</td><td></td></tr>
<tr><td>15</td><td colspan="3">减：特定业务预缴（征）所得税额</td><td></td></tr>
<tr><td>16</td><td colspan="3">本期应补（退）所得税额（12-13-14-15）\ 税务机关确定的本期应纳所得税额</td><td></td></tr>
<tr><th colspan="5">汇总纳税企业总分机构税款计算</th></tr>
<tr><td>17</td><td rowspan="4">总机构</td><td colspan="2">总机构本期分摊应补（退）所得税额（18+19+20）</td><td></td></tr>
<tr><td>18</td><td colspan="2">其中：总机构分摊应补（退）所得税额（16× 总机构分摊比例___%）</td><td></td></tr>
<tr><td>19</td><td colspan="2">财政集中分配应补（退）所得税额（16× 财政集中分配比例___%）</td><td></td></tr>
<tr><td>20</td><td colspan="2">总机构具有主体生产经营职能的部门分摊所得税额（16× 全部分支机构分摊比例___%× 总机构具有主体生产经营职能部门分摊比例___%）</td><td></td></tr>
<tr><td>21</td><td rowspan="2">分支机构</td><td colspan="2">分支机构本期分摊比例</td><td></td></tr>
<tr><td>22</td><td colspan="2">分支机构本期分摊应补（退）所得税额</td><td></td></tr>
<tr><th colspan="5">实际缴纳企业所得税计算</th></tr>
<tr><td>23</td><td colspan="2">减：民族自治地区企业所得税地方分享部分：
□免征　□减征幅度___%</td><td>本年累计应减免金额
[（12-13-15）×40%× 减征幅度]</td><td></td></tr>
<tr><td>24</td><td colspan="3">实际应补（退）所得税额</td><td></td></tr>
<tr><td colspan="5">谨声明：本纳税申报表是根据国家税收法律法规及相关规定填报的，是真实的、可靠的、完整的。
纳税人（签章）：　　　　　　　　年　月　日</td></tr>
<tr><td colspan="4">经办人：
经办人身份证号：
代理机构签章：
代理机构统一社会信用代码：</td><td>受理人：
受理税务机关（章）：
受理日期：　　年　月　日</td></tr>
<tr><td colspan="5">国家税务总局监制</td></tr>
</table>

2. 企业所得税（汇缴）

由于各种原因不能及时取得成本（主营业务成本和其他业务成本）的有效凭证，在汇算清缴时，如未能补充提供该成本的有效凭证的，应把需要调整所对应的成本税收金额及纳税调整金额，填写在纳税调整项目明细表（如表 5-18 所示）第 30 行“（十七）其他”中。

《国家税务总局关于企业所得税若干问题的公告》（国家税务总局公告 2011 年第 34 号）

企业当年度实际发生的相关成本、费用，由于各种原因未能及时取得该成本、费用的有效凭证，企业在预缴季度所得税时，可暂按账面发生金额进行核算；但在汇算清缴时，应补充提供该成本、费用的有效凭证。

表 5-18 纳税调整项目明细表

A105000

纳税调整项目明细表

行次	项目	账载金额	税收金额	调增金额	调减金额
		1	2	3	4
1	一、收入类调整项目（2+3+…+8+10+11）	*	*		
2	（一）视同销售收入（填写 A105010）	*			*
3	（二）未按权责发生制原则确认的收入（填写 A105020）				
4	（三）投资收益（填写 A105030）				
5	（四）按权益法核算长期股权投资对初始投资成本调整确认收益	*	*	*	
6	（五）交易性金融资产初始投资调整	*	*		*
7	（六）公允价值变动净损益		*		
8	（七）不征税收入	*	*		
9	其中：专项用途财政性资金（填写 A105040）	*	*		
10	（八）销售折扣、折让和退回				
11	（九）其他				
12	二、扣除类调整项目（13+14+…+24+26+27+28+29+30）	*	*		
13	（一）视同销售成本（填写 A105010）	*		*	
14	（二）职工薪酬（填写 A105050）				
15	（三）业务招待费支出				*
16	（四）广告费和业务宣传费支出（填写 A105060）	*	*		
17	（五）捐赠支出（填写 A105070）				
18	（六）利息支出				
19	（七）罚金、罚款和被没收财物的损失		*		*
20	（八）税收滞纳金、加收利息		*		*
21	（九）赞助支出		*		*
22	（十）与未实现融资收益相关在当期确认的财务费用				
23	（十一）佣金和手续费支出				*
24	（十二）不征税收入用于支出所形成的费用	*	*		*
25	其中：专项用途财政性资金用于支出所形成的费用（填写 A105040）	*	*		*
26	（十三）跨期扣除项目				
27	（十四）与取得收入无关的支出		*		*
28	（十五）境外所得分摊的共同支出	*	*		*
29	（十六）党组织工作经费				
30	（十七）其他				
31	三、资产类调整项目（32+33+34+35）	*	*		
32	（一）资产折旧、摊销（填写 A105080）				
33	（二）资产减值准备金		*		
34	（三）资产损失（填写 A105090）				
35	（四）其他				
36	四、特殊事项调整项目（37+38+…+42）	*	*		

续表

行次	项目	账载金额	税收金额	调增金额	调减金额
		1	2	3	4
37	（一）企业重组及递延纳税事项（填写 A105100）				
38	（二）政策性搬迁（填写 A105110）	*	*		
39	（三）特殊行业准备金（填写 A105120）				
40	（四）房地产开发企业特定业务计算的纳税调整额（填写 A105010）	*			
41	（五）有限合伙企业法人合伙方应分得的应纳税所得额				
42	（六）其他	*	*		
43	五、特别纳税调整应税所得	*	*		
44	六、其他	*	*		
45	合计（1+12+31+36+43+44）	*	*		

3. 涉税处理案例

此处以纳尔公司为例，对结转销售成本业务进行涉税处理。

【例 5-7】2023 年 7 月 3 日，纳尔公司对 2023 年第二季度企业所得税进行申报，其中：季度末从业人数 15 人，资产总额 375.97 万元，全年累计营业收入 860,122.82 元，营业成本 746,590.30 元，利润总额 -23,294.06 元。

（1）案例解读

二季度季初数即一季度季末数，季度平均值自动生成。

营业收入、营业成本、利润总额均为全年累计数。利润总额与营业收入、营业成本无勾稽关系。

企业在预缴季度所得税时，成本费用等未能及时取得发票等有效凭证的，可暂按账面发生金额进行核算；但在汇算清缴时，应补充提供该成本费用的有效凭证，否则将会进行调增处理。

所以企业在预缴季度所得税时，直接按照利润表的营业收入、营业成本和利润总额填列即可。

（2）申报表填写

此案例需要填写企业所得税月（季）度预缴纳税申报表（A 类）（如表 5-19 所示）。

表 5-19【例 5-7】企业所得税月（季）度预缴纳税申报表（A 类）

A200000

中华人民共和国企业所得税月（季）度预缴纳税申报表（A 类）

税款所属时间：自 2023 年 4 月 1 日至 2023 年 6 月 30 日

纳税人识别号（统一社会信用代码）：　91450521EEEEEEEEEE

纳税人名称（公章）：纳尔公司　　　　金额单位：人民币元（列至角分）

优惠及附报事项有关信息									
项　目	一季度		二季度		三季度		四季度		季度平均值
	季初	季末	季初	季末	季初	季末	季初	季末	
从业人数	15	15	15	15					15.00
资产总额（万元）	320.44	380.03	380.03	375.97					364.12
国家限制或禁止行业	□是√否				小型微利企业				√是□否
	附报事项名称								金额或选项
事项 1	（填写特定事项名称）								
事项 2	（填写特定事项名称）								

	预缴税款计算	本年累计
1	营业收入	860,122.82
2	营业成本	746,590.30
3	利润总额	-23,294.06
4	加：特定业务计算的应纳税所得额	
5	减：不征税收入	
6	减：资产加速折旧、摊销（扣除）调减额（填写 A201020）	
7	减：免税收入、减计收入、加计扣除（7.1+7.2+…）	
7.1	（填写优惠事项名称）	
7.2	（填写优惠事项名称）	
8	减：所得减免（8.1+8.2+…）	
8.1	（填写优惠事项名称）	
8.2	（填写优惠事项名称）	
9	减：弥补以前年度亏损	
10	实际利润额（3+4-5-6-7-8-9）\ 按照上一纳税年度应纳税所得额平均额确定的应纳税所得额	-23,294.06
11	税率（25%）	0.25
12	应纳所得税额（10×11）	0.00
13	减：减免所得税额（13.1+13.2+…）	
13.1	符合条件的小型微利企业减免企业所得税	
13.2	（填写优惠事项名称）	
14	减：本年实际已缴纳所得税额	
15	减：特定业务预缴（征）所得税额	
16	本期应补（退）所得税额（12-13-14-15）\ 税务机关确定的本期应纳所得税额	

	汇总纳税企业总分机构税款计算		
17	总机构	总机构本期分摊应补（退）所得税额（18+19+20）	
18		其中：总机构分摊应补（退）所得税额（16× 总机构分摊比例___%）	
19		财政集中分配应补（退）所得税额（16× 财政集中分配比例___%）	
20		总机构具有主体生产经营职能的部门分摊所得税额（16× 全部分支机构分摊比例___%× 总机构具有主体生产经营职能部门分摊比例___%）	
21	分支机构	分支机构本期分摊比例	
22		分支机构本期分摊应补（退）所得税额	

	实际缴纳企业所得税计算		
23	减：民族自治地区企业所得税地方分享部分：□免征　□减征幅度___%	本年累计应减免金额［（12-13-15）×40%× 减征幅度］	
24	实际应补（退）所得税额		

谨声明：本纳税申报表是根据国家税收法律法规及相关规定填报的，是真实的、可靠的、完整的。

纳税人（签章）：　　　　年　月　日

经办人： 经办人身份证号： 代理机构签章： 代理机构统一社会信用代码：	受理人： 受理税务机关（章）： 受理日期：　年　月　日

国家税务总局监制

第六章　职工薪酬业务财税处理

职工薪酬是指企业为获得职工提供的服务或解除劳动关系而给予的各种形式的报酬或补偿。小企业的员工薪酬主要包括员工工资、员工社保和员工福利费三个部分。通过本章的学习，读者会掌握上述三部分的财税处理。

一、员工工资

员工工资，是指按照构成工资总额的计时工资、计件工资、支付给职工的超额劳动报酬和增收节支的劳动报酬、为补偿职工特殊或额外的劳动消耗和因其他特殊原因支付给职工的津贴，以及为保证职工工资水平不受物价影响支付给职工的物价补贴等。

（一）会计核算

财务人员应了解小企业员工工资环节的经济业务和财务流程，并按《小企业会计准则》要求设置会计科目和进行账务核算。

1. 会计科目设置

小企业员工工资业务涉及“应付职工薪酬——工资”“应交税费——个人所得税”等会计科目。如表 6–1 所示。

表 6–1　员工工资业务涉及的会计科目

会计科目	应付职工薪酬	应交税费
核算内容	核算小企业员工工资的计提、发放情况	核算小企业代扣代缴个人所得税的应交、交纳等情况
明细科目设置	设置“工资”明细科目进行核算	设置“个人所得税”明细科目进行核算
T 形图	借方　应付职工薪酬——工资　贷方 借方：登记实际发放的工资，包括扣还的款项等 贷方：登记已经分配计入有关成本费用项目的工资 贷方：反映应付未付的工资	借方　应交税费——个人所得税　贷方 借方：登记代缴的个人所得税 贷方：登记代扣的个人所得税 贷方：反映尚未缴纳的个人所得税

2. 账务处理规范

（1）员工工资计提的账务处理

对于职工工资、奖金、津贴和补贴等货币性职工薪酬，企业应当在职工为其提供服务的会计期间，将实际发生的职工工资、奖金、津贴和补贴等，根据职工提供服务的受益对象和考勤表（如表 6-2 所示）将应确认的职工薪酬编制成工资计提表或工资汇总表（如表 6-3 所示），并以其作为原始凭证进行账务处理。

表 6-2 考勤表

考勤表

单位：（自 年 月 日至 年 月 日）

序号	姓名	时间	1	2	3	4	5	6	7	8	9	10	11	12	13	14	15	16	17	18	19	20	21	22	23	24	25	26	27	28	29	30	31	出勤天数	考勤符号
1		上午																																	
		下午																																	√ 出勤
2		上午																																	P+ 休息
		下午																																	L 迟到
3		上午																																	E 早退
		下午																																	○ 病假
4		上午																																	△ 事假
		下午																																	M 婚假
5		上午																																	D 丧假
		下午																																	B 产假
6		上午																																	+ 加班
		下午																																	× 旷工
7		上午																																	T 出差
		下午																																	备注
8		上午																																	
		下午																																	
9		上午																																	
		下午																																	
10		上午																																	
		下午																																	
11		上午																																	
		下午																																	
12		上午																																	
		下午																																	
13		上午																																	
		下午																																	
14		上午																																	
		下午																																	
15		上午																																	
		下午																																	

表 6-3 工资汇总表

工资汇总表

单位：

部门	基本工资	出勤天数/工时	考勤/工时工资	岗位工资	绩效工资	加班工资	其他	应发工资合计
合计								

会计分录为：

借：生产成本（车间生产工人的工资）

　　制造费用（车间管理人员的工资）

　　管理费用（企业管理人员的工资）

　　销售费用（销售部门人员的工资）

　贷：应付职工薪酬

（2）发放员工工资的账务处理

一般在企业每月发放工资前，出纳会根据编制好的工资表，通过开户银行支付给职工；或从开户银行提取现金，然后再向职工发放。

会计分录为：

借：应付职工薪酬

　贷：其他应收款

　　　应交税费

　　　银行存款

3. 会计核算案例

此处以纳尼公司为例，对员工工资业务进行会计核算。

【例 6-1】2023 年 6 月 30 日，计提当月员工工资 100,000 元，其中：管理人员工资 30,000 元，销售人员工资 70,000 元。

（1）案例解读

计提工资是每月月末必做分录之一，会计根据行政部提交的考勤表编制工资汇总表。

（2）账务处理

此案例，使得纳尼公司的管理费用增加、销售费用增加、应付职工薪酬增加。

会计分录：

借：管理费用 30,000

　　销售费用 70,000

　贷：应付职工薪酬——工资 100,000

记账凭证如图 6-1 所示：

记　　账　　凭　　证

2023年6月30日　　　　记第　　号

摘要	会计科目		借方金额	贷方金额	记账√
	总账科目	明细科目			
计提工资	管理费用		30,000.00		
	销售费用		70,000.00		
	应付职工薪酬	工资		100,000.00	
合计	⊗壹拾万元整		¥100,000.00	¥100,000.00	

附单据1张

制单：白雨

图 6-1【例 6-1】记账凭证

（3）所附原始凭证

此业务所附原始凭证包括：工资汇总表（如表 6-4 所示）。

表 6-4【例 6-1】工资汇总表

工资汇总表（2023 年 6 月）

单位：纳尼公司

部门	基本工资	出勤天数	考勤工资	岗位工资	绩效工资	加班工资	其他	应发工资合计
总办	10,000.00	21	10,000.00					10,000.00
行政部	10,000.00	21	10,000.00					10,000.00
财务部	10,000.00	21	10,000.00					10,000.00
销售1部	20,000.00	21	20,000.00		20,000.00			40,000.00
销售2部	20,000.00	21	20,000.00		10,000.00			30,000.00
合计								¥100,000.00

【例 6-2】承上例，7 月 10 日发放 6 月份工资。应发工资 100,000 元。其中：代扣个税 28.50 元，社保 13,650 元，银行转账 86,321.50 元。

（1）案例解读

现在大部分企业工资有银行转账和银行代发两种方式，少部分企业的农民工或临时工工资才用现金支付。（用现金支付的工资在本章二、员工社保部分有介绍其记账方式。）

个人所得税的计算

个人所得税应纳税额 =（应发工资 −5,000 − 社保个人部分）× 预扣率 − 速算扣除数

表 6–5 个人所得税预扣率表一（居民个人工资、薪金所得预扣预缴适用）

级数	累计预扣预缴应纳税所得额	预扣率（%）	速算扣除数
1	＜36,000	3	0
2	36,000–144,000	10	2,520.00
3	144,000–300,000	20	16,920.00
4	300,000–420,000	25	31,920.00
5	420,000–660,000	30	52,920.00
6	660,000–960,000	35	85,920.00
7	>960,000	45	181,920.00

总办庞逄 6 月的应发工资为 6,000 元，根据个人所得税计算公式即得“应发工资 6,000 −5,000 − 社保个人部分 525”＜ 36,000，查询表 6–5 为 1 级，即预扣率为 3%，速算扣除数为 0。

庞逄个人所得税应纳税额 =（6,000 −5,000 −525）× 3% −0=14.25（元）

同理，沈阳的个人所得税应纳税额为 14.25 元。

（2）账务处理

该经济业务，使得该公司应付职工薪酬、其他应收款、银行存款减少。

会计分录为：

借：应付职工薪酬 —— 工资 100,000

　贷：应交税费 —— 个人所得税 28.50

　　　其他应收款 —— 社保个人部分 13,650

　　　银行存款 86,321.50

记账凭证如图 6–2 所示：

记 账 凭 证

2023年7月10日　　　　　　　　　　记第　　号

摘要	会计科目		借方金额	贷方金额	记账√
	总账科目	明细科目			
发放工资	应付职工薪酬	工资	100,000.00		
	应交税费	个人所得税		28.50	
	其他应收款	社保个人部分		13,650.00	
	银行存款			86,321.50	
合计	⊗壹拾万元整		¥100,000.00	¥100,000.00	

附单据27张

制单：白雨

图 6-2【例 6-2】记账凭证

（3）所附原始凭证

此业务所附原始凭证包括：工资表（如表 6-6 所示）、银行回单（如图 6-3 所示）。

表 6-6【例 6-2】工资表

纳尼公司 2023 年 6 月工资表

序号	部门	姓名	基本工资	出勤天数/工时	考勤/工时工资	岗位工资	绩效工资	加班工资	其他	应发工资合计	扣个税	扣社保	其他扣款	实发工资
1	总办	庞逢	6,000.00	21	6,000.00					6,000.00	14.25	525.00		5,460.75
2	总办	沈阳	6,000.00	21	6,000.00					6,000.00	14.25	525.00		5,460.75
3	行政部	刘芬	4,000.00	21	4,000.00					4,000.00		525.00		3,475.00
4	行政部	陆瑶	4,000.00	21	4,000.00					4,000.00		525.00		3,475.00
5	财务部	白雨	5,000.00	21	5,000.00					5,000.00		525.00		4,475.00
6	财务部	薛莉	5,000.00	21	5,000.00					5,000.00		525.00		4,475.00
7	销售1部	曾佳	2,000.00	21	2,000.00		2,000.00			4,000.00		525.00		3,475.00
8	销售1部	晓燕	2,000.00	21	2,000.00		2,000.00			4,000.00		525.00		3,475.00
9	销售1部	金秀	2,000.00	21	2,000.00		2,000.00			4,000.00		525.00		3,475.00
10	销售1部	刘流	2,000.00	21	2,000.00		2,000.00			4,000.00		525.00		3,475.00
11	销售1部	马力	2,000.00	21	2,000.00		2,000.00			4,000.00		525.00		3,475.00
12	销售1部	季杰	2,000.00	21	2,000.00		2,000.00			4,000.00		525.00		3,475.00
13	销售1部	张飞	2,000.00	21	2,000.00		2,000.00			4,000.00		525.00		3,475.00
14	销售1部	赵耀	2,000.00	21	2,000.00		2,000.00			4,000.00		525.00		3,475.00
15	销售1部	黄达	2,000.00	21	2,000.00		2,000.00			4,000.00		525.00		3,475.00
16	销售1部	蓝天	2,000.00	21	2,000.00		2,000.00			4,000.00		525.00		3,475.00
17	销售2部	舒婷	2,000.00	21	2,000.00		1,000.00			3,000.00		525.00		2,475.00
18	销售2部	花芳	2,000.00	21	2,000.00		1,000.00			3,000.00		525.00		2,475.00
19	销售2部	高展	2,000.00	21	2,000.00		1,000.00			3,000.00		525.00		2,475.00
20	销售2部	欧亚	2,000.00	21	2,000.00		1,000.00			3,000.00		525.00		2,475.00
21	销售2部	陈东	2,000.00	21	2,000.00		1,000.00			3,000.00		525.00		2,475.00
22	销售2部	苏苏	2,000.00	21	2,000.00		1,000.00			3,000.00		525.00		2,475.00
23	销售2部	武文	2,000.00	21	2,000.00		1,000.00			3,000.00		525.00		2,475.00
24	销售2部	劳燕	2,000.00	21	2,000.00		1,000.00			3,000.00		525.00		2,475.00
25	销售2部	周全	2,000.00	21	2,000.00		1,000.00			3,000.00		525.00		2,475.00
26	销售2部	李解	2,000.00	21	2,000.00		1,000.00			3,000.00		525.00		2,475.00
	合计									100,000.00	28.50	13,650.00		86,321.50

网上银行电子回单

回单编号：

付款方	账号	20-7200010400XXXXX	收款方	账号	62284812388XXXXXXXX
	户名	纳尼公司		户名	白雨
	开户行	中国农业银行XX分行		开户行	中国农业银行XX分行
金额（小写）		¥4,475.00	金额（大写）		⊗肆仟肆佰柒拾伍元整
币种		人民币	交易渠道		网上银行
摘要		转账取款	凭证号		
交易时间		2023-7-10	会计日期		20230710
附言		6月工资			

图 6-3【例 6-2】银行回单

注：图 6-3 所示的只是纳尼公司给财务部员工白雨发放工资的银行回单，因篇幅关系，此处对纳尼公司发放给其他员工的工资银行回单不再列示。

（二）涉税处理

财务人员应正确核算员工工资，按时对相关税费进行申报，避免税务风险。小企业员工工资业务主要涉及个人所得税和企业所得税。

1. 个人所得税

6 月计提的工资，7 月发放，那 8 月申报 7 月的个人所得税是 6 月工资还是 7 月工资呢？这个问题容易让很多会计犯糊涂。要弄清楚这个问题，需要区分两个概念：工资所属期和税款所属期。

（1）工资所属期

此处工资所属期是账务处理的概念，上一小节会计核算中的工资计提就是遵循权责发生制原则，属于 6 月份的工资，就要做到 6 月份，哪怕 6 月份没发，也要先计提出来。

通常情况下，6 月份工资是 7 月份发放，当然也有 6 月就发的。在 6 月份工资 7 月份发放的情况下，应把 6 月份的税前工资计入 6 月的会计期间，6 月的利润表中就会体现出这笔支出，因为这笔工资所属期就是6月份，这就是会计做账的权责发生制。

（2）税款所属期

个税税款的所属期，就是产生纳税义务的时间。

《中华人民共和国个人所得税法实施条例》（国务院令第 707 号）

第二十四条　扣缴义务人向个人支付应税款项时，应当依照个人所得税法规定预扣或者代扣税款，按时缴库，并专项记载备查。

《个人所得税法实施条例》

在支付应税款项时预扣或者代扣税款，也就是说扣缴义务人在支付工资的时候产生扣税义务，纳税人也是这个时候产生纳税义务，因此，个税税款所属期就是支付所得的时候。

所以在会计核算中工资发放账务处理，就先把个税扣除出来。先代扣，再代缴。比如，2023 年 8 月工资，9 月发放，那么在 8 月份的工资表中就先把个税扣除出来。申报 9 月份企业所得税时即可划缴税款。

（3）个税申报期

《中华人民共和国个人所得税法实施条例》（国务院令第 707 号）

第二十六条　个人所得税法第十条第二款所称全员全额扣缴申报，是指扣缴义务人在代扣税款的次月十五日内，向主管税务机关报送其支付所得的所有个人的有关信息、支付所得数额、扣除事项和数额、扣缴税款的具体数额和总额以及其他相关涉税信息资料。

扣缴义务人在扣下税款的次月 15 日内进行个人所得税申报，并扣款入库。同时以完税凭证作为附件进行账务处理。

会计分录为：

借：应交税费——个人所得税

　贷：银行存款

（4）个人所得税申报表

6 月份的工资，7 月发放，个税在 7 月税款所属期扣除，在 8 月申报期填写个人所得税扣缴申报表（如表 6-7 所示）进行申报缴纳。

表 6-7 个人所得税扣缴申报表

个人所得税扣缴申报表

税款所属期：

扣缴义务人名称：

扣缴义务人纳税人识别号（统一社会信用代码）：　　　　金额单位：人民币元（列至角分）

							本月（次）情况														累计情况												税款计算							
							收入额计算				专项扣除				其他扣除									累计专项附加扣除																
序号	姓名	身份证件类型	身份证件号码	纳税人识别号	是否为非居民个人	所得项目	收入	费用	免税收入	减除费用	基本养老保险费	基本医疗保险费	失业保险费	住房公积金	年金	商业健康保险	税延养老保险	财产原值	允许扣除的税费	其他	累计收入额	累计减除费用	累计专项扣除	子女教育	赡养老人	住房贷款利息	住房租金	继续教育	累计3岁以下婴幼儿照护	累计其他扣除	减按计税比例	准予扣除的捐赠额	应纳税所得额	税率/预扣率	速算扣除数	应纳税额	减免税额	已缴税额	应补/退税额	备注
1	2	3	4	5	6	7	8	9	10	11	12	13	14	15	16	17	18	19	20	21	22	23	24	25	26	27	28	29	30	31	32	33	34	35	36	37	38	39	40	41
合计																																								

谨声明：本扣缴申报表是根据国家税收法律法规及相关规定填报的，是真实的、可靠的、完整的。

扣缴义务人（签章）：　　　　年　　月　　日

代理机构签章： 代理机构统一社会信用代码： 经办人签字： 经办人身份证件号码：	受理人： 受理税务机关（章）： 受理日期：　　年　　月　　日

国家税务总局监制

2. 企业所得税

企业所得税对于工资薪金扣除的要求很简单，只要是合理的支出均可税前扣除。

《国家税务总局关于企业工资薪金及职工福利费扣除问题的通知》（国税函〔2009〕3号）

税务机关在对工资薪金进行合理性确认时，可按以下原则掌握：

（1）企业制订了较为规范的员工工资薪金制度；

（2）企业所制订的工资薪金制度符合行业及地区水平；

（3）企业在一定时期所发放的工资薪金是相对固定的，工资薪金的调整是有序进行的；

（4）企业对实际发放的工资薪金，已依法履行了代扣代缴个人所得税义务；

（5）有关工资薪金的安排，不以减少或逃避税款为目的。

很多小企业只要在实际工作中遵守了第（4）条，即企业对实际发放的工资薪金，已依法履行了代扣代缴个人所得税义务。那么跨年发放的工资薪金履行了代扣代缴义务也就属于合理的工资薪金支出了。

企业所得税与个人所得税在计算口径上有本质的不同，企业所得税按照权责发生制进行管理，跨年发放工资薪金虽然实际发放在次年，但是按照权责发生制原则判断，属于上年度的人工成本费用，应当计入上一年度。

《国家税务总局关于企业工资薪金和职工福利费等支出税前扣除问题的公告》（国家税务总局公告2015年第34号）

二、企业年度汇算清缴结束前支付汇缴年度工资薪金税前扣除问题。

企业在年度汇算清缴结束前向员工实际支付的已预提汇缴年度工资薪金，准予在汇缴年度按规定扣除。

每个企业汇算清缴的时间的不同，汇算清缴结束的时间也不同，但是税法规定的时间是5月31日，即使企业已经在4月份完成了企业年度汇算清缴，5月1日发放的已预提汇缴年度的工资薪金，也是允许更正汇算清缴报表进行扣除的。

3. 涉税处理案例

此处以纳尼公司为例，对工资的个税申报业务进行处理。

【例6–3】2023年8月5日，对纳尼公司7月份的个人所得税进行申报处理。

（1）案例解读

7月所得，即7月份发放的工资，对应【例6–2】经济业务中代扣的个人所得税28.50元。个人所得税的计算详见【例6–2】。

（2）申报表填写

此案例需要填写个人所得税扣缴申报表（如表6–8所示），将应付工资金额填入第8列“收入额计算”的“收入”项。社保金额填入12~14列的“专项扣除”相关列次。

表 6-8【例 6-3】个人所得税扣缴申报表

个人所得税扣缴申报表

税款所属期：2023 年 07 月 01 日至 2023 年 07 月 31 日

扣缴义务人名称：纳尼公司

扣缴义务人纳税人识别号（统一社会信用代码）：91450521CCCCCCCCCC

序号	姓名	身份证件类型	身份证件号码	纳税人识别号	是否为非居民个人	所得项目	本月（次）情况													
							收入额计算			减除费用	专项扣除				其他扣除					
							收入	费用	免税收入		基本养老保险费	基本医疗保险费	失业保险费	住房公积金	年金	商业健康保险	税延养老保险	财产原值	允许扣除的税费	其他
1	2	3	4	5	6	7	8	9	10	11	12	13	14	15	16	17	18	19	20	21
1	庞逢	居民身份证	略	略	否	正常工资薪金	6,000			5,000	400	100	25							
2	沈阳	居民身份证	略	略	否	正常工资薪金	6,000			5,000	400	100	25							
3	刘芬	居民身份证	略	略	否	正常工资薪金	4,000			5,000	400	100	25							
4	陆瑶	居民身份证	略	略	否	正常工资薪金	4,000			5,000	400	100	25							
5	白雨	居民身份证	略	略	否	正常工资薪金	5,000			5,000	400	100	25							
6	薛莉	居民身份证	略	略	否	正常工资薪金	5,000			5,000	400	100	25							
7	曾佳	居民身份证	略	略	否	正常工资薪金	4,000			5,000	400	100	25							
8	晓燕	居民身份证	略	略	否	正常工资薪金	4,000			5,000	400	100	25							
9	金秀	居民身份证	略	略	否	正常工资薪金	4,000			5,000	400	100	25							
10	刘流	居民身份证	略	略	否	正常工资薪金	4,000			5,000	400	100	25							
11	马力	居民身份证	略	略	否	正常工资薪金	4,000			5,000	400	100	25							
12	季杰	居民身份证	略	略	否	正常工资薪金	4,000			5,000	400	100	25							
13	张飞	居民身份证	略	略	否	正常工资薪金	4,000			5,000	400	100	25							
14	赵耀	居民身份证	略	略	否	正常工资薪金	4,000			5,000	400	100	25							
15	黄达	居民身份证	略	略	否	正常工资薪金	4,000			5,000	400	100	25							
16	蓝天	居民身份证	略	略	否	正常工资薪金	4,000			5,000	400	100	25							
17	舒婷	居民身份证	略	略	否	正常工资薪金	3,000			5,000	400	100	25							
18	花芳	居民身份证	略	略	否	正常工资薪金	3,000			5,000	400	100	25							
19	高展	居民身份证	略	略	否	正常工资薪金	3,000			5,000	400	100	25							
20	欧亚	居民身份证	略	略	否	正常工资薪金	3,000			5,000	400	100	25							
21	陈东	居民身份证	略	略	否	正常工资薪金	3,000			5,000	400	100	25							
22	苏苏	居民身份证	略	略	否	正常工资薪金	3,000			5,000	400	100	25							
23	武文	居民身份证	略	略	否	正常工资薪金	3,000			5,000	400	100	25							
24	劳燕	居民身份证	略	略	否	正常工资薪金	3,000			5,000	400	100	25							
25	周全	居民身份证	略	略	否	正常工资薪金	3,000			5,000	400	100	25							
26	李解	居民身份证	略	略	否	正常工资薪金	3,000			5,000	400	100	25							
合计							100,000	0	0	130,000	10,400	2,600	650	0	0	0	0	0	0	0

谨声明：本扣缴申报表是根据国家税收法律法规及相关规定填报的，是真实的、可靠的、完整的。

扣缴义务人（签章）： 年 月 日

代理机构签章：

代理机构统一社会信用代码：

经办人签字：

经办人身份证件号码：

金额单位：人民币元（列至角分）

累计情况												税款计算							备注
累计收入额	累计减除费用	累计专项扣除	累计专项附加扣除						累计其他扣除	减按计税比例	准予扣除的捐赠额	应纳税所得额	税率/预扣率	速算扣除数	应纳税额	减免税额	已缴税额	应补/退税额	
			子女教育	赡养老人	住房贷款利息	住房租金	继续教育	累计3岁以下婴幼儿照护											
22	23	24	25	26	27	28	29	30	31	32	33	34	35	36	37	38	39	40	41
42,000	35,000	3,675										3,325	3%		99.75		85.5	14.25	
42,000	35,000	3,675										3,325	3%		99.75		85.5	14.25	
28,000	35,000	3,675										0	3%						
28,000	35,000	3,675										0	3%						
35,000	35,000	3,675										0	3%						
35,000	35,000	3,675										0	3%						
28,000	35,000	3,675										0	3%						
28,000	35,000	3,675										0	3%						
28,000	35,000	3,675										0	3%						
28,000	35,000	3,675										0	3%						
28,000	35,000	3,675										0	3%						
28,000	35,000	3,675										0	3%						
28,000	35,000	3,675										0	3%						
28,000	35,000	3,675										0	3%						
28,000	35,000	3,675										0	3%						
28,000	35,000	3,675										0	3%						
21,000	35,000	3,675										0	3%						
21,000	35,000	3,675										0	3%						
21,000	35,000	3,675										0	3%						
21,000	35,000	3,675										0	3%						
21,000	35,000	3,675										0	3%						
21,000	35,000	3,675										0	3%						
21,000	35,000	3,675										0	3%						
21,000	35,000	3,675										0	3%						
21,000	35,000	3,675										0	3%						
21,000	35,000	3,675										0	3%						
700,000	910,000	95,550	0	0	0	0	0	0	0	–	0	6,650	–	–	199.5	0	171	28.5	–

受理人：

受理税务机关（章）：

受理日期：　　年　　月　　日

国家税务总局监制

二、员工社保

社会保险费，是指按照国家规定的基准和比例计算，企业需要向社会保险经办机构缴纳的医疗保险费、工伤保险费、失业保险费、养老保险费。

（一）会计核算

财务人员应了解小企业员工社保环节的经济业务和财务流程，并按《小企业会计准则》要求，设置会计科目并进行账务核算。

1. 会计科目设置

小企业员工社保业务涉及“应付职工薪酬——社会保险”“其他应收款——社保个人部分”等会计科目。如表 6-9 所示。

表 6-9 员工社保业务涉及的会计科目

<table>
<tr><th>会计科目</th><th>应付职工薪酬</th><th>其他应收款</th></tr>
<tr><td>核算内容</td><td>核算小企业员工社保的代扣代缴情况</td><td>核算小企业除应收账款、应收票据及预付账款以外的其他各种应收、暂付款项</td></tr>
<tr><td>明细科目设置</td><td>设置“社会保险”明细科目进行核算</td><td>设置“社保个人部分”明细科目进行核算</td></tr>
<tr><td>T 形图</td><td><table><tr><th>借方</th><th>应付职工薪酬——社保　贷方</th></tr><tr><td>登记实际缴纳的社会保险（单位部分）</td><td>登记已经分配计入有关成本费用项目的社会保险（单位部分）</td></tr><tr><td></td><td>反映应缴未缴的社会保险（单位部分）</td></tr></table></td><td><table><tr><th>借方</th><th>其他应收款——社保个人部分　贷方</th></tr><tr><td>登记实际缴纳的社会保险（个人部分）</td><td>登记代扣的社会保险（个人部分）</td></tr><tr><td>反映企业已缴未扣的社会保险（个人部分）</td><td></td></tr></table></td></tr>
</table>

财税笔记：

（1）在计提或缴纳社会保险时，单位缴纳部分往往直接计入“管理费用”等科目，而未通过“应付职工薪酬”科目进行过渡。

（2）如果分得明细，可以按保险的种类（医疗保险费、工伤保险费、失业保险费、养老保险费）进行明细科目设置，如：应付职工薪酬——医疗保险费、应付职工薪酬——工伤保险费等。

2. 账务处理规范

（1）员工社保的计提

①企业应缴部分社保的计提

月末，对于企业应缴纳部分的社保费用，应按照国家规定的计提基础和比例，在职工提供服务期间根据受益对象计入当期损益或相关资产成本，并确认相应的应付职工薪酬金额，自行编制社保计提表等进行账务处理。

会计分录为：

借：生产成本（车间生产工人的社保）

　　制造费用（车间管理人员的社保）

　　管理费用（企业管理人员的社保）

　　销售费用（销售部门人员的社保）

　贷：应付职工薪酬——社会保险费

②个人部分社保的计提

对于员工个人承担的社保费用，由所在企业每月从其工资中代扣代缴，根据工资表进行账务处理。

会计分录为：

借：应付职工薪酬

　贷：其他应收款——社会保险费

实际工作中，对于员工个人承担的社保费用，也应计入“其他应付款”会计科目。

（2）员工社保的缴纳

员工社保费用申报缴纳后，根据完税证明、银行回单进行账务处理。

会计分录为：

借：应付职工薪酬——社会保险费

　　其他应收款——社会保险费

　贷：银行存款

财税笔记：

现在社保费用当月划款，所以也不存在月末计提的情况，在实际缴纳时计入相应费用类科目即可。

会计分录为：

借：管理费用——社会保险费

其他应收款——社保个人部分

贷：银行存款

3. 会计核算案例

此处以纳尼公司为例，对员工社保业务进行会计核算。

【例 6-4】2023 年 7 月 10 日发放 6 月份工资。应发工资 100,000 元。其中：代扣个税 28.50 元，社保 13,650 元，银行转账 86,321.50 元。

（1）案例解读

现在大部分企业工资是以银行转账或银行代发两种方式支付的，少部分企业农民工或临时工工资才用现金支付，或者老板以个人卡支付。

财税笔记：

对于现金支付或老板个人支付的农民工工资或临时工工资，根据工资表（签字）、老板个人卡回单等进行账务处理。这两种情况使得应付职工薪酬、库存现金减少，其他应付款增加。

会计分录为：

借：应付职工薪酬

贷：库存现金（现金支付）

其他应付款——老板（老板个人卡支付）

（2）账务处理

该经济业务，使得该公司应付职工薪酬、其他应收款、银行存款减少。

会计分录为：

借：应付职工薪酬——工资　　100,000

贷：应交税费——个人所得税　　28.50

其他应收款——社保个人部分　　13,650

银行存款　　86,321.50

记账凭证如图 6-4 所示：

记　账　凭　证

2023年7月10日　　　　记第　　号

摘要	会计科目		借方金额	贷方金额	记账√
	总账科目	明细科目			
发放工资	应付职工薪酬	工资	100,000.00		
	应交税费	个人所得税		28.50	
	其他应收款			13,650.00	
	银行存款			86,321.50	
合计	⊗壹拾万元整		¥100,000.00	¥100,000.00	

附单据27张

制单：白雨

图 6-4【例 6-4】记账凭证

（3）所附原始凭证

此业务所附原始凭证包括：工资表（如表 6-10 所示）、银行回单（如图 6-5 所示）。

表 6-10【例 6-4】工资表

纳尼公司 2023 年 6 月工资表

序号	部门	姓名	基本工资	出勤天数/工时	考勤/工时工资	岗位工资	绩效工资	加班工资	其他	应发工资合计	扣个税	扣社保	其他扣款	实发工资
1	总办	庞逢	6,000.00	21	6,000.00					6,000.00	14.25	525.00		5,460.75
2	总办	沈阳	6,000.00	21	6,000.00					6,000.00	14.25	525.00		5,460.75
3	行政部	刘芬	4,000.00	21	4,000.00					4,000.00		525.00		3,475.00
4	行政部	陆瑶	4,000.00	21	4,000.00					4,000.00		525.00		3,475.00
5	财务部	白雨	5,000.00	21	5,000.00					5,000.00		525.00		4,475.00
6	财务部	薛莉	5,000.00	21	5,000.00					5,000.00		525.00		4,475.00
7	销售1部	曾佳	2,000.00	21	2,000.00		2,000.00			4,000.00		525.00		3,475.00
8	销售1部	晓燕	2,000.00	21	2,000.00		2,000.00			4,000.00		525.00		3,475.00
9	销售1部	金秀	2,000.00	21	2,000.00		2,000.00			4,000.00		525.00		3,475.00
10	销售1部	刘流	2,000.00	21	2,000.00		2,000.00			4,000.00		525.00		3,475.00
11	销售1部	马力	2,000.00	21	2,000.00		2,000.00			4,000.00		525.00		3,475.00
12	销售1部	季杰	2,000.00	21	2,000.00		2,000.00			4,000.00		525.00		3,475.00
13	销售1部	张飞	2,000.00	21	2,000.00		2,000.00			4,000.00		525.00		3,475.00
14	销售1部	赵耀	2,000.00	21	2,000.00		2,000.00			4,000.00		525.00		3,475.00
15	销售1部	黄达	2,000.00	21	2,000.00		2,000.00			4,000.00		525.00		3,475.00
16	销售1部	蓝天	2,000.00	21	2,000.00		2,000.00			4,000.00		525.00		3,475.00
17	销售2部	舒婷	2,000.00	21	2,000.00		1,000.00			3,000.00		525.00		2,475.00
18	销售2部	花芳	2,000.00	21	2,000.00		1,000.00			3,000.00		525.00		2,475.00
19	销售2部	高展	2,000.00	21	2,000.00		1,000.00			3,000.00		525.00		2,475.00
20	销售2部	欧亚	2,000.00	21	2,000.00		1,000.00			3,000.00		525.00		2,475.00
21	销售2部	陈东	2,000.00	21	2,000.00		1,000.00			3,000.00		525.00		2,475.00
22	销售2部	苏苏	2,000.00	21	2,000.00		1,000.00			3,000.00		525.00		2,475.00
23	销售2部	武文	2,000.00	21	2,000.00		1,000.00			3,000.00		525.00		2,475.00
24	销售2部	劳燕	2,000.00	21	2,000.00		1,000.00			3,000.00		525.00		2,475.00
25	销售2部	周全	2,000.00	21	2,000.00		1,000.00			3,000.00		525.00		2,475.00
26	销售2部	李解	2,000.00	21	2,000.00		1,000.00			3,000.00		525.00		2,475.00
	合计									100,000.00	28.50	13,650.00		86,321.50

网上银行电子回单

回单编号：

付款方	账号	20-7200010400XXXXX	收款方	账号	62284812388XXXXXXXX
	户名	纳尼公司		户名	白雨
	开户行	中国农业银行XX分行		开户行	中国农业银行XX分行
金额（小写）		¥4,475.00	金额（大写）		⊗肆仟肆佰柒拾伍元整
币种		人民币	交易渠道		网上银行
摘要		转账取款	凭证号		
交易时间		2023-7-10	会计日期		20230710
附言		6月工资			

图 6-5【例 6-4】银行回单 - 部分

【例 6-5】2023 年 7 月 20 日，缴纳医保费用 10,920 元，其中：单位部分 8,320 元，个人部分 2,600 元。银行自动划款。

（1）案例解读

缴纳医保费用在电子税务局（社保扣费）客户端进行。单位部分记入“管理费用”会计科目、个人部分记入“其他应收款”会计科目。

（2）账务处理

该业务使得该公司管理费用增加、其他应收款增加、银行存款减少。

会计分录为：

借：管理费用 ——社保单位部分　　8,320

　　其他应收款 ——社保个人部分　　2,600

　贷：银行存款　　10,920

记账凭证如图 6-6 所示：

记　账　凭　证

2023年7月20日　　　　记第　　号

摘要	会计科目		借方金额	贷方金额	记账√
	总账科目	明细科目			
缴纳社保	管理费用	社保单位部分	8,320.00		
	其他应收款	社保个人部分	2,600.00		
	银行存款			10,920.00	
合计	⊗壹万零玖佰贰拾元整		¥10,920.00	¥10,920.00	

附单据1张

制单：白雨

图 6-6【例 6-5】记账凭证

（3）所附原始凭证

此业务所附原始凭证包括：完税证明（如图 6-7 所示）。

中华人民共和国
税收完税证明

No. 4450552304000XXXXX

填发日期： 2023年 7月 20日　税务机关：国家税务总局合浦县税务局

纳税人识别号	91450521CCCCCCCCCC		纳税人名称	纳尼公司	
原凭证号	税种	品目名称	税款所属时期	入(退)库日期	实缴(退)金额
4450552304000XXXXX	基本医疗保险费	职工基本医疗保险（单位缴纳）	2023-07-01 至 2023-07-31	2023-07-20	8320.00
4450552304000XXXXX	基本医疗保险费	职工基本医疗保险（单位缴纳）	2023-07-01 至 2023-07-31	2023-07-20	2600.00
金额合计	（大写）壹万零玖佰贰拾元整				￥10920.00
税务机关（盖章）	填票人 社保费网上开票		备注：主管税务所（科、分局）：国家税务总局合浦县税务局廉州税务分局社保经办机构代码：合浦县医保局（新国家医保系统）社保号：450000000000000XXXXX		

收据联　交纳税人作完税证明

妥善保管

图 6-7【例 6-5】完税证明

（二）涉税处理

财务人员应正确核算员工社保业务，按时对相关税费进行申报，避免税务风险。小企业员工社保业务主要涉及个人所得税。

1. 个人所得税（专项扣除）

对于单位为员工缴纳的社保费和住房公积金中的个人部分，在计算员工工资和个税时，作为税前工资进行扣除处理；在个税申报时，作为“专项扣除”进行申报。

（1）单位部分社保如何申报个税

单位为员工缴纳的社保费和住房公积金（单位承担部分），只要是在规定比例范围内的，免征个人所得税。实务中，对于单位承担部分的社保费和住房公积金，既不需要加入员工的工资表，也不需要在个税申报时作为收入进行申报。但是，如果超过了规定比例的，则需要将超过部分并入个人当期的工资、薪金收入，计征个人所得税。

《财政部 国家税务总局关于基本养老保险费基本医疗保险费失业保险费住房公积金有关个人所得税政策的通知》（财税〔2006〕10 号）

一、企事业单位按照国家或省（自治区、直辖市）人民政府规定的缴费比例或办法实际缴付的基本养老保险费、基本医疗保险费和失业保险费，免征个人所得税；个人按照国家或省（自治区、直辖市）人民政府规定的缴费比例或办法实际缴付的基本养老保险费、基本医疗保险费和失业保险费，允许在个人应纳税所得额中扣除。

企事业单位和个人超过规定的比例和标准缴付的基本养老保险费、基本医疗保险费和失业保险费，应将超过部分并入个人当期的工资、薪金收入，计征个人所得税。

二、根据《住房公积金管理条例》《建设部 财政部 中国人民银行关于住房公积金管理若干具体问题的指导意见》（建金管〔2005〕5号）等规定精神，单位和个人分别在不超过职工本人上一年度月平均工资12%的幅度内，其实际缴存的住房公积金，允许在个人应纳税所得额中扣除。单位和职工个人缴存住房公积金的月平均工资不得超过职工工作地所在设区城市上一年度职工月平均工资的3倍，具体标准按照各地有关规定执行。

单位和个人超过上述规定比例和标准缴付的住房公积金，应将超过部分并入个人当期的工资、薪金收入，计征个人所得税。

比如，成都市2023年标准上限是2,800元（查询当地统计局数据），如果企业员工实际扣的公积金超过这个数，那么计算个人所得税的时候最多只能扣这个数，即：

个人所得税所得额＝应付工资－5,000－社保个人部分－2,800

（2）没发工资只交了社保，如何申报个税

没发工资只交了社保也是需要申报个税的，具体可以参考如下两种方法：

①“本期收入”填写个人缴纳社保数据的总和，然后如实填写社保明细。后期月份有收入时，在工资薪金的本期收入中减去之前月份没有收入时填写的个人缴纳的社保总和。

②“本期收入”填写0，社保填写个人缴纳的金额，后期正常申报即可。

（3）工资和社保必须一致吗

理论上来说，工资和社保是一致的，但是，两者不一致不一定就代表企业有问题。就算系统提示异常，也不代表企业就存在问题。

例如：纳尼公司总部在广西，白雨在纳尼公司（广西总部）签订劳动合同，因白雨缴纳社保在广西，后面被总部派去纳尼公司（江西分部）任职，纳尼公司（江西分部）负责支付并承担工资薪金代扣代缴个税、承担社保费。

对于纳尼公司（江西分部）来说，只有发放工资代扣代缴个税，虽然承担社保费，但社保不在江西缴纳，企业是不是有很大的涉税风险？有人有这样的疑问：在江西只缴个税，没有缴社保，会不会被江西税务局认定公司有问题？

企业总不能因为税务机关要求社保和工资必须一致，就不允许总分公司调配员工。那怎么看其中的涉税风险呢？我们分两种情况来看：

情况 1：企业人员、工资不变，企业如何面对税务稽查？

需要企业从多方面多方式证实。比如企业调配协议，按协议发放薪酬，有签名文件等。

情况 2：企业人员调配，企业如何面对税务稽查？

就像案例那样，白雨在纳尼公司（广西总部）缴纳社保，调拨到纳尼公司（江西分部），只扣个税。这种情况怎么办？纳尼公司（广西总部）账务上可以把这部分社保作为其他应收款挂账，纳尼公司（江西分部）支付给纳尼公司（广西总部）的白雨社保费的银行回单和社保缴纳完税证明即可作为纳尼公司（广西总部）的企业所得税税前扣除凭证。

其实，白雨完全可以在纳尼公司（广西总部）缴社保和发工资扣个税。由于纳尼公司（江西分部）实际承担社保、工资，则需要纳尼公司（江西分部）支付给纳尼公司（广西总部）。同时，纳尼公司（广西总部）应当给纳尼公司（江西分部）开具发票，作为纳尼公司（江西分部）企业所得税的税前扣除凭证。

如果总分公司所得税执行的原则是汇总纳税，就只需做好内部往来核算。

因此，工资与社保的涉税风险管理，必须与企业管理相关联。我们需要全面了解涉税业务，准确理解涉税政策，方可找到风险可控的方案。

2. 个人所得税（附加扣除）

个人所得税专项附加扣除，是指个人所得税法规定的子女教育、继续教育、大病医疗、住房贷款利息、住房租金、赡养老人、婴幼儿照护七项专项附加扣除。

（1）子女教育

①定义

子女教育专项附加扣除取决于纳税人的子女接受全日制学历教育的相关支出。学历教育包括义务教育（小学、初中教育）、高中阶段教育（普通高中、中等职业、技工教育）、高等教育（大学专科、大学本科、硕士研究生、博士研究生教育）。此外，纳税人年满 3 岁至小学入学前处于学前教育阶段的子女的相关支出，也可以按照标准定额扣除。

②扣除标准

子女教育专项附加扣除的标准是每个子女每月 2,000 元，所以每个月父母此项附加扣除的金额就是按“子女数量与 2,000 的乘积”来计算。当然，父母可以选择由其中一方按扣除标准的 100% 扣除，也可以选择由双方分别按扣除标准的 50% 扣除，但是具体扣除方式在一个纳税年度内不能变更。

③扣除凭证

子女在中国境内接受教育的，不需要留存任何资料。纳税人子女在中国境外接受教育的，纳税人应当留存境外学校录取通知书、留学签证等相关教育证明资料备查。

（2）继续教育

①定义

继续教育专项附加扣除取决于纳税人接受继续教育的相关支出。继续教育包括纳税人在中国境内接受学历（学位）继续教育、技能人员职业资格继续教育、专业技术人员职业资格继续教育。

②扣除标准

纳税人在中国境内接受学历（学位）继续教育的支出：在学历（学位）教育期间按照400元/月定额扣除，同一学历（学位）继续教育的扣除期限不能超过48个月。

纳税人接受技能人员职业资格继续教育、专业技术人员职业资格继续教育的支出：在取得相关证书的当年，按照3,600元（300元/月）定额扣除。

纳税人正在接受本科及以下学历（学位）继续教育，符合扣除条件的，可以选择由其父母按"子女教育"专项附加扣除，也可以选择由本人按"继续教育"专项附加扣除。

③扣除凭证

纳税人接受技能人员职业资格继续教育、专业技术人员职业资格继续教育的，应当留存相关证书等资料备查。

（3）大病医疗

①定义

大病医疗专项附加扣除取决于纳税人发生的与基本医保相关的医药费支出。

②扣除标准

在一个纳税年度内，纳税人发生的与基本医保相关的医药费用支出，扣除医保报销后个人负担（指医保目录范围内的自付部分）累计超过15,000元的部分，由纳税人在办理年度汇算清缴时，在80,000元限额内据实扣除。

纳税人发生的医药费用支出可以选择由本人或由其配偶扣除；未成年子女发生的医药费用支出可以选择由其父母一方扣除。

③扣除凭证

纳税人应当留存医药服务收费及医保报销相关票据原件或复印件，或由医疗保障部门出具的医药费用清单等资料备查。医疗保障部门应当为患者提供在医疗保障信息系统记录的本人年度医药费用信息查询服务。

（4）住房贷款利息

①定义

住房贷款利息附加扣除取决于纳税人本人与配偶单独或共同使用商业银行或住房公积金个人住房贷款，为本人或者其配偶购买中国境内住房，发生的首套住房贷款利息支出。

“首套住房贷款”是指购买首套住房时，享受贷款利率优惠和最低首付比率等政策的住房贷款。贷款是首次贷款就可以满足这个专项扣除，首套住房贷款可以通过查阅贷款合同（协议），或者向办理贷款的银行、住房公积金中心进行咨询。目前这项政策按照“认贷不认房”的方式确定，因为国内有些地区的首套房产目前没有办法确定。比如有的小产权房产，或者村的房产、公产、企业产等房产都无法确定是否为首套房。

②扣除标准

住房贷款利息的扣除标准即在实际发生贷款利息的年度，按照 1,000 元 / 月的标准定额扣除，扣除期限最长不超过 240 个月（也就是 20 年）。对于首套住房贷款的利息扣除，纳税人只能享受一次。

经夫妻双方约定，可以选择由其中一方扣除，具体扣除方式在一个纳税年度内不能变更。

夫妻双方婚前分别购买住房而发生的首套住房贷款，其贷款利息支出，可在婚后选择其中一套购买的住房，由购买方按扣除标准的 100% 扣除，也可以由夫妻双方对各自购买的住房分别按扣除标准的 50% 扣除，具体扣除方式在一个纳税年度内不能变更。

③扣除凭证

纳税人应当留存住房贷款合同、贷款还款支出凭证备查。

（5）住房租金

①定义

住房租金附加扣除取决于纳税人在主要工作城市没有自有住房而发生的住房租金支出。

②扣除标准

住房租金按所在地来判定扣除标准，如表 6-11 所示。

表 6-11 住房租金扣除标准

所在地	扣除标准
直辖市、省会（首府）城市、计划单列市以及国务院确定的其他城市	1,500元/月
除上一项所列城市以外，市辖区户籍人口超过100万的城市	1,100元/月
市辖区户籍人口不超过100万的城市	800元/月

纳税人的配偶在纳税人的主要工作城市有自有住房的，要视同纳税人在主要工作城市有自有住房，就不能以本款来扣除了。

夫妻双方主要工作城市相同的，只能由一方扣除住房租金支出。住房租金支出由签订租赁住房合同的承租人扣除。纳税人及其配偶在一个纳税年度内不能同时享受住房贷款利息和住房租金专项附加扣除。

③扣除凭证

纳税人应当留存住房租赁合同、协议等有关资料备查。

（6）赡养老人

①定义

赡养老人附加扣除取决于纳税人赡养老人的相关支出。“被赡养人”是指年满 60 岁的父母，以及子女均已去世的年满 60 岁的祖父母、外祖父母。

②扣除标准

纳税人赡养一位及以上被赡养人的赡养支出扣除标准定额如表 6–12 所示。

表 6–12 赡养老人扣除标准

纳税人	标准定额
独生子女	每月3,000元
非独生子女	由其与兄弟姐妹分摊每月3,000元的扣除额度，每人分摊的额度不能超过每月1,500元。可以由赡养人均摊或者约定分摊，也可以由被赡养人指定分摊。约定或者指定分摊的须签订书面分摊协议，指定分摊优先于约定分摊。具体分摊方式和额度在一个纳税年度内不能变更

③扣除凭证

独生子女不需要留存赡养老人支出凭证，非独生女子需签订书面分摊协议。

（7）婴幼儿照护

①定义

婴幼儿照护附加扣除取决于纳税人照护 3 岁以下婴幼儿子女的相关支出。

②扣除标准

婴幼儿照护附加按照每个婴幼儿每月 2,000 元的标准定额扣除。

父母可以选择由其中一方按扣除标准的 100% 扣除，也可以选择由双方分别按扣除标准的 50% 扣除，具体扣除方式在一个纳税年度内不能变更。

3. 涉税处理案例

此处以纳尼公司为例，对社保部分的个税申报业务进行处理。

【例 6–6】2023 年 8 月 5 日，对纳尼公司 7 月份的个人所得税进行申报处理。

（1）案例解读

7月所得，即7月份发放的工资，即【例6-2】扣除的社保部分13,650元，其中：基本养老保险400元，医疗保险100元，失业保险25元。因员工庞逢、沈阳在两家企业领取工资，在个税汇算时自行填表扣除，其他员工均未超过5,000元所得，所以此处暂不对附加扣除作处理。

财税笔记：

员工在两家企业领取工资，需要跨年进行个人所得税汇算清缴，遵循多退少补的原则。

《中华人民共和国个人所得税法》第九条：个人所得税以所得人为纳税人，以支付所得的单位或者个人为扣缴义务人。纳税人有中国公民身份号码的，以中国公民身份号码为纳税人识别号；纳税人没有中国公民身份号码的，由税务机关赋予其纳税人识别号。扣缴义务人扣缴税款时，纳税人应当向扣缴义务人提供纳税人识别号。

《中华人民共和国个人所得税法实施条例》第二十八条：居民个人取得工资、薪金所得时，可以向扣缴义务人提供专项附加扣除有关信息，由扣缴义务人扣缴税款时减除专项附加扣除。纳税人同时从两处以上取得工资、薪金所得，并由扣缴义务人减除专项附加扣除的，对同一专项附加扣除项目，在一个纳税年度内只能选择从一处取得的所得中减除。

《中华人民共和国个人所得税法实施条例》第二十五条　取得综合所得需要办理汇算清缴的情形包括：（一）从两处以上取得综合所得，且综合所得年收入额减除专项扣除的余额超过6万元；（二）取得劳务报酬所得、稿酬所得、特许权使用费所得中一项或者多项所得，且综合所得年收入额减除专项扣除的余额超过6万元；（三）纳税年度内预缴税额低于应纳税额；（四）纳税人申请退税。

《中华人民共和国个人所得税法实施条例》第二十九条　纳税人可以委托扣缴义务人或者其他单位和个人办理汇算清缴。

《国家税务总局关于个人所得税自行纳税申报有关问题的公告》（国家税务总局公告2018年第62号）需要办理汇算清缴的纳税人，应当在取得所得的次年3月1日至6月30日内，向任职、受雇单位所在地主管税务机关办理纳税申报，并报送《个人所得税年度自行纳税申报表》。纳税人有两处以上任职、受雇单位的，选择向其中一处任职、受雇单位所在地主管税务机关办理纳税申报；纳税人没有任职、受雇单位的，向户籍所在地或经常居住地主管税务机关办理纳税申报。

（2）申报表填写

此案例需要填写个人所得税扣缴申报表（如表6-13所示），将社保个人部分金额分别填入“专项扣除”项中的“基本养老保险费”项（12列）、“基本医疗保险费”项（13列）、“失业保险费”项（14列）。

表6-13【例6-6】个人所得税扣缴申报表

个人所得税扣缴申报表

税款所属期：2023 年 07 月 01 日至 2023 年 07 月 31 日

扣缴义务人名称：纳尼公司

扣缴义务人纳税人识别号（统一社会信用代码）：91450521CCCCCCCC

序号	姓名	身份证件类型	身份证件号码	纳税人识别号	是否为非居民个人	所得项目	本月（次）情况													
							收入额计算			减除费用	专项扣除				其他扣除					
							收入	费用	免税收入		基本养老保险费	基本医疗保险费	失业保险费	住房公积金	年金	商业健康保险	税延养老保险	财产原值	允许扣除的税费	其他
1	2	3	4	5	6	7	8	9	10	11	12	13	14	15	16	17	18	19	20	21
1	庞逢	居民身份证	略	略	否	正常工资薪金	6,000			5,000	400	100	25							
2	沈阳	居民身份证	略	略	否	正常工资薪金	6,000			5,000	400	100	25							
3	刘芬	居民身份证	略	略	否	正常工资薪金	4,000			5,000	400	100	25							
4	陆瑶	居民身份证	略	略	否	正常工资薪金	4,000			5,000	400	100	25							
5	白雨	居民身份证	略	略	否	正常工资薪金	5,000			5,000	400	100	25							
6	薛莉	居民身份证	略	略	否	正常工资薪金	5,000			5,000	400	100	25							
7	曾佳	居民身份证	略	略	否	正常工资薪金	4,000			5,000	400	100	25							
8	晓燕	居民身份证	略	略	否	正常工资薪金	4,000			5,000	400	100	25							
9	金秀	居民身份证	略	略	否	正常工资薪金	4,000			5,000	400	100	25							
10	刘流	居民身份证	略	略	否	正常工资薪金	4,000			5,000	400	100	25							
11	马力	居民身份证	略	略	否	正常工资薪金	4,000			5,000	400	100	25							
12	季杰	居民身份证	略	略	否	正常工资薪金	4,000			5,000	400	100	25							
13	张飞	居民身份证	略	略	否	正常工资薪金	4,000			5,000	400	100	25							
14	赵耀	居民身份证	略	略	否	正常工资薪金	4,000			5,000	400	100	25							
15	黄达	居民身份证	略	略	否	正常工资薪金	4000			5000	400	100	25							
16	蓝天	居民身份证	略	略	否	正常工资薪金	4000			5000	400	100	25							
17	舒婷	居民身份证	略	略	否	正常工资薪金	3000			5000	400	100	25							
18	花芳	居民身份证	略	略	否	正常工资薪金	3000			5000	400	100	25							
19	高展	居民身份证	略	略	否	正常工资薪金	3000			5000	400	100	25							
20	欧亚	居民身份证	略	略	否	正常工资薪金	3000			5000	400	100	25							
21	陈东	居民身份证	略	略	否	正常工资薪金	3000			5000	400	100	25							
22	苏苏	居民身份证	略	略	否	正常工资薪金	3000			5000	400	100	25							
23	武文	居民身份证	略	略	否	正常工资薪金	3000			5000	400	100	25							
24	劳燕	居民身份证	略	略	否	正常工资薪金	3000			5000	400	100	25							
25	周全	居民身份证	略	略	否	正常工资薪金	3000			5000	400	100	25							
26	李解	居民身份证	略	略	否	正常工资薪金	3000			5000	400	100	25							
合计							100000	0	0	130000	10400	2600	650	0	0	0	0	0	0	0

谨声明：本扣缴申报表是根据国家税收法律法规及相关规定填报的，是真实的、可靠的、完整的。

扣缴义务人（签章）：　　　　年　　月　　日

代理机构签章：
代理机构统一社会信用代码：
经办人签字：
经办人身份证件号码：

金额单位：人民币元（列至角分）

累计情况										减按计税比例	准予扣除的捐赠额	税款计算							备注
累计收入额	累计减除费用	累计专项扣除	累计专项附加扣除						累计其他扣除			应纳税所得额	税率/预扣率	速算扣除数	应纳税额	减免税额	已缴税额	应补/退税额	
			子女教育	赡养老人	住房贷款利息	住房租金	继续教育	累计3岁以下婴幼儿照护											
22	23	24	25	26	27	28	29	30	31	32	33	34	35	36	37	38	39	40	41
42,000	35,000	3,675										3,325	3%		99.75		85.5	14.25	
42,000	35,000	3,675										3,325	3%		99.75		85.5	14.25	
28,000	35,000	3,675										0	3%						
28,000	35,000	3,675										0	3%						
35,000	35,000	3,675										0	3%						
35,000	35,000	3,675										0	3%						
28,000	35,000	3,675										0	3%						
28,000	35,000	3,675										0	3%						
28,000	35,000	3,675										0	3%						
28,000	35,000	3,675										0	3%						
28,000	35,000	3,675										0	3%						
28,000	35,000	3,675										0	3%						
28,000	35,000	3,675										0	3%						
28,000	35,000	3,675										0	3%						
28,000	35,000	3,675										0	3%						
28,000	35,000	3,675										0	3%						
21,000	35,000	3,675										0	3%						
21,000	35,000	3,675										0	3%						
21,000	35,000	3,675										0	3%						
21,000	35,000	3,675										0	3%						
21,000	35,000	3,675										0	3%						
21,000	35,000	3,675										0	3%						
21,000	35,000	3,675										0	3%						
21,000	35,000	3,675										0	3%						
21,000	35,000	3,675										0	3%						
21,000	35,000	3,675										0	3%						
700,000	910,000	95,550	0	0	0	0	0	0	0	—	0	6650	—	—	199.5	0	171	28.5	—

受理人：
受理税务机关（章）：
受理日期：　年　月　日

国家税务总局监制

三、员工福利费

企业职工福利费是指企业为职工提供的除职工工资、奖金、津贴、纳入工资总额管理的补贴、职工教育经费、社会保险费和补充养老保险费（年金）、补充医疗保险费及住房公积金以外的福利待遇支出，包括发放给职工或为职工支付的各项现金补贴和非货币性集体福利。

（一）会计核算

财务人员应了解小企业员工福利费环节的经济业务和财务流程，并按《小企业会计准则》要求设置会计科目和进行账务核算。

1. 会计科目设置

小企业员工福利费业务涉及“应付职工薪酬——福利费”“管理费用——福利费”等会计科目。如表 6-14 所示。

表 6-14 员工福利费业务涉及的会计科目

会计科目	应付职工薪酬	管理费用
核算内容	核算小企业员工福利费的计提、使用情况	核算小企业为组织和管理企业生产经营所发生的或者应由企业统一负担的公司经费
明细科目设置	设置“福利费”明细科目进行核算	设置“福利费”明细科目进行核算
T 形图	借方 应付职工薪酬——福利费 贷方 借方：登记实际发放的员工福利 贷方：登记已经分配计入有关成本费用项目的员工福利 贷方余额：反映应发未发的员工福利	借方 管理费用——福利费 贷方 借方：登记已经分配计入有关成本费用项目的员工福利 贷方：登记结转本年利润金额

财税笔记：

在计提或发放福利费时，往往直接计入“管理费用”等科目，而不通过“应付职工薪酬”科目进行过渡。

2. 账务处理规范

（1）员工福利费的计提

职工福利费在会计核算时依然需要计提，但是计提的比例却不一定是 14%。按实际发生的福利费，确定应付职工薪酬金额，自行编制福利费发放表等进行账务处理。

会计分录为：

借：生产成本（车间生产工人的福利费）

　　制造费用（车间管理人员的福利费）

　　管理费用（企业管理人员的福利费）

　　销售费用（销售部门人员的福利费）

　贷：应付职工薪酬——福利费

（2）员工福利费的缴纳

发放完福利费后，根据福利费发放表进行账务处理。

会计分录为：

借：应付职工薪酬——福利费

　贷：银行存款等

财税笔记：

实际工作中，发放福利费时，直接计入相应费用类科目即可，不再计提。

会计分录为：

借：应付职工薪酬——福利费

　贷：银行存款等

3. 会计核算案例

此处以纳尼公司（小规模纳税人）、纳尔公司（一般纳税人）为例，对员工福利费业务进行会计核算。

【例 6-7】2023 年 6 月 19 日，纳尼公司按 100 元 / 人标准以现金方式发放端午节福利，纳尼公司管理部门 6 人，销售部门 20 人，合计 26 人。

（1）案例解读

按各部门人员数量进行分配。

（2）账务处理

该案例包含 2 个经济业务

①计提福利费，使得该公司管理费用、销售费用增加，应付职工薪酬增加。

会计分录为：

借：管理费用——福利费　　600

　　销售费用——福利费　　2,000

　贷：应付职工薪酬——福利费　　2,600

②发放福利费，使得该公司应付职工薪酬减少，库存现金减少。

会计分录为：

借：应付职工薪酬——福利费　　2,600

　贷：库存现金　　2,600

记账凭证如图 6-8 所示：

记　　账　　凭　　证

2023年6月19日　　　　记第　　号

摘要	会计科目		借方金额	贷方金额	记账√
	总账科目	明细科目			
计提福利费	管理费用	福利费	600.00		
	销售费用	福利费	2,000.00		
	应付职工薪酬	福利费		2,600.00	
合计	⊗贰仟陆佰元整		¥2,600.00	¥2,600.00	

附单据1张

制单：白雨

记　　账　　凭　　证

2023年6月19日　　　　记第　　号

摘要	会计科目		借方金额	贷方金额	记账√
	总账科目	明细科目			
发放福利	应付职工薪酬	福利费	2,600.00		
	库存现金			2,600.00	
合计	⊗贰仟陆佰元整		¥2,600.00	¥2,600.00	

附单据1张

制单：白雨

图 6-8【例 6-7】记账凭证

（3）所附原始凭证

此业务所附原始凭证包括：端午节福利费发放表（如表 6-15 所示）。

表 6-15【例 6-7】端午节福利费发放表

2023 年端午节福利费发放表

序号	部门	姓名	福利费标准
1	总办	庞逢	100.00
2	总办	沈阳	100.00
3	行政部	刘芬	100.00
4	行政部	陆瑶	100.00
5	财务部	白雨	100.00
6	财务部	薛莉	100.00
7	销售1部	曾佳	100.00
8	销售1部	晓燕	100.00
9	销售1部	金秀	100.00
10	销售1部	刘流	100.00
11	销售1部	马力	100.00
12	销售1部	季杰	100.00
13	销售1部	张飞	100.00
14	销售1部	赵耀	100.00
15	销售1部	黄达	100.00
16	销售1部	蓝天	100.00
17	销售2部	舒婷	100.00
18	销售2部	花芳	100.00
19	销售2部	高展	100.00
20	销售2部	欧亚	100.00
21	销售2部	陈东	100.00
22	销售2部	苏苏	100.00
23	销售2部	武文	100.00
24	销售2部	劳燕	100.00
25	销售2部	周全	100.00
26	销售2部	李解	100.00
	合计		2,600.00

【例 6-8】2023 年 6 月 19 日，纳尔公司购买了 100 箱粽子发放给生产车间员工，取得厂家专用发票，金额 30,000 元，增值税 3,900 元。

（1）案例解读

用于集体福利和个人消费的购进货物等，收到的专用发票要作进项转出处理。

（2）账务处理

该案例包含三个经济业务。

①购进时，使得该公司库存商品增加，应交税费、银行存款减少。

会计分录为：

借：库存商品　　30,000

　　应交税费——应交增值税（进项税额）　　3,900

贷：银行存款　　33,900

②发放时，使得该公司应付职工薪酬、库存商品减少，应交税费增加。

借：应付职工薪酬——非货币性福利　　33,900

贷：库存商品　　30,000

应交税费——应交增值税（进项税额转出）　　3,900

③计提时，使得该公司生产成本增加，应付职工薪酬增加。

借：生产成本　　33,900

贷：应付职工薪酬——非货币性福利　　33,900

记账凭证如图 6-9 所示：

记　账　凭　证

2023年6月19日　　　　记第　　号

摘要	会计科目		借方金额	贷方金额	记账√
	总账科目	明细科目			
购入粽子	库存商品		30,000.00		
	应交税费	增值税（进项税额）	3,900.00		
	银行存款			33,900.00	
合计	⊗叁万叁仟玖佰元整		¥33,900.00	¥33,900.00	

附单据2张

制单：白雨

记　账　凭　证

2023年6月19日　　　　记第　　号

摘要	会计科目		借方金额	贷方金额	记账√
	总账科目	明细科目			
发放福利	应付职工薪酬	非货币性福利	33,900.00		
	库存商品			30,000.00	
	应交税费	增值税（进项税额转出）		3,900.00	
合计	⊗叁万叁仟玖佰元整		¥33,900.00	¥33,900.00	

附单据1张

制单：白雨

记 账 凭 证

2023年6月19日 记第 号

摘要	会计科目		借方金额	贷方金额	记账√
	总账科目	明细科目			
计提福利费	生产成本		33,900.00		
	应付职工薪酬	非货币性福利		33,900.00	
合计	⊗叁万叁仟玖佰元整		¥33,900.00	¥33,900.00	

附单据1张

制单：白雨

图 6-9【例 6-8】记账凭证

（3）所附原始凭证

此业务所附原始凭证包括：增值税专用发票（如图 6-10 所示）、端午节福利费发放表（如表 6-16 所示）、银行回单（如图 6-11 所示）。

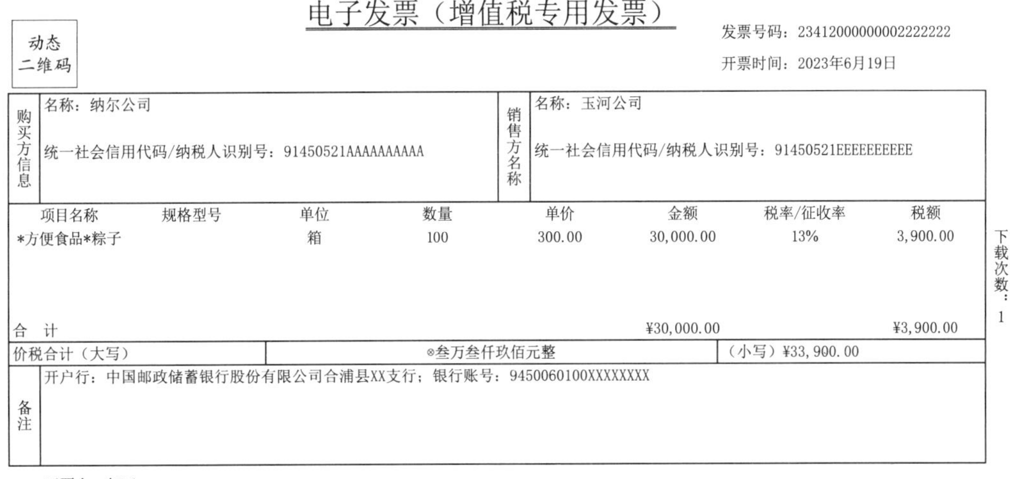

电子发票（增值税专用发票）

动态二维码

发票号码：23412000000002222222

开票时间：2023年6月19日

购买方信息	名称：纳尔公司 统一社会信用代码/纳税人识别号：91450521AAAAAAAAAA	销售方名称	名称：玉河公司 统一社会信用代码/纳税人识别号：91450521EEEEEEEEEE

项目名称	规格型号	单位	数量	单价	金额	税率/征收率	税额
*方便食品*粽子		箱	100	300.00	30,000.00	13%	3,900.00
合 计					¥30,000.00		¥3,900.00
价税合计（大写）	⊗叁万叁仟玖佰元整				（小写）¥33,900.00		
备注	开户行：中国邮政储蓄银行股份有限公司合浦县XX支行；银行账号：9450060100XXXXXXXX						

下载次数：1

开票人：何玉

图 6-10【例 6-8】增值税专用发票

表 6-16【例 6-8】端午节福利费发放表

2023 年端午节福利费发放表

序号	部门	姓名	福利品	金额	签名
1	生产1部	李洁	粽子	339.00	李洁
2	生产1部	刘洋	粽子	339.00	刘洋
3	生产1部	胡月	粽子	339.00	胡月
4	生产1部	田园	粽子	339.00	田园
5	生产1部	谢思	粽子	339.00	谢思
6	生产1部	范明	粽子	339.00	范明
7	生产1部	鲁齐	粽子	339.00	鲁齐
8	生产1部	滕云	粽子	339.00	滕云
9	生产1部	平安	粽子	339.00	平安
10	生产1部	左右	粽子	339.00	左右
11	生产1部	毕叶	粽子	339.00	毕叶
12	生产1部	江上月	粽子	339.00	江上月
13	生产1部	凌云	粽子	339.00	凌云
14	生产1部	卢伟	粽子	339.00	卢伟
15	生产1部	吉吉	粽子	339.00	吉吉
16	生产1部	曲直	粽子	339.00	曲直
17	生产1部	文隽	粽子	339.00	文隽
18	生产1部	沈浪	粽子	339.00	沈浪
19	生产1部	余音	粽子	339.00	余音
20	生产1部	万丈	粽子	339.00	万丈
21	生产1部	钟秀	粽子	339.00	钟秀
22	生产1部	简单	粽子	339.00	简单
23	生产1部	姚远	粽子	339.00	姚远
24	生产1部	严格	粽子	339.00	严格
	……			……	
	合计			33,900.00	

网上银行电子回单

回单编号：

付款方	账号	20-7200010400XXXXX	收款方	账号	9450060100XXXXXXXX
	户名	纳尔公司		户名	玉河公司
	开户行	中国农业银行XX分行		开户行	中国邮政储蓄银行股份有限公司合浦县XX支行
金额（小写）		¥33,900.00	金额（大写）		⊗叁万叁仟玖佰元整
币种		人民币	交易渠道		网上银行
摘要		转账取款	凭证号		
交易时间		2023-6-19	会计日期		20230619
附言		购粽子			

图 6-11【例 6-8】银行回单

（二）涉税处理

财务人员应正确核算员工福利费，按时对相关税费进行申报，避免税务风险。小企业员工福利费业务主要涉及增值税和企业所得税。

1. 增值税

如果是一般纳税人，员工福利费业务要考虑增值税进项转出的问题。

（1）增值税进项转出

一般纳税人收到员工福利费相关的增值税专用发票，需要先抵扣再做进项转出。假如某企业发的粽子是外购的，按规定其进项税额自然不能抵扣。如果外购时取得了增值税专用发票，可以先认证后做进项税额转出处理。如果是商贸企业，本身也在采购粽子对外销售，从库存商品拿出一部分作为福利发给了职工，当然需要做进项税额转出，而不是视同销售。

进项转出需要填写增值税纳税申报表附列资料（二）（如表 6-17 所示）。

表 6-17　增值税纳税申报表附列资料（二）

增值税纳税申报表附列资料（二）

（本期进项税额明细）

税款所属时间：　　年　　月　　日至　　　年　　月　　日

纳税人名称：（公章）　　　　　　　　　　　　　　　　　　金额单位：元（列至角分）

一、申报抵扣的进项税额				
项目	栏次	份数	金额	税额
（一）认证相符的增值税专用发票	1=2+3			
其中：本期认证相符且本期申报抵扣	2			
前期认证相符且本期申报抵扣	3			
（二）其他扣税凭证	4=5+6+7+8a+8b			
其中：海关进口增值税专用缴款书	5			
农产品收购发票或者销售发票	6			
代扣代缴税收缴款凭证	7		—	
加计扣除农产品进项税额	8a	—	—	
其他	8b			
（三）本期用于购建不动产的扣税凭证	9			
（四）本期用于抵扣的旅客运输服务扣税凭证	10			
（五）外贸企业进项税额抵扣证明	11	—	—	
当期申报抵扣进项税额合计	12=1+4+11			

二、进项税额转出额		
项目	栏次	税额
本期进项税额转出额	13=14 至 23 之和	
其中：免税项目用	14	
集体福利、个人消费	15	
非正常损失	16	
简易计税方法征税项目用	17	

续表

二、进项税额转出额				
免抵退税办法不得抵扣的进项税额	18			
纳税检查调减进项税额	19			
红字专用发票信息表注明的进项税额	20			
上期留抵税额抵减欠税	21			
上期留抵税额退税	22			
其他应作进项税额转出的情形	23			
三、待抵扣进项税额				
项目	栏次	份数	金额	税额
（一）认证相符的增值税专用发票	24	—	—	—
期初已认证相符但未申报抵扣	25			
本期认证相符且本期未申报抵扣	26			
期末已认证相符但未申报抵扣	27			
其中：按照税法规定不允许抵扣	28			
（二）其他扣税凭证	29=30 至 33 之和			
其中：海关进口增值税专用缴款书	30			
农产品收购发票或者销售发票	31			
代扣代缴税收缴款凭证	32		—	
其他	33			
	34			
四、其他				
项目	栏次	份数	金额	税额
本期认证相符的增值税专用发票	35			
代扣代缴税额	36	—	—	

《国务院令第 691 号　中华人民共和国增值税暂行条例》

第十条　下列项目的进项税额不得从销项税额中抵扣：

（一）用于简易计税方法计税项目、免征增值税项目、集体福利或者个人消费的购进货物、劳务、服务、无形资产和不动产；

（二）非正常损失的购进货物，以及相关的劳务和交通运输服务；

（三）非正常损失的在产品、产成品所耗用的购进货物（不包括固定资产）、劳务和交通运输服务；

（四）国务院规定的其他项目。

《财政部 国家税务总局关于全面推开营业税改征增值税试点的通知》（财税〔2016〕36 号）

第二十七条　用于简易计税方法计税项目、免征增值税项目、集体福利或者个人消费的购进货物、加工修理修配劳务、服务、无形资产和不动产，不得抵扣进项税额。其中涉及的固定资产、无形资产、不动产，仅指专用于上述项目的固定资产、无形资产（不包括其他权益性无形资产）、不动产。纳税人的交际应酬消费属于个人消费。

（2）增值税销项税额

福利费除了有“进项转出”，也有视同销售涉及“销项税”的情况。

《中华人民共和国营业税暂行条例实施细则》规定，将自产、委托加工的货物用于集体福利或者个人消费应视同销售。

假如某企业以发放粽子作为员工福利，而该企业生产的粽子本来就在对外销售，那么视同销售的价格就是近期同类粽子的平均销售价格；如果该企业生产的粽子没有对外销售，仅仅就是发给员工，那么就可以按照市面上同类粽子的平均销售价格确定。涉及的税率或征收率的依据就是销售粽子对应的税率。

2. 企业所得税

员工福利费属于期间费用的，会涉及企业所得税。

根据企业所得税法规定的合理性原则以及企业所得税法实施条例中“合理的支出，是指符合生产经营活动常规，应当计入当期损益或者有关资产成本的必要和正常的支出”的解释，职工福利费属于企业必要和正常的支出，在实际工作中，企业要具体事项具体对待。如职工困难补助费，只要能够代表职工利益的费用就可以凭合法凭据列支，属于合理福利费列支范围的人员工资、补贴则不需要发票。对购买属于职工福利费列支范围的实物资产和对外发生的相关费用，应取得合法发票。如果企业在企业所得税年度汇算清缴前仍未将跨年度的福利费发票落实到位，一旦被查实，就得作出相应的纳税调整，并补缴相关税款。

《中华人民共和国企业所得税法实施条例》

第四十条　企业发生的职工福利费支出，不超过工资薪金总额 14% 的部分，准予扣除。

职工福利费是按照实际发生的计提，所以期末应该是没有余额的。由于按照实际发生计提，企业发放福利并不是每月都一样的。这导致每月计提的福利费跟当月的工资没有比例关系，可能部分月份比例不足 14%，也可能部分月份比例会超过 14%。

当然，企业税前扣除时，是按照全年的总额计算的，只要全年的职工福利费总额与可税前扣除的工资薪金总额的比例不超过 14%，就可以按规定做税前扣除，否则就需要做纳税调增。

纳税调增需要填写职工薪酬支出及纳税调整明细表（如表 6–18 所示）。

表 6-18 职工薪酬支出及纳税调整明细表

职工薪酬支出及纳税调整明细表

行次	项目	账载金额	实际发生额	税收规定扣除率	以前年度累计结转扣除额	税收金额	纳税调整金额	累计结转以后年度扣除额
		1	2	3	4	5	6（1-5）	7（2+4-5）
1	一、工资薪金支出			*	*		0.00	*
2	其中：股权激励			*	*	0.00	0.00	*
3	二、职工福利费支出			14%	*	0.00	0.00	*
4	三、职工教育经费支出	0.00	0.00	*	0.00	0.00	0.00	0.00
5	其中：按税收规定比例扣除的职工教育经费			8%		0.00	0.00	0.00
6	按税收规定全额扣除的职工培训费用			0%	*	0.00	0.00	*
7	四、工会经费支出			2%	*	0.00	0.00	*
8	五、各类基本社会保障性缴款			*	*	0.00	0.00	*
9	六、住房公积金			*	*	0.00	0.00	*
10	七、补充养老保险			5%	*	0.00	0.00	*
11	八、补充医疗保险			5%	*	0.00	0.00	*
12	九、其他			*	*		0.00	*
13	合计（1+3+4+7+8+9+10+11+12）	0.00	0.00	*	0.00	0.00	0.00	0.00

填报说明：

1. 第 1 行“一、工资薪金支出”：填报纳税人本年度支付给在本企业任职或者受雇的员工的所有现金形式或非现金形式的劳动报酬及其会计核算、纳税调整等金额，具体如下：

（1）第 1 列“账载金额”：填报纳税人会计核算计入成本费用的职工工资、奖金、津贴和补贴金额。

（2）第 2 列“实际发生额”：分析填报纳税人“应付职工薪酬”会计科目借方发生额（实际发放的工资薪金）。

（3）第 5 列“税收金额”：填报纳税人按照税收规定允许税前扣除的金额，按照第 1 列和第 2 列分析填报。

（4）第 6 列“纳税调整金额”：填报第 1 列减第 5 列金额。

2. 第 2 行“股权激励”：适用于执行《上市公司股权激励管理办法》（中国证券监督管理委员会令第 126 号）的纳税人填报，具体如下：

（1）第 1 列“账载金额”：填报纳税人按照国家有关规定建立职工股权激励计划，会计核算计入成本费用的金额。

（2）第 2 列“实际发生额”：填报纳税人根据本年实际行权时股权的公允价格与激励对象实际行权支付价格的差额和数量计算确定的金额。

（3）第 5 列“税收金额”：填报行权时按照税收规定允许税前扣除的金额，按第 2 列金额填报。

（4）第 6 列“纳税调整金额”：填报第 1 列减第 5 列金额。

3. 第 3 行“二、职工福利费支出”：填报纳税人本年度发生的职工福利费及其会计核算、纳税调整等金额，具体如下：

（1）第 1 列“账载金额”：填报纳税人会计核算计入成本费用的职工福利费的金额。

（2）第 2 列“实际发生额”：分析填报纳税人“应付职工薪酬”会计科目下的职工福利费实际发生额。

（3）第 3 列“税收规定扣除率”：填报税收规定的扣除比例。

（4）第 5 列“税收金额”：填报按照税收规定允许税前扣除的金额，按第 1 行第 5 列“工资薪金支出 \ 税收金额”× 税收规定扣除率与第 1 列、第 2 列三者孰小值填报。

（5）第 6 列“纳税调整金额”：填报第 1 列减第 5 列金额。

4. 第 4 行“三、职工教育经费支出”：填报第 5 行金额或者第 5 行及第 6 行金额。

5. 第 5 行“按税收规定比例扣除的职工教育经费”：适用于按照税收规定职工教育经费按比例税前扣除的纳税人填报，填报纳税人本年度发生的按税收规定比例扣除的职工教育经费及其会计核算、纳税调整等金额，具体如下：

（1）第 1 列“账载金额”填报纳税人会计核算计入成本费用的按税收规定比例扣除的职工教育经费金额，不包括第6行“按税收规定全额扣除的职工培训费用”金额。

（2）第 2 列“实际发生额”：分析填报纳税人“应付职工薪酬”会计科目下的职工教育经费实际发生额，不包括第6行“按税收规定全额扣除的职工培训费用”金额。

（3）第 3 列“税收规定扣除率”：填报税收规定的扣除比例。

（4）第 4 列“以前年度累计结转扣除额”：填报纳税人以前年度累计结转准予扣除的职工教育经费支出余额。

（5）第 5 列“税收金额”：填报纳税人按照税收规定允许税前扣除的金额（不包括第 6 行“按税收规定全额扣除的职工培训费用”金额），按第 1 行第 5 列“工资薪金支出 \ 税收金额” × 税收规定扣除率与第 2 列加第 4 列的孰小值填报。

（6）第 6 列“纳税调整金额”：填报第 1 列减第 5 列金额。

（7）第 7 列“累计结转以后年度扣除额”：填报第 2 列加第 4 列减第 5 列金额。

6. 第 6 行“按税收规定全额扣除的职工培训费用”：适用于按照税收规定职工培训费用允许全额税前扣除的纳税人填报，填报纳税人本年度发生的按税收规定全额扣除的职工培训费用及其会计核算、纳税调整等金额，具体如下：

（1）第 1 列“账载金额”：填报纳税人会计核算计入成本费用的按税收规定全额扣除的职工培训费用金额。

（2）第 2 列“实际发生额”：分析填报纳税人“应付职工薪酬”会计科目下的职

工教育经费本年实际发生额中可全额扣除的职工培训费用金额。

（3）第 3 列“税收规定扣除率”：填报税收规定的扣除比例（100%）。

（4）第 5 列“税收金额”：填报按照税收规定允许税前扣除的金额，按第 2 列金额填报。

（5）第 6 列“纳税调整金额”：填报第 1 列减第 5 列金额。

7. 第 7 行“四、工会经费支出”：填报纳税人本年度拨缴工会经费及其会计核算、纳税调整等金额，具体如下：

（1）第 1 列“账载金额”：填报纳税人会计核算计入成本费用的工会经费支出金额。

（2）第 2 列“实际发生额”：分析填报纳税人“应付职工薪酬”会计科目下的工会经费本年实际发生额。

（3）第 3 列“税收规定扣除率”：填报税收规定的扣除比例。

（4）第 5 列“税收金额”：填报按照税收规定允许税前扣除的金额，按第 1 行第 5 列“工资薪金支出 \ 税收金额”× 税收规定扣除率与第 1 列、第 2 列三者孰小值填报。

（5）第 6 列“纳税调整金额”：填报第 1 列减第 5 列金额。

8. 第 8 行“五、各类基本社会保障性缴款”：填报纳税人依照国务院有关主管部门或者省级人民政府规定的范围和标准为职工缴纳的基本社会保险费及其会计核算、纳税调整等金额，具体如下：

（1）第 1 列“账载金额”：填报纳税人会计核算的各类基本社会保障性缴款的金额。

（2）第 2 列“实际发生额”：分析填报纳税人“应付职工薪酬”会计科目下的各类基本社会保障性缴款本年实际发生额。

（3）第 5 列“税收金额”：填报按照税收规定允许税前扣除的各类基本社会保障性缴款的金额，按纳税人依照国务院有关主管部门或者省级人民政府规定的范围和标准计算的各类基本社会保障性缴款的金额、第 1 列及第 2 列孰小值填报。

（4）第 6 列“纳税调整金额”：填报第 1 列减第 5 列金额。

9. 第 9 行“六、住房公积金”：填报纳税人依照国务院有关主管部门或者省级人民政府规定的范围和标准为职工缴纳的住房公积金及其会计核算、纳税调整等金额，具体如下：

（1）第 1 列“账载金额”：填报纳税人会计核算的住房公积金金额。

（2）第 2 列“实际发生额”：分析填报纳税人“应付职工薪酬”会计科目下的住房公积金本年实际发生额。

（3）第 5 列“税收金额”：填报按照税收规定允许税前扣除的住房公积金金额，

按纳税人依照国务院有关主管部门或者省级人民政府规定的范围和标准计算的住房公积金金额、第 1 列及第 2 列三者孰小值填报。

（4）第 6 列“纳税调整金额”：填报第 1 列减第 5 列金额。

10. 第 10 行“七、补充养老保险”：填报纳税人为投资者或者职工支付的补充养老保险费及其会计核算、纳税调整等金额，具体如下：

（1）第 1 列“账载金额”：填报纳税人会计核算的补充养老保险金额。

（2）第 2 列“实际发生额”：分析填报纳税人“应付职工薪酬”会计科目下的补充养老保险本年实际发生额。

（3）第 3 列“税收规定扣除率”：填报税收规定的扣除比例。

（4）第 5 列“税收金额”：填报按照税收规定允许税前扣除的补充养老保险的金额，按第 1 行第 5 列“工资薪金支出 \ 税收金额”× 税收规定扣除率与第 1 列、第 2 列三者孰小值填报。

（5）第 6 列“纳税调整金额”：填报第 1 列减第 5 列金额。

11. 第 11 行“八、补充医疗保险”：填报纳税人为投资者或者职工支付的补充医疗保险费及其会计核算、纳税调整等金额，具体如下：

（1）第 1 列“账载金额”：填报纳税人会计核算的补充医疗保险金额。

（2）第 2 列“实际发生额”：分析填报纳税人“应付职工薪酬”会计科目下的补充医疗保险本年实际发生额。

（3）第 3 列“税收规定扣除率”：填报税收规定的扣除比例。

（4）第 5 列“税收金额”：填报按照税收规定允许税前扣除的补充医疗保险的金额，按第 1 行第 5 列“工资薪金支出 \ 税收金额”× 税收规定扣除率与第 1 列、第 2 列三者孰小值填报。

（5）第 6 列“纳税调整金额”：填报第 1 列减第 5 列金额。

12. 第 12 行“九、其他”：填报其他职工薪酬的金额及其会计核算、纳税调整等金额。

13. 第 13 行“合计”：填报第 1、3、4、7、8、9、10、11、12 行金额之和。

3. 涉税处理案例

此处以纳乐公司为例，对员工福利费的企业所得税纳税调整业务进行处理。

【例6-9】2023年，纳乐公司全年发生的工资薪酬为500,000元，福利费50,000元。计算并填写企业所得税年度申报表中的职工薪酬支出及纳税调整明细表。

（1）案例解读

《中华人民共和国企业所得税法实施条例》

第四十条 企业发生的职工福利费支出，不超过工资薪金总额 14% 的部分，准予扣除。

该公司准予扣除的福利费 =500,000 × 14%=70,000（元）

故该公司全年发生的福利费 50,000 元可全额扣除。

（2）申报表填写

此案例需要填写职工薪酬支出及纳税调整明细表（如表 6-19 所示）。福利费的账载金额和实际发生额填在第 1、2 列，税收金额填在第 5 列。因本例发生的福利费小于准予扣除的福利费，所以税收金额为发生的福利费 50,000 元。

表 6-19【例 6-9】职工薪酬支出及纳税调整明细表

A105050

职工薪酬支出及纳税调整明细表

行次	项目	账载金额	实际发生额	税收规定扣除率	以前年度累计结转扣除额	税收金额	纳税调整金额	累计结转以后年度扣除额
		1	2	3	4	5	6（1-5）	7（2+4-5）
1	一、工资薪金支出	500,000.00	500,000.00	*	*	500,000.00	0.00	*
2	其中：股权激励			*	*	0.00	0.00	*
3	二、职工福利费支出	50,000.00	50,000.00	14%	*	50,000.00	0.00	*
4	三、职工教育经费支出	0.00	0.00	*	0.00	0.00	0.00	0.00
5	其中：按税收规定比例扣除的职工教育经费			8%		0.00	0.00	0.00
6	按税收规定全额扣除的职工培训费用			0%	*	0.00	0.00	*
7	四、工会经费支出			2%	*	0.00	0.00	*
8	五、各类基本社会保障性缴款			*	*	0.00	0.00	*
9	六、住房公积金			*	*	0.00	0.00	*
10	七、补充养老保险			5%	*	0.00	0.00	*
11	八、补充医疗保险			5%	*	0.00	0.00	*
12	九、其他			*	*		0.00	*
13	合计（1+3+4+7+8+9+10+11+12）	550,000.00	550,000.00	*	0.00	550,000.00	0.00	0.00

第七章　往来及报销业务财税处理

小企业除了客户往来和供应商往来以外的其他往来业务，包括应收应付票据业务，其他应收应付款业务。小企业的报销业务包括与销售和与管理相关的费用核算。通过本章的学习，读者会对其他往来及报销业务的财税处理有所了解。

一、其他往来业务

小企业的其他往来业务包括其他应付暂收款项和其他应收暂付款项。财务人员应根据支付凭证、发票等凭证对小企业其他往来业务进行核算和监督，清晰记录每笔其他往来相关的经济业务，以使账实相符。

（一）会计核算

财务人员应了解小企业其他往来环节的经济业务和财务流程，并按《小企业会计准则》要求设置会计科目和进行账务核算。

1. 会计科目设置

小企业其他往来业务涉及“其他应收款”“其他应付款”等会计科目。如表 7–1 所示。

表 7-1 其他往来业务涉及的会计科目

会计科目	其他应收款	其他应付款
核算内容	核算小企业除应收账款、应收票据及预付账款以外的其他各种应收、暂付款项	核算小企业其他应付款的增减变动及其结存情况
明细科目设置	按照对方单位（或个人）名称设置明细科目进行核算	按照项目和对方单位或个人名称设置明细科目进行核算
T 形图	借方　其他应收款　贷方 借方：小企业所发生的应收未收的赔款、罚款、租金，以及支付备用金等各种应收、暂付款项 贷方：小企业收回应收、暂付款项或单位、个人报销预支款项 借方余额：小企业尚未收回的其他应收款项	借方　其他应付款　贷方 借方：小企业偿还或转销的各种应付、暂收款项 贷方：小企业发生的各种应付、暂收款项 贷方余额：小企业应付未付的其他应付款项

财税笔记：

和客户 / 供应商往来业务相似，小企业“其他应收 / 付款”会计科目中，一个单位或个人只设置一个会计科目。比如 A 公司，如果第一笔业务是记在“其他应收款”会计科目中的，即使后面是其他应付款项，也应记于“其他应收款”会计科目的贷方。这也是为了方便查询客户 A 公司的挂账情况。

2. 账务处理规范

（1）其他应收款项账务处理

①小企业发生的其他各种应收款项，根据借款单等进行账务处理。

会计分录为：

借：其他应收款

　贷：库存现金 / 银行存款

②出口产品或商品按照税法规定应予退回的增值税款。

会计分录为：

借：其他应收款

　贷：应交税费——应交增值税（出口退税）

③收回其他各种应收款项，根据收款收据等进行账务处理。

会计分录为：

借：库存现金 / 银行存款

　贷：其他应收款

④确认其他应收款实际发生的坏账损失。

会计分录为：

借：银行存款

营业外支出

贷：其他应收款

（2）其他应付款项账务处理

①小企业发生的其他各种应付、暂收款项，根据银行回单、报销单等进行账务处理。

会计分录为：

借：管理费用 / 银行存款

贷：其他应付款

②支付或退回其他各种应付、暂收款项，根据银行回单进行账务处理。

会计分录为：

借：其他应付款

贷：银行存款

③小企业无法支付的其他应付款。

会计分录为：

借：其他应付款

贷：营业外收入

3. 会计核算案例

此处以纳尼公司为例，对其他往来业务进行会计核算。

【例 7–1】2023 年 7 月 18 日，销售 1 部晓燕借支差旅费 1,000 元，现金付讫。7 月 31 日，报销差旅费 1,400 元，冲销原借款 1,000 元，现金支付余款 400 元。

（1）案例解读

借支差旅费应填写借款单，报销差旅费应填写差旅费报销单。

（2）账务处理

①借支差旅费经济业务，使得该公司的其他应收款增加，库存现金减少。

会计分录：

借：其他应收款 ——个人 ——晓燕　　1,000

贷：库存现金　　1,000

②报销差旅费经济业务，使得该公司的管理费用增加，其他应收款、库存现金减少。

会计分录：

借：销售费用 ——差旅费　　1,400

贷：其他应收款——个人——晓燕　　1,000

库存现金 400

记账凭证如图 7-1 所示：

记　　账　　凭　　证

2023年7月18日　　　　记第　　号

摘要	会计科目		借方金额	贷方金额	记账 √
	总账科目	明细科目			
借支差旅费	其他应收款	个人——晓燕	1,000.00		
	库存现金			1,000.00	
合计	⊗壹仟元整		¥1,000.00	¥1,000.00	

附单据1张

制单：白雨

记　　账　　凭　　证

2023年7月31日　　　　记第　　号

摘要	会计科目		借方金额	贷方金额	记账 √
	总账科目	明细科目			
报销差旅费	销售费用	差旅费	1,400.00		
	其他应收款	个人——晓燕		1,000.00	
	库存现金			400.00	
合计	⊗壹仟肆佰元整		¥1,400.00	¥1,400.00	

附单据2张

制单：白雨

图 7-1【例 7-1】记账凭证

（3）所附原始凭证

此业务所附原始凭证包括：借款单（如图 7-2 所示）、差旅费报销单（如图 7-3 所示）、住宿发票（如图 7-4 所示）等。

借　款　单

资金性质：______　　　　　　　　　　　　　　　　　　2023年7月18日

借款部门：	销售部	
借款理由：	出差	
借款金额：人民币（大写）	⊗壹仟元整	¥1,000.00
本部门负责人意见：曾佳		借款人：（签章）晓燕
公司负责人审批： 庞逢	财务核批： 白雨	付款记录： 2023 年 7 月 18 日以第 号 支票或现金支出凭单付给 现金付讫

图 7-2【例 7-1】借款单

差旅费报销单

部门 销售部　　　　　　　　　　　　　　　　　　　　2023年7月31日

出差人		晓燕							出差事由		联系业务		
出发			到达			交通工具	交通费		出差补贴		其他费用		
月	日	地点	月	日	地点		单据张数	金额	天数	金额	项目	单据张数	金额
1	2	北海	1	2	南宁	动车	1	60.00			住宿费	1	600.00
1	13	南宁	1	13	北海	动车	1	60.00	12	600.00	市内车费	8	80.00
											邮电费		
											办公用品费		
											不买卧铺补贴		
											其他		
合计								120.00		600.00			680.00
报销总额	人民币（大写）	⊗壹仟肆佰元整						预借旅费	¥1,000.00		补领金额	¥400.00	
											退还金额		

公司负责人：庞逢　　　　审核：白雨　　　　部门负责人：曾佳　　　　领款人：晓燕

图 7-3【例 7-1】差旅费报销单

电子发票（普通发票）

动态二维码

发票号码：23412000000004444444

开票时间：2023年7月30日

购买方信息	名称：纳尼公司 统一社会信用代码/纳税人识别号：91450521CCCCCCCCCC	销售方名称	名称：昊天旅社 统一社会信用代码/纳税人识别号：91450521HHHHHHHHHH

项目名称	规格型号	单位	数量	单价	金额	税率/征收率	税额
*住宿服务*住宿费		次	1	594.06	594.06	1%	5.94
合　计					¥594.06		¥5.94
价税合计（大写）	⊗陆佰元整				（小写）¥600.00		
备注	开户行：中国邮政储蓄银行股份有限公司HH支行；银行账号：9450060100HHHHHHHH						

下载次数：1

开票人：吴昊

图 7-4【例 7-1】住宿发票

【例 7-2】2023 年 7 月 18 日，销售 1 部晓燕借支差旅费 2,000 元，现金付讫。7 月 31 日，报销差旅费 1,400 元，归还剩余借款 600 元。

（1）案例解读

借支差旅费应填写借款单，报销差旅费应填写差旅费报销单，归还剩余借款应开具收款收据。

（2）账务处理

①借支差旅费经济业务，使得该公司的其他应收款增加，库存现金减少。

会计分录：

借：其他应收款——个人——晓燕　　2,000

　贷：库存现金　　2,000

②报销差旅费经济业务，使得该公司的管理费用、库存现金增加，其他应收款减少。

会计分录：

借：销售费用——差旅费　　1,400

　　库存现金　　600

　贷：其他应收款——个人——晓燕　　2,000

记账凭证如图 7-5 所示：

记　账　凭　证

2023年7月18日　　　　　　　　记第　　号

摘要	会计科目		借方金额	贷方金额	记账√
	总账科目	明细科目			
借支差旅费	其他应收款	个人——晓燕	2,000.00		
	库存现金			2,000.00	
合计	⊗贰仟元整		¥2,000.00	¥2,000.00	

附单据1张

制单：白雨

记　账　凭　证

2023年7月31日　　　　　　　　记第　　号

摘要	会计科目		借方金额	贷方金额	记账√
	总账科目	明细科目			
报销差旅费	销售费用	差旅费	1,400.00		
	库存现金		600.00		
	其他应收款	个人——晓燕		2,000.00	
合计	⊗贰仟元整		¥2,000.00	¥2,000.00	

附单据2张

制单：白雨

图 7-5【例 7-2】记账凭证

（3）所附原始凭证

此业务所附原始凭证包括：借款单、差旅费报销单、住宿发票和收款收据（如图7-6 所示）。

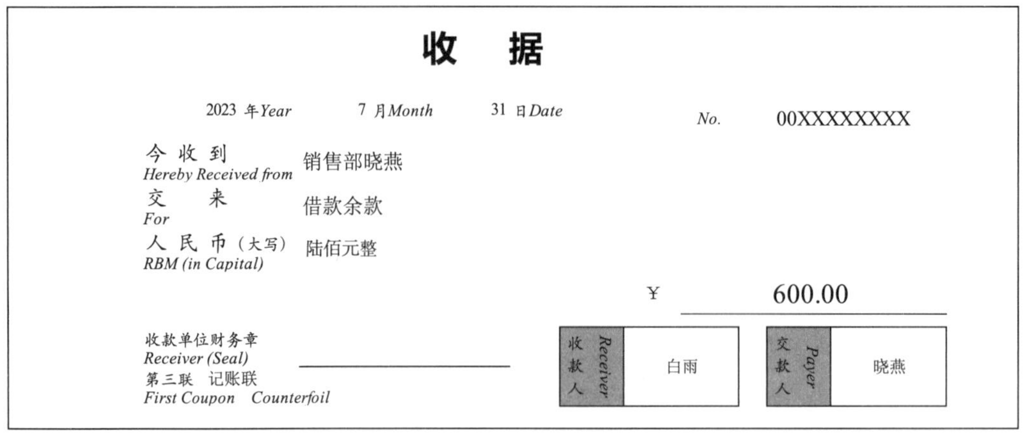
收　据

2023 年Year　7 月Month　31 日Date　No. 00XXXXXXXX

今收到 Hereby Received from：销售部晓燕

交来 For：借款余款

人民币（大写）RBM (in Capital)：陆佰元整

¥ 600.00

收款单位财务章 Receiver (Seal)

第三联 记账联 First Coupon Counterfoil

收款人 Receiver：白雨　交款人 Payer：晓燕

图 7-6【例 7-2】收款收据

（二）涉税处理

财务人员应正确核算其他往来业务，按时对相关税费进行申报，避免税务风险。小企业“其他应收款”和“其他应付款”会计科目余额过大，会增加税务风险。

1.“其他应收款”税务风险

（1）不合理确认风险：对于费用支出及其他应收款，当事人有可能会预计较高的收入和支出，这可能导致收入或支出的过度计算。

（2）无效的增值税存在申报风险：在涉及经营活动的费用支出和其他应收款中，往往会发现增值税申报缺失问题，导致税收风险。

（3）错误记账风险：对于费用支出及其他应收款等事项，如果不按照有关规定处理，可能会导致错误的记账行为，存在错记的风险。

（4）违反监管要求的风险：可能发生的其他税务风险，如支出并未获得正确的报销，而这部分又未纳入实际的费用支出及其他应收款中，因而违反施行的国家税制的监管要求。

2.“其他应付款”税务风险

企业账上的“其他应付款”如果长期挂账，且金额数目比较大，很容易成为税务稽查的重点。一般形成其他应付款的原因也是多种多样，大多数是企业股东或者法人、高管等形成的挂账，以及一些租金押金等。当然，如果是不合规的其他应付款，会有以下风险：

（1）风险一：股东或关联方借款

一般企业借用股东或者关联方资金时，会计分录为：

借：银行存款　　1,000,000

　贷：其他应付款——自然人股东　　1,000,000

但是，长期挂账需要注意以下税务风险：

企业长期占用其股东或关联方的资金，如果股东或关联方是企业，则股东或关联方存在无偿提供贷款服务而需要进行视同销售处理，因而具有补缴增值税的风险。

如果是股东个人经常无偿借款给企业使用且无正当理由的，税务机关有权按照合理方法进行纳税调整，核定利息，要求自然人股东缴纳个人所得税，企业也要履行扣缴个税义务。

（2）风险二：隐瞒收入

公司发了货，收到了货款，但对方不需要开发票，就没有确认公司收入的凭证了，于是公司就把这笔钱放到了其他应付款科目中，实际上，开不开发票跟是否确认收入以及是否交增值税是不能完全画等号的，只要符合税法规定的条件，就应该履行相应的纳税义务。

（3）风险三：股东抽逃出资款

很多企业股东在实缴出资后，走账通过往来款项的方式把资金抽走，于是这笔款就做到了“其他应付款”科目名下，这笔金额往往巨大，且一直挂账，造成企业占用股东资金的假象，存在涉税风险。

（4）风险四：错误的账务处理或未及时确认收入

有时候错误的账务处理把本应该计入收入的项目，计入到“其他应付款”科目，或者适时应当转入收入科目的项目未及时结转，存在涉税风险。

比如：某企业收到的合同未履行违约金收入、不符合不征税条件的财政补贴收入，以及企业取得的内部罚款收入等，长期挂在其他应付款科目，存在少交企业所得税的风险。

二、与销售相关的费用

小企业销售商品和材料、提供劳务的过程中发生的各种经营费用。包括：销售人员的职工薪酬、商品维修费、运输费、装卸费、包装费、保险费、广告费、业务宣传费、展览费等费用。财务人员应根据报销单、发票等进行核算和监督，清晰记录每笔与销售相关的费用，以使账实相符。

财税笔记：

小企业（批发业、零售业）在购买商品过程中发生的费用（包括：运输费、装卸费、包装费、保险费、运输途中的合理损耗和入库前的挑选整理费等）也构成销售费用。

（一）会计核算

财务人员应了解小企业与销售相关费用环节的经济业务和财务流程，并按《小企业会计准则》要求设置会计科目和进行账务核算。

1. 会计科目设置

小企业与销售相关的费用业务涉及“销售费用”等会计科目。如表 7–2 所示。

表 7–2 与销售相关的费用业务涉及的会计科目

会计科目	销售费用
核算内容	核算小企业销售商品活动中发生的各种经营费用
明细科目设置	按照费用种类设置明细科目进行核算
T 形图	借方　销售费用　贷方 借方：小企业销售费用发生额 贷方：小企业销售费用月末结转的金额

2. 账务处理规范

（1）小企业在销售商品或提供劳务过程中发生的销售人员的职工薪酬、商品维修费、运输费、装卸费、包装费、保险费、广告费、业务宣传费、展览费等费用，根据费用报销单、差旅费报销单、发票等进行账务处理。

会计分录为：

借：销售费用

　贷：银行存款等

（2）小企业（批发业、零售业）在购买商品过程中发生的运输费、装卸费、包装费、保险费、运输途中的合理损耗和入库前的挑选整理费等，根据发票、银行回单等进行账务处理。

会计分录为：

借：销售费用

　　贷：应付账款 / 银行存款

（3）月终，将借方归集的销售费用全部由“销售费用”科目的贷方转入“本年利润”科目的借方，计入当期损益。结转当期销售费用后，“销售费用”科目期末无余额。

会计分录为：

借：本年利润

　　贷：销售费用

> 财税笔记：
>
> 会计期间发生红冲（冲减原销项，然后开具正确的发票重新入账）与销售相关的费用的经济业务，虽然理论记于“销售费用”会计科目的贷方，但实际工作中应以红字方式记于“销售费用”会计科目的借方。

比如，账务处理时，将应记入“管理费用”的招待费 1,000 元记入了“销售费用”。

错误分录为：

借：销售费用　　1,000

　　贷：其他应收款　　1,000

更正时，先红冲错误分录：

借：销售费用　　1,000

　　贷：其他应收款　　1,000

再编制一笔正确的分录：

借：管理费用　　1,000

　　贷：其他应收款　　1,000

3. 会计核算案例

此处以纳尼公司为例，对与销售相关的费用业务进行会计核算。

【例 7–3】2023 年 7 月 4 日，销售部舒婷报销办公费 1,000 元、招待费 2,000 元、车辆油费 2,000 元，均收到增值税普通发票。此项业务冲销舒婷原借款 5,000 元。

（1）案例解读

收到增值税普通发票不可抵扣增值税。

（2）账务处理

该经济业务，使得纳尼公司的销售费用增加，其他应收款减少。

会计分录：

借：销售费用——办公费用　　1,000

　　销售费用——招待费用　　2,000

　　销售费用——车辆费用　　2,000

　贷：其他应收款——个人——舒婷　　5,000

记账凭证如图 7-7 所示：

记　账　凭　证

2023年7月4日　　　　记第　　号

摘要	会计科目		借方金额	贷方金额	记账√
	总账科目	明细科目			
报销费用	销售费用	办公费用	1,000.00		
	销售费用	招待费用	2,000.00		
	销售费用	车辆费用	2,000.00		
	其他应收款	个人——舒婷		5,000.00	
合计	⊗伍仟元整		¥5,000.00	¥5,000.00	

附单据4张

制单：白雨

图 7-7【例 7-3】记账凭证

（3）所附原始凭证

此业务所附原始凭证包括：费用报销单（如图 7-8 所示）、增值税普通发票。

费用报销审批单

报销部门：销售部　　2023年7月4日　　单据及附件共 3 页

用途	金额（元）		
办公用品	1,000.00	备注	
业务招待	2,000.00		
车辆加油	2,000.00		
		领导审批	庞逢
合计	5,000.00		
金额：⊗拾 ⊗万 伍仟 零佰 零拾 零元 零角 零分		原借款：¥5,000.00 元	应退余款：　元

复核：白雨　　出纳：　　报销人：舒婷　　领款人：

图 7-8【例 7-3】费用报销单

【例 7-4】2023 年 9 月 19 日，发现 2023 年 8 月 4 日，财务部白雨报销办公费 1,000 元错入“销售费用”，做红冲更正处理。

（1）案例解读

财务部门发生的费用应计入“管理费用”会计科目。

> 财税笔记：
> 红冲分录有两种：
> ①把错误分录整笔红冲，再做一笔正确的。
> ②只对错误的会计科目进行红冲更正处理。（本例）

（2）账务处理

该经济业务，使得纳尼公司的管理费用增加，销售费用减少。

会计分录：

借：管理费用——办公费用　　1,000

　贷：销售费用——办公费用　　1,000

实际工作中，以红字方式记于“销售费用”会计科目的借方。

会计分录：

借：管理费用——办公费用　　1,000

借：销售费用——办公费用　　[1,000]

记账凭证如图 7-9 所示：

记　账　凭　证

2023年9月19日　　　　记第　　号

摘要	会计科目		借方金额	贷方金额	记账√
	总账科目	明细科目			
更正8月X号凭证	管理费用	办公费用	1,000.00		
	销售费用	办公费用	-1,000.00		
合计	⊗零元整		¥0.00	¥0.00	

附单据0张

制单：白雨

图 7-9【例 7-4】记账凭证

（3）所附原始凭证

此业务不用附原始凭证。

（二）涉税处理

财务人员应正确核算与销售相关的费用业务，按时对相关税费进行申报，避免税务风险。小企业与销售费用相关的业务主要涉及企业所得税。

1. 企业所得税（广告费和业务宣传费）

企业发生的广告费和业务宣传费在财务处理中，是记入“销售费用”会计科目的。但在税法上，只有一定比率的广告费和业务宣传费是准予扣除和准予在以后纳税年度结转扣除的。

《企业所得税法实施条例》

第四十四条　企业发生的符合条件的广告费和业务宣传费支出，除国务院财政、税务主管部门另有规定外，不超过当年销售（营业）收入15%的部分，准予扣除；超过部分，准予在以后纳税年度结转扣除。

《关于广告费和业务宣传费支出税前扣除有关事项的公告》（财政部 税务总局公告2020年第43号）

根据《中华人民共和国企业所得税法》及其实施条例，现就广告费和业务宣传费支出税前扣除有关事项公告如下：

一、对化妆品制造或销售、医药制造和饮料制造（不含酒类制造）企业发生的广告费和业务宣传费支出，不超过当年销售（营业）收入30%的部分，准予扣除；超过部分，准予在以后纳税年度结转扣除。

二、对签订广告费和业务宣传费分摊协议（以下简称分摊协议）的关联企业，其中一方发生的不超过当年销售（营业）收入税前扣除限额比例内的广告费和业务宣传费支出可以在本企业扣除，也可以将其中的部分或全部按照分摊协议归集至另一方扣除。另一方在计算本企业广告费和业务宣传费支出企业所得税税前扣除限额时，可将按照上述办法归集至本企业的广告费和业务宣传费不计算在内。

三、烟草企业的烟草广告费和业务宣传费支出，一律不得在计算应纳税所得额时扣除。

广告费和业务宣传费用调整需要填写广告费和业务宣传费等跨年度纳税调整明细表（如表7–3所示）。

表 7-3 广告费和业务宣传费等跨年度纳税调整明细表

A105060

广告费和业务宣传费等跨年度纳税调整明细表

行次	项目	广告费和业务宣传费	保险企业手续费及佣金支出
		1	2
1	一、本年支出	—	—
2	减：不允许扣除的支出	—	—
3	二、本年符合条件的支出（1-2）	—	—
4	三、本年计算扣除限额的基数	—	—
5	乘：税收规定扣除率	15%	—
6	四、本企业计算的扣除限额（4×5）	—	—
7	五、本年结转以后年度扣除额（3 > 6，本行 =3-6；3 ≤ 6，本行 =0）	—	—
8	加：以前年度累计结转扣除额	—	—
9	减：本年扣除的以前年度结转额［3 > 6，本行 =0；3 ≤ 6，本行 =8 与（6-3）孰小值］	—	—
10	六、按照分摊协议归集至其他关联方的金额（10 ≤ 3 与 6 孰小值）	—	*
11	按照分摊协议从其他关联方归集至本企业的金额	—	*
12	七、本年支出纳税调整金额（3 > 6，本行 =2+3-6+10-11；3 ≤ 6，本行 =2+10-11-9）	—	—
13	八、累计结转以后年度扣除额（7+8-9）	—	—

2. 企业所得税（业务招待费）

实际工作中，财务人员会根据部门属性归集费用进行账务处理，比如：行政管理部门发生的业务招待费计入“管理费用”，销售部门发生的业务招待费计入“销售费用”。不管如何核算，企业做企业所得税汇算清缴时，需要把全部的业务招待费汇总起来，作相应的纳税调整处理。

《中华人民共和国企业所得税法实施条例》（中华人民共和国国务院令第 512 号）

第四十三条　企业发生的与生产经营活动有关的业务招待费支出，按照发生额的 60% 扣除，但最高不得超过当年销售（营业）收入的 5‰。

业务招待费在所得税税前的扣除标准要看两个数据的比较。

（1）业务招待费总额的 60%。如公司全年发生的业务招待费为 10,000 元，能在所得税前扣除的金额最多就是 6,000 元。

（2）公司营业收入的 5‰。如公司全年的营业收入为 1,000,000 元，能在所得税前扣除的业务招待费最多只能为 5,000 元。

上述两个数据孰低，业务招待费就以之为标准进行扣除。所以，发生的业务招待费在企业所得税前只能扣除 5,000 元。

3. 涉税处理案例

此处以纳德公司为例，对与销售相关的费用业务进行涉税处理。

【例 7–5】2023 年度营业收入 10,000,000 元，实现利润总额 800,000 元，当年实际发生广告费用 2,000,000 元，当年度无其他纳税调整的项目。

（1）案例解读

广告费允许扣除金额 =10,000,000 × 15%=1,500,000（元）

需要纳税调增的广告费 = 账载金额－税收金额 =2,000,000－1,500,000 =500,000（元）

应纳税所得额 = 利润总额＋纳税调整增加额－纳税调整减少额

=800,000 ＋ 500,000

=1,300,000（元）

（2）申报表填写

此案例中的广告费用调整需要填写广告费和业务宣传费等跨年度纳税调整明细表（如表 7–4 所示）和纳税调整项目明细表（如表 7–5 所示）。

表 7–4【例 7–5】广告费和业务宣传费等跨年度纳税调整明细表

A105060

广告费和业务宣传费等跨年度纳税调整明细表

行次	项目	广告费和业务宣传费	保险企业手续费及佣金支出
		1	2
1	一、本年支出	2,000,000.00	—
2	减：不允许扣除的支出	—	—
3	二、本年符合条件的支出（1-2）	2,000,000.00	—
4	三、本年计算扣除限额的基数	10,000,000.00	—
5	乘：税收规定扣除率	15%	—
6	四、本企业计算的扣除限额（4×5）	1,500,000.00	—
7	五、本年结转以后年度扣除额（3 ＞ 6，本行 =3-6；3 ≤ 6，本行 =0）	500,000.00	—
8	加：以前年度累计结转扣除额	—	—
9	减：本年扣除的以前年度结转额［3 ＞ 6，本行 =0；3 ≤ 6，本行 =8 与（6-3）孰小值］	—	—
10	六、按照分摊协议归集至其他关联方的金额（10 ≤ 3 与 6 孰小值）	—	*
11	按照分摊协议从其他关联方归集至本企业的金额	—	*
12	七、本年支出纳税调整金额（3 ＞ 6，本行 =2+3-6+10-11；3 ≤ 6，本行 =2+10-11-9）	500,000.00	—
13	八、累计结转以后年度扣除额（7+8-9）	500,000.00	—

表 7-5【例 7-5】纳税调整项目明细表

A105000

纳税调整项目明细表

行次	项目	账载金额	税收金额	调增金额	调减金额
		1	2	3	4
1	一、收入类调整项目（2+3+…+8+10+11）	*	*		
2	（一）视同销售收入（填写 A105010）	*			*
3	（二）未按权责发生制原则确认的收入（填写 A105020）				
4	（三）投资收益（填写 A105030）				
5	（四）按权益法核算长期股权投资对初始投资成本调整确认收益	*	*	*	
6	（五）交易性金融资产初始投资调整	*	*		*
7	（六）公允价值变动净损益		*		
8	（七）不征税收入	*	*		
9	其中：专项用途财政性资金（填写 A105040）	*	*		
10	（八）销售折扣、折让和退回				
11	（九）其他				
12	二、扣除类调整项目（13+14+…+24+26+27+28+29+30）	*	*	500,000.00	
13	（一）视同销售成本（填写 A105010）	*		*	
14	（二）职工薪酬（填写 A105050）				
15	（三）业务招待费支出				*
16	（四）广告费和业务宣传费支出（填写 A105060）	*	*	500,000.00	
17	（五）捐赠支出（填写 A105070）				
18	（六）利息支出				
19	（七）罚金、罚款和被没收财物的损失		*		*
20	（八）税收滞纳金、加收利息		*		*
21	（九）赞助支出		*		*
22	（十）与未实现融资收益相关在当期确认的财务费用				
23	（十一）佣金和手续费支出（保险企业填写 A105060）				
24	（十二）不征税收入用于支出所形成的费用	*	*		*
25	其中：专项用途财政性资金用于支出所形成的费用（填写 A105040）	*	*		*
26	（十三）跨期扣除项目				
27	（十四）与取得收入无关的支出		*		*
28	（十五）境外所得分摊的共同支出	*	*		*
29	（十六）党组织工作经费				
30	（十七）其他				
31	三、资产类调整项目（32+33+34+35）	*	*		
32	（一）资产折旧、摊销（填写 A105080）				
33	（二）资产减值准备金		*		
34	（三）资产损失（填写 A105090）				
35	（四）其他				
36	四、特殊事项调整项目（37+38+…+43）	*	*		
37	（一）企业重组及递延纳税事项（填写 A105100）				
38	（二）政策性搬迁（填写 A105110）	*	*		
39	（三）特殊行业准备金（39.1+39.2+39.4+39.5+39.6+39.7）	*	*		

续表

行次	项目	账载金额	税收金额	调增金额	调减金额
		1	2	3	4
39.1	1. 保险公司保险保障基金				
39.2	2. 保险公司准备金				
39.3	其中：已发生未报案未决赔款准备金				
39.4	3. 证券行业准备金				
39.5	4. 期货行业准备金				
39.6	5. 中小企业融资（信用）担保机构准备金				
39.7	6. 金融企业、小额贷款公司准备金（填写 A105120）	*	*		
40	（四）房地产开发企业特定业务计算的纳税调整额（填写 A105010）	*			
41	（五）合伙企业法人合伙人应分得的应纳税所得额				
42	（六）发行永续债利息支出				
43	（七）其他	*	*		
44	五、特别纳税调整应税所得	*	*		
45	六、其他	*	*		
46	合计（1+12+31+36+44+45）	*	*	500,000.00	

三、与管理相关的费用

小企业行政管理部门为组织和管理生产经营活动而发生的各种费用。包括：小企业在筹建期间内发生的开办费、行政管理部门发生的费用（包括：固定资产折旧费、修理费、办公费、水电费、差旅费、管理人员的职工薪酬等）、业务招待费、研究费用、技术转让费、相关长期待摊费用摊销、财产保险费、聘请中介机构费、咨询费（含顾问费）、诉讼费等费用。财务人员应根据报销单、发票等进行核算和监督，清晰记录每笔与管理相关的费用，以使账实相符。

（一）会计核算

财务人员应了解小企业与管理相关费用环节的经济业务和财务流程，并按《小企业会计准则》要求设置会计科目和进行账务核算。

1. 会计科目设置

小企业与管理相关的费用业务涉及“管理费用”等会计科目。如表 7–6 所示。

表 7-6 与管理相关的费用业务涉及的会计科目

会计科目	管理费用
核算内容	核算小企业为组织和管理生产经营活动发生的各项管理费用
明细科目设置	按照费用种类设置明细科目进行核算
T 形图	借方　管理费用　贷方 借方：小企业管理费用发生额 贷方：小企业管理费用月末结转的金额

2. 账务处理规范

（1）小企业在筹建期间内发生的开办费（包括：相关人员的职工薪酬、办公费、培训费、差旅费、印刷费、注册登记费以及不计入固定资产成本的借款等费用），在实际发生时，根据报销单、发票等进行账务处理。

会计分录为：

借：管理费用

　贷：库存现金等

（2）行政管理部门人员的职工薪酬，根据工资计提表进行账务处理。

会计分录为：

借：管理费用

　贷：应付职工薪酬

（3）行政管理部门计提的固定资产折旧费和发生的修理费，根据固定折旧计提表、发票等进行账务处理。

借：管理费用

　贷：累计折旧等

（4）行政管理部门发生的办公费、水电费、差旅费，根据报销单、发票等进行账务处理。

会计分录为：

借：管理费用

　贷：库存现金等

（5）小企业发生的业务招待费、相关长期待摊费用摊销、技术转让费、财产保险费、聘请中介机构费、咨询费（含顾问费）、诉讼费等，根据报销单、发票等进行账务处理。

会计分录为：

借：管理费用

　贷：银行存款等

（6）小企业自行研究无形资产发生的研究费用。

会计分录为：

借：管理费用

　贷：研发支出

（7）月终，将借方归集的管理费用全部由“管理费用”科目的贷方转入“本年利润”科目的借方，计入当期损益。结转当期管理费用后，“管理费用”科目期末无余额。

会计分录为：

借：本年利润

　贷：管理费用

财税笔记：

会计期间发生红冲与管理相关的费用的经济业务，虽然理论记于“管理费用”会计科目的贷方，但实际工作中应以红字方式记于“管理费用”会计科目的借方。

比如，账务处理时，将应记入“财务费用”的银行手续费100元记入了“管理费用”。

错误分录为：

借：管理费用　　100

　贷：银行存款　　100

更正时，先红冲错误分录：

借：管理费用　　100

　贷：银行存款　　100

再编制一笔正确的分录：

借：财务费用　　100

　贷：银行存款　　100

3. 会计核算案例

此处以纳尼公司为例，对与管理相关的费用业务进行会计核算。

【例7-6】2023年8月9日，总办沈阳报销招待费6,000元、差旅费3,000元，均收到增值税普通发票。此项业务冲销沈阳原借款5,000元，银行转账4,000元。

（1）案例解读

收到增值税普通发票不可抵扣增值税。

（2）账务处理

该经济业务，使得纳尼公司的管理费用增加，其他应收款、银行存款减少。

会计分录：

借：管理费用——招待费用　　6,000

　　管理费用——差旅费用　　3,000

　贷：其他应收款——个人——沈阳　　5,000

　　　银行存款　　4,000

记账凭证如图 7-10 所示：

记　　账　　凭　　证

2023年8月9日　　　　记第　　号

摘要	会计科目		借方金额	贷方金额	记账√
	总账科目	明细科目			
报销费用	管理费用	招待费用	6,000.00		
	管理费用	差旅费用	3,000.00		
	其他应收款	个人——沈阳		5,000.00	
	银行存款			4,000.00	
合计	⊗玖仟元整		¥9,000.00	¥9,000.00	

附单据4张

制单：白雨

图 7-10【例 7-6】记账凭证

（3）所附原始凭证

此业务所附原始凭证包括：费用报销单（如图 7-11 所示）、差旅费报销单、增值税普通发票。

费用报销审批单

报销部门：　销售部　　　　2023年8月9日　　　　单据及附件共1页

用途	金额（元）	备注	
业务招待	6,000.00		
		领导审批	庞逄
合计	¥6,000.00		
金额：⊗拾 ⊗万 陆仟 零佰 零拾 零元 零角 零分		原借款：¥5,000.00 元	应退余款：¥1,000 元

复核：白雨　　　　出纳：　　　　报销人：沈阳　　　　领款人：

图 7-11【例 7-6】费用报销单

（二）涉税处理

财务人员应正确核算与管理相关的费用业务，按时对相关税费进行申报，避免税务风险。小企业与管理费用相关的业务主要涉及企业所得税。

1. 企业所得税（准予税前扣除的项目）

企业所得税常见管理费用税前扣除比例有以下几种：

（1）以收入为基数的扣除项目

①业务招待费

《中华人民共和国企业所得税法实施条例》（中华人民共和国国务院令第 512 号）

第四十三条　企业发生的与生产经营活动有关的业务招待费支出，按照发生额的 60% 扣除，但最高不得超过当年销售（营业）收入的 5‰。

②手续费与佣金

《财政部 国家税务总局关于企业手续费及佣金支出税前扣除政策的通知》（财税〔2009〕29 号）及《财政部 国家税务总局关于保险企业手续费及佣金支出税前扣除政策的公告》（财政部 税务总局公告 2019 年第 72 号）

一、企业发生与生产经营有关的手续费及佣金支出，不超过以下规定计算限额以内的部分，准予扣除；超过部分，不得扣除。

保险企业：不超过当年全部保费收入扣除退保金等后余额的 18%（含本数）的部分，在计算应纳税所得额时准予扣除；超过部分，允许结转以后年度扣除。

其他企业：按与具有合法经营资格中介服务机构或个人（不含交易双方及其雇员、代理人和代表人等）所签订服务协议或合同确认的收入金额的 5% 计算限额。

二、企业应与具有合法经营资格中介服务企业或个人签订代办协议或合同，并按国家有关规定支付手续费及佣金。除委托个人代理外，企业以现金等非转账方式支付的手续费及佣金不得在税前扣除。企业为发行权益性证券支付给有关证券承销机构的手续费及佣金不得在税前扣除。

（2）以工资为基数的扣除项目

①职工福利费

《企业所得税法实施条例》

第四十条　企业发生的职工福利费支出，不超过工资薪金总额 14% 的部分，准予扣除。

②工会经费

《中华人民共和国企业所得税法实施条例》

第四十一条　企业拨缴的工会经费，不超过工资薪金总额2%的部分，准予扣除。

《国家税务总局关于工会经费企业所得税税前扣除凭据问题的公告》（国家税务总局公告2010年第24号）

第一条　自2010年7月1日起，企业拨缴的职工工会经费，不超过工资薪金总额2%的部分，凭工会组织开具的《工会经费收入专用收据》在企业所得税税前扣除。

《国家税务总局关于税务机关代收工会经费企业所得税税前扣除凭据问题的公告》（国家税务总局公告2011年第30号）

自2010年1月1日起，在委托税务机关代收工会经费的地区，企业拨缴的工会经费，也可凭合法、有效的工会经费代收凭据依法在税前扣除。

③职工教育经费

《企业所得税法实施条例》第四十二条及《财政部 税务总局关于企业职工教育经费税前扣除政策的通知》（财税〔2018〕51号）

自2018年1月1日起，企业发生的职工教育经费支出，不超过工资薪金总额8%的部分，准予在计算企业所得税应纳税所得额时扣除；超过部分，准予在以后纳税年度结转扣除。

《财政部 国家税务总局关于进一步鼓励软件产业和集成电路产业发展企业所得税政策的通知》（财税〔2012〕27号）

第六条　集成电路设计企业和符合条件软件企业的职工培训费用，应单独进行核算并按实际发生额在计算应纳税所得额时扣除。

2. 企业所得税（不得税前扣除的项目）

企业之间支付的管理费，是不得在企业所得税前扣除的。

《中华人民共和国企业所得税法实施条例》

第四十九条　企业之间支付的管理费、企业内营业机构之间支付的租金和特许权使用费，以及非银行企业内营业机构之间支付的利息，不得扣除。

《中华人民共和国企业所得税法》

第八条　企业实际发生的与取得收入有关的、合理的支出，包括成本、费用、税金、损失和其他支出，准予在计算应纳税所得额时扣除。

若是允许企业之间支付的管理费在税前扣除，会造成个别企业之间人为调整管理费高低，来规避所得税。人为调节利润，将导致国家税款流失。因此企业所得税法实施条例规定，企业之间支付的管理费，不得在企业所得税前扣除。

但是企业之间真实发生的物业管理费、市场管理费等，由于属于企业实际发生的与取得收入有关的、合理的支出，准予在计算应纳税所得额时扣除。

3. 涉税处理案例

此处以纳西公司为例，对与管理相关的费用业务进行涉税处理。

【例 7-7】2023 年发生营业收入 4,700,000 元。业务招待费 600,000 元。

（1）案例解读

业务招待费的税前扣除限额 1= 当年销售收入（营业收入）× 5‰

=4,700,000 × 5‰

=23,500（元）

业务招待费的税前扣除限额 2= 实际发生额 × 60%

=600,000 × 60%

=360,000（元）

按照孰低原则，在扣除限额 1 和扣除限额 2 中取较小者。

税前扣除，即业务招待费，应调增应纳税所得额 =600,000—23,500=576,500（元）

（2）申报表填写

此案例需要填写纳税调整项目明细表（如表 7-7 所示）。

表 7-7【例 7-7】纳税调整项目明细表

A105000

纳税调整项目明细表

行次	项目	账载金额	税收金额	调增金额	调减金额
		1	2	3	4
1	一、收入类调整项目（2+3+…+8+10+11）	*	*		
2	（一）视同销售收入（填写 A105010）	*			*
3	（二）未按权责发生制原则确认的收入（填写 A105020）				
4	（三）投资收益（填写 A105030）				
5	（四）按权益法核算长期股权投资对初始投资成本调整确认收益	*	*	*	
6	（五）交易性金融资产初始投资调整	*	*		*
7	（六）公允价值变动净损益		*		
8	（七）不征税收入	*	*		
9	其中：专项用途财政性资金（填写 A105040）	*	*		
10	（八）销售折扣、折让和退回				
11	（九）其他				
12	二、扣除类调整项目（13+14+…+24+26+27+28+29+30）	*	*	576,500.00	
13	（一）视同销售成本（填写 A105010）	*		*	
14	（二）职工薪酬（填写 A105050）				
15	（三）业务招待费支出	600,000.00	23,500.00	576,500.00	*
16	（四）广告费和业务宣传费支出（填写 A105060）	*	*		
17	（五）捐赠支出（填写 A105070）				

续表

行次	项目	账载金额	税收金额	调增金额	调减金额
18	（六）利息支出				
19	（七）罚金、罚款和被没收财物的损失		*		*
20	（八）税收滞纳金、加收利息		*		*
21	（九）赞助支出		*		*
22	（十）与未实现融资收益相关在当期确认的财务费用				
23	（十一）佣金和手续费支出（保险企业填写 A105060）				
24	（十二）不征税收入用于支出所形成的费用	*	*		*
25	其中：专项用途财政性资金用于支出所形成的费用（填写 A105040）	*	*		*
26	（十三）跨期扣除项目				
27	（十四）与取得收入无关的支出		*		*
28	（十五）境外所得分摊的共同支出	*	*		*
29	（十六）党组织工作经费				
30	（十七）其他				
31	三、资产类调整项目（32+33+34+35）	*	*		
32	（一）资产折旧、摊销（填写 A105080）				
33	（二）资产减值准备金		*		
34	（三）资产损失（填写 A105090）				
35	（四）其他				
36	四、特殊事项调整项目（37+38+…+43）	*	*		
37	（一）企业重组及递延纳税事项（填写 A105100）				
38	（二）政策性搬迁（填写 A105110）	*	*		
39	（三）特殊行业准备金（39.1+39.2+39.4+39.5+39.6+39.7）	*	*		
39.1	1. 保险公司保险保障基金				
39.2	2. 保险公司准备金				
39.3	其中：已发生未报案未决赔款准备金				
39.4	3. 证券行业准备金				
39.5	4. 期货行业准备金				
39.6	5. 中小企业融资（信用）担保机构准备金				
39.7	6. 金融企业、小额贷款公司准备金（填写 A105120）	*	*		
40	（四）房地产开发企业特定业务计算的纳税调整额（填写 A105010）	*			
41	（五）合伙企业法人合伙人应分得的应纳税所得额				
42	（六）发行永续债利息支出				
43	（七）其他	*	*		
44	五、特别纳税调整应税所得	*	*		
45	六、其他	*	*		
46	合计（1+12+31+36+44+45）	*	*	576,500.00	

第八章　固定资产业务财税处理

固定资产就是为生产商品、提供劳务、出租或经营管理而持有使用寿命超过一个会计年度的资产。通过本章的学习，读者会对小企业固定资产的购入、折旧及处置业务的财税处理有所了解。

一、购入固定资产

小企业的固定资产业务从购入固定资产开始。财务人员应根据固定资产验收单、付款申请单、购销合同等办理款项的支付，并对增加的固定资产进行核算与监督，清晰记录每笔固定资产增加业务，以使账实相符。

（一）会计核算

财务人员应了解小企业购入固定资产环节的经济业务和财务流程，并按《小企业会计准则》要求设置会计科目和进行账务核算。

1. 会计科目设置

小企业购入固定资产业务涉及“固定资产”等会计科目。如表 8-1 所示。

表 8-1　购入固定资产业务涉及的会计科目

<table>
<tr><th>会计科目</th><th>固定资产</th></tr>
<tr><td>核算内容</td><td>核算小企业持有的固定资产原价。建造承包商的临时设施，以及企业购置计算机硬件所附带的、未单独计价的软件，也通过本科目核算</td></tr>
<tr><td>明细科目设置</td><td>按照固定资产的类别和项目设置明细科目进行核算</td></tr>
<tr><td>T 形图</td><td><table>
<tr><td>借方</td><td>固定资产　　　贷方</td></tr>
<tr><td>小企业各种方式取得固定资产的原始价值</td><td>小企业固定资产的减少额</td></tr>
<tr><td>小企业期末结存固定资产的原始价值</td><td></td></tr>
</table></td></tr>
</table>

财税笔记：

（1）“固定资产”明细科目按税法规定的折旧年限进行二级科目的设置，如：固定资产——房屋、建筑物，固定资产——生产设备，固定资产——器具、工具、家具，固定资产——运输工具，固定资产——电子设备。三级科目即按固定资产的品名规格进行设置。

（2）使用固定资产模块的财务软件，主要是分开记录固定资产的增减变动及折旧等内容，如果该模块与凭证模块相关联，固定资产的凭证会自动生成，可根据系统提示进行固定资产明细科目的设置。

2. 账务处理规范

小企业外购固定资产的成本，包括购买价款、相关税费，使固定资产达到预定可使用状态前发生的可归属于该项资产的运输费、装卸费、安装费和专业人员服务费等。固定资产成本中的“相关税费”，如关税、契税、耕地占用税、车辆购置税等，不包括购置固定资产发生的进项增值税额。

（1）需要安装的固定资产的账务处理

①小企业购入需要安装的固定资产，应当按照实际支付的购买价款、相关税费、运输费、装卸费、保险费、安装费等，按照税法规定可抵扣的增值税进项税额另外记录，根据收到的发票、银行转账回单等进行账务处理。

会计分录为：

借：在建工程

　　应交税费——应交增值税（进项税额）

　贷：银行存款等

②达到预定可使用状态时根据工程验收单等进行账务处理。

会计分录为：

借：固定资产

　贷：在建工程

（2）不需要安装的固定资产的账务处理

小企业购入不需要安装的固定资产，应当依据实际支付的购买价款、相关税费、运输费、装卸费、保险费等，按照税法规定可抵扣的增值税进项税额另外记录，根据收到的固定资产发票、固定资产验收单（如图 8–1 所示）、银行转账回单等进行账务处理。

固定资产验收入库单

<table>
<tr><td>资产名称</td><td colspan="2"></td><td>型号/规格</td><td></td></tr>
<tr><td>资产编号</td><td colspan="2"></td><td>供应商名称</td><td></td></tr>
<tr><td>入库日期</td><td colspan="2"></td><td>安装使用地点</td><td></td></tr>
<tr><td>资产原值</td><td colspan="2"></td><td>安装使用日期</td><td></td></tr>
<tr><td><附件>:</td><td colspan="4"></td></tr>
<tr><td colspan="2">名称</td><td>单位</td><td colspan="2">数量</td></tr>
<tr><td colspan="2">1.技术资料</td><td>份</td><td colspan="2"></td></tr>
<tr><td colspan="2">2.说明书</td><td>份</td><td colspan="2"></td></tr>
<tr><td colspan="2">3.出厂合格证</td><td>份</td><td colspan="2"></td></tr>
<tr><td colspan="2">4.备品清单</td><td>份</td><td colspan="2"></td></tr>
<tr><td colspan="2">5.工具清单</td><td>份</td><td colspan="2"></td></tr>
<tr><td>经办人</td><td>验收人</td><td colspan="2">资产管理员</td><td>财务部</td></tr>
<tr><td></td><td></td><td colspan="2"></td><td></td></tr>
</table>

图 8-1 固定资产验收单

会计分录为：

借：固定资产

应交税费——应交增值税（进项税额）

贷：银行存款等

固定资产中关于税法规定可抵扣的增值税可参照本章的（二）涉税处理中“1. 增值税”部分。

3. 会计核算案例

此处以纳西公司（小规模纳税人）为例，对购入固定资产业务进行会计核算。

【例 8-1】2023 年 6 月 18 日，彭纳西购入笔记本电脑一台，收到增值税专用发票一张，不含税价格 3,000 元，税额 390 元，价税合计 3,390 元。以银行转账方式支付彭纳西报账款。

（1）案例解读

此案例，需要彭纳西填写费用报销单。因纳西公司为小规模纳税人，收到的专票是不可以抵扣的。应退回让对方开具增值税普通发票（附件为退回重开后的增值税普通发票）。

（2）账务处理

该经济业务，使得纳西公司的固定资产增加、银行存款减少。

会计分录：

借：固定资产——电子设备　　3,390

　贷：银行存款　　3,390

记账凭证如图 8-2 所示：

记　　账　　凭　　证

2023年6月18日　　　　记第　　号

摘要	会计科目		借方金额	贷方金额	记账√
	总账科目	明细科目			
购入电脑	固定资产	电子设备	3,390.00		
	银行存款			3,390.00	
合计	⊗叁仟叁佰玖拾元整		¥3,390.00	¥3,390.00	

附单据3张

制单：白雨

图 8-2【例 8-1】记账凭证

（3）所附原始凭证

此业务所附原始凭证包括：费用报销单（如图 8-3 所示）、增值税发票（如图 8-4 所示）、银行回单（如图 8-5 所示）。

费用报销审批单

报销部门：行政部　　　　2023 年 6 月 18 日　　　　单据及附件共 1 页

用途	金额（元）	备注	彭纳西银行卡信息： 姓名：彭纳西 开户行：中国农业银行 XX 分行 卡号：62284812344120XXXXX	
电脑	3,390.00			
		领导审批		
合计	¥3,390.00			
金额：　⊗拾⊗万叁仟 叁佰 玖拾 零元 零角 零分		原借款：　　元		应退余款：　元

复核：白雨　　　出纳：张燕　　　报销人：彭纳西　　　领款人：

图 8-3【例 8-1】费用报销单

动态二维码	4500XXXXXX	广西增值税普通发票 发票联	NO. 0027XXXX 4500XXXXXX 0027XXXX
	校验码 12345 12345 12345 12345		开票日期 2023 年 6 月 18 日

购货单位	名称： 纳税人识别号： 地址、电话： 开户行及账号：	纳西公司 91450521WWWWWWWWWW 广西北海市合浦县WW路WW号 0779-72WWWWW 中国农业银行WW分行20-7200010400WWWWW		密码区	-919<<>/45<20094<*-406+09<+ 8-85/4*8<7*923849+5*-/22/85 //929337321+67-8/<2288<<2++ 159*337-24>/56*8/43+6>-5040		
货物或应税劳务名称	规格型号	单位	数量	单价	金额	税率	税额
*电子计算机整机*电脑	a豆14	台	1	3,000.00	3,000.00	13%	390.00
合 计					¥3,000.00		¥390.00
价税合计（大写）	⊗叁仟叁佰玖拾元整				（小写） ¥3,390.00		
销货单位	名称： 纳税人识别号： 地址、电话： 开户行及账号：	时代电脑 91450521WWWWWWWWW 广西北海市合浦县WW路WW号 0779-72WWWWW 中国农业银行WW分行20-7200010400WWWWW		备注			

第二联：发票联 购货方记账凭证

收款人：李时　　复核：艾黛　　开票人：艾黛　　销货单位（章）：

图 8-4【例 8-1】增值税发票

网上银行电子回单

回单编号：

付款方	账号	20-7200010400WWWWW	收款方	账号	62284812344120XXXXX
	户名	纳西公司		户名	彭纳西
	开户行	中国农业银行XX分行		开户行	中国农业银行XX分行
金额（小写）		¥3,390.00	金额（大写）		⊗叁仟叁佰玖拾元整
币种		人民币	交易渠道		网上银行
摘要		转账取款	凭证号		
交易时间		2023-6-18	会计日期		20230618
附言		购置电脑报账			

图 8-5【例 8-1】银行回单

【例 8-2】2023 年 6 月 18 日，纳西公司购入需要安装的机器设备一台，收到中振机械公司开具的增值税普通发票一张，不含税价格 300,000 元，税额 3,000 元，价税合计 303,000 元。款项尚未支付。设备于 2023 年 6 月 30 日安装完毕，并投入使用。

（1）案例解读

此案例，收到增值税发票时，应及时对发票进行签收，安装完毕投入使用时，需要填写安装完工验收单等。

（2）账务处理

①购入需要安装设备的经济业务，使得纳西公司的在建工程、应付账款增加。

会计分录：

借：在建工程　　303,000

　贷：应付账款——单位——中振机械公司　　303,000

②安装完毕的设备投入使用的经济业务，使得纳西公司固定资产增加、在建工程减少。

会计分录：

借：固定资产　　303,000

　贷：在建工程　　303,000

记账凭证如图 8-6 所示：

记　　账　　凭　　证

2023年6月18日　　　　记第　　号

摘要	会计科目		借方金额	贷方金额	记账√
	总账科目	明细科目			
购入设备	在建工程		303,000.00		
	应付账款	单位——中振机械公司		303,000.00	
合计	⊗叁拾万叁仟元整		¥303,000.00	¥303,000.00	

附单据 1 张

制单：白雨

记　　账　　凭　　证

2023年6月30日　　　　记第　　号

摘要	会计科目		借方金额	贷方金额	记账√
	总账科目	明细科目			
设备投入使用	固定资产		303,000.00		
	在建工程			303,000.00	
合计	⊗叁拾万叁仟元整		¥303,000.00	¥303,000.00	

附单据 1 张

制单：白雨

图 8-6【例 8-2】记账凭证

（3）所附原始凭证

此业务所附原始凭证包括：增值税发票（如图 8-7 所示）、安装完工验收单（如图 8-8 所示）。

4500XXXXXX　　**广西增值税普通发票**　　NO. 0027XXXX

动态二维码　　发票联　　4500XXXXXX 0027XXXX

校验码 12345 12345 12345 12345　　开票日期　2023 年 6 月 18 日

购货单位	名称： 纳税人识别号： 地址、电话： 开户行及账号：	纳西公司 91450521WWWWWWWWWW 广西北海市合浦县WW路WW号　0779-72WWWWW 中国农业银行WW分行20-7200010400WWWWW			密码区	-919<<>/45<20094<*-406+09<+ 8-85/4*8<7*923849+5*-/22/85 //929337321+67-8/<2288<<2++ 159*337-24>/56*8/43+6>-5040		
货物或应税劳务名称		规格型号	单位	数量	单价	金额	税率	税额
*机械设备*铣床		X008	台	1	300,000.00	300,000.00	1%	3,000.00
合　计						¥300,000.00		¥3,000.00
价税合计（大写）		⊗叁拾万叁仟元整				（小写）	¥303,000.00	
销货单位	名称： 纳税人识别号： 地址、电话： 开户行及账号：	中振机械公司 91450521PPPPPPPPP 广西北海市合浦县PP路PP号　0779-72PPPPP 中国农业银行PP分行20-7200010400PPPPP			备注			

第二联：发票联　购货方记账凭证

收款人：李中振　复核：李中盛　开票人：李中盛　销货单位（章）：

图 8-7【例 8-2】增值税发票

固定资产安装竣工验收单

生效日期：2023-6-30

设备名称	铣床	设备原值	设备价格	303,000.00
设备编号	1001		安装费用	
规格型号	X008		其他费用	
制造单位	中振机械公司		合计金额	305,000.00
出厂日期	2023-6-18		出厂编号	123456
安装验收结论：				
验收部门会签				
工程部：	邹辉	使用部门：		张嘉虹
行政部：	龙起	财务部：		白雨

说明：该单作为转固定资产的依据。

图 8-8【例 8-2】验收单

（二）涉税处理

财务人员应正确核算固定资产购入业务，按时对相关税费进行申报，避免税务风险。小企业固定资产购入业务主要涉及增值税和企业所得税。

1. 增值税

关于购入的固定资产能不能抵扣，首先要看购入方是否为一般纳税人，取得的是否为可以抵扣的凭证（增值税专用发票）。

除了以上两个条件，我们还要结合财税政策分情况进行税务处理。如表 8-2 所示。

表 8-2 固定资产抵扣说明

情形	财税文件	总结
既用于一般计税方法计税项目，又用于免税项目的固定资产	《财政部 国家税务总局关于全面推开营业税改征增值税试点的通知》（财税〔2016〕36号） 第二十七条　下列项目的进项税额不得从销项税额中抵扣： （一）用于简易计税方法计税项目、免征增值税项目、集体福利或者个人消费的购进货物、加工修理修配劳务、服务、无形资产和不动产。其中涉及的固定资产、无形资产、不动产，仅指专用于上述项目的固定资产、无形资产（不包括其他权益性无形资产）、不动产。 纳税人的交际应酬消费属于个人消费	既用于一般计税方法计税项目，又用于免税项目的固定资产，是可以全额抵扣的。专用于免税项目是不能抵扣的
购入不动产既用于简易计税项目又用于一般计税项目		购入不动产专用于简易计税方法计税项目的，进项税额不得从销项税额中抵扣；购入不动产既用于简易计税项目又用于一般计税项目的，进项税额可以从销项税额中抵扣
纳税人租入固定资产	《财政部 国家税务总局关于租入固定资产进项税额抵扣等增值税政策的通知》（财税〔2017〕90号） 一、自2018年1月1日起，纳税人租入固定资产、不动产，既用于一般计税方法计税项目，又用于简易计税方法计税项目、免征增值税项目、集体福利或者个人消费的，其进项税额准予从销项税额中全额抵扣	纳税人租入固定资产，既用于一般计税方法计税项目，又用于简易计税方法计税项目、免征增值税项目、集体福利或者个人消费的，其进项税额可以全额抵扣

2. 企业所得税

很多财务人员把购入固定资产直接计入了损益类科目（如："管理费用"）或者是一次性计提折旧，虽然这与固定资产一次性税前扣除政策同步，但忽略了账务处理依据是会计准则，税务申报的依据是税法。

以上处理存在很大问题，至少存在以下重大风险：

（1）做账不规范，账务处理与会计准则要求不符，违反准则规定（在账务处理时，应正常计提折旧，税法上调整报表纳税）。

（2）如把购入的固定资产直接计入了损益类科目，即账上没有了固定资产原值记录，不利于后续资产管理。

（3）存在人为调整企业利润的嫌疑，会导致账面报销费用与账面资产数量不匹配的情况。比如：企业有车（固定资产），账面无车（固定资产为零），账面体现大量车辆费用报销，逻辑不自洽，增加了税务异常风险。

（4）无法准确反映固定资产经济利益消耗方式，从而无法反映资产真实账面价值。

（5）提高了资产负债率，不利于对外融资。

（6）未经审批随意核销资产可能引发职业法律风险。

基于以上可能存在的风险，笔者建议企业严格按照财税规定，即使选择适用一次性税前扣除优惠政策，会计上也要按会计准则进行账务处理（见本章"（一）账务处理规范"小节），税务上按税法规定处理，不能混淆。会计上跟税法上产生的税会差异需要通过企业所得税申报表填报的方式对税会差异进行调整。

购入固定资产，会计即对固定资产的原值进行核算，需要填写资产折旧、摊销及纳税调整明细表（如表 8-3 所示）。

表 8-3 资产折旧、摊销及纳税调整明细表

A105080

资产折旧、摊销及纳税调整明细表

行次	项目		
1	一、固定资产（2+3+4+5+6+7）		
2	所有固定资产	（一）房屋、建筑物	
3		（二）飞机、火车、轮船、机器、机械和其他生产设备	
4		（三）与生产经营活动有关的器具、工具、家具等	
5		（四）飞机、火车、轮船以外的运输工具	
6		（五）电子设备	
7		（六）其他	
8	其中：享受固定资产加速折旧及一次性扣除政策的资产加速折旧额大于一般折旧额的部分	（一）重要行业固定资产加速折旧（不含一次性扣除）	
9		（二）其他行业研发设备加速折旧	
10		（三）特定地区企业固定资产加速折旧（10.1+10.2）	
10.1		1. 海南自由贸易港企业固定资产加速折旧	
10.2		2. 横琴粤澳深度合作区企业固定资产加速折旧	
11		（四）500 万元以下设备器具一次性扣除（11.1+11.2）	
11.1		1. 高新技术企业 2022 年第四季度（10 月 -12 月）购置单价 500 万元以下设备器具一次性扣除	
11.2		2. 购置单价 500 万元以下设备器具一次性扣除（不包含高新技术企业 2022 年第四季度购置）	
12		（五）500 万元以上设备器具一次性扣除（12.1+12.2+12.3+12.4）	
12.1		中小微企业购置单价 500 万元以上设备器具	1. 最低折旧年限为 3 年的设备器具一次性扣除
12.2			2. 最低折旧年限为 4 年、5 年的设备器具 50% 部分一次性扣除
12.3			3. 最低折旧年限为 10 年的设备器具 50% 部分一次性扣除
12.4		4. 高新技术企业 2022 年第四季度（10 月 -12 月）购置单价 500 万元以上设备器具一次性扣除	
13		（六）特定地区企业固定资产一次性扣除（13.1+13.2）	
13.1		1. 海南自由贸易港企业固定资产一次性扣除	
13.2		2. 横琴粤澳深度合作区企业固定资产一次性扣除	
14		（七）技术进步、更新换代固定资产加速折旧	
15		（八）常年强震动、高腐蚀固定资产加速折旧	
16		（九）外购软件加速折旧	
17		（十）集成电路企业生产设备加速折旧	
18	二、生产性生物资产（19+20）		
19	（一）林木类		
20	（二）畜类		
21	三、无形资产（22+23+24+25+26+27+28+29）		
22	所有无形资产	（一）专利权	
23		（二）商标权	
24		（三）著作权	
25		（四）土地使用权	
26		（五）非专利技术	
27		（六）特许权使用费	
28		（七）软件	
29		（八）其他	
30	其中：享受无形资产加速摊销及一次性摊销政策的资产加速摊销额大于一般摊销额的部分	（一）企业外购软件加速摊销	
31		（二）特定地区企业无形资产加速摊销（31.1+31.2）	
31.1		1. 海南自由贸易港企业无形资产加速摊销	
31.2		2. 横琴粤澳深度合作区企业无形资产加速摊销	
32		（三）特定地区企业无形资产一次性摊销（32.1+32.2）	
32.1		1. 海南自由贸易港企业无形资产一次性摊销	
32.2		2. 横琴粤澳深度合作区企业无形资产一次性摊销	
33	四、长期待摊费用（34+35+36+37+38）		
34	（一）已足额提取折旧的固定资产的改建支出		
35	（二）租入固定资产的改建支出		
36	（三）固定资产的大修理支出		
37	（四）开办费		
38	（五）其他		
39	五、油气勘探投资		
40	六、油气开发投资		
41	合计（1+18+21+33+39+40）		
附列资料		全民所有制企业公司制改制资产评估增值政策资产	

	账载金额			税收金额					纳税调整金额
	资产原值	本年折旧、摊销额	累计折旧、摊销额	资产计税基础	税收折旧额	享受加速折旧政策的资产按税收一般规定计算的折旧、摊销额	加速折旧统计额	累计折旧、摊销额	
	1	2	3	4	5	6	7(5-6)	8	9(2-5)
						*	*		
						*	*		
						*	*		
						*	*		
						*	*		
						*	*		
						*	*		
									*
									*
									*
									*
									*
									*
									*
									*
									*
									*
									*
									*
									*
									*
									*
									*
									*
									*
									*
									*
						*	*		
						*	*		
						*	*		
						*	*		
						*	*		
						*	*		
						*	*		
						*	*		
						*	*		
						*	*		
						*	*		
						*	*		
									*
									*
									*
									*
									*
									*
									*
						*	*		
						*	*		
						*	*		
						*	*		
						*	*		
						*	*		
						*	*		
						*	*		
						*	*		

3. 涉税处理案例

此处以纳源公司为例，对购入固定资产业务进行涉税处理。

【例 8-3】2023 年 7 月 18 日，购入电脑、办公桌椅等固定资产一套，收到增值税专用发票 2 张，金额 100,000 元，税额 13,000 元。固定资产用于梧州项目（建筑行业简易征收项目）。

（1）案例解读

《财政部 国家税务总局关于全面推开营业税改征增值税试点的通知》（财税〔2016〕36 号）

第二十七条　用于简易计税方法计税项目的进项税额不得从销项税额中抵扣。

纳源公司收到的专用发票应该先进行勾选再进行进项转出，即先在电子税务局上进行发票勾选，再填写增值税及附加税费申报表附列资料（二）进行进项转出。

（2）申报表填写

此案例需要填写增值税及附加税费申报表附列资料（二）（如表 8-4 所示）。

表 8-4【例 8-3】增值税及附加税费申报表附列资料（二）

增值税及附加税费申报表附列资料（二）

（本期进项税额明细）

税款所属时间：2023 年 7 月 1 日至 2023 年 7 月 31 日

纳税人名称：纳源公司

金额单位：元（列至角分）

一、申报抵扣的进项税额				
项目	栏次	份数	金额	税额
（一）认证相符的增值税专用发票	1=2+3	2	100,000.00	13,000.00
其中：本期认证相符且本期申报抵扣	2	2	100,000.00	13,000.00
前期认证相符且本期申报抵扣	3			
（二）其他扣税凭证	4=5+6+7+8a+8b			
其中：海关进口增值税专用缴款书	5			
农产品收购发票或者销售发票	6			
代扣代缴税收缴款凭证	7		—	
加计扣除农产品进项税额	8a	—	—	
其他	8b			
（三）本期用于购建不动产的扣税凭证	9			
（四）本期用于抵扣的旅客运输服务扣税凭证	10			
（五）外贸企业进项税额抵扣证明	11	—	—	
当期申报抵扣进项税额合计	12=1+4+11			13,000.00
二、进项税额转出额				
项目	栏次	税额		
本期进项税额转出额	13=14 至 23 之和			
其中：免税项目用	14			
集体福利、个人消费	15			
非正常损失	16			
简易计税方法征税项目用	17	13,000.00		
免抵退税办法不得抵扣的进项税额	18			
纳税检查调减进项税额	19			
红字专用发票信息表注明的进项税额	20			
上期留抵税额抵减欠税	21			
上期留抵税额退税	22			
异常凭证转出进项税额	23a			
其他应作进项税额转出的情形	23b			
三、待抵扣进项税额				
项目	栏次	份数	金额	税额
（一）认证相符的增值税专用发票	24	—	—	——
期初已认证相符但未申报抵扣	25			
本期认证相符且本期未申报抵扣	26			
期末已认证相符但未申报抵扣	27			
其中：按照税法规定不允许抵扣	28			
（二）其他扣税凭证	29=30 至 33 之和			
其中：海关进口增值税专用缴款书	30			
农产品收购发票或者销售发票	31			
代扣代缴税收缴款凭证	32		—	
其他	33			
	34			
四、其他				
项目	栏次	份数	金额	税额
本期认证相符的增值税专用发票	35	2	100,000.00	13,000.00
代扣代缴税额	36	—	—	

财税笔记：

一般纳税人销售、提供或者发生财政部和国家税务总局规定的特定的货物、应税劳务、应税行为的，可以选择适用简易计税方法计税，但不得抵扣进项税额。具体包括：

（1）县级及县级以下小型水力发电单位生产的自产电力。

（2）自产建筑用和生产建筑材料所用的砂、土、石料。

（3）以自己采掘的砂、土、石料或其他矿物连续生产的砖、瓦、石灰（不含黏土实心砖、瓦）。

（4）自己用微生物、微生物代谢产物、动物毒素、人或动物的血液或组织制成的生物制品。

（5）自产的自来水。

（6）自来水公司销售自来水。

（7）自产的商品混凝土（仅限于以水泥为原料生产的水泥混凝土）。

（8）单采血浆站销售非临床用人体血液。

（9）寄售商店代销寄售物品（包括居民个人寄售的物品在内）。

（10）典当业销售死当物品。

（11）药品经营企业销售生物制品。

（12）公共交通运输服务（包括轮客渡、公交客运、地铁、城市轻轨、出租车、长途客运、班车）。

（13）经认定的动漫企业为开发动漫产品提供的有关动漫服务。

（14）电影放映服务、仓储服务、装卸搬运服务、收派服务和文化体育服务。

（15）以“营改增”试点前取得的有形动产为标的物提供的经营租赁服务。

（16）在“营改增”试点前签订的尚未执行完毕的有形动产租赁合同。

（17）以清包工方式提供的建筑服务。

（18）为甲供工程提供的建筑服务。（注：甲供工程，是指全部或部分设备、材料、动力由工程发包方自行采购的建筑工程）

（19）销售或出租2016年4月30日前取得的不动产。

（20）房地产开发企业销售自行开发的房地产老项目。

（21）提供非学历教育服务。

（22）一般纳税人收取试点前开工的一级公路、二级公路、桥、闸通行费。

（23）提供的人力资源外包服务。

（24）2016年4月30日前签订的不动产融资租赁合同，或在2016年4月30日前取得的不动产提供的融资租赁服务。

（25）转让2016年4月30日前取得的土地使用权。

（26）提供劳务派遣服务选择差额纳税的。

二、计提固定资产折旧

小企业在购入固定资产的次月起至其使用寿命内，要按照特定的方法对固定资产应计的折旧额进行系统的分摊核算，清晰记录每笔固定资产的折旧，以使账实相符。

（一）会计核算

财务人员应了解小企业计提固定资产折旧环节的经济业务和财务流程，并按《小企业会计准则》要求设置会计科目和进行账务核算。

1. 会计科目设置

小企业计提固定资产折旧业务涉及“累计折旧”等会计科目。如表 8-5 所示。

表 8-5 计提固定资产折旧业务涉及的会计科目

会计科目	累计折旧
核算内容	核算小企业在报告期末提取的各年固定资产折旧累计数
明细科目设置	按照固定资产的类别和项目设置明细科目进行核算
T 形图	借方　累计折旧　贷方 借方：小企业因固定资产减少而转出的折旧额 贷方：小企业固定资产计提的累计折旧的金额 贷方：小企业期末已计提的固定资产的折旧额

财税笔记：

“累计折旧”明细科目也是按税法规定的折旧年限进行二级科目的设置，即与“固定资产”明细科目相对应，如：累计折旧——房屋、建筑物，累计折旧——生产设备，累计折旧——器具、工具、家具，累计折旧——运输工具，累计折旧——电子设备。一般不设置三级科目。

2. 账务处理规范

在进行计提固定资产折旧前，首先要知道固定资产折旧是如何计算的。

（1）固定资产折旧的计算

企业应当根据与固定资产有关的经济利益的预期实现方式，合理选择折旧方法。企业选用不同的固定资产的折旧方法，将影响固定资产使用寿命期间内不同时期的折旧费用。固定资产折旧方法可以采用年限平均法、工作量法、双倍余额递减法、年数总和法等。折旧方法的选择应当遵循可比性原则，如需变更，在会计报表附注中予以说明。

①年限平均法（直线法）

当固定资产各期的负荷程度相同时，各期应分摊相同的折旧费，应当采用年限平均法。大多企业都是采用这种折旧方法。

年折旧额 =（原价－预计净残值）÷ 预计使用年限

= 原价 ×（1－预计净残值 ÷ 原价）÷ 预计使用年限

= 原价 × 年折旧率

公式中的“预计净残值”指固定资产预计使用寿命已满并处于使用寿命终了时，企业从该项资产处理中获得的扣除预计处置费用后的金额。

②工作量法

工作量法即是根据实际工作量计提固定资产折旧额的一种方法，与年限平均法同属直线折旧法。

单位工作量折旧额 = 固定资产原价 ×（1－预计净残值率）÷ 预计总工作量

某项固定资产月折旧额 = 该项固定资产当月工作量 × 单位工作量折旧额

③双倍余额递减法

由于每年年初固定资产净值没有扣除预计净残值，在采用双倍余额递减法计算折旧额时，必须注意不能使固定资产的净值降低到预计净残值以下。在固定资产使用年限到期的前两年内，将固定资产的账面净值扣除预计净残值后的余额平均摊销。

年折旧率 =2 ÷ 预计使用年限 ×100%

年折旧额 = 固定资产账面净值 × 年折旧率

④年数总和法

年折旧率 = 尚可使用年限 ÷ 预计使用年限的年数总和 ×100%

年折旧额 =（固定资产原值－预计净残值）× 年折旧率

已计提减值准备的固定资产，应当按照该项资产的账面价值（固定资产账面余额扣减累计折旧和减值准备后的金额）以及尚可使用寿命重新计算确定折旧率和折旧额。

（2）固定资产折旧的账务处理

①企业按期（月）计提固定资产的折旧时，根据自制的固定资产折旧明细表进行账务处理。

会计分录为：

借：管理费用等

　贷：累计折旧

②处置固定资产时，按已计提的累计折旧，根据相关票据进行账务处理。

会计分录为：

借：累计折旧

　贷：固定资产

3. 会计核算案例

此处以纳西公司为例，对固定资产折旧业务进行会计核算。

【例 8-4】2023 年 7 月 31 日，计提当月固定资产折旧 3,216.54 元，其中管理部门 247.79 元，销售部门 2,968.75 元。

（1）案例解读

管理部门的固定资产折旧计入“管理费用”会计科目，销售部门的固定资产折旧计入“销售费用”会计科目。

（2）账务处理

该经济业务，使得纳西公司的管理费用、销售费用增加，累计折旧增加。

会计分录为：

借：管理费用——折旧费　　247.79

　　销售费用——折旧费　　2,968.75

　贷：累计折旧——器具、工具、家具　　158.33

　　　累计折旧——电子设备　　89.46

　　　累计折旧——运输工具　　2,968.75

记账凭证如图 8-9 所示：

记　　账　　凭　　证

2023年7月31日　　　　记第　　号

摘要	会计科目		借方金额	贷方金额	记账√	
	总账科目	明细科目				
固定资产折旧	管理费用	折旧费	247.79			附
	销售费用	折旧费	2,968.75			单
	累计折旧	器具、工具、家具		158.33		据
	累计折旧	电子设备		89.46		1
	累计折旧	运输工具		2,968.75		张
合计	⊗叁仟贰佰壹拾陆元伍角肆分		¥3,216.54	¥3,216.54		

制单：白雨

图 8-9【例 8-4】记账凭证

（3）所附原始凭证

此业务所附原始凭证包括：固定资产折旧明细表（如表 8-6 所示）。

表 8-6【例 8-4】固定资产折旧明细表

固定资产折旧明细表（2023 年 7 月）

单位：纳西公司

编号	类别	名称	入账日期	单位	数量	单价	原值	折旧年限	应折旧月数	残值率	预计净残值	月折旧额	本月折旧	累计月份	累计折旧	账面净值
1	器具、工具、家具	空调	2023-6-1	台	1	10, 000. 00	10, 000. 00	5	60	5%	500. 00	158. 33	158. 33	1	158. 33	9, 841. 67
2	电子设备	电脑	2023-6-18	台	1	3, 390. 00	3, 390. 00	3	36	5%	169. 50	89. 46	89. 46	1	89. 46	3, 300. 54
3	运输工具	货车	2023-6-3	台	1	150, 000. 00	150, 000. 00	4	48	5%	7, 500. 00	2, 968. 75	2, 968. 75	1	2, 968. 75	147, 031. 25
合计							163, 390. 00				8, 169. 50	3, 216. 54	3, 216. 54		3, 216. 54	160, 173. 46

（二）涉税处理

财务人员应正确核算固定资产折旧业务，按时对相关税费进行申报，避免税务风险。小企业固定资产折旧业务主要涉及企业所得税。

1. 企业所得税（季报）

执行加速折旧、摊销和一次性扣除政策的资产需要填写资产加速折旧、摊销（扣除）优惠明细表（如表 8-7 所示）。

表 8-7　资产加速折旧、摊销（扣除）优惠明细表

A201020　　**资产加速折旧、摊销（扣除）优惠明细表**

行次	项目	本年享受优惠的资产原值	本年累计折旧\摊销（扣除）金额				
			账载折旧\摊销金额	按照税收一般规定计算的折旧\摊销金额	享受加速政策计算的折旧\摊销金额	纳税调减金额	享受加速折旧优惠金额
		1	2	3	4	5	6（4-3）
1	一、加速折旧、摊销（不含一次性扣除，1.1+1.2+…）						
1.1	（填写优惠事项名称）						
1.2	（填写优惠事项名称）						
2	二、一次性扣除（2.1+2.2+…）						
2.1	（填写优惠事项名称）						
2.2	（填写优惠事项名称）						
3	合计（1+2）						

2. 企业所得税（年报）

对于不征税收入形成的资产，其折旧、摊销额不得税前扣除。发生资产折旧、摊销的小企业需要填写资产折旧、摊销及纳税调整明细表（如表 8-8 所示）。

表 8-8 资产折旧、摊销及纳税调整明细表

A105080

资产折旧、摊销及纳税调整明细表

行次	项目		
1	一、固定资产（2+3+4+5+6+7）		
2	所有固定资产	（一）房屋、建筑物	
3		（二）飞机、火车、轮船、机器、机械和其他生产设备	
4		（三）与生产经营活动有关的器具、工具、家具等	
5		（四）飞机、火车、轮船以外的运输工具	
6		（五）电子设备	
7		（六）其他	
8	其中：享受固定资产加速折旧及一次性扣除政策的资产加速折旧额大于一般折旧额的部分	（一）重要行业固定资产加速折旧（不含一次性扣除）	
9		（二）其他行业研发设备加速折旧	
10		（三）特定地区企业固定资产加速折旧（10.1+10.2）	
10.1		1. 海南自由贸易港企业固定资产加速折旧	
10.2		2. 横琴粤澳深度合作区企业固定资产加速折旧	
11		（四）500 万元以下设备器具一次性扣除（11.1+11.2）	
11.1		1. 高新技术企业 2022 年第四季度（10 月～ 12 月）购置单价 500 万元以下设备器具一次性扣除	
11.2		2. 购置单价 500 万元以下设备器具一次性扣除（不包含高新技术企业 2022 年第四季度购置）	
12		（五）500 万元以上设备器具一次性扣除（12.1+12.2+12.3+12.4）	
12.1		中小微企业购置单价 500 万元以上设备器具	1. 最低折旧年限为 3 年的设备器具一次性扣除
12.2			2. 最低折旧年限为 4、5 年的设备器具 50% 部分一次性扣除
12.3			3. 最低折旧年限为 10 年的设备器具 50% 部分一次性扣除
12.4		4. 高新技术企业 2022 年第四季度（10 月～ 12 月）购置单价 500 万元以上设备器具一次性扣除	
13		（六）特定地区企业固定资产一次性扣除（13.1+13.2）	
13.1		1. 海南自由贸易港企业固定资产一次性扣除	
13.2		2. 横琴粤澳深度合作区企业固定资产一次性扣除	
14		（七）技术进步、更新换代固定资产加速折旧	
15		（八）常年强震动、高腐蚀固定资产加速折旧	
16		（九）外购软件加速折旧	
17		（十）集成电路企业生产设备加速折旧	
18	二、生产性生物资产（19+20）		
19	（一）林木类		
20	（二）畜类		
21	三、无形资产（22+23+24+25+26+27+28+29）		
22	所有无形资产	（一）专利权	
23		（二）商标权	
24		（三）著作权	
25		（四）土地使用权	
26		（五）非专利技术	
27		（六）特许权使用费	
28		（七）软件	
29		（八）其他	
30	其中：享受无形资产加速摊销及一次性摊销政策的资产加速摊销额大于一般摊销额的部分	（一）企业外购软件加速摊销	
31		（二）特定地区企业无形资产加速摊销（31.1+31.2）	
31.1		1. 海南自由贸易港企业无形资产加速摊销	
31.2		2. 横琴粤澳深度合作区企业无形资产加速摊销	
32		（三）特定地区企业无形资产一次性摊销（32.1+32.2）	
32.1		1. 海南自由贸易港企业无形资产一次性摊销	
32.2		2. 横琴粤澳深度合作区企业无形资产一次性摊销	
33	四、长期待摊费用（34+35+36+37+38）		
34	（一）已足额提取折旧的固定资产的改建支出		
35	（二）租入固定资产的改建支出		
36	（三）固定资产的大修理支出		
37	（四）开办费		
38	（五）其他		
39	五、油气勘探投资		
40	六、油气开发投资		
41	合计（1+18+21+33+39+40）		
附列资料		全民所有制企业公司制改制资产评估增值政策资产	

账载金额			税收金额					纳税调整金额
资产原值	本年折旧、摊销额	累计折旧、摊销额	资产计税基础	税收折旧额	享受加速折旧政策的资产按税收一般规定计算的折旧、摊销额	加速折旧统计额	累计折旧、摊销额	
1	2	3	4	5	6	7(5-6)	8	9(2-5)
					*	*		
					*	*		
					*	*		
					*	*		
					*	*		
					*	*		
					*	*		
								*
								*
								*
								*
								*
								*
								*
								*
								*
								*
								*
								*
								*
								*
								*
								*
								*
								*
								*
								*
					*	*		
					*	*		
					*	*		
					*	*		
					*	*		
					*	*		
					*	*		
					*	*		
					*	*		
					*	*		
					*	*		
					*	*		
								*
								*
								*
								*
								*
								*
								*
					*	*		
					*	*		
					*	*		
					*	*		
					*	*		
					*	*		
					*	*		
					*	*		
					*	*		

3. 涉税处理案例

此处以纳米公司为例，对固定资产折旧业务进行涉税处理。

【例 8–5】2023 年 7 月购入汽车一辆，固定资产入账价值 300,000 元，无残值，会计按照 4 年折旧，税务上享受固定资产一次性扣除。申报第三季度企业所得税。

（1）案例解读

账载折旧金额 = 原值 ÷ 折旧年份 ÷12 个月 ×8 月、9 月份折旧

=300,000 ÷ 4 ÷ 12 × 2=12,500（元）

资产加速折旧、摊销（扣除）优惠明细表（如表 8–9 所示）第 3 列“按照税收一般规定计算的折旧、摊销金额”填报纳税人按照文件规定享受资产加速折旧、摊销优惠政策的资产，按照税收一般规定计算的允许税前扣除的本年资产折旧、摊销额；享受一次性扣除的资产，本列填报该资产按照税法一般规定计算的一个月的折旧、摊销金额。

按照税收一般规定计算的折旧 = 原值 ÷ 折旧年份 ÷12 个月 ×1

=300,000 ÷ 4 ÷ 12 × 1=6,250（元）

纳税调减金额 = 享受加速政策计算的折旧 \ 摊销金额 – 账载折旧 \ 摊销金额

=300,000 –12,500=287,500（元）

享受加速折旧优惠金额 = 享受加速政策计算的折旧 \ 摊销金额 – 按照税收一般规定计算的折旧 \ 摊销金额

=300,000 –6,250=293,750（元）

（2）申报表填写

此案例需要填写资产加速折旧、摊销（扣除）优惠明细表（如表 8–9 所示），主表即自动生成（如表 8–10 所示）。

表 8–9【例 8–5】资产加速折旧、摊销（扣除）优惠明细表

A201020　　资产加速折旧、摊销（扣除）优惠明细表

行次	项目	本年享受优惠的资产原值	本年累计折旧\摊销（扣除）金额				
			账载折旧\摊销金额	按照税收一般规定计算的折旧\摊销金额	享受加速政策计算的折旧\摊销金额	纳税调减金额	享受加速折旧优惠金额
		1	2	3	4	5	6（4–3）
1	一、加速折旧、摊销（不含一次性扣除，1.1+1.2+…）						
1.1	（填写优惠事项名称）						
1.2	（填写优惠事项名称）						
2	二、一次性扣除（2.1+2.2+…）						
2.1	资产 500 万以下一次性扣除	300,000	12,500	6,250	300,000	287,500	293,750
2.2	（填写优惠事项名称）						
3	合计（1+2）						

表 8-10【例 8-5】企业所得税月（季）度预缴纳税申报表（A 类）（部分）

A200000

中华人民共和国企业所得税月（季）度预缴纳税申报表（A 类）

税款所属时间：自 2023 年 7 月 1 日至 2023 年 9 月 30 日

纳税人识别号（统一社会信用代码）：　91450521NNNNNNNNNN

纳税人名称（公章）：纳米公司　　　　金额单位：人民币元（列至角分）

优惠及附报事项有关信息									
项目	一季度		二季度		三季度		四季度		季度平均值
	季初	季末	季初	季末	季初	季末	季初	季末	
从业人数									
资产总额（万元）									
国家限制或禁止行业	□是　□否				小型微利企业				□是　□否
	附报事项名称								金额或选项
事项 1	（填写特定事项名称）								
事项 2	（填写特定事项名称）								

	预缴税款计算	本年累计
1	营业收入	
2	营业成本	
3	利润总额	
4	加：特定业务计算的应纳税所得额	
5	减：不征税收入	
6	减：资产加速折旧、摊销（扣除）调减额（填写 A201020）	287,500.00
7	减：免税收入、减计收入、加计扣除（7.1+7.2+…）	
7.1	（填写优惠事项名称）	
7.2	（填写优惠事项名称）	
8	减：所得减免（8.1+8.2+…）	
8.1	（填写优惠事项名称）	
8.2	（填写优惠事项名称）	
9	减：弥补以前年度亏损	
10	实际利润额（3+4-5-6-7-8-9）\ 按照上一纳税年度应纳税所得额平均额确定的应纳税所得额	
11	税率（25%）	25%
12	应纳所得税额（10×11）	0.00
13	减：减免所得税额（13.1+13.2+…）	
13.1	符合条件的小型微利企业减免企业所得税	
13.2	（填写优惠事项名称）	
14	减：本年实际已缴纳所得税额	
15	减：特定业务预缴（征）所得税额	
16	本期应补（退）所得税额（12-13-14-15）\ 税务机关确定的本期应纳所得税额	

续表

<table>
<tr><td colspan="5">汇总纳税企业总分机构税款计算</td></tr>
<tr><td>17</td><td rowspan="4">总机构</td><td colspan="2">总机构本期分摊应补（退）所得税额（18+19+20）</td><td></td></tr>
<tr><td>18</td><td colspan="2">其中：总机构分摊应补（退）所得税额（16× 总机构分摊比例___%）</td><td></td></tr>
<tr><td>19</td><td colspan="2">财政集中分配应补（退）所得税额（16× 财政集中分配比例___%）</td><td></td></tr>
<tr><td>20</td><td colspan="2">总机构具有主体生产经营职能的部门分摊所得税额（16× 全部分支机构分摊比例___%× 总机构具有主体生产经营职能部门分摊比例___%）</td><td></td></tr>
<tr><td>21</td><td rowspan="2">分支机构</td><td colspan="2">分支机构本期分摊比例</td><td></td></tr>
<tr><td>22</td><td colspan="2">分支机构本期分摊应补（退）所得税额</td><td></td></tr>
<tr><td colspan="5">实际缴纳企业所得税计算</td></tr>
<tr><td>23</td><td colspan="2">减：民族自治地区企业所得税地方分享部分：
□免征　□减征幅度___ %</td><td>本年累计应减免金额
［（12-13-15）×40%× 减征幅度］</td><td></td></tr>
<tr><td>24</td><td colspan="3">实际应补（退）所得税额</td><td></td></tr>
<tr><td colspan="5">谨声明：本纳税申报表是根据国家税收法律法规及相关规定填报的，是真实的、可靠的、完整的。
纳税人（签章）：　　　　　　　　年　月　日</td></tr>
<tr><td colspan="4">经办人：
经办人身份证号：
代理机构签章：
代理机构统一社会信用代码：</td><td>受理人：
受理税务机关（章）：
受理日期：　　年　月　日</td></tr>
<tr><td colspan="5">国家税务总局监制</td></tr>
</table>

三、处置固定资产

小企业的固定资产业务终于固定资产处置。固定资产的处置包括固定资产的出售、转让、报废或损坏、对外投资、非货币性资产交换和债务重组等。财务人员应根据固定资产销售单据等办理款项的收取，并对固定资产的减少进行核算与监督，清晰记录每笔固定资产减少业务，以使账实相符。

（一）会计核算

财务人员应了解小企业处置固定资产环节的经济业务和财务流程，并按《小企业会计准则》要求设置会计科目和进行账务核算。

1. 会计科目设置

小企业处置固定资产业务涉及“固定资产清理”等会计科目。如表 8-11 所示。

表 8-11 处置固定资产业务涉及的会计科目

会计科目	固定资产清理
核算内容	核算小企业因出售、报废和毁损、对外投资、非货币性资产交换、债务重组等原因转入清理的固定资产价值以及在清理过程中所发生的清理费用和清理收入等
明细科目设置	按照固定资产项目设置明细科目进行核算
T 形图	借方　固定资产清理　贷方 借方：小企业固定资产转入清理的净值和清理过程中发生的费用；小企业尚未清理完毕的固定资产清理净损失 贷方：小企业收回出售固定资产的价款、残料价值和变价收入；小企业尚未清理完毕的固定资产清理净收益

财税笔记：

“固定资产清理”明细科目也是按税法规定的折旧年限进行二级科目的设置，即与“固定资产”明细科目相对应，如：固定资产清理——房屋、建筑物，固定资产清理——生产设备，固定资产清理——器具、工具、家具，固定资产清理——运输工具，固定资产清理——电子设备。一般不设置三级科目。

2. 账务处理规范

小企业因出售、报废、毁损等原因减少的固定资产在会计核算上要注销该资产原价和已提折旧，并同时冲减固定基金。为了保证固定资产的简单再生产，其已提折旧应等于应提折旧额。如固定资产提前报废而未提足折旧，所以原则上应补提足额。

（1）将固定资产转入清理

小企业出售、报废和毁损等固定资产转入清理时，分别按清理固定资产的账面价值、已提的折旧和固定资产原值进行账务处理。

会计分录为：

借：固定资产清理

　　累计折旧

　贷：固定资产

（2）支付清理费用

固定资产清理过程中发生的清理人员的工资等清理费用，根据工资表或发票单据、银行回单等进行账务处理。

会计分录为：

借：固定资产清理

　贷：银行存款

（3）取得收入和残料

小企业收到出售固定资产的价款、报废固定资产的残料价值和变价收入等，应冲减清理支出，根据银行回单等进行账务处理。

会计分录为：

借：银行存款 / 原材料

　贷：固定资产清理

（4）索取赔偿的处理

小企业计算或收到的应由保险公司或过失人赔偿的报废、毁损固定资产的损失时，应做冲减清理支出，根据银行回单等进行账务处理。

会计分录为：

借：银行存款 / 其他应收款

　贷：固定资产清理

（5）清理净损益的处理

①属于出售或转让固定资产所发生的净损益

会计分录为：

借：固定资产清理

　贷：资产处置损益

②属于报废或损毁固定资产所发生的净收益

会计分录为：

借：固定资产清理

　贷：营业外收入

③属于报废或损毁固定资产所发生的净损失

会计分录为：

借：营业外支出

　贷：固定资产清理

3. 会计核算案例

此处以纳美公司为例，对处置固定资产业务进行会计核算。

【例 8–6】2023 年 6 月 18 日，处置残旧复印机，原值为 5,000 元，已提折旧 2,375 元。出售取得收入 2,260 元。

（1）案例解读

此案例，财务人员需要审核设备报废申请单的填写是否完整，如相关领导签署处理意见、审批等，然后核实固定资产原值、折旧等相关数据，销售时开具的发票，现金收款需要开具收款收据，审核清理支出发票相关票据。

（2）账务处理

①将固定资产转入清理

该经济业务，使得纳美公司的固定资产清理增加，累计折旧、固定资产减少。

会计分录为：

借：固定资产清理　　2,625

　　累计折旧　　2,375

　贷：固定资产——电子设备　　5,000

②取得收入、取得出售价款

该经济业务，使得纳美公司库存现金、应交税费增加，固定资产清理减少。

会计分录为：

借：库存现金　　2,260

　贷：固定资产清理　　2,000

　　　应交税费——应交增值税（销项税额）　　260

③清理净损益结转

该经济业务，使得纳美公司营业外支出增加，固定资产清理减少。以固定资产清理余额来结转清理的净损益。即：2,625－2,000=625（元）

会计分录为：

借：营业外支出　　625

　贷：固定资产清理　　625

记账凭证如图 8-10 所示：

记　账　凭　证

2023年6月18日　　　　记第　　号

摘要	会计科目		借方金额	贷方金额	记账√
	总账科目	明细科目			
固定资产转入清理	固定资产清理		2,625.00		
	累计折旧	电子设备	2,375.00		
	固定资产	电子设备		5,000.00	
合计	⊗伍仟元整		¥5,000.00	¥5,000.00	

附单据1张

制单：白雨

记　　账　　凭　　证

2023年6月18日　　　　记第　　号

摘要	会计科目		借方金额	贷方金额	记账√
	总账科目	明细科目			
处置残旧复印机	库存现金		2,260.00		
	固定资产清理			2,000.00	
	应交税费	应交增值税（销项税额）		260.00	
合计	⊗贰仟贰佰陆拾元整		¥2,260.00	¥2,260.00	

附单据2张

制单：白雨

记　　账　　凭　　证

2023年6月18日　　　　记第　　号

摘要	会计科目		借方金额	贷方金额	记账√
	总账科目	明细科目			
清理净损益结转	营业外支出		625.00		
	固定资产清理			625.00	
合计	⊗陆佰贰拾伍元整		¥625.00	¥625.00	

附单据　张

制单：白雨

图 8-10【例 8-6】记账凭证

（3）所附原始凭证

此业务所附原始凭证包括：资产报废申请单（如图 8-11 所示）、增值税发票（如图 8-12 所示）、现金收据（如图 8-13 所示）。

一般企业将固定资产预计净残值确定在 5% 至 8% 之间。税法规定固定资产预计净残值率为 5%。

预计净残值 = 原值 × 净残值率 =5,000 × 5%=250（元）

资产报废申请单

2023年6月18日

<table>
<tr><td rowspan="2">设备名称</td><td rowspan="2">复印机</td><td>预计使用年限</td><td>5年（60个月）</td><td>已使用年限</td><td>2年6个月（30个月）</td></tr>
<tr><td>原值（元）</td><td>5,000.00</td><td>残值率</td><td>5%</td></tr>
<tr><td>使用部门</td><td>采购部</td><td>已提折旧（元）</td><td>2,375.00</td><td>预计净残值（元）</td><td>250.00</td></tr>
<tr><td>报废原因</td><td>多次维修</td><td>报废处理意见</td><td colspan="3">二手电脑公司回收</td></tr>
<tr><td>领导意见</td><td colspan="2">同意报废。
王美丽</td><td>申请人</td><td colspan="2">张洁</td></tr>
</table>

图 8-11【例 8-6】资产报废申请单

电子发票（普通发票）

动态二维码

发票号码：23412000000004444444

开票时间：2023年6月18日

<table>
<tr><td>购买方信息</td><td colspan="3">名称：庞仔二手店
统一社会信用代码/纳税人识别号：91450521HHHHHHHHHH</td><td>销售方名称</td><td colspan="4">名称：纳美公司
统一社会信用代码/纳税人识别号：91450521EEEEEEEEEE</td></tr>
<tr><td colspan="2">项目名称</td><td>规格型号</td><td>单位</td><td>数量</td><td>单价</td><td>金额</td><td>税率/征收率</td><td>税额</td></tr>
<tr><td colspan="2">*复印胶版印制设备*复印机</td><td></td><td>台</td><td>1</td><td>2,000.00</td><td>2,000.00</td><td>13%</td><td>260.00</td></tr>
<tr><td colspan="2">合 计</td><td></td><td></td><td></td><td></td><td>¥2,000.00</td><td></td><td>¥260.00</td></tr>
<tr><td colspan="2">价税合计（大写）</td><td colspan="4">⊗贰仟贰佰陆拾元整</td><td colspan="3">（小写）¥2,260.00</td></tr>
<tr><td>备注</td><td colspan="8">开户行：中国农业银行XX分行；银行账号：20-7200010400YYYYY</td></tr>
</table>

下载次数：1

开票人：张洁

图 8-12【例 8-6】增值税发票

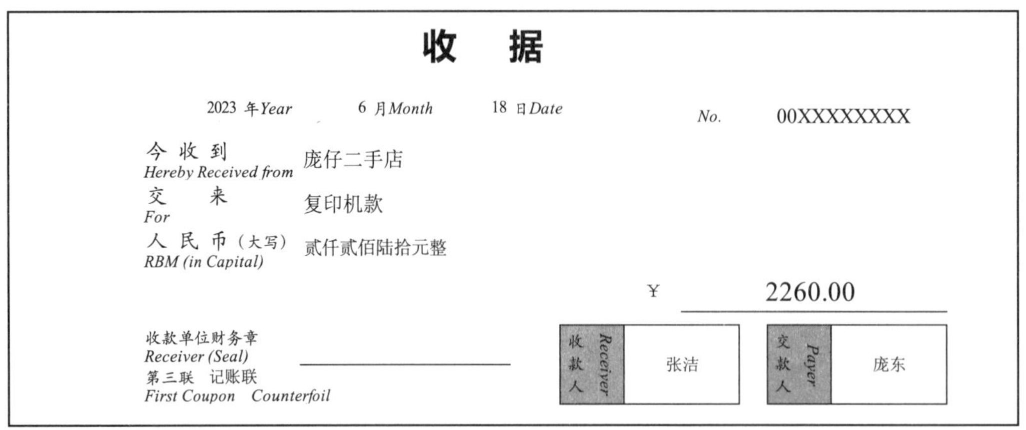

收　据

2023 年 Year　6 月 Month　18 日 Date　No.　00XXXXXXXX

今收到 Hereby Received from：庞仔二手店

交来 For：复印机款

人民币（大写）RBM (in Capital)：贰仟贰佰陆拾元整

￥　2260.00

收款单位财务章 Receiver (Seal)

第三联　记账联 First Coupon　Counterfoil

收款人 Receiver：张洁　交款人 Payer：庞东

图 8-13【例 8-6】现金收据

（二）涉税处理

财务人员应正确核算固定资产处置业务，按时对相关税费进行申报，避免税务风险。小企业固定资产处置业务主要涉及增值税和印花税。

1. 增值税

固定资产的处置，因小规模纳税人和一般纳税人不同，增值税处理上也有不同。

（1）小规模纳税人税务处理

①减按 2% 征收

财政部 国家税务总局关于部分货物适用增值税低税率和简易办法征收增值税政策的通知（财税〔2009〕9 号）

二、下列按简易办法征收增值税的优惠政策继续执行，不得抵扣进项税额：

（一）纳税人销售自己使用过的物品，按下列政策执行：

2. 小规模纳税人（除其他个人外，下同）销售自己使用过的固定资产，减按 2% 征收率征收增值税。

应纳税额 = 含税销售额 ÷（1+3%）× 2%，不得开具增值税专用发票。

其中：2020.3.1 ～ 2022.3.31，2023.1.1 ～ 2023.12.31，增值税小规模纳税人销售使用过的固定资产，减按 1% 征收率征收。

国家税务总局关于增值税小规模纳税人减免增值税等政策有关征管事项的公告（国家税务总局公告 2023 年第 1 号）

五、小规模纳税人取得应税销售收入，适用 1 号公告第二条规定的减按 1% 征收率征收增值税政策的，应按照 1% 征收率开具增值税发票。

应纳税额＝含税销售额 ÷（1+1%）×1%

②放弃减税：

应纳税额 = 含税销售额 ÷（1+3%）×3%，可以开具增值税专用发票。

国家税务总局关于营业税改征增值税试点期间有关增值税问题的公告（国家税务总局公告 2015 年第 90 号）

二、纳税人销售自己使用过的固定资产，适用简易办法依照 3% 征收率减按 2% 征收增值税政策的，可以放弃减税，按照简易办法依照 3% 征收率缴纳增值税，并可以开具增值税专用发票。

（2）一般纳税人税务处理

一般纳税人在进行固定资产处置的涉税处理时，有适用一般计税、可选择简易计税和应当简易计税三种情况。

①适用一般计税

处置 2009 年 1 月 1 日后购进的固定资产，应按照 13% 税率征收增值税。应纳税额的计算公式如下：

应纳税额 = 含税销售额 ÷（1+13%）×13%

《财政部 国家税务总局关于全国实施增值税转型改革若干问题的通知》（财税〔2008〕170 号）

四、自 2009 年 1 月 1 日起，纳税人销售自己使用过的固定资产（以下简称已使用过的固定资产），应区分不同情形征收增值税：

（一）销售自己使用过的 2009 年 1 月 1 日以后购进或者自制的固定资产，按照适用税率征收增值税；

②可选择简易计税

处置 2008 年 12 月 31 日前购进的固定资产，可选择简易计税方式征收增值税。应纳税额的计算公式如下：

应纳税额 = 含税销售额 ÷（1+3%）×2%

这种计算方式下是不得开具增值税专用发票的。当然也可放弃减税，开具增值税专用发票，应纳税额的计算公式如下：

应纳税额 = 含税销售额 ÷（1+3%）×3%。

《财政部 国家税务总局关于全国实施增值税转型改革若干问题的通知》（财税〔2008〕170 号）

四、自 2009 年 1 月 1 日起，纳税人销售自己使用过的固定资产（以下简称已使用过的固定资产），应区分不同情形征收增值税：

（二）2008 年 12 月 31 日以前未纳入扩大增值税抵扣范围试点的纳税人，销售自己使用过的2008年12月31日以前购进或者自制的固定资产，按照4%征收率减半征收增值税；

（三）2008年12月31日以前已纳入扩大增值税抵扣范围试点的纳税人，销售自己使用过的在本地区扩大增值税抵扣范围试点以前购进或者自制的固定资产，按照4%征收率减半征收增值税；销售自己使用过的在本地区扩大增值税抵扣范围试点以后购进或者自制的固定资产，按照适用税率征收增值税。

《财政部　国家税务总局关于简并增值税征收率政策的通知》（财税〔2014〕57号）

一、《财政部　国家税务总局关于全国实施增值税转型改革若干问题的通知》（财税〔2008〕170号）第四条第（二）项和第（三）项中"按照4%征收率减半征收增值税"调整为"按照简易办法依照3%征收率减按2%征收增值税"。

《国家税务总局关于一般纳税人销售自己使用过的固定资产增值税有关问题的公告》（国家税务总局公告2012年第1号）

一、纳税人购进或者自制固定资产时为小规模纳税人，认定为一般纳税人后销售该固定资产。

二、增值税一般纳税人发生按简易办法征收增值税应税行为，销售其按照规定不得抵扣且未抵扣进项税额的固定资产。

③应当简易计税

《财政部 国家税务总局关于全面推开营业税改征增值税试点的通知》（财税〔2016〕36号）附件二：营业税改征增值税试点有关事项的规定：

（十四）销售使用过的固定资产。

一般纳税人销售自己使用过的、纳入营改增试点之日前取得的固定资产，按照现行旧货相关增值税政策执行。

使用过的固定资产，是指纳税人符合《试点实施办法》第二十八条规定并根据财务会计制度已经计提折旧的固定资产。

2. 印花税

小企业销售自己使用过的固定资产所签订的合同，要在合同签订日缴纳印花税（即税款所属期为合同签订日），如何缴纳印花税，三种情况区分：

（1）如该固定资产属于动产且买方不属于个人的，应按照买卖合同计征印花税；

（2）如该固定资产属于动产且买方属于个人的，不征印花税；

（3）如该固定资产属于不动产，应按照产权转移书据缴纳印花税。

《中华人民共和国印花税法》（中华人民共和国主席令第八十九号）附件《印花税

税目税率表》

买卖合同，指动产买卖合同（不包括个人书立的动产买卖合同），税率为价款的万分之三。

产权转移书据，包括土地使用权出让书据，税率为价款的万分之五；土地使用权、房屋等建筑物和构筑物所有权转让书据（不包括土地承包经营权和土地经营权转移），税率为价款的万分之五；股权转让书据（不包括应缴纳证券交易印花税的），税率为价款的万分之五；商标专用权、著作权、专利权、专有技术使用权转让书据，税率为价款的万分之三。转让包括买卖（出售）、继承、赠与、互换、分割。

《财政部 税务总局关于进一步支持小微企业和个体工商户发展有关税费政策的公告》（财政部 税务总局公告 2023 年第 12 号）

二、自 2023 年 1 月 1 日至 2027 年 12 月 31 日，对增值税小规模纳税人、小型微利企业和个体工商户减半征收资源税（不含水资源税）、城市维护建设税、房产税、城镇土地使用税、印花税（不含证券交易印花税）、耕地占用税和教育费附加、地方教育附加。

申报印花税时需要填写财产和行为税纳税申报表（如表 8-12 所示）和财产和行为税减免税明细申报附表（如表 8-13 所示）。

表 8-12 财产和行为税纳税申报表

财产和行为税纳税申报表

纳税人识别号（统一社会信用代码）：

纳税人名称：　　　　　　　　　　　　　　　　　　　　　　　　金额单位：人民币元（列至角分）

序号	税种	税目	税款所属期起	税款所属期止	计税依据	税率	应纳税额	减免税额	已缴税额	应补（退）税额
1										
2										
3										
4										
5										
6										
7										
8										
9										
10	合计	—	—	—	—	—				
声明：此表是根据国家税收法律法规及相关规定填写的，本人（单位）对填报内容（及附带资料）的真实性、可靠性、完整性负责。 纳税人（签章）：　年　月　日										
经办人： 经办人身份证号： 代理机构签章： 代理机构统一社会信用代码：					受理人： 受理税务机关（章）： 受理日期：　年　月　日					

表 8-13 财产和行为税减免税明细申报附表

财产和行为税减免税明细申报附表

纳税人识别号（统一社会信用代码）：

纳税人名称：　　　　　　　　　　　　　　　　　　　　　　金额单位：人民币元（列至角分）

<table>
<tr><td rowspan="3">本期是否适用小微企业“六税两费”减免政策</td><td rowspan="3">□是 □否</td><td rowspan="2">减免政策适用主体</td><td>增值税小规模纳税人：□是 □否</td></tr>
<tr><td>增值税一般纳税人：□个体工商户 □小型微利企业</td></tr>
<tr><td>适用减免政策起止时间</td><td>年 月 至 年 月</td></tr>
<tr><td colspan="2">合计减免税额</td><td colspan="2"></td></tr>
</table>

城镇土地使用税

序号	土地编号	税款所属期起	税款所属期止	减免性质代码和项目名称	减免税额
1					
2					
小计	—			—	

房产税

序号	房产编号	税款所属期起	税款所属期止	减免性质代码和项目名称	减免税额
1					
2					
小计	—			—	

车船税

序号	车辆识别代码/船舶识别码	税款所属期起	税款所属期止	减免性质代码和项目名称	减免税额
1					
2					
小计				—	

印花税

序号	税目	税款所属期起	税款所属期止	减免性质代码和项目名称	减免税额
1					
2					
小计	—			—	

资源税

序号	税目	子目	税款所属期起	税款所属期止	减免性质代码和项目名称	减免税额
1						
2						
小计	—				—	

耕地占用税

序号	税源编号	税款所属期起	税款所属期止	减免性质代码和项目名称	减免税额
1					
2					
小计	—			—	

续表

<table>
<tr><td colspan="8">契税</td></tr>
<tr><td>序号</td><td>税源编号</td><td colspan="2">税款所属期起</td><td colspan="2">税款所属期止</td><td>减免性质代码和项目名称</td><td>减免税额</td></tr>
<tr><td>1</td><td></td><td colspan="2"></td><td colspan="2"></td><td></td><td></td></tr>
<tr><td>2</td><td></td><td colspan="2"></td><td colspan="2"></td><td></td><td></td></tr>
<tr><td>小计</td><td>—</td><td colspan="2"></td><td colspan="2"></td><td>—</td><td></td></tr>
<tr><td colspan="8">土地增值税</td></tr>
<tr><td>序号</td><td>项目编号</td><td colspan="2">税款所属期起</td><td colspan="2">税款所属期止</td><td>减免性质代码和项目名称</td><td>减免税额</td></tr>
<tr><td>1</td><td></td><td colspan="2"></td><td colspan="2"></td><td></td><td></td></tr>
<tr><td>2</td><td></td><td colspan="2"></td><td colspan="2"></td><td></td><td></td></tr>
<tr><td>小计</td><td>—</td><td colspan="2"></td><td colspan="2"></td><td>—</td><td></td></tr>
<tr><td colspan="8">环境保护税</td></tr>
<tr><td>序号</td><td>税源编号</td><td>污染物类别</td><td>污染物名称</td><td>税款所属期起</td><td>税款所属期止</td><td>减免性质代码和项目名称</td><td>减免税额</td></tr>
<tr><td>1</td><td></td><td></td><td></td><td></td><td></td><td></td><td></td></tr>
<tr><td>2</td><td></td><td></td><td></td><td></td><td></td><td></td><td></td></tr>
<tr><td>小计</td><td>—</td><td></td><td></td><td></td><td></td><td>—</td><td></td></tr>
<tr><td colspan="8">声明：此表是根据国家税收法律法规及相关规定填写的，本人（单位）对填报内容（及附带资料）的真实性、可靠性、完整性负责。
纳税人（签章）：　　　　年　月　日</td></tr>
<tr><td colspan="5">经办人：
经办人身份证号：
代理机构签章：
代理机构统一社会信用代码：</td><td colspan="3">受理人：
受理税务机关（章）：
受理日期：年　月　日</td></tr>
</table>

3. 涉税处理案例

此处以纳源公司（一般纳税人）为例，对处置资产业务进行涉税处理。

【例 8-7】2023 年 7 月 31 日，销售使用过的设备一台（2008 年购入，且购入时未抵扣进项），取得收入 30,900 元，开具增值税普通发票。8 月对该经济业务进行申报。

（1）案例解读

销售固定资产不含税销售额 =30,900 ÷ （1+3%）=30,000（元）

应交增值税额 =30,000 × 3%=900（元）

应交增值税减征额：300 元

（2）申报表填写

此案例需要填写增值税及附加税费申报表附列资料（一）（如表 8-14 所示）、增值税减免税申报明细表（如表 8-15 所示）和增值税及附加税费申报表（主表部分）（如表 8-16 所示）。

表 8-14【例 8-7】增值税及附加税费申报表附列资料（一）

增值税及附加税费申报表附列资料（一）

（本期销售情况明细）

税款所属时间：2023 年 7 月 1 日至 2023 年 7 月 31 日

纳税人名称：（公章）　纳源公司

项目及栏次				开具增值税专用发票		开具其他发票	
				销售额	销项（应纳）税额	销售额	销项（应纳）税额
				1	2	3	4
一、一般计税方法计税	全部征税项目	13% 税率的货物及加工修理修配劳务	1				
		13% 税率的服务、不动产和无形资产	2				
		9% 税率的货物及加工修理修配劳务	3				
		9% 税率的服务、不动产和无形资产	4				
		6% 税率	5				
	其中：即征即退项目	即征即退货物及加工修理修配劳务	6	—	—	—	—
		即征即退服务、不动产和无形资产	7	—	—	—	—
二、简易计税方法计税	全部征税项目	6% 征收率	8				
		5% 征收率的货物及加工修理修配劳务	9a				
		5% 征收率的服务、不动产和无形资产	9b				
		4% 征收率	10				
		3% 征收率的货物及加工修理修配劳务	11			30,000.00	900.00
		3% 征收率的服务、不动产和无形资产	12				
		预征率 a%	13a				
		预征率 b%	13b				
		预征率 c%	13c				
	其中：即征即退项目	即征即退货物及加工修理修配劳务	14	—	—	—	—
		即征即退服务、不动产和无形资产	15	—	—	—	—
三、免抵退税	货物及加工修理修配劳务		16	—	—		—
	服务、不动产和无形资产		17	—	—		—
四、免税	货物及加工修理修配劳务		18				—
	服务、不动产和无形资产		19	—	—		—

金额单位：元（列至角分）

未开具发票		纳税检查调整		合计			服务、不动产和无形资产扣除项目本期实际扣除金额	扣除后	
销售额	销项（应纳）税额	销售额	销项（应纳）税额	销售额	销项（应纳）税额	价税合计		含税（免税）销售额	销项（应纳）税额
5	6	7	8	9=1+3+5+7	10=2+4+6+8	11=9+10	12	13=11-12	14=13÷（100%+税率或征收率）×税率或征收率
						—	—	—	—
						—	—	—	—
—	—	—	—			—	—	—	—
—	—	—	—						
		—	—			—	—	—	—
		—	—			—	—	—	—
		—	—						
		—	—			—	—	—	—
		—	—	30,000.00	900.00	—	—	—	—
		—	—						
		—	—						
		—	—						
		—	—						
—	—	—	—			—	—	—	—
—	—	—	—						
	—	—	—		—	—	—	—	—
	—	—	—		—				—
	—	—	—		—	—	—	—	—
	—	—	—		—				—

表 8-15【例 8-7】增值税减免税申报明细表

增值税减免税申报明细表

税款所属时间：2023 年 7 月 1 日至 2023 年 7 月 31 日

纳税人名称：（公章）　纳源公司　　　　金额单位：元（列至角分）

一、减税项目						
减税性质代码及名称	栏次	期初余额	本期发生额	本期应抵减税额	本期实际抵减税额	期末余额
		1	2	3=1+2	4≤3	5=3-4
合计	1		300.00	300.00	300.00	
0001129902 已使用固定资产减征增值税	2		300.00	300.00	300.00	
	3					
	4					
	5					
	6					
二、免税项目						
免税性质代码及名称	栏次	免征增值税项目销售额	免税销售额扣除项目本期实际扣除金额	扣除后免税销售额	免税销售额对应的进项税额	免税额
		1	2	3=1-2	4	5
合　计	7					
出口免税	8		—	—	—	
其中：跨境服务	9		—	—	—	
	10				—	
	11				—	
	12				—	
	13				—	
	14				—	
	15				—	
	16				—	

表 8-16【例 8-7】增值税及附加税费申报表（主表部分）

附件 1

增值税及附加税费申报表

（一般纳税人适用）

根据国家税收法律法规及增值税相关规定制定本表。纳税人不论有无销售额，均应按税务机关核定的纳税期限填写本表，并向当地税务机关申报。

税款所属时间：自　　年　月　日至　　年　月　日　　　填表日期：　年　月　日　　金额单位：元（列至角分）

纳税人识别号（统一社会信用代码）：□□□□□□□□□□□□□□□□□□□□□□□□□　　所属行业：

纳税人名称：		法定代表人姓名	注册地址	生产经营地址	
开户银行及账号		登记注册类型		电话号码	

项　目		栏次	一般项目 本月数	一般项目 本年累计	即征即退项目 本月数	即征即退项目 本年累计
销售额	（一）按适用税率计税销售额	1				
	其中：应税货物销售额	2				
	应税劳务销售额	3				
	纳税检查调整的销售额	4				
	（二）按简易办法计税销售额	5	30,000.00			
	其中：纳税检查调整的销售额	6				
	（三）免、抵、退办法出口销售额	7			—	—
	（四）免税销售额	8			—	—
	其中：免税货物销售额	9			—	—
	免税劳务销售额	10			—	—

续表

项　　目		栏次	一般项目		即征即退项目	
			本月数	本年累计	本月数	本年累计
税款计算	销项税额	11				
	进项税额	12				
	上期留抵税额	13				—
	进项税额转出	14				
	免、抵、退应退税额	15			—	—
	按适用税率计算的纳税检查应补缴税额	16			—	—
	应抵扣税额合计	17=12+13-14-15+16		—		—
	实际抵扣税额	18（如 17 ＜ 11，则为 17，否则为 11）				
	应纳税额	19=11-18				
	期末留抵税额	20=17-18				—
	简易计税办法计算的应纳税额	21	900.00			
	按简易计税办法计算的纳税检查应补缴税额	22			—	—
	应纳税额减征额	23	300.00			
	应纳税额合计	24=19+21-23	600.00			
税款缴纳	期初未缴税额（多缴为负数）	25				
	实收出口开具专用缴款书退税额	26			—	—
	本期已缴税额	27=28+29+30+31				
	①分次预缴税额	28		—		—
	②出口开具专用缴款书预缴税额	29		—	—	—
	③本期缴纳上期应纳税额	30				
	④本期缴纳欠缴税额	31				
	期末未缴税额（多缴为负数）	32=24+25+26-27				
	其中：欠缴税额（≥ 0）	33=25+26-27		—		—
	本期应补（退）税额	34 ＝ 24-28-29		—		—
	即征即退实际退税额	35	—	—		
	期初未缴查补税额	36			—	—
	本期入库查补税额	37			—	—
	期末未缴查补税额	38=16+22+36-37			—	—
附加税费	城市维护建设税本期应补（退）税额	39			—	—
	教育费附加本期应补（退）费额	40			—	—
	地方教育附加本期应补（退）费额	41			—	—

声明：此表是根据国家税收法律法规及相关规定填写的，本人（单位）对填报内容（及附带资料）的真实性、可靠性、完整性负责。

纳税人（签章）：　　　　年　月　日

经办人： 经办人身份证号： 代理机构签章： 代理机构统一社会信用代码：	受理人： 受理税务机关（章）： 受理日期：　年　月　日

第九章　税费及期末结转业务财税处理

小企业的税费业务主要包括增值税及附加税费、企业所得税等税种的计提与申报缴纳。所有经济业务处理完毕后的结转业务是必不可少的。通过本章的学习，读者会对正确处理小企业的税费及期末结转业务有所了解。

一、税费业务

小企业财务人员应根据自制的税费计提表等原始凭证，对小企业税费业务进行核算和监督，清晰记录每笔税费计提的经济业务，以使账实相符。

（一）会计核算

财务人员应了解小企业税费计提的经济业务和财务流程，并按《小企业会计准则》要求设置会计科目和进行账务核算。

1. 会计科目设置

（1）增值税会计科目设置

小规模纳税人增值税的计提业务涉及“应交税费——应交增值税”等会计科目。如表 9–1 所示。

表 9–1　增值税的计提（小规模纳税人）业务涉及的会计科目

会计科目	应交税费——应交增值税
核算内容	核算小企业增值税的应缴及缴纳等情况
明细科目设置	“应交税费——应交增值税”明细科目不再设置增值税专栏
T 形图	借方　应交税费——应交增值税　贷方 小企业实际缴纳的增值税 ｜ 小企业应缴纳的增值税 小企业多缴的增值税 ｜ 小企业尚未缴纳的税费

一般纳税人增值税的计提业务涉及“应交税费——应交增值税”“应交税费——未交增值税”等会计科目。如表 9–2 所示。

表 9–2 增值税的计提（一般纳税人）业务涉及的会计科目

会计科目	应交税费——应交增值税	应交税费——未交增值税
核算内容	核算小企业增值税的应缴及缴纳等情况	核算小企业增值税的应缴及缴纳等情况
明细科目设置	“应交税费——应交增值税”明细科目下设置“转出未交增值税”三级明细科目	“应交税费——未交增值税”明细科目不再设置增值税专栏
T 形图	借方　应交税费——应交增值税　贷方 （转出未交增值税） 借方：小企业应缴纳的增值税　｜　贷方：小企业年末结转的增值税 借方：小企业应缴纳的增值税	借方　应交税费——未交增值税　贷方 借方：小企业实际缴纳的增值税　｜　贷方：小企业应缴纳的增值税 借方：小企业多缴的增值税　｜　贷方：小企业尚未缴纳的税费

（2）附加税费会计科目设置

小企业附加税费的计提业务涉及“应交税费”“税金及附加”等会计科目。如表 9–3 所示。

表 9–3 小企业附加税费的计提业务涉及的会计科目

会计科目	税金及附加
核算内容	核算小企业经营活动发生的各种税费
明细科目设置	按照税收种类设置明细科目进行核算
T 形图	借方　税金及附加　贷方 借方：小企业税金及附加发生额　｜　贷方：小企业税金及附加结转的金额

（3）企业所得税会计科目设置

小企业企业所得税的计提业务涉及“所得税费用”“应交税费——应交企业所得税”等会计科目。如表 9–4 所示。

表 9–4 小企业企业所得税业务涉及的会计科目

会计科目	所得税费用	应交税费——应交企业所得税
核算内容	核算小企业确认的应从当期利润总额中扣除的企业所得税费用	核算小企业企业所得税的应缴及缴纳等情况
明细科目设置	一般不设置	无三级明细科目
T 形图	借方　所得税费用　贷方 借方：小企业企业所得税发生额　｜　贷方：小企业企业所得税结转的金额	借方　应交税费——应交企业所得税　贷方 借方：小企业实际缴纳的企业所得税　｜　贷方：小企业应缴纳的企业所得税 借方：小企业多缴的企业所得税　｜　贷方：小企业尚未缴纳的企业所得税

2. 账务处理规范

（1）增值税账务处理

①小规模纳税人增值税计提

小规模纳税人在销售业务发生时已把应缴未缴的增值税计入“应交税费——应交增值税”的贷方，所以季末不再做增值税计提的账务处理。

②一般纳税人增值税计提

一般地，当月应交的增值税在次月申报缴纳，所以会存在“未交”增值税的情况；建筑行业会有预缴增值税的情况（如：跨区域项目），在计算无误情况下，会产生“多交”增值税的情况。

月度终了，企业应当将当月应交未交或多交的增值税自“应交增值税”明细科目转入“未交增值税”明细科目。

对于当月应交未交的增值税，

会计分录为：

借：应交税费——应交增值税（转出未交增值税）

　贷：应交税费——未交增值税

对于当月多交的增值税，

会计分录为：

借：应交税费——未交增值税

　贷：应交税费——应交增值税（转出多交增值税）

实务中，对于计算错误等原因产生“多交”的增值税，在申报表上自动计入留抵税额。一些财务人员对“多交”的增值税不做账务处理，直接在扣减金额后计入“未交”增值税中。

（2）附加税费账务处理

①小企业按照规定计算确定的与其日常生产经营活动相关的税费，根据自制税金结转表进行账务处理。

会计分录为：

借：税金及附加

　贷：应交税费

②月终，将借方归集的税金及附加全部由“税金及附加”科目的贷方转入“本年利润”科目的借方，计入当期损益。结转当期税金及附加后，“税金及附加”科目期末无余额。

会计分录为：

借：本年利润

贷：税金及附加

（3）企业所得税账务处理

①季末、年末，小企业按照企业所得税法规定计算确定的当期应纳税税额，根据自制的税金结转表进行账务处理。

会计分录为：

借：所得税费用

贷：应交税费——应交企业所得税

②月终，将借方归集的所得税费用全部由“所得税费用”科目的贷方转入“本年利润”科目的借方，计入当期损益。结转当期所得税费用后，“所得税费用”科目期末无余额。

会计分录为：

借：本年利润

贷：所得税费用

3. 会计核算案例

此处以纳尼公司（小规模纳税人）为例，对增值税及附加税费的计提业务进行会计核算。

【例 9-1】2023 年 6 月 30 日，对第二季度增值税及附加税费进行计提，第二季度不含税销售额 400,000 元，增值税 4,000 元，城建税 100 元，教育费附加 60 元，地方教育费附加 40 元。7 月 4 日，对第二季度增值税及附加税费进行申报缴纳。

（1）案例解读

因小规模纳税人 300,000 元 / 季以下销售额免征增值税，所以实务中一般在季末进行税金结转。

（2）账务处理

①增值税计提经济业务，不用进行账务处理。附加税费计提的经济业务，使得该公司的税金及附加、应交税费增加。

会计分录为：

借：税金及附加——城建税 100

税金及附加——教育费附加 60

税金及附加——地方教育费附加 40

贷：应交税费——应交城建税 100

应交税费——应交教育费附加 60

应交税费——应交地方教育费附加 40

②增值税及附加税费的缴纳业务，使得该公司的应交税费减少，银行存款减少。会计分录为：

借：应交税费——应交增值税 4,000

应交税费——应交城建税 100

应交税费——应交教育费附加 60

应交税费——应交地方教育费附加 40

贷：银行存款 4,200

记账凭证如图 9-1 所示：

记　账　凭　证

2023年6月30日　　　　记第　号

摘要	会计科目		借方金额	贷方金额	记账√
	总账科目	明细科目			
计提附加税费	税金及附加	城建税	100.00		
	税金及附加	教育费附加	60.00		
	税金及附加	地方教育费附加	40.00		
	应交税费	应交城建税		100.00	
	应交税费	应交教育费附加		60.00	
	应交税费	应交地方教育费附加		40.00	
合计	⊗贰佰元整		¥200.00	¥200.00	

附单据1张

制单：白雨

记　账　凭　证

2023年7月4日　　　　记第　号

摘要	会计科目		借方金额	贷方金额	记账√
	总账科目	明细科目			
缴纳税费	应交税费	应交增值税	4,000.00		
	应交税费	应交城建税	100.00		
	应交税费	应交教育费附加	60.00		
	应交税费	应交地方教育费附加	40.00		
	银行存款			4,200.00	
合计	⊗肆仟贰佰元整		¥4,200.00	¥4,200.00	

附单据1张

制单：白雨

图 9-1【例 9-1】记账凭证

（3）所附原始凭证

此业务所附原始凭证包括：附加税费计提表（如表 9-5 所示）、完税证明（如图 9-2 所示）。

表 9-5【例 9-1】附加税费计提表

附加税费计提表（2023年第二季度）

税（费）种	计税（费）依据	税（费）率	本期应纳税（费）额	减征额	本期应补税（费）额
城建税	4,000.00	0.05	200.00	100.00	100.00
教育费附加	4,000.00	0.03	120.00	60.00	60.00
地方教育费附加	4,000.00	0.02	80.00	40.00	40.00
合计			400.00		200.00

中华人民共和国
税收完税证明

No.3450052304000XXXXX

填发日期：2023年　7月　4日　　税务机关：国家税务总局合浦县税务局廉州税务分局

纳税人识别号	91450521CCCCCCCCCC	纳税人名称	纳尼公司		
原凭证号	税种	品目名称	税款所属时期	入(退)库日期	实缴(退)金额
3450562304000XXXXX	城市维护建设税	县城、镇	2023-04-01至2023-06-30	2023-07-04	100.00
3450562304000XXXXX	增值税	商业	2023-04-01至2023-06-30	2023-07-04	4,000.00
3450562304000XXXXX	地方教育附加	增值税地方教育附加	2023-04-01至2023-06-30	2023-07-04	40.00
3450562304000XXXXX	教育费附加	增值税教育费附加	2023-04-01至2023-06-30	2023-07-04	60.00
金额合计（大写）肆仟贰佰元整					¥4,200.00
税务机关（盖章）	填票人 电子税务局	备注：税款所属税务机关：14505XXXXXX国家税务总局合浦县税务局			

妥善保管

收据联　交纳税人作完税证明

图 9-2【例 9-1】完税证明

此处以纳米公司（小规模纳税人）为例，对企业所得税的计提业务进行会计核算。

【例 9-2】2023 年 6 月 30 日，对企业所得税进行计提，2023 年 1 ～ 6 月累计利润总额 100,000 元，第一季度已缴企业所得税 2,000 元。7 月 4 日，对第二季度企业所得税进行申报缴纳。

（1）案例解读

企业所得税的计提按全年累计利润总额。

第二季度应交企业所得税 = 全年累计利润总额 ×5% － 已缴企业所得税

=100,000×5% －2,000

=3,000（元）

财税笔记：

对于多缴纳的企业所得税，如第一至三季度（累计）产生利润，预缴了企业所得税，第四季度亏损，以至于全年亏损；那么在企业所得税汇算清缴时，应根据实际情况进行账务处理，即第四季度不用进行账务处理。

或根据实际情况冲减“所得税费用”会计科目，即使“所得税费用”会计科目全年发生额为零。会计分录为：

借：所得税费用 （红字）

贷：应交税费——应交企业所得税 （红字）

此笔分录后，“应交税费——应交企业所得税”为借方余额，即为预缴的企业所得税。汇算清缴后，根据企业实际情况进行退税或作为留抵税款进行账务处理。退税的会计分录为：

借：银行存款

贷：应交税费——应交企业所得税

注：留抵税款不用进行账务处理。

（2）账务处理

该项经济业务，使得该公司的所得税费用、应交税费增加。

会计分录为：

借：所得税费用 3,000

贷：应交税费——应交企业所得税 3,000

记账凭证如图 9-3 所示：

记 账 凭 证

2023年6月30日 记第 号

摘要	会计科目		借方金额	贷方金额	记账√
	总账科目	明细科目			
计提企业所得税	所得税费用		3,000.00		
	应交税费	应交企业所得税		3,000.00	
合计	⊗叁仟元整		¥3,000.00	¥3,000.00	

附单据1张

制单：白雨

记　账　凭　证

2023年7月4日　　　　记第　　号

摘要	会计科目		借方金额	贷方金额	记账
	总账科目	明细科目			√
缴纳企业所得税	应交税费	应交企业所得税	3,000.00		
	银行存款			3,000.00	
合计	⊗叁仟元整		¥3,000.00	¥3,000.00	

附单据1张

制单：白雨

图 9-3【例 9-2】记账凭证

（3）所附原始凭证

此业务所附原始凭证包括：企业所得税计提表（如表 9-6 所示）、完税证明。

表 9-6【例 9-2】企业所得税计提表

企业所得税计提表（2023 年第二季度）

单位：元

项目	累计金额
营业收入	280,000.00
营业成本	150,000.00
利润总额	100,000.00
小微税率5%	5%
应纳所得税额	5,000.00
减：实际已缴纳所得税额	2,000.00
本期应补（退）所得税额	3,000.00

（二）涉税处理

此处以纳尼公司（小规模）为例，对增值税及附加税费申报业务进行涉税处理。

【例 9-3】2023 年 6 月 30 日，对第二季度增值税及附加税费进行申报，第二季度不含税销售额 400,000 元，增值税 4,000 元，城建税 100 元，教育费附加 60 元，地方教育费附加 40 元。7 月 4 日，对第二季度增值税及附加税费进行申报缴纳。

（1）案例解读

《财政部 税务总局关于进一步支持小微企业和个体工商户发展有关税费政策的公告》（财政部 税务总局公告 2023 年第 12 号）

二、自 2023 年 1 月 1 日至 2027 年 12 月 31 日，对增值税小规模纳税人、小型微利企业和个体工商户减半征收资源税（不含水资源税）、城市维护建设税、房产税、城镇土地使用税、印花税（不含证券交易印花税）、耕地占用税和教育费附加、地方教育附加。

（2）申报表填写

此案例需要填写增值税及附加税费申报表（小规模纳税人适用）（如表 9-7 所示）、增值税及附加税费申报表（小规模纳税人适用）附列资料（二）（附加税费情况表）（如表 9-8 所示）和增值税减免税申报明细表（如表 9-9 所示）。

表 9-7【例 9-3】增值税及附加税费申报表（小规模纳税人适用）

附件 3

增值税及附加税费申报表

（小规模纳税人适用）

纳税人识别号（统一社会信用代码）：91450521CCCCCCCCCC

纳税人名称：纳尼公司　　　　金额单位：元（列至角分）

税款所属期：2023 年 4 月 1 日至 2023 年 6 月 30 日　　　　填表日期：2023年7月4日

	项目	栏次	本期数		本年累计	
			货物及劳务	服务、不动产和无形资产	货物及劳务	服务、不动产和无形资产
一、计税依据	（一）应征增值税不含税销售额（3% 征收率）	1	400,000.00			
	增值税专用发票不含税销售额	2				
	其他增值税发票不含税销售额	3				
	（二）应征增值税不含税销售额（5% 征收率）	4	—		—	
	增值税专用发票不含税销售额	5	—		—	
	其他增值税发票不含税销售额	6	—		—	
	（三）销售使用过的固定资产不含税销售额	7（7 ≥ 8）		—		—
	其中：其他增值税发票不含税销售额	8		—		—
	（四）免税销售额	9=10+11+12				
	其中：小微企业免税销售额	10				
	未达起征点销售额	11				
	其他免税销售额	12				
	（五）出口免税销售额	13（13 ≥ 14）				
	其中：其他增值税发票不含税销售额	14				
二、税款计算	本期应纳税额	15	12,000.00			
	本期应纳税额减征额	16	8,000.00			
	本期免税额	17				
	其中：小微企业免税额	18				
	未达起征点免税额	19				
	应纳税额合计	20=15-16	4,000.00			
	本期预缴税额	21			—	—
	本期应补（退）税额	22=20-21	4,000.00		—	—

续表

三、附加税费	项目	栏次	本期数		本年累计	
			货物及劳务	服务、不动产和无形资产	货物及劳务	服务、不动产和无形资产
	城市维护建设税本期应补（退）税额	23	100.00			
	教育费附加本期应补（退）费额	24	60.00			
	地方教育附加本期应补（退）费额	25	40.00			

声明：此表是根据国家税收法律法规及相关规定填写的，本人（单位）对填报内容（及附带资料）的真实性、可靠性、完整性负责。 纳税人(签章)：　　　年　月　日	
经办人： 经办人身份证号： 代理机构签章： 代理机构统一社会信用代码：	受理人： 受理税务机关（章）： 受理日期：　　年　月　日

表 9-8【例 9-3】增值税及附加税费申报表（小规模纳税人适用）附列资料（二）

增值税及附加税费申报表（小规模纳税人适用）附列资料（二）

（附加税费情况表）

税款所属期：2023 年 4 月 1 日至 2023 年 6 月 30 日

纳税人名称（公章）：纳尼公司　　　　金额单位：元（列至角分）

税（费）种	计税（费）依据	税（费）率（%）	本期应纳税（费）额	本期减免税（费）额		增值税小规模纳税人“六税两费”减征政策		本期已缴税（费）额	本期应补（退）税（费）额
	增值税税额			减免性质代码	减免税（费）额	减征比例（%）	减征额		
	1	2	3=1×2	4	5	6	7=（3-5）×6	8	9=3-5-7-8
城市维护建设税	4,000.00	5%	200.00		—	50%	100.00	—	100.00
教育费附加	4,000.00	3%	120.00		—	50%	60.00	—	60.00
地方教育附加	4,000.00	2%	80.00		—	50%	40.00	—	40.00
合计	—	—	400.00	—	—	—	200.00	—	200.00

表 9-9【例 9-3】增值税减免税申报明细表

增值税减免税申报明细表

税款所属期：2023 年 4 月 1 日至 2023 年 6 月 30 日

纳税人名称（公章）：纳尼公司　　　　金额单位：元（列至角分）

一、减税项目						
减税性质代码及名称	栏次	期初余额	本期发生额	本期应抵减税额	本期实际抵减税额	期末余额
		1	2	3=1+2	4≤3	5=3-4
0001011608|SXA031901121|小规模纳税人减按1%征收率征收增值税	1	—	8,000.00	8,000.00	8,000.00	—
合　计	2	—	8,000.00	8,000.00	8,000.00	—
	3					
	4					
	5					
	6					
二、免税项目						
免税性质代码及名称	栏次	免征增值税项目销售额	免税销售额扣除项目本期实际扣除金额	扣除后免税销售额	免税销售额对应的进项税额	免税额
		1	2	3=1-2	4	5
合　计	7					
出口免税	8		—	—	—	
其中：跨境服务	9		—	—	—	
	10				—	
	11				—	
	12				—	
	13				—	
	14				—	
	15				—	
	16				—	

此处以纳米公司（小规模纳税人）为例，对企业所得税申报业务进行涉税处理。

【例 9-4】2023 年 6 月 30 日，对企业所得税进行计提，2023 年 1—6 月累计利润总额 100,000 元，第一季度已缴企业所得税 2,000 元。7 月 4 日，对第二季度企业所得税进行申报缴纳。

（1）案例解读

《财政部 税务总局关于进一步支持小微企业和个体工商户发展有关税费政策的公告》（财政部 税务总局公告 2023 年第 12 号）

三、对小型微利企业减按 25% 计算应纳税所得额，按 20% 的税率缴纳企业所得税政策，延续执行至 2027 年 12 月 31 日。

（2）申报表填写

此案例需要填写中华人民共和国企业所得税月（季）度预缴纳税申报表（A 类）（如表 9-10 所示）。

表 9-10【例 9-4】中华人民共和国企业所得税月（季）度预缴纳税申报表（A 类）

A200000

中华人民共和国企业所得税月（季）度预缴纳税申报表（A 类）

税款所属时间：自 2023 年 4 月 1 日至 2023 年 6 月 30 日

纳税人识别号（统一社会信用代码）：91450521EEEEEEEEEE

纳税人名称（公章）：纳米公司　　　　金额单位：人民币元（列至角分）

优惠及附报事项有关信息									
项　目	一季度		二季度		三季度		四季度		季度平均值
	季初	季末	季初	季末	季初	季末	季初	季末	
从业人数	15	15	15	15					15.00
资产总额（万元）	320.44	380.03	380.03	375.97					364.12
国家限制或禁止行业	□是　√否				小型微利企业				√是　□否
	附报事项名称								金额或选项
事项 1	（填写特定事项名称）								
事项 2	（填写特定事项名称）								

预缴税款计算		本年累计
1	营业收入	860,122.82
2	营业成本	746,590.30
3	利润总额	100,000.00
4	加：特定业务计算的应纳税所得额	
5	减：不征税收入	
6	减：资产加速折旧、摊销（扣除）调减额（填写 A201020）	
7	减：免税收入、减计收入、加计扣除（7.1+7.2+…）	
7.1	（填写优惠事项名称）	
7.2	（填写优惠事项名称）	
8	减：所得减免（8.1+8.2+…）	
8.1	（填写优惠事项名称）	
8.2	（填写优惠事项名称）	
9	减：弥补以前年度亏损	
10	实际利润额（3+4-5-6-7-8-9）\ 按照上一纳税年度应纳税所得额平均额确定的应纳税所得额	100,000.00
11	税率（25%）	0.25
12	应纳所得税额（10×11）	25,000.00
13	减：减免所得税额（13.1+13.2+…）	20,000.00
13.1	符合条件的小型微利企业减免企业所得税	20,000.00
13.2	（填写优惠事项名称）	
14	减：本年实际已缴纳所得税额	2,000.00
15	减：特定业务预缴（征）所得税额	
16	本期应补（退）所得税额（12-13-14-15）\ 税务机关确定的本期应纳所得税额	3,000.00

续表

<table>
<tr><td colspan="4">汇总纳税企业总分机构税款计算</td></tr>
<tr><td>17</td><td rowspan="4">总机构</td><td colspan="2">总机构本期分摊应补（退）所得税额（18+19+20）</td><td></td></tr>
<tr><td>18</td><td colspan="2">其中：总机构分摊应补（退）所得税额（16× 总机构分摊比例___%）</td><td></td></tr>
<tr><td>19</td><td colspan="2">财政集中分配应补（退）所得税额（16× 财政集中分配比例___%）</td><td></td></tr>
<tr><td>20</td><td colspan="2">总机构具有主体生产经营职能的部门分摊所得税额（16× 全部分支机构分摊比例___%× 总机构具有主体生产经营职能部门分摊比例___%）</td><td></td></tr>
<tr><td>21</td><td rowspan="2">分支机构</td><td colspan="2">分支机构本期分摊比例</td><td></td></tr>
<tr><td>22</td><td colspan="2">分支机构本期分摊应补（退）所得税额</td><td></td></tr>
<tr><td colspan="5">实际缴纳企业所得税计算</td></tr>
<tr><td>23</td><td colspan="2">减：民族自治地区企业所得税地方分享部分：
☐免征　☐减征幅度___%</td><td>本年累计应减免金额
［（12-13-15）×40%× 减征幅度］</td><td></td></tr>
<tr><td>24</td><td colspan="3">实际应补（退）所得税额</td><td>3,000.00</td></tr>
<tr><td colspan="5">谨声明：本纳税申报表是根据国家税收法律法规及相关规定填报的，是真实的、可靠的、完整的。
纳税人（签章）：　　　　　　　年　月　日</td></tr>
<tr><td colspan="4">经办人：
经办人身份证号：
代理机构签章：
代理机构统一社会信用代码：</td><td>受理人：
受理税务机关（章）：
受理日期：　年　月　日</td></tr>
<tr><td colspan="5">国家税务总局监制</td></tr>
</table>

二、期末结转

完成了以上经济业务，就可以进行期末结转了。期末结转包括月末结转和年末结转。财务人员期末应对所在期间的账务进行核对，并清晰记录。

（一）会计核算

财务人员应了解小企业期末结转环节的经济业务和财务流程，并按《小企业会计准则》要求设置会计科目和进行账务核算。

1. 会计科目设置

小企业期末结转业务涉及“本年利润”“利润分配”等会计科目。如表 9-11 所示。

表 9-11 期末结转业务涉及的会计科目

<table>
<tr><th>会计科目</th><th>本年利润</th><th>利润分配</th></tr>
<tr><td>核算内容</td><td>核算小企业当期实现的净利润（或发生的净亏损）</td><td>核算小企业利润的分配（或亏损的弥补）和历年分配（或弥补）后的余额</td></tr>
<tr><td>明细科目设置</td><td>不用设置子科目</td><td>按照“应付利润”“未分配利润”等设置明细科目进行核算</td></tr>
<tr><td>T 形图</td><td><table><tr><th>借方</th><th>本年利润　贷方</th></tr><tr><td>小企业结转的本期成本费用</td><td>小企业结转的本期收入</td></tr><tr><td>小企业当期发生的净损失</td><td>小企业当期实现的净利润</td></tr></table></td><td><table><tr><th>借方</th><th>利润分配　贷方</th></tr><tr><td>小企业提取的公积金和应付的利润以及转入的亏损</td><td>小企业转入的本年利润</td></tr><tr><td>小企业未弥补的亏损数</td><td>小企业未分配的利润数</td></tr></table></td></tr>
</table>

2. 账务处理规范

（1）月末结转的账务处理

企业期末结转利润时，应将各损益类科目的金额转入“本年利润”科目，结平各损益类科目。结转后“本年利润”科目的贷方余额为当期实现的净利润；借方余额为当期发生的净亏损。

①结转收入，根据自制的本年利润结转表（收入类）进行账务处理。

会计分录为：

借：主营业务收入

　　其他业务收入

　　营业外收入

　贷：本年利润

②结转成本、费用和税金，根据自制的本年利润结转表（费用类）进行账务处理。

会计分录为：

借：本年利润

　贷：主营业务成本

　　　税金及附加

　　　其他业务支出

　　　销售费用

　　　管理费用

　　　财务费用

　　　营业外支出

　　　所得税费用

财务笔记：

实际工作中，也再把上述两笔分录合并成一笔分录，即：

借：主营业务收入

　　其他业务收入

　　营业外收入

　　本年利润……亏损时

　贷：主营业务成本

　　　税金及附加

　　　其他业务支出

　　　销售费用

　　　管理费用

　　　财务费用

　　　营业外支出

　　　所得税费用

　　　本年利润……盈利时

（2）年度结转的账务处理

年度终了，应将本年收入、利得和费用、损失相抵后结出的本年实现的净利润，转入“利润分配”科目，借记“本年利润”科目，贷记“利润分配——未分配利润”科目；如为净亏损则做相反的会计分录。结转后“本年利润”科目应无余额。

①结转净利润

借：本年利润

　贷：利润分配——未分配利润

②结转净亏损

借：利润分配——未分配利润

　贷：本年利润

3. 会计核算案例

此处以纳西公司为例，对期末结转业务进行会计核算。

【例 9-5】2023 年 12 月 31 日，根据损益类科目发生额（如表 9-12 所示）进行月末结转。结转后本年利润余额为借方 60,000 元。

表 9-12【例 9-5】2023 年 12 月损益类科目发生额

科目余额表

编制单位：纳西公司　　　　2023年12期至2023年12期

科目编码	科目名称	本期发生额	
		借方	贷方
5001	主营业务收入		300,000.00
5301	营业外收入		
5401	主营业务成本	250,000.00	
5403	税金及附加	200.00	
5601	销售费用	400.00	
5602	管理费用	20,000.00	
5603	财务费用	-100.00	
5711	营业外支出		
5801	所得税费用		

（1）案例解读

年末，既要对本月损益类科目发生额进行结转，也要对本年利润余额进行结转。

（2）账务处理

①月结经济业务，使得纳西公司的主营业务收入、主营业务成本、税金及附加、销售费用、管理费用、财务费用减少，本年利润增加。

会计分录为：

借：主营业务收入　　300,000

　贷：主营业务成本　　250,000

　　　税金及附加　　200

　　　销售费用　　400

　　　管理费用　　20,000

　　　财务费用　　100

　　　本年利润　　29,500

②年结经济业务，使得纳西公司的利润分配减少，本年利润增加。

会计分录为：

借：利润分配——未分配利润　　60,000

　贷：本年利润　　60,000

记账凭证如图 9-4 所示：

记 账 凭 证

2023年12月31日 记第 号

摘要	会计科目		借方金额	贷方金额	记账√
	总账科目	明细科目			
结转损益	主营业务收入		300,000.00		
	主营业务成本			250,000.00	
	税金及附加			200.00	
	销售费用			400.00	
	管理费用			20,000.00	
	财务费用			-100.00	
	本年利润			29,500.00	
合计	⊗叁拾万元整		¥300,000.00	¥300,000.00	

附单据 张

制单：白雨

记 账 凭 证

2023年12月31日 记第 号

摘要	会计科目		借方金额	贷方金额	记账√
	总账科目	明细科目			
年度结转	利润分配	未分配利润	60,000.00		
	本年利润			60,000.00	
合计	⊗陆万元整		¥60,000.00	¥60,000.00	

附单据 张

制单：白雨

图 9-4【例 9-5】记账凭证

（3）所附原始凭证

此业务不用附原始凭证。

（二）涉税处理

财务人员应正确核算期末结转业务，按时对相关税费进行申报，避免税务风险。小企业期末结转业务主要涉及个人所得税和企业所得税。

1. 个人所得税

（1）股东分红需要缴纳哪些所得税，税率分别是多少？

①股东是自然人，自然人股东分红有三种情况，如表 9–13 所示。

表 9–13 自然人股东分红的情况

情况	涉税处理
自然人股东从非上市公司取得分红	按照“利息、股息、红利所得”，缴纳20%的个人所得税。即股东取得分红，由企业按照股东取得分红金额的20%代扣代缴个人所得税
自然人股东从上市公司取得分红	（1）股东持有上市公司的股票时间<1个月，按照“利息、股息、红利所得”缴纳20%的个人所得税
	（2）股东持有上市公司股票时间大于1个月小于1年的时候，暂减按50%计入应纳所得额，按20%的税率缴纳个人所得税
	（3）股东持有上市公司股票时间>1年，股票红利所得税暂免征收个人所得税
股东是外籍个人从境内投资的外资企业取得分红	免征个税

②股东为企业（法人性质）

按照企业所得税法的规定，符合条件的企业之间的股息、红利等权益性投资收益，为免征收入。换种说法，公司作为法人股东时，其取得的被投资企业股利分配没有企业所得税，是免征的。

③股东为个体工商户 / 个人独资企业 / 合伙企业（非法人性质）

非法人性质的单位获得的收入不需要缴纳企业所得税，只需要缴纳个人所得税，在获得分红时只需要按照“利息、股息、红利”所得，缴纳 20% 的个人所得税。缴纳个人所得税后的纯利润归剩余的自然人股东所有，不需要再缴纳个人所得税。

（2）股东分红缴税方法：

①个人股东按照应得红利的 20% 税率缴纳个人所得税；

②个人从上市公司取得的分红收入，按 10% 的税率缴纳个人所得税；

③外国人取得的红利无论是否为上市公司，都不需要缴税；

④企业股东应当缴纳 20% 或 25% 的企业所得税；

⑤自然人股东缴纳个人所得税的，应当由企业在分红时扣除应缴个人所得税部分，并由企业代缴个人所得税；

⑥企业缴纳企业所得税的，由企业每年制作纳税申报表向税务局报税，并根据税务局核定的税率、税额依法纳税。

⑦如果股东是小型微利企业，则企业所得税的税率为 20%；如果是高新技术企业，则企业所得税税率为 15%。

2. 企业所得税

（1）居民企业税后利润分红不缴企业所得税。

《企业所得税法》

第二十六条 企业的下列收入为免税收入：

…………

（二）符合条件的居民企业之间的股息、红利等权益性投资收益；

（三）在中国境内设立机构、场所的非居民企业从居民企业取得与该机构、场所有实际联系的股息、红利等权益性投资收益。

符合条件的居民企业之间的股息、红利等权益性投资收益应在中华人民共和国企业所得税月（季）度预缴纳税申报表（A 类）（如表 9-14 所示）7.1 行次中列示。填报根据《财政部 税务总局关于永续债企业所得税政策问题的公告》（2019 年第 64 号）等相关税收政策规定，居民企业取得的可以适用企业所得税法规定的居民企业之间的股息、红利等权益性投资收益免征企业所得税规定的永续债利息收入。

表 9-14 中华人民共和国企业所得税月（季）度预缴纳税申报表（A 类）

A200000

中华人民共和国企业所得税月（季）度预缴纳税申报表（A 类）

税款所属时间：自　　年　　月　　日至　　年　　月　　日

纳税人识别号（统一社会信用代码）：

纳税人名称（公章）：　　　　金额单位：人民币元(列至角分)

优惠及附报事项有关信息									
项 目	一季度		二季度		三季度		四季度		季度平均值
	季初	季末	季初	季末	季初	季末	季初	季末	
从业人数									
资产总额(万元)									
国家限制或禁止行业	□是□否				小型微利企业				□是□否
	附报事项名称								金额或选项
事项 1	(填写特定事项名称)								
事项 2	(填写特定事项名称)								
预缴税款计算									本年累计
1	营业收入								
2	营业成本								
3	利润总额								
4	加：特定业务计算的应纳税所得额								
5	减：不征税收入								
6	减：资产加速折旧、摊销（扣除）调减额（填写 A201020）								
7	减：免税收入、减计收入、加计扣除（7.1+7.2+…）								
7.1	(填写优惠事项名称)								
7.2	(填写优惠事项名称)								
8	减：所得减免（8.1+8.2+…）								
8.1	(填写优惠事项名称)								
8.2	(填写优惠事项名称)								
9	减：弥补以前年度亏损								

续表

<table>
<tr><th colspan="4">预缴税款计算</th><th>本年累计</th></tr>
<tr><td>10</td><td colspan="3">实际利润额（3+4-5-6-7-8-9）\ 按照上一纳税年度应纳税所得额平均额确定的应纳税所得额</td><td></td></tr>
<tr><td>11</td><td colspan="3">税率（25%）</td><td></td></tr>
<tr><td>12</td><td colspan="3">应纳所得税额（10×11）</td><td></td></tr>
<tr><td>13</td><td colspan="3">减：减免所得税额（13.1+13.2+…）</td><td></td></tr>
<tr><td>13.1</td><td colspan="3">符合条件的小型微利企业减免企业所得税</td><td></td></tr>
<tr><td>13.2</td><td colspan="3">（填写优惠事项名称）</td><td></td></tr>
<tr><td>14</td><td colspan="3">减：本年实际已缴纳所得税额</td><td></td></tr>
<tr><td>15</td><td colspan="3">减：特定业务预缴（征）所得税额</td><td></td></tr>
<tr><td>16</td><td colspan="3">本期应补（退）所得税额（12-13-14-15）\ 税务机关确定的本期应纳所得税额</td><td></td></tr>
<tr><th colspan="5">汇总纳税企业总分机构税款计算</th></tr>
<tr><td>17</td><td rowspan="4">总机构</td><td colspan="2">总机构本期分摊应补（退）所得税额（18+19+20）</td><td></td></tr>
<tr><td>18</td><td colspan="2">其中：总机构分摊应补（退）所得税额（16× 总机构分摊比例___%）</td><td></td></tr>
<tr><td>19</td><td colspan="2">财政集中分配应补（退）所得税额（16× 财政集中分配比例___%）</td><td></td></tr>
<tr><td>20</td><td colspan="2">总机构具有主体生产经营职能的部门分摊所得税额（16× 全部分支机构分摊比例___%× 总机构具有主体生产经营职能部门分摊比例___%）</td><td></td></tr>
<tr><td>21</td><td rowspan="2">分支机构</td><td colspan="2">分支机构本期分摊比例</td><td></td></tr>
<tr><td>22</td><td colspan="2">分支机构本期分摊应补（退）所得税额</td><td></td></tr>
<tr><th colspan="5">实际缴纳企业所得税计算</th></tr>
<tr><td>23</td><td colspan="2">减：民族自治地区企业所得税地方分享部分：
□免征　□减征幅度___%</td><td>本年累计应减免金额
[（12-13-15）×40%× 减征幅度]</td><td></td></tr>
<tr><td>24</td><td colspan="3">实际应补（退）所得税额</td><td></td></tr>
<tr><td colspan="5">谨声明：本纳税申报表是根据国家税收法律法规及相关规定填报的，是真实的、可靠的、完整的。
纳税人（签章）：　　　　　　　　年　月　日</td></tr>
<tr><td colspan="4">经办人：
经办人身份证号：
代理机构签章：
代理机构统一社会信用代码：</td><td>受理人：
受理税务机关（章）：
受理日期：　　年　月　日</td></tr>
<tr><td colspan="5">国家税务总局监制</td></tr>
</table>

（2）非居民企业分红要缴企业所得税。

2008 年以前，非居民企业从我国境内企业取得的税后利润不需要缴税。2008 年新《企业所得税法》实施后，非居民企业取得的分红需要按 10% 的税率缴税。

虽然税法规定的税率是 10%，但如果非居民企业所在国家或地区与我国签订有税收协定，协定的税率低于 10%，则可以按协定的税率。

3. 涉税处理案例

此处以纳源公司为例，对期末结转业务进行涉税处理。

【例 9-6】2023 年第三季度，居民企业之间直接投资取得的投资分红 100,000 元享受免征企业所得税。

（1）案例解读

由于居民企业之间直接投资取得的投资分红 100,000 元享受免征企业所得税，季度填报企业所得税的时候就可以预缴享受。

（2）申报表填写

此案例需要填写中华人民共和国企业所得税月（季）度预缴纳税申报表（A 类）（如表 9-15 所示）。

表 9-15 【例 9-6】中华人民共和国企业所得税月（季）度预缴纳税申报表（A 类）

A200000

中华人民共和国企业所得税月（季）度预缴纳税申报表（A 类）

税款所属时间：自 2023 年 7 月 1 日至 2023 年 9 月 30 日

纳税人识别号（统一社会信用代码）：91450521YYYYYYYYYY

纳税人名称（公章）：纳源公司　　金额单位：人民币元(列至角分)

优惠及附报事项有关信息									
项 目	一季度		二季度		三季度		四季度		季度平均值
	季初	季末	季初	季末	季初	季末	季初	季末	
从业人数									
资产总额(万元)									
国家限制或禁止行业	□是□否				小型微利企业				□是□否
	附报事项名称								金额或选项
事项 1	(填写特定事项名称)								
事项 2	(填写特定事项名称)								

预缴税款计算			本年累计
1	营业收入		
2	营业成本		
3	利润总额		
4	加：特定业务计算的应纳税所得额		
5	减：不征税收入		
6	减：资产加速折旧、摊销（扣除）调减额（填写 A201020）		
7	减：免税收入、减计收入、加计扣除（7.1+7.2+…）		
7.1	符合条件的居民企业之间属于股息、红利性质的永续债利息收入免征企业所得税		100000.00
7.2	(填写优惠事项名称)		
8	减：所得减免（8.1+8.2+…）		
8.1	(填写优惠事项名称)		
8.2	(填写优惠事项名称)		
9	减：弥补以前年度亏损		
10	实际利润额（3+4-5-6-7-8-9）\ 按照上一纳税年度应纳税所得额平均额确定的应纳税所得额		
11	税率(25%)		
12	应纳所得税额（10×11）		
13	减：减免所得税额（13.1+13.2+…）		
13.1	符合条件的小型微利企业减免企业所得税		
13.2	(填写优惠事项名称)		
14	减：本年实际已缴纳所得税额		
15	减：特定业务预缴（征）所得税额		
16	本期应补（退）所得税额（12-13-14-15）\ 税务机关确定的本期应纳所得税额汇总纳税企业总分机构税款计算		
17	总机构	总机构本期分摊应补（退）所得税额（18+19+20）	
18		其中：总机构分摊应补（退）所得税额（16× 总机构分摊比例___%）	
19		财政集中分配应补（退）所得税额（16× 财政集中分配比例___%）	
20		总机构具有主体生产经营职能的部门分摊所得税额（16× 全部分支机构分摊比例___%× 总机构具有主体生产经营职能部门分摊比例___%）	
21	分支机构	分支机构本期分摊比例	
22		分支机构本期分摊应补（退）所得税额	

续表

<table>
<tr><td colspan="4">实际缴纳企业所得税计算</td></tr>
<tr><td>23</td><td>减：民族自治地区企业所得税地方分享部分：
□免征　□减征幅度___%</td><td>本年累计应减免金额
［（12-13-15）×40%× 减征幅度］</td><td></td></tr>
<tr><td>24</td><td colspan="2">实际应补（退）所得税额</td><td></td></tr>
<tr><td colspan="4">谨声明：本纳税申报表是根据国家税收法律法规及相关规定填报的，是真实的、可靠的、完整的。
纳税人（签章）：　　　　　　　　　年　月　日</td></tr>
<tr><td colspan="3">经办人：
经办人身份证号：
代理机构签章：
代理机构统一社会信用代码：</td><td>受理人：
受理税务机关（章）：
受理日期：　　年　月　日</td></tr>
<tr><td colspan="4">国家税务总局监制</td></tr>
</table>

第十章　财务报表业务

完成了企业所有经济业务的账务处理，登记完会计账簿后，即可进行最后一道工序——财务报表的编制。财务软件方便了小企业的会计工作，只要录入会计分录，账簿报表即可自动生成。即使这样，会计人员还需要知道编制财务报表的原理。通过本章的学习，读者会对编制小企业的财务报表有所了解。

一、财务报表概述

财务报表是指对小企业财务状况、经营成果和现金流量的结构性表述。它包括以下几层含义：

（1）财务报表应当是对外的，其服务对象主要是投资者、债权人等外部使用者，专门为了内部管理需要的报告不属于财务报表的范畴。

（2）财务报表应当综合反映小企业的生产经营状况，包括某一时点的财务状况和某一时期的经营成果与现金流量等信息，以勾画出小企业的整体和全貌。

（3）财务报表必须形成一个系统的文件，不应是零星的或者不完整的信息。

财务报表是小企业财务会计确认与计量的最终结果体现，人们可以通过财务报表来了解小企业当前的财务状况、经营成果和现金流量等情况，从而预测企业未来的发展趋势。财务报表有助于投资者做出是否继续投资的决策，其中提供的偿债能力信息有助于债权人做出是否提供信贷的决策。同时还有助于政府经济管理部门进行宏观经济调控，也有利于加强企业内部的经营管理。因此，财务报表是向投资者等使用者提供决策有用信息的媒介和渠道，是沟通投资者、债权人等使用者与企业管理层之间的信息桥梁和纽带。

企业必须按照国家统一的会计制度的规定定期编制财务报表。小企业的财务报表至少应当包括资产负债表、利润表、现金流量表和附注。

二、财务报表的格式

（一）资产负债表的格式

我国企业会计制度要求资产负债表使用的格式为账户式。报表左右一分为二——左边为资产，右边为负债和所有者权益。而左侧的资产又按照流动性将其分为流动资产和非流动资产；右侧的按照权益偿还顺序划分，上面是负债，下面是所有者权益；负债有流动负债和非流动负债之分。

资产负债表的格式如表 10–1 所示。

表 10–1 资产负债表

资产负债表

会小企01表

编制单位：　　　　　　　　　　　　　　　　____年___月　　　　　　　　　　　　　　单位：元

资产	行次	期末余额	年初余额	负债和所有者权益	行次	期末余额	年初余额
流动资产：				流动负债：			
货币资金	1			短期借款	31		
短期投资	2			应付票据	32		
应收票据	3			应付账款	33		
应收账款	4			预收账款	34		
预付账款	5			应付职工薪酬	35		
应收股利	6			应交税费	36		
应收利息	7			应付利息	37		
其他应收款	8			应付利润	38		
存货	9			其他应付款	39		
其中：原材料	10			其他流动负债	40		
在产品	11			流动负债合计	41	0.00	0.00
库存商品	12			非流动负债：			
周转材料	13			长期借款	42		
其他流动资产	14			长期应付款	43		
流动资产合计	15	0.00	0.00	递延收益	44		
非流动资产：				其他非流动负债	45		
长期债券投资	16			非流动负债合计	46	0.00	0.00
长期股权投资	17			负债合计	47	0.00	0.00
固定资产原价	18						
减：累计折旧	19						
固定资产账面价值	20	0.00	0.00				
在建工程	21						

续表

资产	行次	期末余额	年初余额	负债和所有者权益	行次	期末余额	年初余额
工程物资	22						
固定资产清理	23						
生产性生物资产	24			所有者权益：			
无形资产	25			实收资本（或股本）	48		
开发支出	26			资本公积	49		
长期待摊费用	27			盈余公积	50		
其他非流动资产	28			未分配利润	51		
非流动资产合计	29	0.00	0.00	所有者权益合计	52	0.00	0.00
资产总计	30	0.00	0.00	负债和所有者权益总计	53	0.00	0.00

（二）利润表的格式

利润表应当对费用按照功能分类进行列报，分为从事经营业务发生的成本、管理费用、销售费用和财务费用等。现行《小企业会计准则》所规定的利润表格式是多步式，即逐步列示营业利润、利润总额和净利润。

利润表的格式如表 10-2 所示。

表 10-2 利润表

利润表

会小企02表

编制单位：　　　　　　　　　　　　____年___月　　　　　　　　单位：元

项目	行次	本月金额	本年累计金额
一、营业收入	1		
减：营业成本	2		
税金及附加	3		
其中：消费税	4		
城市维护建设税	5		
资源税	6		
土地增值税	7		
城镇土地使用税、房产税、车船税、印花税	8		
教育费附加、矿产资源补偿费、排污费	9		
销售费用	10		
其中：商品维修费	11		
广告费和业务宣传费	12		
管理费用	13		
其中：开办费	14		
业务招待费	15		
研究费用	16		

续表

项目	行次	本月金额	本年累计金额
财务费用	17		
其中：利息费用（收入以“-”号填列）	18		
加：投资收益（损失以“-”号填列）	19		
二、营业利润（亏损以“-”号填列）	20	0.00	0.00
加：营业外收入	21		
其中：政府补助	22		
减：营业外支出	23		
其中：坏账损失	24		
无法收回的长期债券投资损失	25		
无法收回的长期股权投资损失	26		
自然灾害等不可抗力因素造成的损失	27		
税收滞纳金	28		
三、利润总额（亏损总额以“-”号填列）	29	0.00	0.00
减：所得税费用	30		
四、净利润（净亏损以“-”号填列）	31	0.00	0.00

（三）现金流量表的格式

小企业的现金流量表包括如下经营活动产生的现金流量、投资活动产生的现金流量和筹资活动产生的现金流量。其格式如表 10–3 所示。

表 10–3 小企业现金流量表

现金流量表

会小企03表

编制单位：　　　　　　　　　　　　　____年___月　　　　　　　　　　单位：元

项目	行次	本年累计金额	本月金额
一、经营活动产生的现金流量			
销售产成品、商品、提供劳务收到的现金	1		
收到其他与经营活动有关的现金	2		
购买原材料、商品、接受劳务支付的现金	3		
支付的职工薪酬	4		
支付的税费	5		
支付其他与经营活动有关的现金	6		
经营活动产生的现金流量净额	7	0.00	0.00
二、投资活动产生的现金流量			
收回短期投资、长期债券投资和长期股权投资收到的现金	8		
取得投资收益收到的现金	9		
处置固定资产、无形资产和其他非流动资产收回的现金净额	10		
短期投资、长期债券投资和长期股权投资支付的现金	11		

续表

项目	行次	本年累计金额	本月金额
购建固定资产、无形资产和其他非流动资产支付的现金	12		
投资活动产生的现金流量净额	13	0.00	0.00
三、筹资活动产生的现金流量			
取得借款收到的现金	14		
吸收投资者投资收到的现金	15		
偿还借款本金支付的现金	16		
偿还借款利息支付的现金	17		
分配利润支付的现金	18		
筹资活动产生的现金流量净额	19	0.00	0.00
四、现金净增加额	20	0.00	0.00
加：期初现金余额	21		
五、期末现金余额	22	0.00	0.00

三、财务报表的编制

（一）资产负债表的编制

1.“年初余额”栏的填列

资产负债表的“年初余额”栏内各项数字，根据上年末资产负债表“期末余额”栏内各项数字填列，“期末余额”栏内各项数字根据会计期末各总账账户及所属明细账户的余额填列。如果当年度资产负债表规定的各个项目的名称和内容同上年度不一致，则按编报当年的口径对上年年末资产负债表各项目的名称和数字进行调整，填入本表“年初余额”栏内。

2.“期末余额”栏的填列

企业资产负债表各项目数据的来源，主要通过以下几种方式取得：

（1）根据总账科目余额填列

资产负债表大部分项目的填列都是根据有关总账账户的余额直接填列，如“短期投资”“短期借款”“应付职工薪酬”“实收资本”“资本公积”“盈余公积”等项目都是根据其总账科目的期末余额直接填列。

有些科目需要根据总账科目余额计算填列，如“货币资金”项目，根据“库存现金”“银行存款”“其他货币资金”科目的期末余额合计数计算填列；如“存货”项目，根据“原材料”“库存商品”“周转材料”科目的期末余额合计数计算填列。

（2）根据明细科目余额计算填列

如“开发支出”项目，应根据“研发支出”科目中所属的“资本化支出”明细科目期末余额填列；又如“应付账款”项目，根据“应付账款”“预付账款”科目所属相关明细科目的期末贷方余额计算填列。

（3）根据总账科目和明细科目余额分析计算填列

如“长期借款”项目，根据“长期借款”总账科目期末余额，扣除“长期借款”科目所属明细科目中反映的、将于一年内到期的非流动负债，分析计算填列。

（4）根据有关科目余额减去其备抵项目后的净额填列

如“无形资产”项目，根据“无形资产”科目的期末余额，减去“无形资产减值准备”与“累计摊销”备抵科目余额后的净额填列。

（5）综合运用上述方法分析填列

3. 各项目的填列

资产负债表常见项目所反映的内容及填列方法如表 10–4 所示。

表 10–4　资产负债表常见项目所反映的内容及填列方法

资产负债表项目	反映内容	填列方法
货币资金	反映小企业库存现金、银行存款、其他货币资金的合计数	本项目应根据“库存现金”“银行存款”和“其他货币资金”科目的期末余额合计填列
应收票据	反映小企业收到的未到期收款也未向银行贴现的应收票据（银行承兑汇票和商业承兑汇票）	本项目应根据“应收票据”科目的期末余额填列
应收账款	反映小企业因销售商品、提供劳务等日常生产经营活动应收取的款项。本项目应根据“应收账款”的期末借方余额填列	本项目应根据“应收账款”的期末借方余额填列。如“应收账款”科目期末为贷方余额，应当在“预收账款”项目列示。
预付账款	反映小企业按照合同规定预付的款项。包括：根据合同规定预付的购货款、租金、工程款等	本项目应根据“预付账款”科目的期末借方余额填列；如“预付账款”科目期末为贷方余额，应当在“应付账款”项目列示
其他应收款	反映小企业除应收票据、应收账款、预付账款、应收股利、应收利息等以外的其他各种应收及暂付款项。包括：各种应收的赔款、应向职工收取的各种垫付款项等	本项目应根据“其他应收款”科目的期末余额填列
存货	反映小企业期末在库、在途和在加工中的各项存货的成本。包括：各种原材料、在产品、半成品、产成品、商品、周转材料（包装物、低值易耗品等）、消耗性生物资产等	本项目应根据“材料采购”“在途物资”“原材料”“材料成本差异”“生产成本”“库存商品”“商品进销差价”“委托加工物资”“周转材料”“消耗性生物资产”等科目的期末余额分析填列

续表

资产负债表项目	反映内容	填列方法
固定资产原价和累计折旧	反映小企业固定资产的成本价及累计折旧	这两个项目应根据“固定资产”和“累计折旧”科目的期末余额填列
固定资产账面价值	反映小企业固定资产原价扣除累计折旧后的余额	本项目应根据“固定资产”科目的期末余额减去“累计折旧”科目的期末余额后的金额填列
在建工程	反映小企业尚未完工或虽已完工，但尚未办理竣工决算的工程成本	本项目应根据“在建工程”科目的期末余额填列
固定资产清理	反映小企业因出售、报废、毁损、对外投资等原因处置固定资产所转出的固定资产账面价值以及在清理过程中发生的费用等	本项目应根据“固定资产清理”科目的期末借方余额填列；如“固定资产清理”科目期末为贷方余额，以“—”号填列
无形资产	反映小企业无形资产的账面价值	本项目应根据“无形资产”科目的期末余额减去“累计摊销”科目的期末余额后的金额填列
长期待摊费用	反映小企业尚未摊销完毕的已提足折旧的固定资产的改建支出、经营租入固定资产的改建支出、固定资产的大修理支出和其他长期待摊费用	本项目应根据“长期待摊费用”科目的期末余额分析填列
短期借款	反映小企业向银行或其他金融机构等借入的期限在1年内的、尚未偿还的各种借款本金	本项目应根据“短期借款”科目的期末余额填列
应付票据	反映小企业因购买材料、商品和接受劳务等日常生产经营活动开出、承兑的商业汇票（银行承兑汇票和商业承兑汇票）尚未到期的票面金额	本项目应根据“应付票据”科目的期末余额填列
应付账款	反映小企业因购买材料、商品和接受劳务等日常生产经营活动尚未支付的款项	本项目应根据“应付账款”科目的期末贷方余额填列。如“应付账款”科目期末为借方余额，应当在“预付账款”项目列示
预收账款	反映小企业根据合同规定预收的款项。包括：预收的购货款、工程款等	本项目应根据“预收账款”科目的期末贷方余额填列。如“预收账款”科目期末为借方余额，应当在“应收账款”项目列示
应付职工薪酬	反映小企业应付未付的职工薪酬	本项目应根据“应付职工薪酬”科目期末余额填列
应交税费	反映小企业期末未交、多交或尚未抵扣的各种税费	本项目应根据“应交税费”科目的期末贷方余额填列。如“应交税费”科目期末为借方余额，以“—”号填列
其他应付款	反映小企业除应付账款、预收账款、应付职工薪酬、应交税费、应付利息、应付利润等以外的其他各项应付、暂收的款项。包括：应付租入固定资产和包装物的租金、存入保证金等	本项目应根据“其他应付款”科目的期末余额填列
实收资本（或股本）	反映小企业收到投资者按照合同协议约定或相关规定投入的、构成小企业注册资本的部分	本项目应根据“实收资本（或股本）”科目的期末余额分析填列
未分配利润	反映小企业尚未分配的历年结存的利润	本项目应根据“利润分配”科目的期末余额填列。未弥补的亏损，在本项目内以“—”号填列

（二）利润表的编制

1.“上期金额”栏的填列

企业应当根据上年同期利润表“本期金额”栏内所列数字填列本年度利润表的“上期金额”栏。如果企业上年该期利润表规定的项目的名称和内容与本期不一致，应当对上年该期利润表相关项目的名称和金额按照本期的规定进行调整，填入“上期金额”栏。

2.“本期金额”栏的填列

利润表“本期金额”栏内的数字一般是根据损益类科目和所有者权益类有关科目的本期发生额填列的。

利润表常见项目所反映的内容及填列方法如表 10–5 所示。

表 10–5 利润表常见项目所反映的内容及填列方法

利润表项目	反映内容	填列方法
营业收入	反映小企业销售商品和提供劳务所实现的收入总额	本项目应根据“主营业务收入”科目和“其他业务收入”科目的发生额合计填列
营业成本	反映小企业所销售商品的成本和所提供劳务的成本	本项目应根据“主营业务成本”科目和“其他业务支出”科目的发生额合计填列
税金及附加	反映小企业开展日常生产活动应负担的消费税、城市维护建设税和教育费附加、矿产资源税、土地增值税、城镇土地使用税、房产税、车船税、印花税、矿产资源补偿费、排污费等	本项目应根据“税金及附加”科目的发生额填列
销售费用	反映小企业销售商品或提供劳务过程中发生的费用	本项目应根据“销售费用”科目的发生额填列
管理费用	反映小企业为组织和管理生产经营发生的其他费用	本项目应根据“管理费用”科目的发生额填列
财务费用	反映小企业为筹集生产经营所需资金发生的筹资费用	本项目应根据“财务费用”科目的发生额填列
营业利润	反映小企业当期开展日常生产经营活动实现的利润	本项目应根据营业收入扣除营业成本、税金及附加、销售费用、管理费用和财务费用，加上投资收益后的金额填列。如为亏损，以“—”号填列
营业外收入	反映小企业实现的各项营业外收入金额。包括：非流动资产处置净收益、政府补助、捐赠收益、盘盈收益、汇兑收益、出租包装物和商品的租金收入、逾期未退包装物押金收益、确实无法偿付的应付款项、已作坏账损失处理后又收回的应收款项、违约金收益等	本项目应根据“营业外收入”科目的发生额填列

续表

利润表项目	反映内容	填列方法
营业外支出	反映小企业发生的各项营业外支出金额。包括：存货的盘亏、毁损、报废损失，非流动资产处置净损失，坏账损失，无法收回的长期债券投资损失，无法收回的长期股权投资损失，自然灾害等不可抗力因素造成的损失，税收滞纳金，罚金，罚款，被没收财物的损失，捐赠支出，赞助支出等	本项目应根据“营业外支出”科目的发生额填列
利润总额	反映小企业当期实现的利润总额	本项目应根据营业利润加上营业外收入减去营业外支出后的金额填列，如为亏损总额，则以“—”号填列
所得税费用	反映小企业根据企业所得税法确定的应从当期利润总额中扣除的所得税费用	本项目应根据“所得税费用”科目的发生额填列
净利润	反映小企业当期实现的净利润	本项目应根据利润总额扣除所得税费用后的金额填列，如为净亏损，则以“—”号填列

（三）现金流量表的编制

现金流量表各项目的内容及填列方法如下：

1. 经营活动产生的现金流量

现金流量表项目所反映的内容及填列方法如表 10–6 所示。

表 10–6 现金流量表项目所反映的内容及填列方法

现金流量表项目	反映内容	填列方法
销售产成品、商品、提供劳务收到的现金	反映小企业本期销售产成品、商品、提供劳务收到的现金	本项目可以根据“库存现金”“银行存款”和“主营业务收入”等科目的本期发生额分析填列
收到其他与经营活动有关的现金	反映小企业本期收到的其他与经营活动有关的现金	本项目可以根据“库存现金”和“银行存款”等科目的本期发生额分析填列
购买原材料、商品、接受劳务支付的现金	反映小企业本期购买原材料、商品、接受劳务支付的现金	本项目可以根据“库存现金”“银行存款”“其他货币资金”“原材料”“库存商品”等科目的本期发生额分析填列
支付的职工薪酬	反映小企业本期向职工支付的薪酬	本项目可以根据“库存现金”“银行存款”“应付职工薪酬”科目的本期发生额填列
支付的税费	反映小企业本期支付的税费	本项目可以根据“库存现金”“银行存款”“应交税费”等科目的本期发生额填列
支付其他与经营活动有关的现金	反映小企业本期支付的其他与经营活动有关的现金	本项目可以根据“库存现金”“银行存款”等科目的本期发生额分析填列

财务软件编制现金流量表的规则有两种，一种是录入会计凭证指定对应的现金流量，这种方法比较准确［本章四、报表编制案例中（二）小节中使用的是这种方法］。

另一种是根据各会计科目的借贷方发生额编制。

以上表格中的填列方法即是两种方法相结合。大部分小企业在编制现金流量表时一般选择第二种编制方法。此处介绍第二种方法的编制公式，即根据会计科目的借贷方发生额进行计算。

（1）“销售产成品、商品、提供劳务收到的现金”项目

销售产成品、商品、提供劳务收到的现金＝应收票据（本期贷方）－应收票据（本期借方）＋应收账款（本期贷方）－应收账款（本期借方）＋预收账款（本期贷方）－预收账款（本期借方）＋主营业务收入（本期贷方）＋其他业务收入（本期贷方）＋应交税费（销项税额本期贷方）

（2）“收到其他与经营活动有关的现金”项目

收到其他与经营活动有关的现金＝其他应收款（本期贷方）＋其他应付款（本期贷方）＋营业外收入（本期贷方）

（3）“购买原材料、商品、接受劳务支付的现金”项目

购买原材料、商品、接受劳务支付的现金＝原材料（本期借方）－原材料（本期贷方）＋库存商品（本期借方）－库存商品（本期贷方）＋周转材料（本期借方）－周转材料（本期贷方）＋生产成本（本期借方）－生产成本（本期贷方）＋预付账款（本期借方）－预付账款（本期贷方）＋应付账款（本期借方）－应付账款（本期贷方）＋应交税费（进项税额本期借方）

（4）“支付的职工薪酬”项目

支付的职工薪酬＝应付职工薪酬（本期借方）－应付职工薪酬（本期贷方）＋应交税费（个人所得税本期借方）＋制造费用（职工薪酬本期借方）＋销售费用（职工薪酬本期借方）＋管理费用（职工薪酬本期借方）

（5）“支付的税费”项目

支付的税费＝应交税费（销项税额本期贷方）－应交税费（进项税额本期借方）＋应交税费（本期借方）－应交税费（本期贷方）＋所得税费用（本期借方）＋税金及附加（本期借方）

（6）“支付其他与经营活动有关的现金”项目

支付其他与经营活动有关的现金＝管理费用（本期借方）－管理费用（职工薪酬本期借方）＋销售费用（本期借方）－销售费用（职工薪酬本期借方）＋财务费用（本期借方）＋长期待摊费用（本期借方）－长期待摊费用（本期贷方）＋其他应付款（本期借方）＋其他应收款（本期借方）＋营业外支出（本期借方）

2. 投资活动产生的现金流量

现金流量表项目所反映的内容及填列方法如表 10-7 所示。

表 10-7 现金流量表项目所反映的内容及填列方法

现金流量表项目	反映内容	填列方法
收回短期投资、长期债券投资和长期股权投资收到的现金	反映小企业出售、转让或到期收回短期投资、长期股权投资而收到的现金，以及收回长期债券投资本金而收到的现金，不包括长期债券投资收回的利息	本项目可以根据“库存现金”“银行存款”“短期投资”“长期股权投资”“长期债券投资”等科目的本期发生额分析填列
取得投资收益收到的现金	反映小企业因权益性投资和债权性投资取得的现金股利或利润和利息收入	本项目可以根据“库存现金”“银行存款”“投资收益”等科目的本期发生额分析填列
处置固定资产、无形资产和其他非流动资产收回的现金净额	反映小企业处置固定资产、无形资产和其他非流动资产取得的现金，减去为处置这些资产而支付的有关税费等后的净额	本项目可以根据“库存现金”“银行存款”“固定资产清理”“无形资产”“生产性生物资产”等科目的本期发生额分析填列
短期投资、长期债券投资和长期股权投资支付的现金	反映小企业进行权益性投资和债权性投资支付的现金。包括：企业取得短期股票投资、短期债券投资、短期基金投资、长期债券投资、长期股权投资支付的现金	本项目可以根据“库存现金”“银行存款”“短期投资”“长期债券投资”“长期股权投资”等科目的本期发生额分析填列
购建固定资产、无形资产和其他非流动资产支付的现金	反映小企业购建固定资产、无形资产和其他非流动资产支付的现金。包括：购买机器设备、无形资产、生产性生物资产支付的现金、建造工程支付的现金等现金支出，不包括为购建固定资产、无形资产和其他非流动资产而发生的借款费用资本化部分和支付给在建工程和无形资产开发项目人员的薪酬	本项目可以根据“库存现金”“银行存款”“固定资产”“在建工程”“无形资产”“研发支出”“生产性生物资产”“应付职工薪酬”等科目的本期发生额分析填列

根据会计科目的借贷方发生额编制现金流量表公式如下：

（1）“收回短期投资、长期债券投资和长期股权投资收到的现金”项目

收回短期投资、长期债券投资和长期股权投资收到的现金 = 长期股权投资（本期贷方）＋长期债券投资（本期贷方）＋短期投资（本期贷方）

（2）“取得投资收益收到的现金”项目

取得投资收益收到的现金 = 应收利息（本期贷方）－应收利息（本期借方）＋应收股利（本期贷方）－应收股利（本期借方）＋投资收益（本期贷方）

（3）“处置固定资产、无形资产和其他非流动资产收回的现金净额”项目

处置固定资产、无形资产和其他非流动资产收回的现金净额 = 固定资产清理（本期贷方）＋无形资产（本期贷方）＋待处理财产损益（本期贷方）

（4）“短期投资、长期债券投资和长期股权投资支付的现金”项目

短期投资、长期债券投资和长期股权投资支付的现金 = 长期股权投资（本期贷

方）＋长期债券投资（本期贷方）＋短期投资（本期贷方）

（4）“购建固定资产、无形资产和其他非流动资产支付的现金”项目

购建固定资产、无形资产和其他非流动资产支付的现金 = 固定资产（本期借方）＋无形资产（本期借方）＋待处理财产损益（本期借方）

3. 筹资活动产生的现金流量

现金流量表项目所反映的内容及填列方法如表 10–8 所示。

表 10–8 现金流量表项目所反映的内容及填列方法

现金流量表项目	反映内容	填列方法
取得借款收到的现金	反映小企业举借各种短期借款、长期借款收到的现金	本项目可以根据“库存现金”“银行存款”“短期借款”“长期借款”等科目的本期发生额分析填列
吸收投资者投资收到的现金	反映小企业收到的投资者作为资本投入的现金	本项目可以根据“库存现金”“银行存款”“实收资本”“资本公积”等科目的本期发生额分析填列
偿还借款本金支付的现金	反映小企业以现金偿还各种短期借款、长期借款的本金	本项目可以根据“库存现金”“银行存款”“短期借款”“长期借款”等科目的本期发生额分析填列
偿还借款利息支付的现金	反映小企业以现金偿还各种短期借款、长期借款的利息	本项目可以根据“库存现金”“银行存款”“应付利息”等科目的本期发生额分析填列
分配利润支付的现金	反映小企业向投资者实际支付的利润	本项目可以根据“库存现金”“银行存款”“应付利润”等科目的本期发生额分析填列

根据会计科目的借贷方发生额编制现金流量表公式如下：

（1）“取得借款收到的现金”项目

取得借款收到的现金 = 长期借款（本期贷方）＋短期借款（本期贷方）

（2）“吸收投资者投资收到的现金”项目

吸收投资者投资收到的现金 = 实收资本（本期贷方）－实收资本（本期借方）

（3）“偿还借款本金支付的现金”项目

偿还借款本金支付的现金 = 长期借款（本期借方）＋短期借款（本期借方）

（4）“偿还借款利息支付的现金”项目

偿还借款利息支付的现金 = 应付利息（本期借方）－应付利息（本期贷方）

（5）“分配利润支付的现金”项目

分配利润支付的现金 = 应付利润（本期借方）－应付利润（本期贷方）

四、报表编制案例

（一）资产负债表和利润表的编制

此处以纳尼公司为例进行资产负债表和利润表的编制。

【例 10-1】2024 年 1 月 31 日，纳尼公司科目余额表如表 10-9 所示。

表 10-9【例 10-1】科目余额表

科目余额表

编制单位：纳尼公司　　2024 年 1 期至 2024 年 1 期　　单位：元

科目编码	科目名称	期初余额		本期发生额		累计发生额		期末余额	
		借方	贷方	借方	贷方	借方	贷方	借方	贷方
1002	银行存款	90,000.00		70,000.00	68,000.00	70,000.00	68,000.00	92,000.00	
1122	应收账款	210,000.00		25,000.00	72,000.00	25,000.00	72,000.00	163,000.00	
1123	预付账款	80,000.00				—	—	80,000.00	
1221	其他应收款	100,000.00			33,000.00	—	33,000.00	67,000.00	
1405	库存商品	230,000.00		380,000.00	25,000.00	380,000.00	25,000.00	585,000.00	
1601	固定资产	70,000.00				—	—	70,000.00	
1602	累计折旧		5,000.00		200.00	—	200.00		5,200.00
1801	长期待摊费用	65,000.00				—	—	65,000.00	
2202	应付账款		100,000.00	2,000.00	300,000.00	2,000.00	300,000.00		398,000.00
2211	应付职工薪酬		20,000.00	20,000.00	22,000.00	20,000.00	22,000.00		22,000.00
2221	应交税费		10,000.00	10,000.00	—	10,000.00	—		—
2241	其他应付款		200,000.00			—	—		200,000.00
3001	实收资本		500,000.00			—	—		500,000.00
3103	本年利润		-60,000.00	13,200.00		13,200.00	—		-73,200.00
3104	利润分配		70,000.00			—	—		70,000.00
5001	主营业务收入			100,000.00	100,000.00	100,000.00	100,000.00		
5301	营业外收入					—	—		
5401	主营业务成本			60,000.00	60,000.00	60,000.00	60,000.00		
5403	税金及附加					—	—		
5601	销售费用			22,000.00	22,000.00	22,000.00	22,000.00		
5602	管理费用			30,900.00	30,900.00	30,900.00	30,900.00		
5603	财务费用			300.00	300.00	300.00	300.00		
5801	所得税费用					—	—		
	合计	845,000.00	845,000.00	733,400.00	733,400.00	733,400.00	733,400.00	1,122,000.00	1,122,000.00

（1）案例解读

手工编制资产负债表和利润表，一般是根据科目余额表进行编制。

① 2024 年资产负债表的年初余额即 2023 年 12 月资产负债表期末余额，2024 年资产负债表的期末余额按 2024 年期末余额进行填列。

货币资金项目期末余额 = 银行存款期末余额

未分配利润项目期末余额 = 本年利润期末余额＋利润分配期末余额

②利润表各项目的本月金额即本月发生额。

（2）报表编制

本案例需要编制资产负债表和利润表。如表 10–10 和表 10–11 所示。

表 10–10【例 10–1】资产负债表

资产负债表

会小企01表

编制单位：纳尼公司　　　　2024 年 1 月　　　　单位：元

资　产	行次	期末余额	年初余额	负债和所有者权益	行次	期末余额	年初余额
流动资产：				流动负债：			
货币资金	1	92,000.00	90,000.00	短期借款	31		
短期投资	2			应付票据	32		
应收票据	3			应付账款	33	398,000.00	100,000.00
应收账款	4	163,000.00	210,000.00	预收账款	34		
预付账款	5	80,000.00	80,000.00	应付职工薪酬	35	22,000.00	20,000.00
应收股利	6			应交税费	36	0.00	10,000.00
应收利息	7			应付利息	37		
其他应收款	8	67,000.00	100,000.00	应付利润	38		
存货	9	585,000.00	230,000.00	其他应付款	39	200,000.00	200,000.00
其中：原材料	10			其他流动负债	40		
在产品	11			流动负债合计	41	620,000.00	330,000.00
库存商品	12			非流动负债：			
周转材料	13			长期借款	42		
其他流动资产	14			长期应付款	43		
流动资产合计	15	987,000.00	710,000.00	递延收益	44		
非流动资产：				其他非流动负债	45		
长期债券投资	16			非流动负债合计	46	0.00	0.00
长期股权投资	17			负债合计	47	620,000.00	330,000.00
固定资产原价	18	70,000.00	70,000.00				
减：累计折旧	19	5,200.00	5,000.00				
固定资产账面价值	20	64,800.00	65,000.00				
在建工程	21						
工程物资	22						
固定资产清理	23						
生产性生物资产	24			所有者权益：			
无形资产	25			实收资本（或股本）	48	500,000.00	500,000.00
开发支出	26			资本公积	49		
长期待摊费用	27	65,000.00	65,000.00	盈余公积	50		
其他非流动资产	28			未分配利润	51	-3,200.00	10,000.00
非流动资产合计	29	129,800.00	130,000.00	所有者权益合计	52	496,800.00	510,000.00
资产总计	30	1,116,800.00	840,000.00	负债和所有者权益总计	53	1,116,800.00	840,000.00

表 10-11【例 10-1】利润表

利润表

会小企02表

编制单位：纳尼公司　　2024年1月　　单位：元

项　目	行次	本月金额	本年累计金额
一、营业收入	1	100,000.00	100,000.00
减：营业成本	2	60,000.00	60,000.00
税金及附加	3		
其中：消费税	4		
城市维护建设税	5		
资源税	6		
土地增值税	7		
城镇土地使用税、房产税、车船税、印花税	8		
教育费附加、矿产资源补偿费、排污费	9		
销售费用	10	22,000.00	22,000.00
其中：商品维修费	11		
广告费和业务宣传费	12		
管理费用	13	30,900.00	30,900.00
其中：开办费	14		
业务招待费	15		
研究费用	16		
财务费用	17	300.00	300.00
其中：利息费用（收入以“-”号填列）	18		
加：投资收益（损失以“-”号填列）	19		
二、营业利润（亏损以“-”号填列）	20	-13,200.00	-13,200.00
加：营业外收入	21		
其中：政府补助	22		
减：营业外支出	23		
其中：坏账损失	24		
无法收回的长期债券投资损失	25		
无法收回的长期股权投资损失	26		
自然灾害等不可抗力因素造成的损失	27		
税收滞纳金	28		
三、利润总额（亏损总额以“-”号填列）	29	-13,200.00	-13,200.00
减：所得税费用	30		
四、净利润（净亏损以“-”号填列）	31	-13,200.00	-13,200.00

（二）现金流量表的编制

此处以纳尼公司为例进行现金流量表的编制。

【例 10-2】纳尼公司 2023 年 1 月期初的现金余额为 0，银行存款余额为 50,000 元，序时账如表 10-12 所示。

表 10-12【例 10-2】纳尼公司 2023 年 1 月序时账

日期	凭证号	摘要	科目名称	借方金额	贷方金额
2023-01-31	记 -0001	销售商品	应收账款	20,200.00	
2023-01-31	记 -0001	销售商品	主营业务收入		20,000.00
2023-01-31	记 -0002	销售商品	应交税费		200.00
2023-01-31	记 -0002	销售商品	应收账款	50,500.00	
2023-01-31	记 -0002	销售商品	主营业务收入		50,000.00
2023-01-31	记 -0002	销售商品	应交税费		500.00
2023-01-31	记 -0003	销售回款	银行存款	120,000.00	
2023-01-31	记 -0003	销售回款	应收账款		120,000.00
2023-01-31	记 -0004	支付采购款	应付账款	40,000.00	
2023-01-31	记 -0004	支付采购款	银行存款		40,000.00
2023-01-31	记 -0005	发票签收入库	库存商品	50,000.00	
2023-01-31	记 -0005	发票签收入库	应付账款		50,000.00
2023-01-31	记 -0006	缴纳社保	管理费用	5,000.00	
2023-01-31	记 -0006	缴纳社保	其他应收款	2,000.00	
2023-01-31	记 -0006	缴纳社保	银行存款		7,000.00
2023-01-31	记 -0007	缴纳税费	应交税费	1,000.00	
2023-01-31	记 -0007	缴纳税费	银行存款		1,000.00
2023-01-31	记 -0008	支付手续费	财务费用	50.00	
2023-01-31	记 -0008	支付手续费	银行存款		50.00
2023-01-31	记 -0009	发放 12 月工资	应付职工薪酬	30,000.00	
2023-01-31	记 -0009	扣缴社保	其他应收款		2,000.00
2023-01-31	记 -0009	发放 12 月工资	银行存款		28,000.00
2023-01-31	记 -0010	计提 1 月工资	管理费用	29,000.00	
2023-01-31	记 -0010	计提 1 月工资	应付职工薪酬		29,000.00
2023-01-31	记 -0011	计提 1 月固定资产折旧	管理费用	300.00	
2023-01-31	记 -0011	计提 1 月固定资产折旧	累计折旧		300.00
2023-01-31	记 -0012	费用开支	销售费用	2,000.00	
2023-01-31	记 -0012	费用开支	管理费用	4,000.00	
2023-01-31	记 -0012	费用开支	其他应收款		6,000.00
2023-01-31	记 -0013	结转销售成本	主营业务成本	35,000.00	
2023-01-31	记 -0013	结转销售成本	库存商品		35,000.00
2023-01-31	记 -0013	1 月份期末结转	主营业务收入	70,000.00	
2023-01-31	记 -0014	1 月份期末结转	主营业务成本		35,000.00
2023-01-31	记 -0014	1 月份期末结转	销售费用		2,000.00
2023-01-31	记 -0014	1 月份期末结转	管理费用		38,300.00
2023-01-31	记 -0014	1 月份期末结转	财务费用		50.00
2023-01-31	记 -0014	1 月份期末结转	本年利润	5,350.00	

（1）案例解读

现金流量表根据相关科目进行分析编制，一般根据会计凭证进行现金流量指定编制。

表 10-12 的序时账，可以指定现金流量（与库存现金和银行存款相关）的只有如下几笔分录。如表 10-13 所示。

表 10-13【例 10-2】指定现金流量的序时账

日期	凭证号	摘要	科目名称	借方金额	贷方金额
2023-01-31	记 -0003	销售回款	银行存款	120,000.00	
2023-01-31	记 -0003	销售回款	应收账款		120,000.00
2023-01-31	记 -0004	支付采购款	应付账款	40,000.00	
2023-01-31	记 -0004	支付采购款	银行存款		40,000.00
2023-01-31	记 -0006	缴纳社保	管理费用	5,000.00	
2023-01-31	记 -0006	缴纳社保	其他应收款	2,000.00	
2023-01-31	记 -0006	缴纳社保	银行存款		7,000.00
2023-01-31	记 -0007	缴纳税费	应交税费	1,000.00	
2023-01-31	记 -0007	缴纳税费	银行存款		1,000.00
2023-01-31	记 -0008	支付手续费	财务费用	50.00	
2023-01-31	记 -0008	支付手续费	银行存款		50.00
2023-01-31	记 -0009	发放 12 月工资	应付职工薪酬	30,000.00	
2023-01-31	记 -0009	扣缴社保	其他应收款		2,000.00
2023-01-31	记 -0009	发放 12 月工资	银行存款		28,000.00

对应的现金流量指定如表 10-14 所示。

表 10-14【例 10-2】现金流量指定

日期	凭证号	摘要	科目名称	借方金额	贷方金额	现金流量指定
2023-01-31	记 -0003	销售回款	银行存款	120,000.00		销售产成品、商品、提供劳务收到的现金
2023-01-31	记 -0003	销售回款	应收账款		120,000.00	
2023-01-31	记 -0004	支付采购款	应付账款	40,000.00		
2023-01-31	记 -0004	支付采购款	银行存款		40,000.00	购买原材料、商品、接受劳务支付的现金
2023-01-31	记 -0006	缴纳社保	管理费用	5,000.00		
2023-01-31	记 -0006	缴纳社保	其他应收款	2,000.00		
2023-01-31	记 -0006	缴纳社保	银行存款		7,000.00	支付的职工薪酬
2023-01-31	记 -0007	缴纳税费	应交税费	1,000.00		
2023-01-31	记 -0007	缴纳税费	银行存款		1,000.00	支付的税费
2023-01-31	记 -0008	支付手续费	财务费用	50.00		
2023-01-31	记 -0008	支付手续费	银行存款		50.00	支付其他与经营活动有关的现金
2023-01-31	记 -0009	发放 12 月工资	应付职工薪酬	30,000.00		
2023-01-31	记 -0009	扣缴社保	其他应收款		2,000.00	
2023-01-31	记 -0009	发放 12 月工资	银行存款		28,000.00	支付的职工薪酬

（2）报表编制

本案例需要编制现金流量表。如表 10-15 所示。

表 10-15【例 10-2】现金流量表

现金流量表

会小企03表

编制单位：纳尼公司　　　　2023年1月　　　　单位：元

项目	行次	本年累计金额	本月金额
一、经营活动产生的现金流量：			
销售产成品、商品、提供劳务收到的现金	1	120,000.00	120,000.00
收到其他与经营活动有关的现金	2		
购买原材料、商品、接受劳务支付的现金	3	40,000.00	40,000.00
支付的职工薪酬	4	35,000.00	35,000.00
支付的税费	5	1,000.00	1,000.00
支付其他与经营活动有关的现金	6	50.00	50.00
经营活动产生的现金流量净额	7	43,950.00	43,950.00
二、投资活动产生的现金流量：			
收回短期投资、长期债券投资和长期股权投资收到的现金	8		
取得投资收益收到的现金	9		
处置固定资产、无形资产和其他非流动资产收回的现金净额	10		
短期投资、长期债券投资和长期股权投资支付的现金	11		
购建固定资产、无形资产和其他非流动资产支付的现金	12		
投资活动产生的现金流量净额	13	0.00	0.00
三、筹资活动产生的现金流量：			
取得借款收到的现金	14		
吸收投资者投资收到的现金	15		
偿还借款本金支付的现金	16		
偿还借款利息支付的现金	17		
分配利润支付的现金	18		
筹资活动产生的现金流量净额	19	0.00	0.00
四、现金净增加额	20	43,950.00	43,950.00
加：期初现金余额	21	50,000.00	50,000.00
五、期末现金余额	22	93,950.00	93,950.00